Johanna Kinkel · Bilder einer Autorschaft

Beiträge zur Kulturgeschichte der Musik
Herausgegeben von Rebecca Grotjahn
Band 11

Daniela Glahn

Johanna Kinkel

Bilder einer Autorschaft

Allitera Verlag

Weitere Informationen über den Verlag und sein Programm unter:
www.allitera.de

Oktober 2017
Allitera Verlag
Ein Verlag der Buch&media GmbH, München

Satz: Sabine Arendt, sabinearendt.org
Umschlaggestaltung: Johanna Conrad
Printed in Germany · ISBN 978-3-86906-856-5

Inhalt

Dank

Diese Arbeit ist eine leicht überarbeitete Version meiner im August 2015 an der Universität Paderborn eingereichten Dissertation. Diesen oder ähnlich schmucklose Sätze habe ich oft in verschiedenen Publikationen gelesen und ihnen meist wenig Beachtung geschenkt. Jetzt, da ich ihn selbst schreibe, wird mir umso klarer, wieviel Arbeit, Mühe, Frustration, aber letztlich auch Glück und Befriedigung hinter einem solchen Satz stecken kann. Genauso wird mir an meiner eigenen Autorschaft vor Augen geführt, dass es eben nicht nur der AutorIn bedarf, deren Name sich auf dem Buchcover befindet, um ein solches Buch zu veröffentlichen. Meine Doktormutter, meine MitdoktorandInnen, verschiedenste Bibliotheken und Archive, mein Verlag, meine Familie und meine Freunde – sie alle haben an dieser Arbeit letztlich auf ihre eigene Art und Weise mitgeschrieben.

Daher möchte ich diese einleitenden Zeilen dazu nutzen, um einerseits einige dieser Menschen sichtbar zu machen und andererseits um mich bei ihnen zu bedanken. An erster Stelle möchte ich mich bei meiner Doktormutter Rebecca Grotjahn bedanken. Sie hat auf äußerst konstruktive Art und Weise diese Arbeit von der Idee bis zur Fertigstellung begleitet. Darüber hinaus möchte ich ebenso meinen MitdoktorandInnen für ihre Diskussionen, Hilfestellungen und Korrekturen danken; insbesondere Sarah Schauberger, Joachim Iffland, Anke Charton, Marleen Hoffmann und Margarethe Fischer. Im Zuge der Drucklegung gilt mein Dank Karin Martensen für ihr Korrektorat, Sabine Arendt für den Satz und Alexander Strathern für die Betreuung im Allitera-Verlag.

Die für diese Arbeit notwendigen Archivaufenthalte haben insbesondere das Team des Handschriftenlesesaals der Universitäts- und Landesbibliothek Bonn, das Team des Stadtarchivs Bonn, Frau Popp-Grilli aus der Handschriftenabteilung der Württembergischen Landesbibliothek in Stuttgart und Frau Monika Motzko-Dollmann vom Musikverlag Schott in Mainz mit viel Engagement unterstützt.

Zum Schluss möchte ich mich, stellvertretend für meine Familie und meinen Freundeskreis, bei meinen Großmüttern für ihre Unterstützung während der Erstellung dieser Arbeit bedanken. Gleichzeitig möchte ich diesen beiden beeindruckenden Frauen meine Arbeit widmen. Sie haben so oft nicht nur für das leibliche Wohl ihrer Enkelin gesorgt, sondern vor allem auch für das geistige:

»Oma, der Vortrag war so schlecht, ich fühl' mich *so* klein mit Hut.«

»Na, dann hast du doch viel Platz zum Wachsen.«

Lüneburg, im August 2017
Daniela Glahn

1 Einleitung

Im April 1850 schreibt Johanna Kinkel an ihren inhaftierten Ehemann Gottfried folgende Zeilen:

> Es ist für uns Beide unmöglich geworden, noch die Ansicht zu beherrschen, die sich nun von uns bildet. Wir müssen es dulden, daß wir mystische Personen werden, wie so manche vor uns. Du kömmst [in Adolf Strodtmanns Biografie, DG] besser weg, als ich: denn du darfst dich stolz, als ein Höherer empfinden, als du geschildert wirst. [. . .] Ich hingegen, werde nie das Bild rechtfertigen können, das Str:[odtmann] von mir giebt[.][1]

Sind Johanna Kinkel und ihr Ehemann heute tatsächlich »mystische Personen«? Realistisch betrachtet sind sie wohl eher »vergessene« Personen. Selbst in den jeweiligen Fachdisziplinen der Musik- und Literaturwissenschaft, in die ihr künstlerisches Schaffen hauptsächlich einzuordnen ist, spielen beide nur eine marginale Rolle. In Johanna Kinkels Fall scheint das zunächst nicht verwunderlich. Als Komponistin aus der ersten Hälfte des 19. Jahrhunderts, die sich vor allem der Lied-Gattung zugewandt hat, lässt sie sich schnell als unbedeutende Kleinmeisterin abtun: Nach einer auf den Haushalt bezogenen sowie musikalischen Erziehung hat sie geheiratet, den Haushalt geführt, die Kinder erzogen, Musikunterricht gegeben und eben auch ein bisschen komponiert. Schaut man jedoch genauer hin, so kommen indes schnell bemerkenswerte Facetten zum Vorschein, wie z. B. Johanna Kinkels maßgebliche Beeinflussung der Bonner Musikszene durch ihren Musikverein. Aber auch ihre ausgiebige musikpädagogische Tätigkeit und ihre daran anknüpfenden Publikationen stechen hervor – ebenso wie ihre Mitwirkung am literarischen Kreis des Bonner *Maikäfers*. Ihre Verbindung zu den Berliner Kreisen Bettina von Arnims und der Familie Mendelssohn sowie ihre aufschlussreichen musikwissenschaftlichen Arbeiten sind darüber hinaus genauso bemerkenswert wie nicht zuletzt ihre positive Haltung gegenüber der Demokratie, welche schließlich zu ihrem politischen Exil in London geführt hat.

Abseits dieser biografischen Details offenbart sich, dass die Besonderheit Johanna Kinkels jedoch nicht in ihrem eindrücklichen Lebensweg und in ihren

1 Klaus, *Liebe treue Johanna!*, S. 970. Orthografische und grammatische Eigenheiten in Zitaten werden in dieser Arbeit beibehalten.

vielfältigen musikalischen Handlungsfeldern zu suchen ist. Sie sticht vielmehr dadurch hervor, dass sie eine außerordentlich reflektierte Frau gewesen ist. Wie ihre eingangs zitierten Überlegungen bezeugen, lassen sich ihre Reflexionen in kulturwissenschaftlich bedeutsame Themengebiete wie Tradierung einordnen und weisen darüber hinaus eine bemerkenswerte Aktualität auf. Auch Johanna Kinkels Gedanken zum zeitgenössischen Umgang mit Musik sowie zu ihrem eigenen musikalischen Kunstschaffen zeugen von einer detaillierten Beobachtungsgabe und einer scharfsinnigen Auseinandersetzung mit den daraus resultierenden Erkenntnissen. Genau diese Eigenschaft macht Johanna Kinkel zu einem faszinierenden und spannenden Forschungsthema. Den Fokus dieser Arbeit möchte ich vor allem auf ihren Umgang mit dem Komponieren und Publizieren richten, um ihre Rolle als Komponistin schärfer zu konturieren. Daher sollen Fragen rund um das Komponieren – »Warum komponiert Johanna Kinkel?«, »Wie und unter welchen Bedienungen komponiert sie?«, aber auch »Warum und unter welchen Bedingungen veröffentlicht sie ihre Kompositionen?« – immer wieder als maßgebliche Referenzpunkte in dieser Arbeit dienen.

Wenn ich die »Kleinmeisterin« Johanna Kinkel in meiner Arbeit vorrangig unter dem Aspekt des Komponierens betrachte, stilisiere ich sie dann nicht zu etwas, was sie mitunter gar nicht gewesen ist – zu einer Komponistin? Entferne ich mich nicht sehr weit von der empirischen Person Johanna Kinkels – auch wenn sie selbst das Komponieren entsprechend reflektiert hat? Trage ich dementsprechend zu der von ihr angedeuteten »Mystifizierung« ihrer Person bei? Die Antworten auf diese Fragen müssen vor folgendem Hintergrund positiv ausfallen: Jede Darstellung – ob wissenschaftlich oder nicht – erstellt ein Bild von Johanna Kinkel. Diese Bilder geben naturgemäß eine subjektive Sicht wieder und müssen sich somit von anderen Wahrnehmungen – inklusive Johanna Kinkels eigener – unterscheiden.[2] Darstellungen von Johanna Kinkel als »Kleinmeisterin« oder als »komponierender Ehefrau und Mutter« sind dementsprechend genauso stilisierend oder subjektiv – oder, in Johanna Kinkels Formulierung, »mystisch« – wie die Betrachtung von ihr als Komponistin. Im vollen Bewusstsein dieser Problematik kreiere ich daher Bilder von ihr mit der Intention, zum einen ihren beeindruckenden Reflexionen Raum und Öffentlichkeit zu bieten und zum anderen Musikgeschichtsschreibung abseits von Heroengeschichtsschreibung zu betreiben. Letztlich sind diese subjektiven

2 Vgl. hierzu z. B. den Aufsatz »Die Subjektivität des Biographen« von Wolfgang Hildesheimer aus dem Bereich der Biografie-Forschung. (Hildesheimer, »Die Subjektivität«, S. 285–301.)

Bilder Ausdruck einer weiteren, grundlegenden Frage dieser Arbeit: »Als was für eine Komponistin erscheint Johanna Kinkel in meiner Rezeption?«

In der bisher publizierten Literatur zu Johanna Kinkel lassen sich kaum wissenschaftlich reflektierte Antworten darauf finden, warum und wie Johanna Kinkel komponiert hat und wie sie als Komponistin in Erscheinung tritt. Das scheint zunächst plausibel, wenn man berücksichtigt, dass viele Publikationen – vor allem um 1900 sowie zu Beginn des 21. Jahrhunderts – Veröffentlichungen von primärem Quellenmaterial wie Briefen, Aufsätzen oder anderen literarischen Erzeugnissen von Johanna Kinkel sind.[3] Auch die Veröffentlichungen von Freunden und Bekannten oder deren Nachfahren, welche Johanna Kinkel aus mehr oder minder persönlicher Perspektive darstellen, widmen sich kaum über das Anekdotische hinaus ihrer Komponistinnenrolle.[4] In erster Linie biografische Publikationen thematisieren natürlich Johanna Kinkels Kompositionstätigkeit in unterschiedlicher Ausführlichkeit als Teil ihres Lebenswegs, loten aber kaum die genaueren Umstände und Bedingungen dieser musikalischen Handlungsform aus.[5]

Aktuellere Lexika-Einträge sowie Erwähnungen in Sammelbänden, die sich mehreren Komponistinnen widmen, können eine entsprechende Aufarbeitung – allein schon aufgrund ihrer Kürze – nicht umfassend leisten.[6] Wiederum andere Veröffentlichungen betrachten Johanna Kinkel und ihre literarischen Schriften vor allem vor dem Hintergrund der zeitgenössischen Vorstellungen über Geschlechterrollen und beschäftigen sich gar nicht bzw. nur am Rande

3 Asten-Kinkel, »Friedrich Chopin«; Asten-Kinkel, »Johanna Kinkel in England«; Asten-Kinkel, »Johanna Kinkel über Mendelssohn«; Asten-Kinkel, »Johanna Kinkels Glaubensbekenntnis«; Bodsch/Klaus, *Johanna Kinkel*; Brandt u. a., *Der Maikäfer. Band 1–2*; Brandt-Schwarze u. a., *Der Maikäfer. Band 3–4*; Brandt-Schwarze, *Der Maikäfer. Kommentar*; Goslich, »Briefe von Johanna Kinkel«; Joesten, »Ungedruckte Kinkel-Briefe«; Kinkel, »Aus Johanna Kinkels Memoiren«; Klaus, *Liebe treue Johanna!*; Leppla, »Johanna und Gottfried Kinkels Briefe«; Meyer-Krämer, »Jakob Burckhardt«; Pahnke, »Briefe von Johanna Kinkel«; Rittershaus, »Felix Mendelssohn«; Schierenberg, »Erinnerungsblätter«.

4 Meysenbug, *Memoiren einer Idealistin*; Lewald, »Johanna Kinkel«; Kaufmann, »Rheinische Liederschau «; Kaufmann, »Johanna Kinkel«; Kaufmann, »Johanna und Gottfried Kinkel«; Kaufmann, *Noch einmal auf Johanna Kinkels Spuren*.

5 Hesse, »Gottfried und Johanna Kinkel«; Klaus, *Johanna Kinkel*; Schulte, *Johanna Kinkel*.

6 Ayaydin, »Johanna Kinkel«; Herold, »Kinkel, Johanna«; Müller/Wenzel, »Ich mag keine Dilettantin sein«; Nieberle, »Kinkel, Johanna«; Rieger, *Frau und Musik*; Weissweiler, *Komponistinnen*; Willison Lemke, »Johanna Kinkel«; Willison Lemke, »Kinkel, Johanna«.

mit ihrer Rolle als Komponistin.[7] Die interdisziplinär arbeitende Literaturwissenschaftlerin Sigrid Nieberle, die sich mit verschiedenen literarischen Texten Johanna Kinkels auseinandersetzt, kommt in ihrer Monografie *FrauenMusik Literatur* aufgrund der von ihr betrachteten Texte zu dem Schluss, dass sich Johanna Kinkel mit den Handlungsfeldern und -möglichkeiten von Frauen gerade im Bereich der Musik auseinandersetzt, jedoch grundsätzlich im Rahmen der existenten Geschlechterrollen verbleibt – eine selbstständige, gesellschaftlich anerkannte Komponistin findet auf inhaltlicher Ebene entsprechend in Johanna Kinkels Schriften keinen Platz.[8] Einen Bezug zu Johanna Kinkels eigener Komponierpraxis stellt Nieberle allerdings nicht her.

Einige wenige Publikationen fokussieren tatsächlich Johanna Kinkels kompositorische Tätigkeiten, so z. B. Else Thalheimers Dissertation *Johanna Kinkel als Musikerin* von 1922, in welcher Thalheimer ein erstes Werkverzeichnis zusammenstellt und verschiedene Kompositionen analysiert.[9] Die kulturelle Bedingtheit des Komponierens berücksichtigt Thalheimer jedoch genauso wenig wie der bereits 1910 unter dem gleichen Titel von A. N. Müller-Harzen herausgegebene Aufsatz im *Musikalischen Wochenblatt.*[10] Letztlich lassen sich zwei Aufsätze finden, die erste Einblicke in Johanna Kinkels Umgang mit dem Komponieren geben: Ann Willison Lemke betrachtet die Auswirkungen der Revolution von 1848/49 auf Johanna Kinkels Komponieren und Monica Klaus beschreibt in ihrem Aufsatz über Johanna Kinkels *Vogelkantate* deren Entstehungskontexte und Aufführungen.[11]

Der Begriff der KomponistIn[12] ist hier bereits mehrfach verwendet worden. Aber wer ist überhaupt eine KomponistIn bzw. was macht eine KomponistIn

7 Ervedosa, »Johanna Kinkel«; Mittag, *Johanna Kinkel*; Whittle/Pinfold, *Voices of Rebellion.*

8 Nieberle, FrauenMusikLiteratur, vor allem S. 122–152.

9 Thalheimer, Johanna Kinkel. Da Else Thalheimers Dissertation nie veröffentlicht worden ist, lässt sich ein erstes publiziertes Werkverzeichnis Johanna Kinkels erst in einer Fußnote in der Selbstbiografie Gottfried Kinkels von 1931 finden. (Sander, Gottfried Kinkels Selbstbiographie, Anm. 67, S. 220–223.)

10 Harzen-Müller, »Johanna Kinkel«.

11 Willison Lemke, »Robert Schumann«; Klaus, »... die Nachtigall«. Der Aufsatz von Monica Klaus wurde in den Bonner Geschichtsblättern veröffentlicht, in denen Johanna Kinkel immer wieder – wenn auch nicht als Komponistin – thematisiert worden ist. (Vgl. z. B. Henseler, Das musikalische Bonn; Bröcker, »Johanna Kinkels schriftstellerische und musikpädagogische Tätigkeit«.)

12 Ich habe mich dazu entschieden, in dieser Arbeit als Alternative zum generischen Maskulinum das Binnen-I zu verwenden – auch für mehr oder weniger feststehende Begriffe wie ErzählerIn oder AutorIn. Mir ist klar, dass diese Lösung einen Kompromiss darstellt, der einerseits bei manchen LeserInnen die Lesbarkeit des

aus? Ist eine KomponistIn eine NotenschreiberIn, eine musikalisch-kreative SchöpferIn oder vielleicht doch diejenige, die »geniale Werke« schreibt und ein Œuvre erarbeitet? In der musikwissenschaftlichen Literatur lassen sich einige wenige Publikationen finden, in denen sich die WissenschaftlerInnen damit auseinandersetzen, was es heißt, eine KomponistIn zu sein. So untersucht Axel Beer z. B. in seiner Monografie *Musik zwischen Komponist, Verlag und Publikum* die Korrespondenz zwischen KomponistInnen und ihren VerlegerInnen im ersten Drittel des 19. Jahrhunderts. Er dekonstruiert u. a. »das Bild des von der Gesellschaft unverstandenen, darbenden und nur zum Ruhme der Kunst sich Werk um Werk abringenden Komponisten«, indem er darauf verweist, dass KomponistInnen sich durchaus an Wünschen, Bestellungen und Korrekturen der VerlegerInnen orientiert haben.[13] Seine Zweifel daran, dass eine KomponistIn in der Regel ein Genie sein muss und nach Höherem strebt, fasst er wie folgt zusammen:

> Das Wahrnehmen und Respektieren der verschiedensten Ansprüche der Zeitgenossen [. . .] mußte Ausgangspunkt des Denkens eines jeden Komponisten bei der Zweckbestimmung seiner Werke sein, während das Ringen um ›geistige Höhenflüge‹ mit dem Ziel, sich einen Platz in der späteren Musikgeschichtsschreibung zu sichern, gewiß als Zeichen der Unreife verstanden wurde.[14]

In Anlehnung an Beer lässt sich für diese Arbeit festhalten, dass Genialität im musikalischen Schaffensprozess kein hinreichendes Kriterium ist, welches ein Individuum zu einer KomponistIn macht und dass hingegen vielmehr die Bedingungen, die sich aus den Wechselbeziehungen zwischen KomponistIn, Verlag und Publikum ergeben, das Komponieren bestimmen. Demgegenüber beschäftigt sich Rebecca Grotjahn damit, ob die Frage nach der KomponistIn vielleicht eine gegenderte Frage ist. Vor allem in ihren Aufsätzen über Robert Schumanns *Myrthen* und über Josephine Langs op. 14 reflektiert Grotjahn, was es heißt, eine KomponistIn zu sein und ob das Geschlecht dabei eine Rolle

Texts einschränkt und andererseits bei anderen LeserInnen den Einwand hervorrufen kann, dass immer noch auf eine durchaus inadäquate Zweigeschlechtlichkeit Bezug genommen wird. Da eine aus meiner Sicht optimale Vereinbarkeit von Lesbarkeit und Berücksichtigung aller geschlechtlichen Lebensmodelle noch nicht gefunden worden ist, habe ich diese Variante ausgewählt, die aus meiner Sicht beiden Perspektiven zumindest zu einem gewissen Grad Rechnung trägt.

13 Vgl. Beer, *Musik zwischen Komponist, Verlag und Publikum*, S. 200 und S. 204–205.

14 Ebd., S. 394.

spielt.[15] Im Kontext ihrer Ausführungen zu Josephine Lang umschreibt Grotjahn sehr eindrücklich die entsprechenden Zusammenhänge:

> Komponist sein kann mit dem Anspruch einher gehen, Anerkennung zu finden und in die Musikgeschichte einzugehen, was sich oft in einem mehr oder weniger planmäßig aufgebauten Œuvre mit einem breiten Gattungsspektrum niederschlägt. Komponist sein kann durch das Ziel, Geld zu verdienen, definiert sein; dann werden besonders ›gangbare‹ Gattungen bevorzugt. Komponist sein kann dem Anliegen untergeordnet sein, die Chancen bei der Erlangung von Kapellmeister-, Organisten- oder Tonsatzlehrerstellen zu steigern, oder dem, einem Profil als Virtuose besondere Konturen zu verleihen; die Gattungswahl wird sich dann vor allem nach Möglichkeiten öffentlicher Präsentation richten. Was aber kann »Komponistin sein« heißen – in einer Zeit, in der Frauen für die meisten Positionen im Musikleben nicht in Frage kamen, in der sie nur eingeschränkt wirtschaftlich selbstständig waren und in der der Glaube daran, dass (Musik-)Geschichte von ›großen Männern‹ gemacht werde, kaum zu erschüttern war? Und was bedeutet es, wenn sich eine Komponistin auf Lieder spezialisiert?[16]

Hier scheinen die beiden miteinander verknüpften Aspekte der Motivation und der Gattungswahl als bestimmende Faktoren des »Komponist[In] sein« hervor. Die zwei Fragen am Ende des Zitats deuten an, dass diese Kategorien durchaus gegendert sein können und dass – zumindest im 19. Jahrhundert – »Komponist sein« etwas anderes bedeutet hat als »Komponistin sein«. Trotz dieser aufschlussreichen Einsichten Beers und Grotjahns zu dieser Thematik lässt sich festhalten, dass eine Reflexion, die sich damit auseinandersetzt, was jemanden zu einer KomponistIn macht, noch nicht zum Standard des musikwissenschaftlichen Arbeitens zählt. Das Fehlen eines eigenständigen Artikels zum Begriff KomponistIn in der *MGG 2* bringt diesen Umstand exemplarisch zum Ausdruck.[17] Aber auch im spezialisierten Lexikon *Musik und Gender*

15 Vgl. Grotjahn, »Lieder singen«; Grotjahn, »Mein bessres Ich«.

16 Grotjahn, »Lieder singen«, S. 18.

17 Anhand des Registers lässt sich nachweisen, dass der Begriff Komponist in der *MGG 2* in Unterkapiteln der Artikel »Dirigieren«, »Musik und Rhetorik«, »Musiker« und »Musiksoziologie« thematisiert wird. (Vgl. Gülke, »Dirigieren«; Krones, »Musik und Rhetorik«; Salmen/Bröcker, »Musiker«; Kaden/Giese/Schrammek, »Musiksoziologie«.) Auch wenn vor allem der Artikel »Musiker« einige Gedanken zum sich im 14. Jahrhundert entwickelnden Autorschafts- und Urheberschaftgefühl einer KomponistIn und zur Spezialisierung der HofmusikerIn zur Kompo-

fehlt eine Auseinandersetzung mit diesem Begriff anhand eines eigenen Artikels.[18]

Wie lässt sich eine Arbeit schreiben, in der es darum geht, eine Frau als KomponistIn darzustellen, wenn der Begriff als solcher insgesamt noch so wenig Aufarbeitung erfahren hat? Die Antwort auf diese Frage liegt darin, dass ein Anliegen dieser Ausführungen sein muss, den Begriff der KomponistIn zumindest mit einigen möglichen Inhalten zu füllen; also Formen des »KomponistIn Sein« anhand von Johanna Kinkels Handlungsweisen herauszuarbeiten.[19] Hier schließt sich die Frage an, wie bzw. womit sich das KomponistIn Sein fassen lässt: Welche Quellen sagen etwas über das KomponistIn Sein aus? Intuitiv scheinen es insbesondere zwei Quellentypen zu sein, die zur Beantwortung dieser Frage herangezogen werden können. Auf der einen Seite sind das vor allem selbst verfasste Dokumente der KomponistIn wie Briefe oder Tagebucheinträge, in denen sie auf ihre kompositorische Tätigkeit und die damit verbundenen Vorstellungen und Handlungen Bezug nimmt. Auf der anderen Seite können diese subjektiven und mitunter konstruierenden Quellen durch Betrachtungen der tatsächlichen Kompositionen erweitert werden, die sowohl inhaltlich als auch formal etwas über das KomponistIn Sein der SchöpferIn aussagen.

Gerade wenn es darum geht, sich damit auseinanderzusetzen, in welchem Zusammenhang eine KomponistIn – generell eine AutorIn – zu ihrem Werk steht, kann man auf eine umfangreiche wissenschaftliche Diskussion zurückgreifen. In der Literaturwissenschaft wurde vor allem im 20. Jahrhundert dieses Verhältnis anhand der Autorschaftsthematik eingehend reflektiert.[20] Ein Ausgangspunkt für diese Diskussion ist zunächst die Bedeutung der AutorIn für die Interpretation ihres Texts gewesen. Diese Rolle der AutorIn lässt sich

nistIn enthält, lässt sich insgesamt mit Hilfe dieser vereinzelnten Hinweise keine umfassende Begriffsklärung vornehmen.

18 Kreutziger-Herr/Unseld, Lexikon *Musik und Gender.*

19 Die Formulierung »Komponist[In] Sein« erwähnt Rebecca Grotjahn erstmals in ihrer Analyse der *Myrthen* Schumanns, in welcher sie u. a. das Fazit zieht, dass Schumann »Komponist Sein als Mann Sein« konstruiert. (Vgl. Grotjahn, »Mein bessres Ich«, S. 178.) Im Folgenden beziehe ich mich immer wieder auf Rebecca Grotjahns Formulierung, ich werde aber die Anführungszeichen und den entsprechenden Literaturverweis zugunsten einer einfacheren Lesbarkeit aussparen sowie die substantivierte Form KomponistIn Sein verwenden.

20 Die Literaturwissenschaftler Fotis Jannidis und Heinrich Detering haben durch ihre Publikationen *Rückkehr des Autors* und *Autorschaft. Positionen und Revisionen* um die Jahrtausendwende eine Einarbeitung in die literaturwissenschaftliche Auseinandersetzung mit dem Thema Autorschaft auf eine vielschichtige Art und Weise ermöglicht. (Vgl. Jannidis u. a., *Rückkehr des Autors*; Detering, *Autorschaft.*)

an einem Kontinuum verdeutlichen, dessen Pole sich durch folgende Frage umschreiben lassen: Ist die AutorIn lediglich diejenige, die einen Text aufgeschrieben hat, oder bietet ihre Biografie für die Interpretation essenzielle Informationen? Als Beispiel für eine Forschungsrichtung, welche der Biografie einer AutorIn im Hinblick auf die Textinterpretation höchste Priorität einräumt, sei hier der Biografismus erwähnt.[21] Gesteht man der AutorIn demgegenüber nur eine marginale Rolle für die Interpretation eines Texts zu, so treten Konzepte wie das des intentionalen Fehlschlusses in den Vordergrund, welche außertextliche Informationen als Hilfsmittel für die Interpretation ausschließen.[22] Das Konzept des »implied author« nach Wayne C. Booth greift einerseits die mehr oder weniger textimmanente Interpretationsweise auf und verweist andererseits aber auch darüber hinaus.[23] Während die Übersetzungsvariante des Begriffs »implied author« als »impliziter« AutorIn auf eine im Text manifestierte Erscheinung der AutorIn verweist – und in der Musikwissenschaft durch Carl Dahlhaus' »ästhetisches Subjekt« Berücksichtigung erfahren hat –,[24] bezieht sich die Übersetzungsvariante als »implizierter« AutorIn auf eine Konstruktion der AutorIn durch die LeserIn im Rezeptionsprozess.[25] Durch diese zuletzt genannte Variante wird die Rolle der RezipientIn für die Interpretation enorm aufgewertet. Diese Sichtweise findet sich bereits bei Roland Barthes, der in seinem Aufsatz »Der Tod des Autors« gerade darauf Bezug nimmt, dass die AutorIn für die Textinterpretation keine Bedeutung hat, sondern die LeserIn in ihrem Rezeptionsprozess den Text, der als Zusammenstellung von intertextuellen Zitaten verstanden wird, sinnstiftend verarbeitet.[26]

Berücksichtigt man nicht nur in erster Linie die inhaltliche Dimension eines Texts oder Werks, sondern gerade auch die formalen Eigenschaften, so treten andere Fragen im Hinblick auf die AutorIn in den Fokus. Ist sie tatsächlich die alleinige SchöpferIn? Welche Rolle spielen z. B. im Bereich des Lieds TexterInnen und DruckerInnen? Schaffen sie das Lied bzw. das Opus mit? Diese Fragen gehören in den Themenkomplex, der in der Literaturwissenschaft mit Begriffen wie pluraler oder kollektiver Autorschaft zu fassen versucht wird.[27] In der musikwissenschaftlichen Forschungsarbeit werden solche Fragen vor allem im Bereich der Edition berücksichtigt, wie der Band *Autor – Autorisation –*

21 Zum Begriff Biografismus vgl. Kindt/Müller, »Was war eigentlich der Biographismus«.
22 Vgl. Wimsatt/Beardsley, »Der intentionale Fehlschluss«.
23 Vgl. Booth, »Der implizite Autor«.
24 Dahlhaus, *Ludwig van Beethoven*, S. 60–73.
25 Diese Thematik wird ausführlicher in Kapitel 2, S. 26–28 aufgegriffen.
26 Barthes, »Der Tod des Autors«, S. 192.
27 Vgl. Osterkamp, »Einführung«, S. 177–180.

Authentizität zeigt.[28] Hier werden vor dem Hintergrund der Herausgabe von (Noten-)Texten vor allem folgende Fragen gestellt und verhandelt: Wer trägt Verantwortung für einen Text? Wer eignet sich Macht über diesen an? Wie kann sich Autorschaft auf verschiedene Personen aufteilen? Welche Bedeutung hat es, wenn diese Aufteilung nicht stattfindet? Und wie lässt sich in diesem Zusammenhang die Rolle der Schriftlichkeit von Musik einschätzen?

Eine Auseinandersetzung mit der AutorIn, die den theoretischen Hintergrund für diese Arbeit bildet, ist Foucaults Darlegung seiner Ideen zur Autorfunktion.[29] Anhand der Besonderheiten des Namens einer AutorIn führt Foucault aus, dass eine AutorIn – über ihre empirische Person hinaus – Funktionen in verschiedenen Diskursen erfüllt. Diese Funktionen – letztlich das, »was aus einem Individuum einen Autor macht«[30] – sind verhandelbar und veränderlich. Dementsprechend liegt die für diesen Kontext entscheidende Idee darin, dass Foucault das, was man unter einer AutorIn versteht, als eine von Epochen und Diskurstypen abhängige Konstruktion betrachtet.[31] Übertragen auf den Begriff der KomponistIn führen diese Überlegungen dazu, auch diese als eine Konstruktion zu verstehen, die zu unterschiedlichen Zeiten und in unterschiedlichen Zusammenhängen jeweils andere Funktionen aus(ge)füllt (hat).

Mit der Rolle – mit der Funktion – der KomponistIn im 15. und 16. Jahrhundert setzt sich Michele Calella auseinander, indem er sich u. a. in verschiedenen Aufsätzen mit der Nennung von AutorInnen in Musikhandschriften und -drucken beschäftigt.[32] Er arbeitet in diesen Aufsätzen heraus, dass gerade der Druck dazu geführt hat, dass vermehrt Autorschaftsangaben gemacht worden sind. Diesen Befund interpretiert er vor dem Hintergrund von Foucaults Autorfunktion und hält fest, dass KomponistInnen anhand ihrer Namen insgesamt wahrnehmbar werden und ein Vergangenheits- bzw. Geschichtsverständnis anhand von KomponistInnennamen entwickelt wird.[33] In seiner Habilitationsschrift *Musikalische Autorschaft. Der Komponist zwischen Mittelalter und Neuzeit* erweitert Calella den zugrunde gelegten Zeitraum seiner Betrachtungen und differenziert das »verbreitete Gesamtbild der Frühphase europäischer Musikgeschichte im Hinblick auf die Figur des Komponisten« aus.[34] So interpretiert er etwa Orlando di Lassos außergewöhnliches kaiser-

28 Bein/Nutt-Kofoth/Plachta, *Autor – Autorisation – Authentizität.*
29 Foucault, »Was ist ein Autor?«.
30 Ebd., S. 214.
31 Vgl. ebd., S. 213–214.
32 Vgl. Calella, »Names of the past«; Calella, »Patronage, Ruhm und Zensur«; Calella, »Praestantissimi artifices«.
33 Vgl. Calella, »Names of the past«, S. 130.
34 Calella, *Musikalische Autorschaft*, S. 7.

liches Druckprivileg, welches seine Kompositionen wirksam gegen von ihm unautorisierte Kopien geschützt hat, aufgrund der im Druckprivileg manifestierten »starke[n] Orientierung an der Person [Lassos, DG] ohne sachliche oder zeitliche Beschränkung« als einen Baustein einer »graduelle[n] Stärkung [der] Autorfunktion« von KomponistInnen.[35] Im einleitenden Kapitel zur »Musikalischen Autorschaft« setzt er sich darüber hinaus im Zuge seiner theoretischen Verortung auf sehr fruchtbare Art und Weise mit der Entstehung und Verwendung des »musikalischen Autors« bzw. der KomponistIn in der Musikwissenschaft auseinander.[36] »[Ü]berspitzt« hält Calella hier z. B. fest, dass MusikwissenschaftlerInnen »den Komponisten nicht nur ›vorfinde[n]‹, sondern auch ›erfinde[n]‹« und aus diesem Grund auch als »Erfinder von ›Komponistennarrativen‹« betrachtet werden können.[37] Diese Betrachtungsweise führt Foucaults Gedanken zur Autorfunktion sinnfällig weiter und verortet sie gleichzeitig innerhalb der Musikwissenschaft.

Letztlich haben mir die Überlegungen zweier WissenschaftlerInnen geholfen, die Idee der Konstruktion von Autorschaft mit den Fragen nach Johanna Kinkels kompositorischer Tätigkeit in Verbindung zu bringen. Die Literaturwissenschaftlerin Sandra Heinen hat durch ihr Konzept des Autorkonstrukts offen gelegt, wie Vorstellungen oder Bilder einer AutorIn im Rezeptionsprozess entstehen, und der Musikwissenschaftler Christian Storch hat dieses Konzept auf die Eigenheiten der Musik übertragen.[38] Da das Autorkonstrukt nach Sandra Heinen und Christian Storchs Auseinandersetzung mit demselben im folgenden Kapitel zur Konzeption der Arbeit eingehend thematisiert werden,[39] möchte ich an dieser Stelle lediglich darauf verweisen, dass Heinen den Konstruktionsprozess genauer ausdifferenziert und dabei der Subjektivität der RezipientIn eine wichtige Rolle zuspricht, indem sie die Vorstellungen über eine AutorIn (Autorkonstrukte) als subjektive Konstruktionen der RezipientIn auffasst. Dabei kehrt sich die bisher thematisierte Perspektive um: Es geht nicht in erster Linie um die Bedeutung, die eine AutorIn für die Werkinterpretation hat, sondern darum, wie sich u. a. ein Werk in seinen verschiedenen Dimensionen auf die Wahrnehmung der AutorIn auswirken kann – letztlich darum, wie in Johanna Kinkels Terminologie »mystische Personen« entstehen. Mit Hilfe dieses Konzepts des Autorkonstrukts möchte ich mit meiner Arbeit

35 Vgl. Calella, *Musikalische Autorschaft*, S. 133.
36 Vgl. ebd., S. 11–48.
37 Ebd., S. 30.
38 Vgl. Heinen, Literarische Inszenierung und Storch, Der Komponist.
39 Vgl. Kapitel 2, S. 25–62.

über Johanna Kinkel letztlich dazu beitragen, das, was eine KomponistIn im 19. Jahrhundert ausmacht, genauer zu umreißen.

Durch diese Fokussierung der AutorIn lässt sich diese Arbeit grundsätzlich im Bereich der musikwissenschaftlichen Biografik verorten. Dass gerade auch hier die beiden Aspekte der Konstruktivität und Subjektivität eine Rolle spielen, zeigt sich an Beatrix Borchards Arbeit *Stimme und Geige*. In Bezug auf biografisches Schreiben rückt Borchard die Kriterien der Konstruktivität und Subjektivität in den Mittelpunkt, indem sie auf methodischer Ebene die Ideen des »Gegen-« und »Lückenschreibens« sowie der »Montage« u. a. anhand der Überlegungen Klaus Füßmanns erarbeitet, der die Konstruktivität von Geschichte anhand der sechs Punkte Retrospektivität, Perspektivität, Selektivität, Sequenzialität, Kommunikativität und Partikularität entwickelt.[40] Durch das »Gegen-« und »Lückenschreiben « trägt Borchard der ForscherInnen-Subjektivität sowie der Beliebigkeit des überlieferten Quellenmaterials Rechnung. Die »Montage« verweist demgegenüber vor allem auf die Konstruktionsarbeit der BiografIn.[41] Dass auch Borchard gerade diesen beiden Aspekten im Kontext von Biografie Rechnung trägt, unterstreicht deren Bedeutsamkeit in dieser wissenschaftlichen Sparte.

Bevor ich im folgenden Kapitel in die theoretisch-konzeptionellen Überlegungen einsteige, möchte ich an dieser Stelle noch auf eine für diese Arbeit äußerst virulente Problematik eingehen: der Name der Frau, über die ich schreibe – Johanna Mockel, Johanna Mathieux, Johanna Kinkel. Zu unterschiedlichen Zeiten, aber auch für unterschiedliche Anlässe verwendet sie verschiedene Varianten ihres Namens. Die zeitliche Komponente scheint dabei zunächst recht greifbar: zu Mädchenzeiten der Name Mockel, während ihrer ersten Ehe der Name Mathieux, nach der Scheidung wieder der Name Mockel und schließlich in ihrer zweiten Ehe der Name Kinkel. Dass diese klare, chronologische Unterscheidung jedoch sowohl von anderen als auch von ihr selbst immer wieder durchbrochen worden ist, zeigt sich an verschiedenen Stellen. So beginnt Bettina von Arnim beispielsweise im Juni 1844 einen Brief mit »Liebe Mathieux« im vollen Bewusstsein, dass die Adressatin bereits den Namen Johanna Kinkel trägt. Die Nutzung des »alten« Namens ist nach Bettina von Arnim eine Referenz auf frühere Zeiten und Freundschaft.[42] An anderer Stelle lässt sich beobachten, dass in der Zeit von 1840 bis 1843 – zwischen den

40 Füßmann, »Historische Formung«, S. 32–36.

41 Das Prinzip der Montage stellt Borchard erstmals in ihrem Aufsatz »Mit Schere und Klebstoff. Montage als wissenschaftliches Verfahren in der Biographik« in der Festschrift für Rainer Cadenbach *Musik und Biographie* dar. (Borchard, »Mit Schere und Klebstoff«.)

42 Arnim, *Brief vom 06.06.1844 an Johanna Kinkel*, Hs-17805.

beiden Ehen – im Register des *Maikäfers* durchgängig der Name »Mockel« verwendet wird, während sämtliche Liederhefte bzw. anderweitige Opera aus eben diesem Zeitraum den Namen »Mathieux« aus erster Ehe aufweisen. Bleibt man bei den Namen, die auf den verschiedenen musikalischen Publikationen abgedruckt worden sind, so verweist das Opus 17 – 1847/48[43] unter dem Namen »J. Mathieux« erschienen – auf eine weitere Besonderheit: Johanna Kinkel veröffentlicht dieses Liederheft unter dem Namen »Mathieux« aus ihrer ersten Ehe, obwohl sie zu diesem Zeitpunkt bereits mindestens vier Jahre mit ihrem zweiten Ehemann Gottfried Kinkel verheiratet gewesen ist. Da ich die Umstände der Veröffentlichung dieses Liederhefts bisher nicht klären konnte, kann ich auch keine abschließende Aussage über die Gründe für diese Namenswahl treffen. Die Tatsache, dass das Opus nach einigen Jahren Pause – mutmaßlich durch die Geburt der Kinder bedingt – und darüber hinaus nach dem Opus 18 erschienen ist, lässt vermuten, dass z. B. keine VerlegerIn gefunden worden ist und/oder die Kontinuität des Namens im Hinblick auf die Opera-Zählung – auch das Opus 18 wurde unter dem Namen »J. Mathieux« publiziert – gewahrt werden sollte.[44] Der Vollständigkeit halber möchte ich hier noch erwähnen, dass der erste Notendruck mit dem Namen »Johanna Kinkel« spätestens 1849 als Opus 19 publiziert worden ist.[45] Festzuhalten bleibt, dass im Rezeptionsprozess viele verschiedene Namen auftauchen, welche die Wahl des passenden Namens erschweren und beim ständigen Wechsel mitunter bei der RezipientIn für Verwirrung sorgen können. Dass Johanna Kinkels *Vogelkantate* in einer Ausgabe aus dem Jahr 1966 von Gerhard Rehm dem französischen Musiker Jean Baptiste Mathieu (1762–1847) zugeschrieben wurde,[46] veranschaulicht diesen Umstand eindrucksvoll.

Rebecca Grotjahn thematisiert die Namenswahl gerade im Falle von Komponistinnen in ihrer Besprechung verschiedener Publikationen über Fanny Hensel. Dass die Wahl des Namens nicht leichtfertig abgetan werden kann, begründet Grotjahn damit, dass ein Name »keine Äußerlichkeit« sondern ein gewichtiger Baustein in der »Herausbildung der Identität einer Künstlerpersönlichkeit« ist.[47] Dass ein Name aber nicht nur für diese Entwicklung von immenser Bedeutung ist, sondern auch für Tradierungsprozesse, bringt die

43 Vgl. Deutsch, *Musikverlagsnummern*, S. 8–9.; N. N., »J. Matthieux, op. 17«.

44 Dass Opuszahlen durchaus strategisch ausgewählt worden sind, legt Axel Beer in seiner Arbeit *Musik zwischen Komponist, Verlag und Publikum* dar. (Vgl. Beer, *Musik zwischen Komponist, Verlag und Publikum*, S. 374–378.)

45 Vgl. N. N., »Johanna Kinkel, op. 19«. Sämtliche nachfolgenden Opera tragen ebenso den vollständigen Namen »Johanna Kinkel«.

46 Mathieu, *Die Vogel-Kantate*.

47 Grotjahn, »Die story«, S. 35.

Literaturwissenschaftlerin Susanne Kord treffend auf den Punkt: »[W]er namenlos bleibt, kann nicht namhaft werden, wer nicht namhaft ist, wird nicht tradiert.«[48] Für Frauen hat diese Wirkmacht des Namens eine erhebliche Konsequenz: Gerade bei ihnen ist es oftmals schwer, z. B. aufgrund des »patriarchalen Namensrechts« und/oder Verschleierungstaktiken wie Anonymität oder Pseudonymität den einen Namen zu benennen, der ihre Künstlerpersönlichkeit repräsentiert und gleichzeitig Tradierungsprozesse ermöglicht.[49] Im retrospektiven wissenschaftlichen Umgang mit Frauen hält die Namenswahl noch eine weitere Problematik bereit: Hat man sich beispielsweise für den Geburtsnamen oder einen Ehenamen entschlossen, wird – aller Voraussicht nach – mit dem »unmarkierten [Nach]namen [der] männliche ›Normalfall‹ assoziiert«.[50] Aus diesem Umstand ergeben sich Benennungen von Frauen, in denen der Vorname und/oder der Geburtsname zusätzlich genannt werden, in denen die Anrede »Frau« benutzt wird oder aber ein Artikel vorangestellt oder das Suffix »-in« angehängt wird.[51] Letztlich bewirken diese Geschlechtsmarkierungen jedoch eine Differenzierung aufgrund einer Kategorisierung, die von dem eigentlichen Themengebiet – in diesem Fall dem Komponieren – völlig unabhängig ist.[52]

In meiner Arbeit möchte ich daher aus verschiedenen Gründen weitgehend den Namen Johanna Kinkel verwenden. Zunächst ist es mir nicht immer möglich, eindeutig Johanna Kinkels Namenspräferenz zu ergründen. Eine Entscheidung meinerseits für einen bestimmten Namen in individuellen Kontexten – z. B. Hannchen Mockel, J. Mathieux, Johanna Kinkel oder Direktrix – würde eine (psychologische) Kenntnis Johanna Kinkels voraussetzen, die ich nicht haben kann. Da sich außerdem in der Rezeption der Name Johanna Kinkel bisher am deutlichsten durchgesetzt zu haben scheint, möchte ich in erster Linie diesen Namen verwenden, um die entstehende Vereinheitlichung nicht zu durchbrechen. Falls es von Bedeutung ist, dass sie zu einem bestimmten Zeitpunkt einen anderen Namen getragen hat, werde ich dies an gegebener Stelle eigens thematisieren. Schließlich möchte ich noch erwähnen, dass ich den Vornamen Johanna nutze, um zwischen ihr und ihrem Ehemann Gottfried Kinkel zu differenzieren – Gottfried Kinkel werde ich indes auch stets mit seinem Vornamen nennen.

48 Kord, *Sich einen Namen machen*, S. 12.
49 Vgl. Grotjahn, »Die story«, S. 35.
50 Ebd., S. 36.
51 Ebd. Möglich wäre ebenso eine Kombination aus der Anrede »Frau« und dem Namen des Ehemanns – bspw. Frau Gottfried Kinkel.
52 Ebd., S. 35.

Um diese einleitenden Überlegungen abzuschließen, möchte ich zuletzt noch einige Hinweise für die LeserIn anbringen. Im folgenden Kapitel werde ich zunächst detaillierter auf verschiedene Autorschaftskonzepte eingehen, um im Anschluss daran meinen eigenen theoretischen Ansatz für diese Arbeit – eine überarbeitete Form des »Autorkonstrukts« nach Sandra Heinen – genauer abzustecken. Die nachfolgenden Kapitel veranschaulichen daran anknüpfend vier verschiedene Facetten eines Autorkonstrukts von Johanna Kinkel, welches in meiner Rezeption entstanden ist und dessen Entwicklung ich nachzuzeichnen versuche. Im dritten Kapitel widme ich mich der *Vogelkantate*, bei der ich gerade den Notentext und die Umstände der Veröffentlichung betrachte, um Johanna Kinkels Rolle als marktorientierte Komponistin herauszuarbeiten. Im folgenden Kapitel betrachte ich vor allem Quellenmaterial, in dem es um die künstlerische Zusammenarbeit Johanna und Gottfried Kinkels geht. Dieses vierte Kapitel soll u. a. ausloten, inwieweit das Ehepaar Kinkel sein künstlerisches Schaffen und seine Publikationstätigkeit zusammen bzw. in Abhängigkeit voneinander ausgeübt hat. Im fünften Kapitel steht Johanna Kinkels musikpädagogische Tätigkeit im Vordergrund. Diese hat einen beachtlichen Anteil ihrer Publikationen bedingt, welche sehr eindrücklich alternative Formen, aber auch Grenzen musikalischer Autorschaft deutlich werden lassen. Im letzten Hauptkapitel bespreche ich verschiedenste Quellen – von Liedkompositionen über Aufnahmen bis hin zu Postkarten –, welche die Frage aufwerfen, ob Johanna Kinkel als eine deutsche Komponistin betrachtet werden kann. Diese Kapitel können durchaus separat gelesen werden – je nach Forschungsinteresse. Es bleibt jedoch zu betonen, dass diese Facetten des Autorkonstrukts als subjektive Konstruktion aus meiner eigenen Autorschaftsperspektive heraus und als eine Interpretation der Quellen zu verstehen ist. Erwähnen möchte ich darüber hinaus noch einen stilistischen Aspekt. Ich werde immer wieder recht lange Zitate verwenden. Dies geschieht einerseits vor dem Hintergrund, die Kontexte, aus denen sie stammen, nicht unnötig abzukürzen bzw. zu verschleiern. Andererseits kann die RezipientIn dadurch besser einschätzen, ob die entsprechende, mitunter schwer zugängliche Quelle evtl. auch für das eigene Forschungsthema von Interesse sein könnte.

2 Autorkonstrukte – Konzeption der Arbeit

Welche Bedeutung hat die RezipientIn für ein Werk und seine AutorIn? Ist sie Ansporn für kreatives Schaffen? Ist sie BewunderIn des vollendeten Meisterwerks? Diese Funktionen können nicht einmal ansatzweise erklären, welche Bedeutung ihr innerhalb der Trias AutorIn, Werk und RezipientIn im Zuge der literarischen Rezeptionsforschung zugedacht wird. In dieser Forschungsrichtung wird vielmehr davon ausgegangen, dass nicht nur eine AutorIn eine SchöpferIn eines Werks ist, sondern dass die RezipientIn eine ebenso essenzielle, schöpferische Rolle spielt: »Der Text wird nach diesem [rezeptionsästhetischen, DG] Lit[eratur]verständnis erst im Leseprozeß durch die Interaktion mit dem Leser komplettiert und entsteht nur durch die Konkretisation vollends.«[53] In meiner Arbeit möchte ich in einem weiteren Schritt nicht nur das Werk als Produkt der RezipientIn betrachten, sondern ebenso die AutorIn selbst – bzw. in diesem Fall die KomponistIn. RezipientInnen – seien es nun Familienmitglieder oder unbekannte ZeitgenossInnen der Kinkels, WissenschaftlerInnen aus der ersten Hälfte des 20. oder DoktorandInnen des 21. Jahrhunderts – erstellen im Rezeptionsprozess nicht nur individuelle Versionen eines Werks, sondern auch individuell verschiedene Bilder der Komponistin Johanna Kinkel.

2.1 Bilder einer AutorIn – Herleitung und Adaption des Autorkonstrukts

Bereits 1987 beschreibt Carl Dahlhaus in seiner Auseinandersetzung mit dem Werk Ludwig van Beethovens eine Möglichkeit, wie Bilder einer Schaffenden – zunächst posthum – entstehen können: »Das Bild, das von Beethoven im Gedächtnis der Nachwelt überdauert, setzt sich diffus zusammen aus Eindrücken, die von den Werken ausgehen, und Biographie-Fragmenten, die zu einem großen Teil aus Legenden und Anekdoten bestehen.«[54] Helmut Rösing greift diese Idee gut zehn Jahre später im Zusammenhang eines Bruckner-Symposions unter dem Titel »Künstler-Bilder« wieder auf: »Mentale Komponistenbilder sind die Quersumme von all dem, was innerhalb einer Gesellschaft in Bezug auf

53 Antor, »Rezeptionsästhetik«, S. 571.

54 Dahlhaus, *Ludwig van Beethoven*, S. 29.

Leben und Werk einer Komponistenpersönlichkeit relevant ist.«[55] Zwei ergänzende Aspekte sind in Rösings Auseinandersetzung mit dem Komponistenbild hervorhebenswert: Zum einen betrachtet er nicht nur posthume Bilder einer KomponistIn, sondern bezieht ebenso deren Lebensspanne in die Betrachtung mit ein;[56] zum anderen hebt er die Bedeutung eines Komponistenbilds für den Rezeptionsprozess eines Werks hervor.[57] Im Anschluss an Dahlhaus und Rösing kann festgehalten werden, dass Bilder einer KomponistIn durch Werke derselben sowie durch sämtliche Informationen, die sie betreffen, entstehen und gleichzeitig wiederum die Wahrnehmung des Werks bedingen, also eine wechselseitige Beziehung zwischen Werk und Komponistenbild besteht.

Sowohl die Existenz als auch die Bedeutung von Bildern einer KomponistIn wurden, wie oben angedeutet, verschiedentlich bereits konstatiert;[58] ein systematischer Überblick, wie diese Bilder letztlich zustande kommen, fehlt jedoch. An dieser Stelle kann ein Blick in die Literaturwissenschaft hilfreich sein. Sandra Heinen hat sich mit eben diesem Phänomen in Bezug auf die kreative SchöpferIn im Bereich der Literatur, der AutorIn, beschäftigt und – ausgehend vom Begriff des »implied author« – eine Systematisierung sowie Verortung im literarischen Wissenschaftsdiskurs vorgenommen.[59]

Damit Sandra Heinens Ausführungen besser nachvollzogen werden können, sei hier kurz auf eben dieses Konzept des »implied author«[60] nach Wayne C. Booth aus den 1960er Jahren eingegangen.[61] Mit dem »implied author« kann eine Instanz bezeichnet werden, die im literarischen Kommunikationsmodell zwischen der empirischen AutorIn und der ErzählerIn bzw. den Figuren zu verorten ist.[62] Zunächst wird innerhalb dieses Kommunikationskonzepts das Sender-Empfänger-Modell auf zwei Ebenen angewandt: Die textimmanente Instanz der ErzählerIn (SenderIn) und ihre ebenfalls textimmanente EmpfängerIn werden in die textexterne Version des Modells – bestehend aus empiri-

55 Rösing, »Musikpsychologische Aspekte«, S. 30.

56 Vgl. ebd., S. 26.

57 Vgl. ebd., S. 30.

58 Vgl. z. B. auch Battersby, *Gender and genius*, S. 152: »[B]ut it is the audience that (collectively) creates the ›author‹ or ›artist‹ out of the facts at its disposal.«

59 Eine sehr interessante Auseinandersetzung mit Konzepten des slawischen Funktionalismus zu diesem Themenbereich – als Stichworte seien hier u. a. der maskierte Autor (Gruzdev), das Autorbild (Vinogradov) oder der Schöpfer-Autor (Bachtin) genannt – findet man bei Götz, »Autortheorien«.

60 Vgl. Booth, »Der implizite Autor«, S. 138–152.

61 Für einen Überblick über die komplexe Begriffsgeschichte vgl. z. B. Kindt/Müller, *The Implied Author*, insbesondere S. 42–55.

62 Vgl. Nünning, »Autor, impliziter«, S. 37.

scher AutorIn und LeserIn – eingebettet. Berücksichtigt man zusätzlich den »implied author«, so ergibt sich folgender (literarischer) Kommunikationszusammenhang:

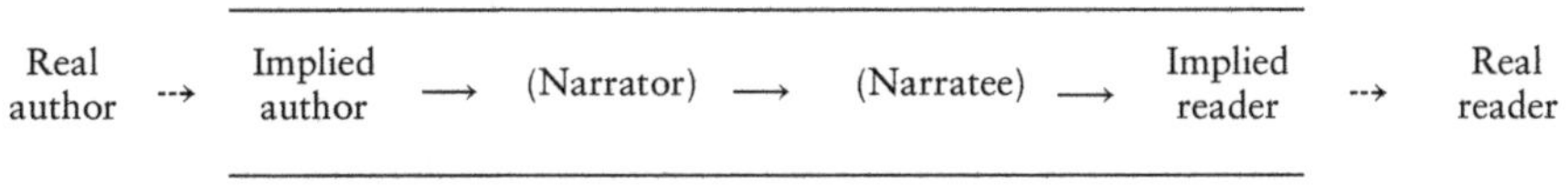

Real author	⇢	Implied author	⟶	(Narrator)	⟶	(Narratee)	⟶	Implied reader	⇢	Real reader

Abb. 1: »Narrative-communication situation« nach Chatman.

Jörg Schönert, Peter Hühn und Malte Stein erweitern die verschiedenen Kommunikationsebenen im Kontext ihrer Anwendung narrativer Konzepte auf den Bereich der Lyrik und unterscheiden zusätzlich auf der werkimmanenten Ebene zwischen SprecherIn und ProtagonistIn und geben somit dem Aspekt der Fokalisierung[63] Raum:

> Hinsichtlich der Vermittlungsaktivitäten lassen sich vier gestaffelte (Kommunikations-)Ebenen (und Vermittlungsinstanzen) voneinander abgrenzen: (1) empirischer Autor/Textproduzent und empirisch zu bestimmende Adressaten und Rezipienten, (2) abstrakter Autor/Kompositionssubjekt und ›abstrakte Leser‹, (3) Sprecher/Erzähler und Adressaten im (Fiktions-) Zusammenhang der Erzählung, (4) Protagonist/Figur und ›angeredete‹ Figuren.[64]

Der »implied author« lässt sich hier – zumindest annähernd[65] – unter Punkt 2, der abstrakten AutorIn bzw. dem Kompositionssubjekt, wiederfinden.

Die Übersetzung des Begriffs »implied author« ins Deutsche – »implizite AutorIn« aber auch »implizierte AutorIn« – hebt eine Mehrdeutigkeit hervor, die im Umgang mit dem Begriff zu berücksichtigen ist.[66] Vereinfacht dargestellt gibt es das Konzept daher in zwei Ausprägungen: Der Begriff »implizite AutorIn« bezieht sich auf eine »stimmlose«[67] Version der AutorIn oder Instanz *im*

63 Stark vereinfacht lässt sich Fokalisierung als Unterscheidung zwischen derjenigen beschreiben, die eine Geschichte erzählt, und derjenigen, die sieht, was in der Welt der Geschichte passiert. (Vgl. Mildorf, »Referential frameworks«, S. 106–107.) Sehr einprägsam ist ebenso Mieke Bals Merkformel: »X relates that Y sees that Z does[.]« (Bal, »Notes«, S. 45.) Die Fokalisierung geschieht hier durch »Y«.

64 Schönert/Hühn/Stein, *Lyrik und Narratologie*, S. 11.

65 Zur Diskussion um den Zusammenhang der Begrifflichkeiten impliziter Autor und abstrakter Autor vgl. Kindt/Müller, *The Implied Author*, S. 130–136.

66 Vgl. Stašková, »Tom Kindt/Hans-Harald Müller«, S. 261 (Anm. 2).

67 Vgl. Nünning, »Autor, impliziter«, S. 37.

Text und kann somit z. B. als »core of norms and choices«[68] gedacht werden; der Begriff der »implizierten AutorIn« hingegen beschreibt eine Konstruktion der AutorIn, die beim Lesevorgang von der RezipientIn erstellt wird.[69] An dieser Stelle möchte ich anmerken, dass Carl Dahlhaus die konzeptionellen Ideen, die der Begriff »implied author« beinhaltet, schon in der bereits zitierten Studie zu Ludwig van Beethoven auf den Bereich der Musikwissenschaft angewendet hat; er spricht allerdings weder von einer impliziten noch von einer implizierten AutorIn, sondern von einem »ästhetischen Subjekt«, welches er wie folgt expliziert:

> Das ästhetische Subjekt ist also weder die empirische Person des Komponisten noch die des Hörers, sondern ein imaginäres Subjekt, das eine Vermittlungsinstanz zwischen der werkkonstituierenden Tätigkeit des Komponisten und der nachvollziehenden des Hörers darstellt.[70]

Sandra Heinen schließt in ihrer literaturwissenschaftlichen Forschung an den Begriff der implizierten AutorIn an, indem sie eine Systematik entwirft, mit welcher die implizierte AutorIn als Rezeptionsphänomen greifbarer wird.[71] Das Bild oder die Vorstellung, die eine RezipientIn von einer AutorIn entwickelt, nennt Heinen »Autorkonstrukt«. Sie führt folgende Konstituenten auf, die bei dessen Konstruktionsprozess eine Rolle spielen: Vorannahmen über Autorschaft, nicht-literarische und literarische Texte der AutorIn sowie weitere Informationen über die AutorIn;[72] diese Zusammenhänge verdeutlicht Hei-

68 Zit. nach Kindt/Müller, *The Implied Author*, S. 51.

69 Tom Kindt und Hans-Harald Müller beschreiben in ihrer lesenswerten Begriffsgeschichte der impliziten AutorIn die notorische Mehrdeutigkeit des Begriffs, die Booth in seinen Schriften vielmehr verstärkt als aufhebt; allerdings sehen sie diesen Aspekt nicht nur als Nachteil, sondern auch als Vorteil, da sich durch diese Vielfalt viele Anknüpfungspunkte ergeben. (Vgl. Kindt/Müller, *The Implied Author*, S. 7–9.)

70 Dahlhaus, *Ludwig van Beethoven*, S. 72. Gleichzeitig weist Dahlhaus darauf hin, dass die Kategorie des ästhetischen Subjekts keine starre ist, sondern flexibel und veränderbar zu denken ist: »Sowohl die Präsenz oder Abwesenheit eines ästhetischen Subjekts im Werk als auch die Identität oder Nicht- Identität des empirischen und des ästhetischen Subjekts ist vielmehr, wie es scheint, geschichtlich veränderlich und außerdem von Gattung zu Gattung verschieden.« (Ebd., S. 61–62.) Eine Betrachtung unter der Perspektive des ästhetischen Subjekts muss dementsprechend nicht per se ertragreich sein. Die Perspektive ist an sich auch zu historisieren und kontextualisieren.

71 Vgl. Heinen, *Literarische Inszenierung*.

72 Heinens Autorkonstrukt weist deutliche Parallelen zu dem von William James geprägten Begriff des »social self« aus dem Bereich der Psychologie auf: »Properly

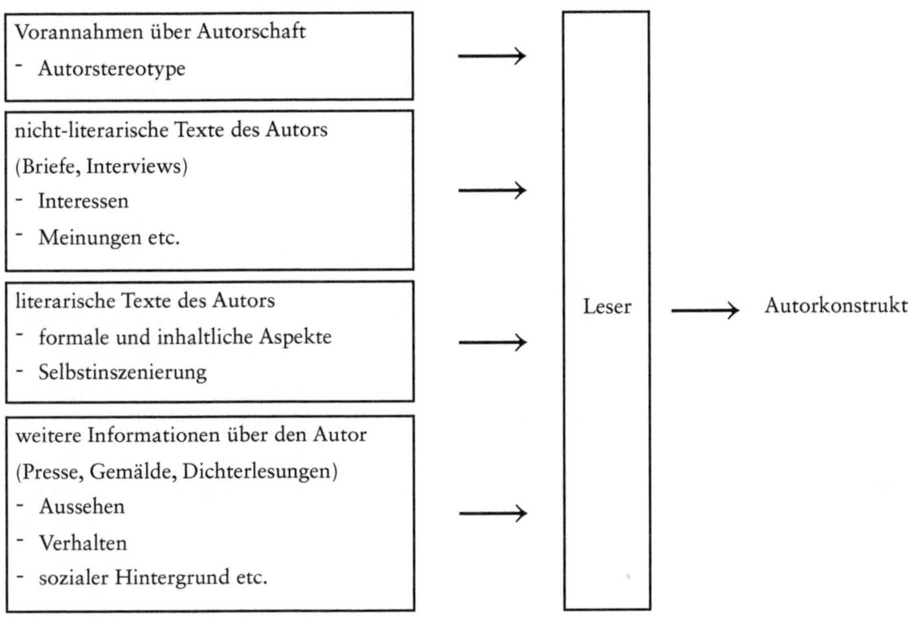

Abb. 2: »Konstituenten im Prozeß der Autorbildkonstruktion« nach Heinen.

nen mit Hilfe einer Grafik, die in Abb. 2 wiedergegeben wird. Heinen weist darauf hin, dass das Autorkonstrukt dynamisch ist:

> Jede zusätzliche Information in Form weiterer literarischer Werke oder nichtfiktionaler Auskünfte über den Autor wird in das Autorkonstrukt des Lesers integriert; gelingt dies nicht, muß es zu einer grundlegenden Revision des Bildes kommen. Das Autorkonstrukt ist damit ein dynamisches Konzept, das in der bidirektionalen Interaktion von Text und Leser entsteht[.][73]

speaking, *a man has as many social selves as there are individuals who recognize him* and carry an image of him in their mind.« (James, *The Principles of Psychology*, S. 294–295, Herv. im Orig.) Der Unterschied in den beiden Konzepten liegt neben ihren unterschiedlichen Anwendungsgebieten – Psychologie und Literaturwissenschaft bzw. Identität und AutorIn – in der Perspektive begründet. James' Konzept fokussiert hier vor allem das Individuum und betrachtet sozusagen die verschiedenen »selves« desselben; Heinen nimmt die Perspektive der RezipientInnen, der Schauenden, ein und möchte ergründen, wie solche »selves« der AutorIn in der Rezeption zustande kommen.

73 Heinen, *Literarische Inszenierung*, S. 47.

Christian Storch erweitert diesen Gedanken in seiner eigenen musikwissenschaftlichen Auseinandersetzung mit Heinens Modell, indem er eine Zyklizität vorschlägt, die nicht nur den Text und die LeserIn berücksichtigt, sondern auch die AutorIn selbst sowie die InterpretIn: Durch die Interaktion all dieser Beteiligten werden immer wieder neue, aktualisierte Autorkonstrukte erstellt.[74]

Einige Aspekte in Heinens literaturwissenschaftlicher Systematisierung und Storchs musikwissenschaftlicher Adaption sind meines Erachtens zu kommentieren bzw. für den Kontext dieser Arbeit zu differenzieren. Zu Beginn erscheint es sinnvoll, vor allem in historischen Kontexten die Kategorie der »Vorannahmen über Autorschaft« weiter zu fassen und von Autorschaft losgelöste Vorannahmen bzw. losgelöstes Vorwissen ebenfalls zu berücksichtigen. Natürlich sind zunächst Vorstellungen darüber, wer oder was eine KomponistIn ist bzw. *nicht* ist, von entscheidender Relevanz. Kennt man beispielsweise neben Johanna Kinkel nur Clara Schumann und Fanny Hensel als Komponistinnen des 19. Jahrhunderts, wird man diese drei Frauen wohl als Ausnahmeerscheinungen einordnen; weiß man um die mittlerweile lange Liste der Komponistinnen dieses Jahrhunderts, so kann man diese Facette des Autorkonstrukts jedoch schwerlich aufrecht erhalten und muss verschiedene Formen der Autorschaft von Frauen mitdenken. Genauso können aber auch Vorstellungen, die eine RezipientIn z. B. über das gesellschaftliche Umfeld einer KomponistIn hat, über die Person an sich, über geschichtliche Zusammenhänge, über soziale Gepflogenheiten, bei der Erstellung eines Autorkonstrukts eine große Rolle spielen. Je nachdem, wie weit man die Kategorie »Vorannahmen über Autorschaft« auffasst, ließen sich sicherlich viele Aspekte mitdenken – mitunter auch die gerade erwähnten –; es bleibt hingegen fraglich, ob durch die Wortwahl »Vorannahmen über Autorschaft« bzw. »Autorstereotype« diese vielfältigen Aspekte in Sandra Heinens Konzeption genügend Berücksichtigung erfahren. Vor diesem Hintergrund bevorzuge ich die Formulierung »Sämtliche Vorannahmen«.

Neben dieser inhaltlichen Ausdeutung möchte ich zusätzlich darauf verweisen, dass gerade die Kategorie der Vorannahmen eine der RezipientIn *inhärente* Kategorie ist; ein Aspekt, den die Grafik Heinens optisch verschleiert. Jede RezipientIn bringt ihr eigenes, individuelles Vorwissen mit und kontextualisiert sämtliche Informationen entsprechend. Während Werke oder Informationen je nach Zugang rezipiert werden können oder auch nicht, ist das (individuelle) Vorwissen einer RezipientIn nicht optional; es bildet *immer* den Hintergrund oder die Folie, vor dem bzw. der ein Autorkonstrukt erstellt wird.

74 Storch, *Der Komponist*, S. 202.

Ein zu ergänzender Aspekt, der sich an die »Vorannahmen« anschließt bzw. eng mit ihnen zusammenhängt, ist der »Umstand« der Rezeption. Mit dem Begriff »Umstand« sind sowohl spezifische Situationen als auch Gründe der Rezeption gemeint: Johanna Kinkels Vater wird ihr Erstlingswerk, die *Vogelkantate*, aus einem anderen Grund rezipiert haben als z. B. Else Thalheimer, die in den 1920er Jahren ihre Dissertation über Johanna Kinkel geschrieben hat. Ebenso wird jemand, dem die Komposition zufällig auf der Suche nach einem Werk für seinen Chor in die Hände gefallen ist, anders rezipieren als eine Doktorandin, die über Johanna Kinkel forscht. Diese Umstände können zufällig, aber auch zweckgebunden sein und bestimmen zu einem großen Teil, wie man sich Quellen nähert und ob man – falls nicht bereits vorhanden – weitere Informationen einholt. Der Umstand der Rezeption bedingt, welche Bedeutung dem Autorkonstrukt insgesamt beigemessen und in welcher Detailliertheit es konstruiert wird.

Neben der Kategorie der »Vorannahmen über Autorschaft« lässt sich auch die Kategorie »Weitere Informationen über den Autor« präzisieren: Weitere Informationen, wie die von Heinen beispielsweise vorgeschlagenen Presseartikel oder Bildnisse, werden vor allem in historischen Kontexten in der Regel durch Dritte erstellt und in Umlauf gebracht. Diese »Dritten« unterliegen ebenso einem individuellen Rezeptionsprozess, in dem sie bestimmte Vorstellungen oder Ansichten über eine KomponistIn entwickeln und diese dann in einem weiteren Schritt – in welcher Form auch immer – an die Öffentlichkeit tragen. Daher ist es mitunter zielführender, an dieser Stelle von »Autorkonstrukten Dritter« zu sprechen statt schlicht von »Weiteren Informationen«. Durch diese Schärfung der Begrifflichkeit wird außerdem das sich gegenseitige Bedingen verschiedener Autorkonstrukte noch einmal hervorgehoben.

In Christian Storchs Übertragung des Konzepts auf die Musikwissenschaft fallen weitere Aspekte auf, die hier thematisiert werden sollen. Zunächst geht er nicht von einer LeserIn sondern vielmehr von einer RezipientIn aus. Dieser allgemeinere Begriff ermöglicht es, sämtliche Rezeptionsprozesse, die vor allem in der Musik nicht schriftgebunden sein müssen, in die Überlegungen einzubeziehen. Weiterhin benennt er zwei Konstituenten grundlegend anders: Aus »nicht-literarische[n] Texte[n] des Autors« werden »Äußerungen des Komponisten« und aus »literarische[n] Texte[n]« werden »notentextliche und auditive Werke«. Vor allem durch die Umbenennung in »notentextliche und auditive Werke« trägt Storch dem Umstand Rechnung, dass man mit Musik durch ihre unterschiedlichen Erscheinungsformen in vielfältiger Weise in Kontakt kommen kann: durch Aufführungen oder durch Tonträger, aber auch durch den Notentext in hörend-nachvollziehender sowie in ausführender Form.[75]

Diese Einteilung Storchs ist sehr sinnvoll gewählt. Allerdings fällt es schwer, die Kompositionen und Schriften Johanna Kinkels hier adäquat einzuordnen. Zunächst stellt die Form der Veröffentlichung ein Unterscheidungsmerkmal der Quellen dar, welches in Storchs Unterteilung nicht genügend Berücksichtigung findet. Johanna Kinkels Schaffen bedient natürlich zum Teil die üblichen Quellenkategorien der Publikation und des Manuskripts. Aber wie geht man mit Gedichten oder Erzählungen um, die z. B. in einem Briefbuch notiert wurden und vermutlich nur für Gottfried Kinkel gedacht waren? Eine weitere Schwierigkeit tritt auf, wenn man die Bandbreite, die Johanna Kinkel in ihrem Schaffen abdeckt, berücksichtigt: Vokalkompositionen, musikpädagogische Werke, literarische Werke wie Gedichte, Novellen bzw. Erzählungen oder Romane, aber auch eine Fülle an Briefen, Erinnerungsschriften und Notizbucheintragungen. Während sich die Kompositionen durchaus in die Kategorie »notentextliche und auditive Werke« einordnen lassen, können Johanna Kinkels literarische Werke neben ihren Briefen, Erinnerungsschriften und Notizbucheintragungen kaum problemlos bzw. unreflektiert als »Äußerungen des Komponisten« betrachtet werden. Die literarischen Werke unbeachtet zu lassen, würde die Betrachtung jedoch stark verkürzen, da Johanna Kinkel in ihren Schriften häufig Themen verwendet, die mit ihr und ihrem musikalischen Tätigkeitsbereich eng verwoben sind. Dieser letzte Punkt lässt sich auch zugespitzter formulieren: Johanna Kinkels Schaffen kann – zwar nicht vollständig, aber doch zu einem beachtlichen Anteil – autobiografisch rezipiert werden. In ihren Gedichten und Erzählungen, aber auch in ihren Kompositionen verarbeitet Johanna Kinkel Themen, die sich vor dem Hintergrund ihrer Biografie direkt auf sie selbst beziehen lassen. In den verschiedenen Quellen in Wort und Ton bietet Johanna Kinkel somit der RezipientIn Konstruktionen ihrer selbst an, die sich durch den Grad der Fiktionalität unterscheiden sowie durch den Grad der Intention, mit welcher sich Johanna Kinkel für sich selbst und für andere in ihrem Schaffen konstruiert. Wie lassen sich diese vielfältigen Quellen kategorisieren bzw. zusammenfassen? Eine Lösung des Problems könnte sein, mit dem Begriff Selbstzeugnis zu arbeiten.[76] Briefe, Erinnerungsschriften und Notizbucheintragungen lassen sich hier mühelos einordnen.[77]

75 Storch, *Der Komponist*, S. 198.

76 Kriterien für ein Selbstzeugnis sind nach Krusenstjern die Selbstthematisierung durch ein explizites Selbst, das eigenständige Verfassen sowie das Verfassen aus eigenem Antrieb. (Vgl. Krusenstjern, »Was sind Selbstzeugnisse?«, S. 462–471.)

77 Vgl. die Diskussion um diesen Begriff anhand von Eichhorn, *Geschichtswissenschaft*, Krusenstjern, »Was sind Selbstzeugnisse?« und Rutz, »Ego-Dokument«.

Berücksichtigt man den überwiegend autobiografischen Charakter Johanna Kinkels musikalischer und literarischer Werke, so ließe sich sicherlich auch dadurch die Verwendung des Begriffs Selbstzeugnis rechtfertigen. Um jedoch die Begrifflichkeit nicht über die Maßen zu strapazieren oder eventuelle Analyseergebnisse vorwegzunehmen, ist es vielleicht am sinnvollsten – zumindest im Kontext dieser Arbeit –, die Vielfalt der Dokumente *im Vorfeld der Analyse* neutraler und allgemeiner mit der Kategorie »Erzeugnisse der AutorIn« zusammenzufassen.

Schließlich möchte ich auf die wichtige Rolle der InterpretIn eingehen. Christian Storch verortet diese zusätzliche Instanz etwas sperrig sowohl in der Kategorie der »Weiteren Informationen « als auch im Bereich »Vorannahmen«.[78] Wenn man die Kategorien hingegen – wie oben ausgeführt – in »Erzeugnisse der AutorIn« und »Autorkonstrukte Dritter« aufteilt, so lässt sich die InterpretIn eher im Bereich »Autorkonstrukte Dritter« einordnen, da durch die Rezeption der InterpretIn ein Autorkonstrukt entsteht, welches diese im Zuge einer Aufführung wiederum der RezipientIn der Aufführung – der ZuhörerIn – zur Erstellung ihres Autorkonstrukts anbietet. Das Feld der Vokalmusik weist in diesem Kontext prägnant eine durchaus allgemeine Problematik auf, die hier thematisiert, aber nicht gelöst werden kann: Inwieweit wird z. B. das »Ich« einer Vokalkomposition bei einer musikalischen Interpretation werkimmanent – in Bezug auf den jeweiligen Charakter innerhalb des Werks – rezipiert bzw. auf die InterpretIn oder vielleicht sogar die AutorIn bezogen? Kann man davon ausgehen, dass das »Ich« immer auf den bezogen wird, »der es spricht«[79] – in einer Aufführungssituation also auf die ProtagonistIn oder InterpretIn? Wäre im Kontext einer musikalischen Interpretation zusätzlich zum Autorkonstrukt sozusagen ein »ProtagonistInnenkonstrukt« sowie ein »InterpretInnenkonstrukt« mitzudenken und wird einem dieser Konstrukte

78 Vgl. Storch, *Der Komponist*, S. 200.

79 Schlaffer, »Die Aneignung von Gedichten«, S. 38. In diesem Aufsatz Heinz Schlaffers findet man eine sehr lesenswerte, für den Kontext dieser Arbeit jedoch weniger relevante Auseinandersetzung mit dem Ich in der Lyrik. Er fasst seine Überlegungen mit folgendem Merkvers zusammen: »Wer ist das Ich im Gedicht? – Jeder, der es spricht.« (Ebd., S. 38.) Es geht ihm dabei in erster Linie um das »Nachsprechen« eines Gedichts bzw. den Aspekt des Performativen. Er sieht den Ursprung der Lyrik im Sprechen und nicht im Aufschreiben oder im Analysieren, auch wenn die heutigen Umgangsformen mit der Lyrik dies nicht mehr widerspiegeln. Durch das Nachsprechen verschmelze das Ich des Gedichts mit dem Ich des Sprechers. Diese Auffassung ist gerade in der Musikwissenschaft für den Bereich der Interpretation interessant, da sich Sänger nach dieser Perspektive das Ich eines Lieds immer zu einem gewissen Grad aneignen müssten.

im Rezeptionsprozess ein höherer Grad der Aufmerksamkeit zuteil? Pointiert formuliert: Tritt das Autorkonstrukt gegenüber dem »ProtagonistInnenkonstrukt « oder dem »InterpretInnenkonstrukt« im Zuge einer Aufführung in den Hintergrund? Eine Vermutung könnte sein, dass die Dimension des Autorkonstrukts – je nach Genre und historischem Kontext – zugunsten performativer Dimensionen einer Aufführungssituation tatsächlich in den Hintergrund tritt. Im Falle Johanna Kinkels lässt sich sicherlich festhalten, dass Interpretationen ihrer Werke als Quellenmaterial eher die Ausnahme darstellen und somit diese Frage einen eher marginalen Raum einnimmt und ggf. individuell von Fall zu Fall betrachtet werden kann.

Um diese Explikation abzuschließen, sei noch ein Kommentar zum Selbstverständnis einer KomponistIn hinzugefügt: Auch dieses basiert – zumindest im Hinblick auf die der Wissenschaft zugänglichen Quellen[80] – auf den »Erzeugnissen der AutorIn« und den »Autorkonstrukten Dritter«. Denkt man daher die AutorIn innerhalb der Grafik als RezipientIn, so konstruiert diese sozusagen ein »Auto-Autorkonstrukt«, welches ähnliche Einblicke zu geben vermag wie das Selbstverständnis einer KomponistIn. In Bezug auf die Abgrenzung der beiden Begriffe des Selbstverständnisses und des »Auto- Autorkonstrukts« lässt sich festhalten, dass sie beide auf eine Konstruktionsleistung der Person selbst verweisen, wobei das Selbstverständnis grundsätzlich zunächst eher auf einer allgemeineren Ebene anzusiedeln ist und das »Auto-Autorkonstrukt« sich demgegenüber konkret auf die Ausgestaltung der Rolle der kreativen SchöpferIn bezieht. Im Hinblick auf die Unterscheidung zwischen »Auto-Autorkonstrukt« und »Autorkonstrukt« lässt sich darüber hinaus festhalten, dass das »Auto-Autorkonstrukt« eine Leistung der AutorIn selbst ist, über die eine RezipientIn nur Vermutungen anstellen kann; das »Autorkonstrukt« hingegen kann als Leistung der RezipientIn gedacht werden, die durch sie selbst genauer analysiert werden kann.[81]

80 Unberücksichtigt bleiben z. B. Gespräche, in denen Ideen zum eigenen Selbstverständnis entwickelt werden. Diese können aber gerade in historischen Wissenschaftsdisziplinen grundsätzlich nicht Teil der Analyse werden, da nur Quellen, die in irgendeiner Form medial fixiert sind, betrachtet werden können.

81 An dieser Stelle lässt sich eine große Nähe zu den Begriffen des Selbst- und Fremdbilds aus der Forschung zum Thema Identität feststellen. (Vgl. hierzu Schwartz/Luyckx/Vignoles, *Handbook of Identity*; Jörissen, »George Herbert Mead«.) Darüber hinaus wird in der Diskussion um den Identitätsbegriff u. a. die Frage gestellt, ob eine Identität entdeckt wird, oder ob sie persönlich oder sozial konstruiert wird. (Vgl. Schwartz/Luyckx/Vignoles, *Handbook of Identity*, S. 8.) Auch wenn an dieser Stelle lediglich auf dieses Forschungsfeld aufmerksam gemacht werden kann, ist für diese Arbeit von Bedeutung, dass der Begriff des (Auto-)

Die genannten Aspekte zusammenfassend, lässt sich Heinens Grafik nun folgendermaßen alterieren:

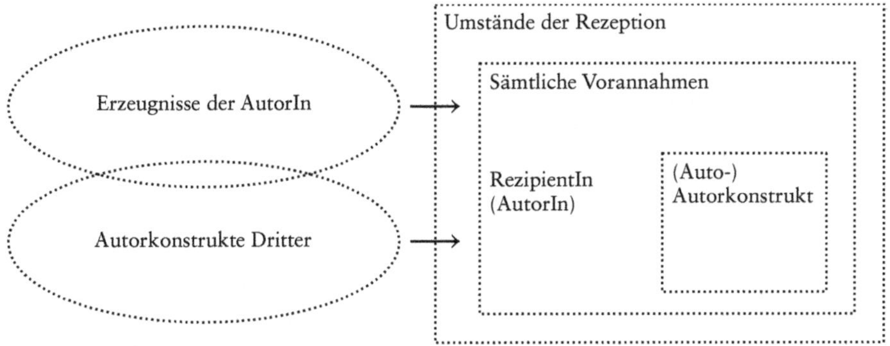

Abb. 3: »(Auto-)Autorkonstrukt« – überarbeitetes Konzept nach Heinen.

2.2 Reflexion der eigenen Forschungsperspektive

Nachdem nun die einzelnen Konstituenten des Autorkonstrukts konzeptionell für diese Arbeit besprochen bzw. adaptiert worden sind, möchte ich sie im Folgenden noch einmal aufgreifen und herausarbeiten, welche Bedeutung sie für den Rest dieser Arbeit haben und welche Problematiken sie bei genauerer Betrachtung bergen. Dazu möchte ich mich vorerst den Kategorien der Vorannahmen, der Umstände und der Autorkonstrukte Dritter widmen, indem ich exemplarisch meine eigene Position als Rezipientin und Forscherin reflektiere: Ich selbst bringe ein bestimmtes Vorwissen oder Vorstellungen mit, rezipiere eine bestimmte Auswahl an Quellen für meine Dissertation und komme in Kontakt mit verschiedenen Autorkonstrukten Johanna Kinkels. Dieser Umstand verleiht meiner Arbeit eine subjektive Perspektive, die sich nicht objektivieren lässt, sondern die vielmehr thematisiert werden muss. Denkt man diese Idee konsequent weiter, so sind Informationen über mich als Forscherin und Autorin unerlässlich: Ich bin eine Frau. Ich lebe im 21. Jahrhundert. Ich bin mit öffentlichen Diskussionen um die Stellung der Frau aufgewachsen. Ich bin Saxofonistin, die mit einer Präferenz für Pop-/Rockmusik erst spät Zugang zur Musik des 19. Jahrhunderts gefunden hat. Ich schreibe eine musikwissenschaftliche Dissertation über Johanna Kinkel. – Unabhängig davon, wie lang

Autorkonstrukts sich insofern in die Identitätsdiskussion einbettet, als dass er ein Selbst- bzw. Fremdbild einer Person beschreibt, welches im Kontext künstlerischen Schaffens entsteht und die Facette der Konstruktion betont.

ich diese Aufzählung noch weiterführte, sie wird immer unvollständig und außerdem von meiner Einschätzung, was für den Kontext von Bedeutung ist, gefärbt bleiben. Festzuhalten bleibt, dass auch das Bild, welches ich in dieser Arbeit von Johanna Kinkel entwerfe, meine eigenen Vorannahmen und meine Prägungen widerspiegelt[82] und ich mitnichten ein »objektiver Beobachter [bin], der über den Dingen steht.«[83]

Im Kontext des Bruckner-Symposions »Künstler-Bilder« des Jahrs 1998 hat der damalige wissenschaftliche Leiter des Anton Bruckner Instituts Linz (ABIL), Theophil Antonicek, im Programmheft die Bedeutung der subjektiven Forscherperspektive wie folgt umrissen:

> Keine menschliche Tätigkeit kann vollzogen werden, ohne sich selbst einzubringen, immer wird also das Gewinnen von Bildern aus einem Wechselspiel zwischen dem im Bild Dargestellten und jenem sein, der sich ein Bild macht. Das letztere kann sehr oft bis fast zur Ausschließlichkeit dominieren, wenn wir an die Vereinnahmung von Künstlern und ihres Schaffens durch weltanschauliche, politische, aber durchaus auch wissenschaftliche Ideologien denken.[84]

Hier wird sehr deutlich, dass durch die Subjektivität der ForscherIn auch die Wissenschaft eine offene oder versteckte Agenda befolgen kann. Die Reflexion eben dieser Agenda gehört meines Erachtens als Basis zum Forschungsprozess

82 Beatrix Borchard reflektiert in einem verwandten Zusammenhang, dass – neben der ForscherIn – der Quellenlage eine eminent wichtige Bedeutung zukommt. Sehr prägnant formuliert sie diesen Umstand wie folgt: »Die Quellen sind somit umfangreich und lückenhaft zugleich, planvoll aufbewahrt und zufällig überliefert, gezielt gesucht oder durch Zufall gefunden, z. T. bereits früher in Veröffentlichungen eingegangen oder bis heute ungedeutet und ungelesen geblieben. *Leerstellen, weiße Flecken* sind also kein beklagenswertes Manko, sondern essenziell: Die Eigenschaften allen Quellenmaterials, immer schon vorgeformt und unvollständig zu sein, verbieten von vornherein ein einfaches Ausbreiten von Fakten, und die Ergebnisse der Auswertungen müssen immer wieder hinterfragt und neu gedeutet werden. Was wird überliefert? Wer überliefert was und warum? Was ist überlieferbar? Was wird aus welchen Gründen verdrängt? Wo wird das Material aufbewahrt und in welcher Form geschieht dies: als Erinnerungsstück, Wertgegenstand, Spekulationsobjekt, Sammlertrouvaille oder als historische Quelle? Wie sieht die eigene Rolle im Forschungsprozess aus? – Vor dem Hintergrund dieser Fragen sind die Wege der Tradierung und der Recherche unlösbar mit dem Material verknüpft, damit dessen konstitutiver Teil und Gegenstand der deutenden Darstellung.« (Borchard, »Mit Schere und Klebstoff«, S. 39–40, Herv. im Orig.)

83 Eisenlohr, *Komponieren als Entscheidungsprozeß*, S. 160.

84 Zit. nach Harten, »Zur Eröffnung«, S. 9.

dazu. Da man die Vorannahmen sämtlicher RezipientInnen – vor allem in historischen Kontexten – nicht zu eruieren vermag, bleibt es im Umgang mit dem Konzept des Autorkonstrukts Aufgabe der ForscherIn diese Unbekannte als Variable mitzudenken und sich zumindest die Vorannahmen der einen RezipientIn, auf die man zumindest begrenzt Zugriff[85] hat – das Eigene –, soweit wie möglich bewusst zu machen und zu reflektieren. Meine eigene Agenda lässt sich vielleicht so umreißen, dass ich – fernab der Heroengeschichte – einen Beitrag dazu leisten möchte, sämtliche Formen des KomponistIn Seins als der Analyse für würdig zu erachten und Menschen in den Fokus zu rücken, die bisher in der musikwissenschaftlichen Geschichtsschreibung kaum bzw. keine Beachtung gefunden haben.

In meinem Umgang mit den Quellen ist zu berücksichtigen, dass ich mich ihnen als Forscherin zuwende. Zum Beispiel suche ich nicht nur Liedliteratur aus dem 19. Jahrhundert, um einen Liederabend zu gestalten, sondern ich setze mich wissenschaftlich mit den Kompositionen und Quellen Johanna Kinkels auseinander. Sämtliche Informationen zu sammeln und diese zu kontextualisieren, ist ein notwendiger Arbeitsschritt und nicht optional wie vielleicht für die Vorbereitung eines Liederabends. Daraus ergibt sich, dass mein Autorkonstrukt notwendigerweise ein anderes sein wird, als das derjenigen, die sich durch andere Umstände mit Johanna Kinkel und ihrem Werk konfrontiert sehen. Ich suche aktiv nach Zusammenhängen und Parallelen und stelle diese entsprechend in meinem Text dar.

Welche Konsequenzen die individuellen Vorannahmen und die Umstände der Rezeption gerade auch für die Erstellung neuer Autorkonstrukte im Bereich der Forschung haben, wird deutlich, wenn man Überlegungen Reinmar Emans' und Beatrix Borchards berücksichtigt. Emans setzt sich im Kontext der Echtheitskritik bei Johann Sebastian Bach mit der Position des Philologen auseinander und formuliert:

> Dies führt unmittelbar dazu, dass unser Bachbild von einem eher philologisch selektierten als von einem durch die Überlieferungsgeschichte bezeugten Œuvre Bachs geprägt wird – mit allen damit verbundenen Unschärfen und Inkonsequenzen. Das philologisch konstituierte Œuvre entspricht freilich stets nur dem Autorkonzept des jeweiligen Philologen, das in der Regel auf Individualität und Originalität setzt.[86]

85 Da ich davon ausgehe, dass man auch die eigene Prägung bzw. die eigenen Vorannahmen in ihrer Gänze kaum erfassen kann, spreche ich hier von einem begrenzten Zugriff.

86 Emans, »Vom überstrapazierten Autor«, S. 21.

Emans arbeitet heraus, dass weniger das überlieferte Œuvre einer KomponistIn als vielmehr die individuelle PhilologIn für das Bild einer AutorIn sowie dessen Tradierung entscheidend ist.

Emans selbst stellt sich in die Tradition Foucaults, wenn er aus Foucaults Aufsatz »Was ist ein Autor?« ein Zitat einbindet, indem Foucault genau diesen Umstand ebenso – wenn auch durch die Verwendung des Worts »man« nicht so deutlich und prägnant formuliert – thematisiert:

> Zwar versucht man, diesem Vernunftwesen [i. e. dem Autor, RE] einen realistischen Status zu geben: im Individuum soll es einen ›tiefen‹ Drang geben, schöpferische Kraft, einen ›Entwurf‹, und das soll der Ursprungsort des Schreibens sein, tatsächlich aber ist das, was man an einem Individuum als Autor bezeichnet (oder das, was aus einem Individuum einen Autor macht) nur die mehr bis minder psychologisierende Projektion der Behandlung, die *man* Texten angedeihen läßt, der Annäherung, die *man* vornimmt, der Merkmale, die *man* für erheblich hält, der Kontinuitäten, die *man* zuläßt, oder der Ausschlüsse, die *man* macht.[87]

Beatrix Borchard gelangt zu ähnlichen Schlüssen, wenn sie die Biografik in der Musikwissenschaft thematisiert und das Prinzip der Montage als fruchtbar herausstellt. Durch die bewusste Montage werden Interpretations- und Konstruktionsprozesse auf Seiten des Forschers offen gelegt und faktische oder objektive Darstellungen negiert: »Das Ergebnis einer reflektierten Montage ist also kein ›Buch der Tatsachen, des Selbstabdruck eines Lebens‹, es hält nicht die ›biographische Illusion‹ aufrecht, sondern es ist ein Buch der Zuschreibungen und Interpretationen, Selbstdeutungen und Fremdwahrnehmungen.«[88]

Als Forscherin bringe ich nicht nur bestimmte Vorannahmen mit und rezipiere unter bestimmten Umständen, sondern konstruiere u. a. darauf basierend in dieser Arbeit ein neues Autorkonstrukt. Wenn ich mein Autorkonstrukt in einem weiteren Schritt an die Öffentlichkeit trage,[89] beeinflusse ich meinerseits wiederum andere RezipientInnen und deren Autorkonstrukte. Trivial mag es klingen, betonen möchte ich es trotzdem: Gleiches gilt für alle, die ein Autorkonstrukt erstellen und es in irgendeiner Form veröffentlichen – beispielsweise RezensentInnen, MalerInnen oder FotografInnen, HerausgeberInnen von posthumen Briefeditionen, aber eben auch andere WissenschaftlerInnen.

87 Foucault, »Was ist ein Autor?«, S. 214, Herv. hinzugefügt.
88 Borchard, »Mit Schere und Klebstoff«, S. 44.
89 Hier sind von Gesprächen mit Freunden bis hin zu konventionellen Publikationen sämtliche Formen der Veröffentlichung gemeint. (Vgl. hierzu Grotjahn, »Lieder singen«, S. 18 und das entsprechende in dieser Arbeit auf S. 58 angeführte Zitat Grotjahns.)

2.3 Über die »Erzeugnisse der AutorIn«

2.3.1 »Die Gefangenen« (op. 16/1) – Über das Verhältnis zwischen AutorIn und Erzählinstanz

Im nächsten Schritt möchte ich einen literaturwissenschaftlichen Aspekt beleuchten, der für die Kategorie »Erzeugnisse der AutorIn« von großer Bedeutung ist: die Unterscheidung zwischen AutorIn und Erzählinstanz. Dieser Aspekt ist im Falle Johanna Kinkels essenziell, da sich ihr Schaffen – wie bereits angedeutet – gerade dadurch auszeichnet, dass es ein hohes Maß an autobiografischen Bezügen aufweist. Viele ihrer Gedichte und Novellen, aber auch ihr posthum veröffentlichter Roman »Hans Ibeles« können autobiografisch gelesen werden. In Bezug auf Johanna Kinkels Kompositionen stellt sich die Frage nach dem Verhältnis zwischen ihrer empirischen Person und der Sprecherinstanz ebenso oft, da sie ausschließlich Vokalmusik komponiert und außerdem sehr häufig eigene Texte vertont hat, die teilweise durch die explizite Nennung von Orten oder Personen aus ihrem Leben bei entsprechendem Vorwissen kaum von ihrer Person zu trennen sind. Kehrt man zurück zum Ausgangspunkt dieser Arbeit, dem Autorkonstrukt, so wird die Relevanz dieser Thematik schnell offenbar: Man kann davon ausgehen, dass – je nach Vorwissen – vor allem Lieder bzw. Texte, die von Johanna Kinkel selbst verfasst worden sind und zumindest augenscheinlich autobiografische Bezüge aufweisen, durchaus – auch unreflektiert – zur Erstellung eines Autorkonstrukts herangezogen werden.[90] Daher möchte ich die Ergebnisse der literaturwissenschaftlichen Diskussion zu diesem Themenkomplex nutzen, um in dieser Arbeit möglichst differenziert mit dem Verhältnis zwischen AutorIn und Erzählinstanz umzugehen.

Um einen Eindruck davon zu bekommen, wie die Unterscheidung von AutorIn und Erzählinstanz im Bereich der Vokalmusik anzuwenden ist, möchte ich kurz auf das Lied »Die Gefangenen« aus Johanna Kinkels Opus 16 eingehen. Der Text des Lieds beschreibt zwei eingekerkerte Personen, die in einem Traum

90 Ein Beispiel für diese Praxis liefert Monica Klaus in ihrer Biografie Johanna Kinkels. Klaus zitiert einen Liedtext Johanna Kinkels, um ihre unerwiderte Liebe zu Georg von Brentano zu illustrieren: »Aus Bewunderung und Verehrung für den im Mittelpunkt der Gesellschaft stehenden Herrn [Georg von Brentano, DG] wurde sehr schnell sehnsuchtsvolle Liebe, und sie sang dem Unerreichbaren ebensolche Lieder. Die herrlichen glücklichen Tage in Rödelheim verstrichen wie ein Traum und als sie Frankfurt verließ, schaute sie mit Wehmut zurück auf ›Die Türme der alten Stadt, / die meine glühendste Liebe / Und Qual geboren hat.‹« (Zitierter Liedtext aus op. 7/3; Klaus, *Johanna Kinkel*, S. 26.)

gemeinsam im Umland des Rheins spazieren gehen, jedoch durch das Ende des Traums in die als quälend empfundene Realität zurückkehren müssen:

> Der erste Tagesschimmer hellt unsers Kerkers Raum,
> und weht um die düstern Stirnen lieblichen Morgentraum.
> Ein stiller Garten winket daheim am lieben Rhein;
> die sinkende Sonne grüsst ihn lachend mit rosigem Schein.
>
> Und ich, und Du, wir wandeln darinnen Hand in Hand,
> und schau'n von der hohen Terrasse weit in das goldene Land;
> und Kinder sind wir wieder, so schuldlos, glücklich und frei,
> und wissen noch nicht was Scheiden, ach, und Entsagen sei.
>
> Die fernen Segel ziehen am blauen Ufersaum;
> wir schauen uns an voll Sehnsucht – weh, da zerfliesset der Traum.
> Wir sind ja beid' gefangen, in Ketten sind wir ja beid';
> und nur im Wechselgesange einen wir ewiges Leid.[91]

Die Frage, die sich vor dem Hintergrund des benannten Themenkomplexes intuitiv stellt, ist, inwieweit man tatsächlich davon ausgehen kann bzw. sollte, dass der Text autobiografisch zu lesen ist, also ob z. B. mit dem Pronomen »wir« Johanna und Gottfried Kinkel gemeint sind und ob sich die »Ketten« auf ihre damalige Situation beziehen, in der er bereits mit einer anderen Frau verlobt gewesen war und sie als geschiedene Katholikin denkbar schlechte Voraussetzung für eine Verbindung mit ihm, einem evangelischen Theologen, mitgebracht hatte.

Betrachtet man diese Fragestellung aus der Perspektive des Biografismus, der in der zweiten Hälfte des 19. Jahrhunderts zu seiner Blüte gereift ist,[92] so wäre diese Frage sicherlich zu bejahen, da sich

> der biographische Ansatz [. . .] in der Lit[eratur]wissenschaft [. . .] zur Erschließung eines literar[ischen] Werkes auf den Autor [konzentriert]. Ausgehend von der Annahme, Werk und Autor seien untrennbar miteinander verbunden, werden von einer detaillierten Kenntnis der Autorbiographie Hilfen zum Verständnis des Texts erwartet. Umgekehrt wird auch häufig das Werk des Autors herangezogen, um Rückschlüsse auf dessen Vita zu ziehen[.][93]

91 Mathieux, *Sechs Lieder für eine Singstimme mit Begleitung des Pianoforte*, op. 16/1, S. 3.

92 Vgl. Metzelaers, »Biographismus«, S. 64.

93 Ebd.

Die intensive Auseinandersetzung mit dem Biografismus im 20. Jahrhundert hat dazu geführt, dass diese eher vereinfachende Gleichsetzung zwischen empirischer AutorIn und Erzählinstanz zugunsten differenzierterer Modelle, die eventuellen Über- oder Missinterpretationen besser entgegen wirken, verworfen wurde.[94] Im Kontext autobiografischen Schreibens formuliert Carolin Fischer den Grund für die Problematik dieser unreflektierten Gleichsetzung treffend:

> Selbst der Verfasser einer Autobiografie sieht sich gezwungen, aus den unzähligen Eindrücken, Erinnerungen und Empfindungen, die er im Laufe seines Lebens gesammelt hat, eine weitgehend subjektive Auswahl zu treffen, womit auch er eine Figur konstruiert, die sich von anderen Figuren letztendlich nur darin unterscheidet, dass er ihr seinen Namen gibt und sie derart gestaltet, wie er zu sein glaubt oder wie er erscheinen möchte.[95]

Ähnlich aufschlussreich beschreibt auch Michael von Engelhardt diesen Aspekt der Auswahl:

> Das biographische Erzählen ist ein Vorgang des Erinnerns und Vergessens, der verarbeitenden Gestaltung von Lebenserfahrungen, der Suche nach Sinn und Erklärung. Es grenzt mit dem Erzählten das Nicht-Erzählte aus und ist umgeben von dem Bereich des Nicht-Erzählbaren.[96]

Selbst in Bezug auf autobiografisches Schreiben findet folglich bereits eine Auswahl statt, welche die Gleichsetzung des Ichs mit der AutorIn in Frage stellt. In Werken, die keinen autobiografischen Anspruch verfolgen, ist über den kreativen Schaffensprozess sicherlich auch eine Verbindung zur AutorIn gegeben – diese wird jedoch im Vergleich zu autobiografisch intendierten Werken noch abstrakter beschaffen sein.

Carolin Fischers Forschungsgebiet ist für diesen Themenkomplex innerhalb dieser Arbeit von großer Relevanz. Sie fragt danach, wie das Verhältnis von VerfasserIn und Ich in der Liebeslyrik zu charakterisieren ist. Der Ausgangspunkt für Fischers Argumentation ist u. a. der autobiografische Pakt, wie ihn Philippe Lejeune geprägt hat:

94 Beatrix Borchard geht soweit, das Ergebnis der Kritik am Biografismus im Bereich der Musikwissenschaft als ein Umschlagen in das Gegenteil zu bezeichnen: »Die Trennung von Leben und Werk war wissenschaftsgeschichtlich eine Reaktion auf die biografistische Werkbetrachtung des 19. Jahrhunderts. Heute, zu Beginn des 21. Jahrhunderts, stehen wir vor der umgekehrten Situation: einer – zugespitzt formuliert – Musikgeschichte der Werke ohne Menschen.« (Borchard, *Stimme und Geige*, S. 21.)

95 Fischer, *Der poetische Pakt*, S. 57–58.

96 Engelhardt, »Narration«, S. 39.

> Der a[utobiografische] P[akt] [zwischen dem Verfasser und dem Leser einer Autobiografie, DG] [. . .] bekräftigt die Identität von Autor, Erzähler und Protagonist und garantiert dem Leser den nicht-fiktionalen Status der Autobiographie. Konkretisiert wird diese Identität in der ›Signatur‹, d. h. im Eigennamen des Autors, den Lejeune als Teil des Textes betrachtet.[97]

Dieser Pakt scheint eine wichtige Rolle im Rezeptionsprozess von Autobiografien zu spielen, da Autobiografien trotz der berechtigten bereits zitierten Einwände durchaus auch als nicht-fiktional gelesen werden. Nach Fischers Auffassung wird in ihrem Forschungsgegenstand, der Liebeslyrik, das Ich von der RezipientIn in der Regel auch autobiografisch wahrgenommen: Die DichterIn bzw. VerfasserIn tritt im Gedicht nicht nur als eben diese DichterIn auf, sondern auch als Liebende. Diese Wahrnehmung führt Fischer auf den von ihr konstituierten poetischen Pakt zurück. Dieser rekurriert auf die Doppelrolle des Ichs in der Liebeslyrik: Zum einen ist das Ich auf inhaltlicher Ebene eine Liebende und zum anderen ist das Ich auf einer übergeordneten Ebene eine DichterIn. Thematisiert das Ich ihre Rolle als DichterIn ausdrücklich im Gedicht, spricht Fischer von einem expliziten poetischen Pakt.[98] Wird die Rolle als DichterIn nur durch textlogische Zusammenhänge, ausschließlich durch die Verwendung des Personalpronomens Ich, welches sich zwangsläufig auf die ProduzentIn der Äußerung bezieht, zum Ausdruck gebracht, spricht sie vom impliziten poetischen Pakt.[99] Im Falle des Lieds »Die Gefangenen« von Johanna Kinkel könnte man zunächst davon ausgehen, dass es sich in diesem Gedicht um einen impliziten poetischen Pakt handelt, da es in erster Linie um die Darstellung des unglücklich getrennten Liebespaars geht. In der letzten Zeile wird jedoch durch den Bezug zum »Wechselgesange« eine Verbindung zum kreativen Schaffensprozess hergestellt, was einen expliziten poetischen Pakt nahe legt.[100] Ohne sich an dieser Stelle auf die eine oder andere Form des Pakts festzulegen, kann trotzdem grundsätzlich anhand des poetischen Pakts argumentiert werden, dass zumindest in meiner persönlichen Wahrnehmung – unabhängig von der tatsächlichen Situation – der Inhalt mit Johanna und Gottfried Kinkels biografischer Situation verknüpft ist und somit das Lied – neben seiner Signifikanz als Teil eines publizierten Werks – gerade auch auf inhaltlicher Ebene das Autorkonstrukt beeinflussen kann: Johanna Kinkel erscheint als unglücklich Verliebte, die allein in ihrem Kunstschaffen Trost

97 Löschnigg, »Autobiographischer Pakt«, S. 34.
98 Fischer, *Der poetische Pakt*, S. 73.
99 Ebd., S. 71.
100 Vgl. hierzu noch einmal den Text auf S. 40 in dieser Arbeit.

findet. Sämtliche Texte Johanna Kinkels spielen dementsprechend auch auf inhaltlicher Ebene eine Rolle für das Autorkonstrukt, da sie durch ihre Thematiken, aber auch biografischen Bezüge zu einem bestimmten Bild Johanna Kinkels beitragen können.

2.3.2 Narrative Identität

Der im vorigen Unterkapitel herausgearbeitete Aspekt der Auswahl in Bezug auf die Konstruktion des Ichs kann auch aus einer anderen Perspektive betrachtet werden, in welcher er nicht in erster Linie als Einschränkung aufgefasst wird. Eine solche Sichtweise findet sich im Forschungsgebiet der narrativen Identität. Ein Ausgangspunkt dieses Konzepts ist der Gedanke, Erzählen als performativen Akt der Identitätskonstruktion aufzufassen: »The stories we tell ourselves about ourselves and others organize our senses of who we are, who others are, and how we are to be related.«[101] Beispielhaft für diese Perspektive ist Michael Bambergs Konzept des »Positioning«, in welchem er davon ausgeht, dass durch das Erzählen zum einen auf inhaltlicher Ebene das Verhältnis der Charaktere untereinander, zum anderen aber auch auf einer übergeordneten Ebene das Verhältnis der ErzählerIn zu den AdressatInnen sowie zu sich selbst umrissen wird.[102] Der performative Aspekt der narrativen Identität wird ebenso deutlich, wenn Martin Klepper diesen Umstand mit »identity as ›the outcome of narration‹« bezeichnet und im Anschluss formuliert: »The narrative act creates the identity that it describes by repeating or quoting protocols that already exist and thus muster recognition. In this sense, the concept of narrative identity is not unlike Judith Butler's conception of gender identity[.]«[103]

101 Brockmeier/Carbaugh, »Introduction«, S. 10. Eakin wiederum beschreibt diesen Prozess wie folgt: »What is arresting about this radical equation between narrative and identity is the notion that narrative here is not merely *about* the self but rather in some profound way a constituent part *of* self – of the self, I should be careful to specify, that is expressed in self-narrations, for narrative is not (and cannot be) coextensive with all of selfhood, given the multiple registers of selfhood, about which I will say more in a moment. It follows that the writing of autobiography is properly understood as an integral part of a lifelong process of identity formation in which acts of self-narration play a major part.« (Eakin, *How Our Lives*, S. 101, Herv. im Orig.)

102 Bamberg, »Positioning«, S. 337.

103 Klepper, »Rethinking narrative identity«, S. 21. Klepper zitiert Butler mit folgendem Zitat, um seinen Überlegungen Nachdruck zu verleihen: »In this sense, gender is in no way a stable identity or locus of agency from which various acts proceed;

Dieser Aspekt der Performativität der narrativen Identität bringt den Umstand mit sich, dass der performative Konstruktionsprozess nicht isoliert stattfindet, sondern im Gegenteil eng mit sozialen Gegebenheiten verbunden ist: »In forming our sustaining sense of self, we draw on models of identity provided by the cultures we inhabit.«[104] Mark Freeman formuliert dies folgendermaßen:

> The self, and narratives about the self, are culturally and discursively *situated*; and it is this very situatedness [. . .] that serves to ensure that we do not fall prey to a kind of autobiographical autism. Simply put, *my story* can never be wholly mine, alone, because I define and articulate my existence with and among others, through various narrative models [. . .] my culture provides.[105]

Auf welche Quellen lässt sich diese Idee der performativen Identitätskonstruktion innerhalb von Erzählungen anwenden? Zunächst scheinen Selbstzeugnisse wie Briefe, Erinnerungsschriften oder Notizbucheintragungen den natürlichen Anwendungsbereich dieses Konzepts darzustellen. Andreas Rutz verweist in seiner Auseinandersetzung mit den Begrifflichkeiten »Autobiographie«, »Selbstzeugnis« und »Ego-Dokument« darauf, dass sämtliche Dokumente dieser Art durch Auslassungen, Lücken und Brüche geprägt sind[106] und konstatiert schließlich, dass man daher »in Autobiographien, Selbstzeugnissen und Ego-Dokumenten Konstruktionen des Ich und seiner individuellen, subjektiven Wahrnehmungen von Welt [begegnet].«[107] Ich möchte allerdings ebenso gerade den Teil von Johanna Kinkels musikalischen Schaffens im Kontext dieses Phänomens betrachten, in dem sie eigene Texte vertont und somit Persönliches auf zwei Ebenen ästhetisiert – als Gedicht und als dessen Vertonung.[108] Hält man sich erneut das Lied »Die Gefangenen« vor Augen, so wäre eine Lesart, dass Johanna Kinkel in diesem Lied auf inhaltlicher Ebene vorrangig die unmögliche Beziehung zu Gottfried Kinkel thematisiert und sich selbst

rather, it is an identity tenuously constituted in time – an identity instituted through a *stylized repetition of acts*.« (Butler, »Performative Acts«, S. 519, Herv. im Orig.)

104 Eakin, *How Our Lives*, S. 46.

105 Freeman, »From substance to story«, S. 287, Herv. hinzugefügt.

106 Vgl. Rutz, »Ego-Dokument«.

107 Ebd.

108 Im Sammelband von Sidonie Smith und Julia Watson wird eine ähnliche Vorgehensweise beschrieben. Die Autoreninnen betrachten Kunstwerke an der Schnittstelle von Visualität und Textualität unter dem Aspekt des Autobiografischen. (Smith/Watson, *Interfaces*.)

auf diese Weise als unglücklich Verliebte konstruiert.[109] Der Umstand, dass sie diesen Text lyrisch anlegt, vertont und publiziert – ihre Rolle als unglücklich Verliebte in einer für sie bedeutsamen Art und Weise ästhetisiert und einer breiten Öffentlichkeit zugänglich macht –, zeugt davon, dass sie diese Lebenssituation nicht nur in den ihr zugänglichen Künsten verarbeitet, sondern auch nach außen kommuniziert. Vor dem Hintergrund des Konzepts der narrativen Identität lese ich das Lied »Die Gefangenen« in meiner eigenen Rezeption dementsprechend nicht nur als eine einschränkende Auswahl bzw. Konstruktion, sondern auch als eine identitätsstiftende Maßnahme Johanna Kinkels, in der sie sich über den Text, die Vertonung und die Publikation als unglücklich verliebte Komponistin für sich und andere imaginiert.

2.3.3 Schemata als Grundlage der Wahrnehmung

Neben der Performativität und der sich daraus ergebenden kulturellen Fixiertheit der narrativen Identität hat sich in verschiedenen Zitaten bereits angedeutet, dass »protocols« oder Modelle eine bedeutende Rolle in Konstruktionsprozessen und somit auch für die Erstellung eines Autorkonstrukts spielen. Die Idee, die hinter diesen Begriffen steckt, könnte auch durch das Konzept der »Mustergeschichte«[110] umschrieben werden, welches Norbert Meuter im Kontext narrativer Identität wie folgt ausführt: »Narrationen produzieren [. . .] Muster und Strukturen oder werden selbst zu ›Mustergeschichten‹, an denen sich unser Erleben und Handeln orientieren kann.«[111] Paul John Eakin entwirft in seiner Monografie *Living autobiographically. How we create identity in narrative* ein »narrative identity system«[112] und schreibt »protocols« – wie sie im Zitat Martin Kleppers bereits angedeutet worden sind – innerhalb dieses Systems eine bemerkenswerte Bedeutung zu: »[T]he habitual, daily performance of self-narration tends to mask the fact that we participate in a rule-governed system; after years of practice, we operate on automatic pilot; we know the identity protocols by heart.«[113]

109 Welche Bedeutung die Rolle der unglücklich Verliebten wiederum für die individuelle RezipientIn hat, lässt sich schwer allgemein bewerten: Für mich scheint diese Rolle eine für Johanna Kinkel immens wichtige gewesen zu sein; andere RezipientInnen mit anderem Vorwissen mögen die Verbindung zu Johanna Kinkels Leben überhaupt nicht wahrnehmen, geschweige denn diese Rolle in ihr jeweiliges Autorkonstrukt einfügen.

110 Schwemmer, *Handlung und Struktur*, S. 42–83.

111 Meuter, »Identität und Empathie«, S. 49.

112 Eakin, *Living Autobiographically*, S. 24.

113 Ebd., S. 23.

Um die Zusammenhänge dieses Themenkomplexes näher auszuführen, möchte ich den Begriff des Schemas, der inhaltlich den Begriffen der Mustergeschichte und »protocol« sicherlich sehr nahe steht und bereits präziser definiert ist, eingehender betrachten. Schemata sind »cognitive structures representing generic knowledge, i. e. structures which do not contain information about particular entities, instances or events, but rather about their general form.«[114] Dabei wird der Begriff Schema als eine Art Oberbegriff verwendet:[115] Der verwandte Begriff »Frame« bezieht sich z. B. eher auf »thematische oder situative Kontexte«[116] und der Begriff »Script« auf »konventionelle Handlungsabläufe«.[117] Aus der grundsätzlichen Idee des Schemas ergibt sich der Umstand, dass Texte nicht alle notwendigen Informationen enthalten und diese dadurch vorhandenen Lücken anhand von Schemata durch die RezipientIn ergänzt werden. Diese Lücken oder Leerstellen[118] – deren Inhalte mitunter als selbstverständlich gelten – werden also im Rezeptionsprozess gefüllt:

> Consider the following example: ›John went to a restaurant for lunch. He ordered a salad, had a coffee and then went to the park for a walk.‹ This short text cannot describe all the actions, activities and situational information which a reader requires to comprehend it. Schemata and scripts supply the gaps in reader knowledge (that, for example, a restaurant is a place which serves food, that food once ordered is supplied, and that one must pay before leaving).[119]

Ein wichtiges Charakteristikum der Schemata ist – wie ebenso bereits für die narrative Identität festgestellt wurde – ihre kulturelle und zeitliche Gebundenheit: »As schemata represent the knowledge base of individuals, they are often culturally and temporally specific, and are ordinarily discussed as collective stores of knowledge shared by prototypical members of a given or assumed community.«[120] Kehrt man zurück zu den bereits zitierten Liedversen »Wir sind ja beid' gefangen, in Ketten sind wir ja beid'; / und nur im Wechselge-

114 Emmott/Alexander, »Schemata«, [2].

115 Vgl. ebd.

116 Schönert/Hühn/Stein, *Lyrik und Narratologie*, S. 8.

117 Ebd.

118 Der Begriff Leerstelle wurde von Wolfgang Iser geprägt und schließt an Roman Ingardens Begriff der Unbestimmtheitsstellen an. (Winkgens, »Leerstellen«, S. 377–378.)

119 Emmott/Alexander, »Schemata«, [5].

120 Ebd.

sange einen wir ewiges Leid.«[121] kann man beispielsweise fragen, ob kulturell spezifische Schemata dafür verantwortlich sind, dass – losgelöst vom Vorwissen über Johanna und Gottfried Kinkel – die beiden Personen, auf die hier Bezug genommen wird, vermutlich häufig als heterosexuelles (Liebes-)Paar, als Mann und Frau gedacht werden. Diese Frage stellt sich vor allem, da es im gesamten Gedicht keinen einzigen linguistischen Hinweis darauf gibt, welches Geschlecht die beiden Personen tatsächlich haben. Jörg Schönert, Peter Hühn und Malte Stein machen in diesem Zusammenhang auf die besonderen Umstände der Lyrik aufmerksam, welche diese Sichtweise begünstigen könnten:

> Aufgrund der Konventionen von Kürze und Situationsabstraktheit der Geschehensvermittlung in Lyrik werden in Gedichten Frames und Skripts meist nur knapp angedeutet, so dass vom Leser eine höhere Rekonstruktionsleistung als bei der Lektüre von Romanen oder Erzählungen gefordert wird.[122]

Vor dem Hintergrund dieser extremen Verkürzung in Gedichten scheint es plausibel, dass in der Rezeption und Verarbeitung des Gedichts »Die Gefangenen« – zumindest in Bezug auf *meine* Vorprägung und *meine* Vorannahmen über Paarbeziehungen des 19. Jahrhunderts – die Vorstellung der heterosexuellen Paarung zwischen Mann und Frau vorherrscht.

Ein für diese Arbeit wichtiges Schema soll im Folgenden etwas eingehender betrachtet werden: das Schema des Komponisten. An dieser Stelle habe ich bewusst die männliche Form Komponist gewählt, da fraglich ist, ob dieses Schema ebenso auf Frauen zutrifft oder nicht. Die Vermutung, die hinter der Entscheidung für die männliche Form des Begriffs steht, ist natürlich, dass es das Schema der Komponistin nicht gibt bzw. dass es bedeutend von dem des Komponisten abweicht. Wie dieses Schema oder diese Mustergeschichte des Komponisten genau aussieht, lässt sich hier nicht abschließend feststellen. Menschen werden den Begriff Komponist von Epoche zu Epoche, von Kultur zu Kultur unterschiedlich verwendet haben. Eben durch die kulturelle Gebundenheit der Schemata, ihrer »situatedness«, bewegt man sich bei der Analyse derselben »in den Grenzen des in einer Epoche Denk- und Empfindbaren«.[123] Einige Tendenzen für das 19. Jahrhundert werden trotzdem anhand verschiedener Forschungen bereits offenbar. So scheint es z. B. plausibel, dass durch

121 Mathieux, *Sechs Lieder für eine Singstimme mit Begleitung des Pianoforte*, op. 16/1, S. 3.

122 Schönert/Hühn/Stein, *Lyrik und Narratologie*, S. 8.

123 Rutz, »Ego-Dokument«, [18]. Diese Formulierung wurde in einem anderen Kontext eingesetzt, bringt hier aber den Sachverhalt ebenso gut auf den Punkt.

den langanhaltenden Genie-Diskurs im 19. Jahrhundert der Begriff Komponist häufig zumindest im europäischen Kulturkreis[124] mit den Konnotationen ›Genie‹ oder ›Heros‹ aufgeladen worden ist.[125] An einem Beispiel aus der Forschung zu Richard Wagner lässt sich vielleicht aufzeigen, wie wichtig das Attribut Genie für einen Komponisten gewesen ist. Jerome R. Sehulster beschreibt in einem Aufsatz eine Vision Wagners in La Spezia und betrachtet sämtliche Dokumente, in denen Wagner von seinen Erlebnissen in La Spezia berichtet. Sehulster kommt zu dem Schluss, dass Wagner die Einordnung seiner Erlebnisse als Vision erst später vornimmt, und vermutet, dass Wagner die Vision im Nachhinein kreiert, um dem Muster des Genies zu entsprechen: »But, most important, it [die Vision, DG] fit Wagner's growing conception of himself as a true genius, an Artist, the Master: It was the sort of creative experience a Master *ought* to have; it was *evidence* of his identity.«[126]

Einige WissenschaftlerInnen versuchen darüber hinaus auszuloten, inwieweit das Schema des Komponisten tatsächlich gegendert – männlich – ist. Ihren Aufsatz über Robert Schumanns *Myrthen* leitet Rebecca Grotjahn mit der Überlegung ein, dass diese Fragestellung aus zwei verschiedenen Blickwinkeln betrachtet werden kann – einerseits lässt sich fragen, »warum [. . .] es so wenige Komponistinnen« gibt; andererseits können aber auch Komponisten betrachtet werden, um daran anschließend zu fragen, »warum Männer im Feld Komponieren so stark überrepräsentiert sind.«[127] Diesem Ausgangspunkt folgt eine Analyse der *Myrthen*, in welcher Grotjahn herausarbeitet, dass sich Robert Schumann im Zuge einer autobiografischen Lesart dieses *Liederkreises* als Mann und gleichzeitig als Komponist konstruiert. Ein sehr eindrückliches Beispiel in Grotjahns Ausführungen bezieht sich auf die Publikation der *Myrthen*. Sie führt vor Augen, dass die verschiedenen Exemplare – für Clara Schumann und für den Verkauf – im Hinblick auf ihre Konstruktionen von Mann und Komponist nicht stringent voneinander getrennt worden sind. So wird auf dem Schmuckband für Clara Schumann unnötigerweise der Preis abgedruckt und die für die anonyme Öffentlichkeit gedachte Version enthält

124 Eine interessante Frage wäre an dieser Stelle, inwieweit der Begriff bzw. die Kategorie des Komponisten für andere Kulturkreise und Umgangsweisen mit Musik, wie z. B. mündliche Musiktraditionen, überhaupt von Bedeutung ist.

125 Vgl. Citron, *Gender*, S. 201: »The ›great composer‹ model – in reality the ›great man‹ model – is a legacy from the nineteenth century and its idealization of the composer as a divinely inspired genius.« oder Battersby, *Gender and genius*, S. 43: »›I am the author.‹ ›I am male.‹ ›I am God.‹ Romantic and modernist art binds these three sentences together into an unholy trinity.«

126 Sehulster, »Richard Wagner's creative vision«, S. 214, Herv. im Orig.

127 Grotjahn, »Mein bessres Ich«, S. 159–160.

die von der ersten zur dritten Person abgeänderte Widmung »Seiner geliebten Braut«.[128] Hier vermischen sich also die Konstruktionen von Mann und Komponist über das erwartbare Maß hinaus. In Bezug auf Schemata, die durchaus ein flexibles Konzept darstellen und Veränderungen erfahren können,[129] lässt sich daher diese Publikation Robert Schumanns als ein Beitrag zu einem tatsächlich männlichen Schema des Komponisten lesen.[130]

Einen Hinweis darauf, ob die Verwendung des Begriffs Komponist gegendert ist, liefert ein anderes Fallbeispiel. Lilli Mittner hat in ihrer Dissertation über komponierende Frauen in Norwegen um 1900 darauf hingewiesen, dass z. B. Mon Schjelderup auf einem Widmungsexemplar ihrer Violinsonate, op. 12, mit »freundlichen Grüßen vom Komponisten« unterzeichnet hat.[131] Die Signifikanz dieser Verwendung der männlichen Form liegt nach Mittner darin, dass sie als eine zielgerichtete Professionalisierungsstrategie interpretiert werden kann:

> Im norwegischen Musikleben um 1900 bestand [. . .] eine Bedeutungsdifferenz zwischen der Bezeichnung Komponist und Komponistin, die mehr als das Geschlecht markierte. Komponierende Frauen verwendeten die männliche Genusform im Sinne einer Berufsbezeichnung, wenn sie sich selbst innerhalb der Profession sahen bzw. einen höheren Professionalisierungsgrad nach außen demonstrieren wollten als er für komponierende Frauen üblich war. Die weibliche Form – die seltener von den Frauen selbst, dafür häufiger von Kritikern verwendet wurde, wenn sie über komponierende Frauen sprachen – implizierte einen niedrigeren Professionalisierungsgrad, die Beschränkung auf kleinere Formen sowie ein weniger ausgeprägtes Streben nach Erfolg.[132]

Ob eine Komponistin sich selbst als Komponist oder Komponistin bezeichnet hat bzw. von anderen entsprechend bezeichnet worden ist, kann Mittner zufolge dementsprechend strategisch begründet gewesen sein. Zumindest in diesem ausgewählten zeitlichen und örtlichen Rahmen scheinen – über die Idee des männlichen Genies hinaus – ein hoher »Professionalisierungsgrad«, die

128 Grotjahn, »Mein bessres Ich«, S. 166–167.

129 Vgl. Cook, *Discourse and Literature*, S. 191.

130 Hier möchte ich noch einmal auf die eingangs zitierten Ausführungen Grotjahns verweisen, in welchen sie auf den Unterschied zwischen »Komponist sein« und »Komponistin sein« im 19. Jahrhundert eingeht. (Vgl. S. 16.)

131 Mittner, *Studien zum kulturellen Handeln*, S. 188–190. Druck in Vorbereitung. Für die Überlassung des Manuskripts danke ich Lilli Mittner sehr herzlich.

132 Ebd., S. 78–79.

Auswahl großer Gattungen[133] und ein »Streben nach Erfolg« ausschlaggebende Bedeutungsschichten dessen zu sein, was man unter einem Komponist*en* verstanden hat.

In welchen Kontexten das Schema des Komponisten tatsächlich an Genialität, Männlichkeit oder z. B. große Gattungen gebunden ist, kann hier nicht erschöpfend betrachtet werden. Festzuhalten bleibt, dass Johanna Kinkel kein (männliches) Genie gewesen ist, das große Werke für die Nachwelt komponiert hat. Gerade deshalb scheint es so erkenntnisreich, sie in Bezug auf die Kategorie der Autorschaft und auf ihr KomponistIn Sein eingehender zu erforschen. Durch die Analyse der Bedingungen von Johanna Kinkels individuellem KomponistIn Sein lassen sich einerseits Einsichten darüber erlangen, was alles zum KomponistIn Sein dazu gehören kann, und andererseits können bestehende Schemata zumindest in Ansätzen dekonstruiert werden.

2.3.4 Verschiedene Ebenen der Rezeption

Betrachtet man das Lied »Die Gefangenen« auf textlicher Ebene sowie als Teil eines Liederhefts, so können – neben der unglücklich Verliebten – durchaus auch Johanna Kinkels Rollen als Dichterin und als Komponistin plausibel erschlossen werden. Diese beiden Muster werden allerdings indirekt bzw. subtiler evoziert als das Muster der unglücklich Verliebten. Die Rolle Johanna Kinkels als Dichterin kommt auf verschiedenen Ebenen des Texts zum Ausdruck: Zunächst hat sie den Text selbst verfasst; ein Umstand, der im Liederheft durch das Fehlen ihres Namens am Ende des Texts verschleiert wird, vor allem da die Dichter der anderen Textvorlagen immer genannt werden. Weiterhin kann man anhand des poetischen Pakts ihre Rolle als Dichterin erschließen: Durch die textlogische Komponente des Pronomens Ich, welches auf die ProduzentIn und ihren schöpferischen Akt verweist. Inhaltlich wird lediglich in der letzten Zeile des Gedichts durch den Begriff »Wechselgesang« auf einen dialogisch angelegten, kreativen Schaffensprozess der beiden thematisierten Individuen verwiesen.[134] Auch wenn die Hinweise subtil sind und einer genauen Analyse bedürfen, lassen die letzten Zeilen des Gedichts und der Umstand, dass Johan-

133 Zur unterschiedlichen Bewertung musikalischer Gattungen vgl. auch Citron, *Gender*, S. 124–132. »Since c. 1800 art music has generally placed greater value on the larger forms (genres). Symphony and opera have occupied the top rung of instrumental and vocal music, respectively.« (Ebd., S. 130); »The so-called lesser genres have generally entailed fewer performers and considerably shorter duration. Song and solo piano fall naturally into this category, although internal distinctions have to be made.« (Ebd., S. 131).

134 Vgl. hierzu noch einmal den Text auf S. 40 in dieser Arbeit.

na Kinkel selbst den Text verfasst hat, ihre Rolle als Dichterin im Liederheft hervorscheinen. Auf inhaltlicher Ebene kann der Begriff »Wechselgesang« – neben seinem Bezug auf das Dichten – darüber hinaus auch als Hinweis auf Johanna Kinkels Tätigkeit als Komponistin verstanden werden; eine Lesart, die durch die Tatsache, dass Johanna Kinkel ihren Text vertont und als Lied in einem Liederheft herausgegeben hat, begünstigt wird. Daher ist auch die Rolle der Komponistin – ähnlich der Rolle der Dichterin – in Johanna Kinkels Vertonung auf inhaltlicher Ebene und durch die Komposition an sich wahrnehmbar.

Es bleibt zu klären, ob die RezipientIn sämtliche Muster der Dichterin und der Komponistin auf den verschiedenen Ebenen im Lied in gleicher Deutlichkeit wahrnimmt und inwieweit sie diese verschiedenen Puzzleteile in ihrem Autorkonstrukt berücksichtigt. Nimmt eine RezipientIn Johanna Kinkel z. B. durch die Publikation ihres Lieds als professionelle Komponistin wahr und bezieht sie dieses zusätzliche Muster – sofern es dieses überhaupt gibt – in den Konstruktionsprozess ihres Autorkonstrukts ein? Oder kann man vielmehr von einem Primat des Inhalts[135] ausgehen bzw. von einem Primat der »präzisen Bedeutung«? Nimmt eine RezipientIn die inhaltliche Ebene deutlicher wahr und konstruiert sie Johanna Kinkel statt als professionelle Komponistin in erster Linie als unglücklich Verliebte? Sicherlich spielt das Vorwissen der RezipientIn eine große Rolle: Weiß die RezipientIn um Johanna Kinkels Biografie, so ist sie wahrscheinlich eher geneigt, der Rolle der unglücklich Verliebten in ihrem Autorkonstrukt einen eminenten Platz einzuräumen. Genauso scheint aber auch der Umstand der Rezeption Einfluss zu nehmen: Als Wissenschaftlerin schaue ich genau hin und versuche sämtliche Facetten zu beleuchten und sämtliche Aspekte in meinem Autorkonstrukt zu berücksichtigen. Es ist aber genauso möglich, dass z. B. eine »höhere Tochter«[136] aus dem 19. Jahrhundert mitunter kein Interesse an Details hatte und das Lied lediglich zu ihrer Erbauung musiziert hat. Anspruch der Analysen in dieser Arbeit ist, möglichst viele Aspekte auf verschiedenen Ebenen herauszuarbeiten, die im Rezeptionsprozess wahrgenommen werden können. Im Anschluss daran kann durch die Analyse der »Autorkonstrukte Dritter« in Ansätzen vermutet werden, welche Aspekte in unterschiedlichen Situationen tatsächlich zum Tragen gekommen sind. Dass jedoch immer nur der Teil der Rezeption bzw. des Autorkonstrukts aufgezeigt werden kann, der in irgendeiner Form festgehalten wurde bzw. als Quellenmaterial vorliegt, ist selbstverständlich und gleichzeitig noch einmal erwähnenswert.

135 Vgl. hierzu auch McLuhan, »The Medium«.

136 Näheres zu diesem Begriff vgl. Grotjahn, »Playing at Refinement«, S. 395–411.

2.3.5 Viele Mitwirkende, aber nur eine AutorIn

Der Begriff der KomponistIn birgt eine weitere Facette, die bei der Analyse der Erzeugnisse der AutorIn im Hinblick auf deren Bedeutung für das Autorkonstrukt ebenso der Aufmerksamkeit bedarf. In der Musikwissenschaft wird mit der KomponistIn vornehmlich die eine Person bezeichnet, die sich vor allem – im Sinne von Foucaults Autorfunktion[137] – für ein Werk verantwortlich zeigt; auch, wenn es realiter viele Beteiligte gibt, die mitunter maßgeblich zum Werk beigetragen haben. Die KomponistIn kann sozusagen als eine »Ordnungs- und Zuweisungskategorie«[138] betrachtet werden. Es gehört somit durchaus in den Bereich des Möglichen, dass sämtliche Facetten eines Werks allein der einen KomponistIn zugeschrieben werden, deren Name mit einem Werk verbunden wird, auch wenn sie de facto gar nicht die SchöpferIn zumindest bestimmter Teilaspekte des Werks gewesen ist.[139] Um die Vielzahl der an einem Werk beteiligten Personen zu veranschaulichen, soll im Folgenden ein kleiner – mitnichten auf Vollständigkeit angelegter – Abriss zu der Frage gewagt werden, wer tatsächlich SchöpferIn eines Werks ist bzw. wer zur Gestalt eines Werks beiträgt.

Zunächst möchte ich einige Gedanken der – in der Musikwissenschaft vielleicht unbestrittensten – SchöpferIn eines Werks widmen: der KomponistIn. Welche Aufgaben übernimmt sie im Entstehungsprozess eines Werks? Unbe-

137 Bei der Autorfunktion geht es nicht in erster Linie um die empirische Person der AutorIn oder UrheberIn, sondern vielmehr um die Rolle oder Funktion, die sie für das Werk einnimmt. Durch die Verbindung einer UrheberIn mit einem Werk kann dieses z. B. raumzeitlich fixiert oder dessen Kontexte selegiert werden; ebenso können der UrheberIn zu unterschiedlichen Graden die Textbedeutung zugeschrieben werden. (Vgl. Jannidis, »Autorfunktion«.)

138 Diese Formulierung geht auf Gunter Martens zurück: »All diese Zweifel an der Setzung eines einzelnen Urhebers eines Texts können jedoch nicht die Funktion eines Autors, die er editionsphilologisch ausübt, außer Kraft setzen: Wir kommen ohne ihn nicht aus, wir brauchen ihn, und zwar als Ordnungs- und Zuweisungskategorie, nicht jedoch als psychophysische Person und erst recht nicht als spekulativ eruierte Willensinstanz, auf die wir uns in unseren Entscheidungen berufen können. Genau genommen ist es sein Name – und Sie sehen, ich greife hier auf Gedanken von Foucault zurück –, der uns hilft, das Kontinuum der Textproduktion zu gliedern und zu durchaus sinnvollen Einheiten zu bündeln.« (Martens, »Autor – Autorisation – Authentizität«, S. 49.)

139 Dass diese Form der Autorfunktion auch in der Musikwissenschaft virulent ist, sei hier nur kurz an der Rolle der Gesamteditionen von KomponistInnen innerhalb der Musikwissenschaft sowie der Sortierung der Bibliotheken illustriert – regalweise Literatur über Bach, Beethoven, usw.

darft formuliert könnte man zunächst davon ausgehen, dass eine KomponistIn Klänge festlegt – sie entscheidet, wer wann welchen Ton spielt. Dass dies ein wichtiges, mitunter sogar notwendiges Kriterium für eine KomponistIn ist, leuchtet intuitiv ein. Dass es keinesfalls ein hinreichendes Kriterium ist, wird an folgender Überlegung deutlich: Eine improvisierende MusikerIn beispielsweise im Bereich des Jazz oder auch der neueren Musik legt für sich selbst Klänge fest; sie würde jedoch nicht als KomponistIn bezeichnet werden. Als KomponistIn wäre an dieser Stelle diejenige zu bezeichnen, die gewisse Rahmenbedingungen – ein melodisches Thema, eine Harmoniefolge, eine Besetzung, usw. – festlegt, die das Aufgeführte zu einem wiederholbaren, bewusst gestalteten Werk werden lassen. Die Schöpfung eines Werks, einer – wenn man so will – musikalischen Gesamtkonzeption, ist ein ebenso konstitutives Kriterium für das KomponistIn Sein wie das Festlegen von konkreten Klängen.[140]

Der Umstand, dass eine KomponistIn nicht nur Klänge festlegt, sondern ein Werk schreibt, verweist darauf, dass es nicht ausreicht, eine KomponistIn auf das reine Notenschreiben bzw. –festlegen zu reduzieren. Die Kategorie des Werks eröffnet ein komplexes Netz von Zusammenhängen, das bei der Betrachtung des Begriffs KomponistIn mitgedacht werden muss. Da der Begriff des Werks selbst jedoch Gegenstand definitorischer Diskussionen ist,[141] bleibt zunächst festzuhalten, dass der Begriff KomponistIn ebenso wenig absolut zu definieren ist, sondern vielmehr relativ betrachtet werden muss: Er ist relativ zum Werkbegriff zu setzen. Je nach zugrunde liegendem Werkbegriff können sich die Handlungen, die einen schöpferischen Prozess konstituieren, begrenzen oder erweitern. Dies kann zur Folge haben, dass nicht nur ein Individuum am Schöpfungsprozess beteiligt ist. Gerade in kulturwissenschaftlichen Kontexten ist es nicht ausreichend, nur von der einen Tätigkeit – dem Notenfestlegen – auszugehen und diese auch nur einer SchöpferIn eines Werks – der KomponistIn – zuzuschreiben.[142]

Es gibt mitunter Einflüsse und Quellen, die eine herausragende Bedeutung für ein Werk haben und deren SchöpferInnen konsequenterweise bei der

140 Vgl. hierzu Grotjahn, »Zyklizität«, S. 69–89.

141 Vgl. z. B. Seidel, *Werk und Werkbegriff.*

142 Im juristischen Kontext gibt es z. B. durch das Urhebergesetz der Bundesrepublik Deutschland genaue Richtlinien, wer als UrheberIn bzw. SchöpferIn eines Werks definiert ist. Diese sind relativ eng formuliert. In einem kulturwissenschaftlichen Kontext wie diesem hier scheint es sinnvoll, eine breitere Betrachtung der Urheberschaft zugrunde zu legen, da auch Inspirationen, Verweise oder Filiationen – die im juristischen Kontext von der tatsächlichen Urheberschaft genau abgegrenzt werden (Vgl. Bundesministerium, *Gesetz über Urheberrecht*, § 7–§ 10/S. 11–12.) – für den Bereich der Kulturwissenschaft ein hohes Erkenntnispotenzial besitzen.

Betrachtung des Entstehungsprozesses eines späteren Werks mitgedacht werden müssten. Harold Love thematisiert diesen Umstand im Bereich der Literaturwissenschaft anhand des Begriffs des »precursory author«. Love definiert diesen wie folgt:

> For those cases in which a significant contribution from an earlier writer is incorporated into the new work we will employ the term precursory authorship. A precursory author would be anyone whose function as a ›source‹ or ›influence‹ makes a substantial contribution to the shape and substance of the work[.][143]

Christian Storch widmet sich in seiner Dissertation unter dem Stichwort Interauktorialität einem ähnlich gelagerten Phänomen.[144] Ihm geht es in erster Linie darum, Bezüge zu anderen KomponistInnen in einem Werk aufzudecken; sei es nun durch das »Zitieren, Alludieren oder Plagiieren« von Motiven anderer Werke und KomponistInnen im neuen Werk oder aber von Motiven, die direkt auf andere KomponistInnen verweisen wie z. B. das Motiv *b-a-c-h*.[145] Storch weist außerdem darauf hin, dass sich bei der konsequenten Weiterführung des Gedankens der Interauktorialität die Frage stellt, inwieweit sämtliche vorherige KomponistInnen als Co-Autoren betrachtet werden müssen, da sie zur Konventions- und Traditionsbildung beigetragen haben.[146] Beide Konzepte, »precursory author« und Interauktorialität, verweisen darauf, dass ein Werk nicht in einem isolierten Raum entsteht, sondern andere Werke oder AutorInnen signifikanten Einfluss auf das entstehende Werk haben können. Diese vorgeschalteten AutorInnen wären in Bezug auf die Autorschaft eines Musikwerks mitzudenken.

Eine SchöpferIn im Bereich der Musik, deren Rolle mitunter schwer zu definieren ist, findet sich in der Vokalmusik: Hier muss von Fall zu Fall betrachtet werden, welchen Anteil die TextdichterIn an der tatsächlichen Gestalt des Werks hat. Nimmt sie eher die Rolle eines »precursory author« ein oder ist

143 Love, *Attributing Authorship*, S. 40.

144 Der Begriff Interauktorialität wurde zunächst von Ina Schabert geprägt, indem sie die Idee der Intertextualität auf die Ebene der AutorInnen übertragen hat: »Intertextualität meint den Rückbezug eines literarischen Werks auf ein früheres literarisches Werk, Interauktorialität die in einem literarischen Werk dargestellte Begegnung seines Autors mit einer in der Lektüre eines vorgängigen literarischen Werks erfahrenen Autorenpersönlichkeit. Im intertextuellen Text überlagern sich mehrere Textmuster; in der interauktorialen Erzählung sind zwei Autoren gleichzeitig präsent.« (Schabert, »Interauktorialität«, S. 679.)

145 Vgl. Storch, *Der Komponist*, S. 113.

146 Vgl. ebd., S. 158.

ihr Text der essenzielle Bestandteil des Werks? Das entscheidende Kriterium für diese Einschätzung liegt mit den Worten Rebecca Grotjahns »im Grad der Eigenständigkeit der Musik«[147] und somit in den Händen der KomponistIn. Sie entscheidet über die gesamte Gestalt des Werks und die Rollen, welche Text und Musik in diesem spielen: Hat die Musik lediglich eine (unter-)stützende Funktion oder bringt sie ein neues Element ein, welches rechtfertigt, dass man von einem neuen Werk sprechen kann?[148] Unabhängig davon, wie diese Frage im jeweiligen Fall beantwortet wird, bleibt festzuhalten, dass die TextdichterIn in Sachen Autorschaft – in welcher Form auch immer – mitgedacht werden muss.

Bevor ich die SchöpferInnen genauer betrachte, die zur selben Zeit oder nach der KomponistIn Einfluss auf ein Werk nehmen können, möchte ich einen weiteren Personenkreis, der einer Komposition vorgeschaltet sein kann, nicht unerwähnt lassen. Je nach Auslegung der Begrifflichkeiten können auch MäzenInnen, GönnerInnen, PatronInnen oder AuftraggeberInnen z. B. durch die Vorgabe von Gattungen oder Thematiken die Gestalt eines Werks mitunter maßgeblich beeinflussen.[149] Aufgrund dieser möglichen Lenkung kann es sinnvoll sein, auch diese Personen in der Frage nach der Autorschaft eines Musikwerks zu berücksichtigen.[150]

Zu denjenigen, die in der Regel zusammen mit oder nach der KomponistIn zu einem Werk beitragen, gehören u. a. EditorInnen. Ausgangspunkt dieser Überlegung ist, dass eine Verschriftlichung, eine Ausgabe, ein Druck eines Werks, ebenso Teil desselben ist.[151] EditorInnen erhalten unter dieser Prämisse durch die Interpretation von Quellen und durch die Gestaltung der Ausgabe eines Werks – z. B. der Titelseite – Einzug in dessen Erscheinungsform und somit in den schöpferischen Prozess. Dass bei der Edition Interpretationen eines Werks entstehen, wird an der Diskussion der Begriffe Authentizität und Autorisation

147 Grotjahn, »Lieder singen«, S. 19.

148 Es scheint selbstverständlich – jedoch immer noch erwähnenswert –, dass eine einfache Klavierbegleitung nicht automatisch durch das Unvermögen einer KomponistIn, sondern z. B. auch durch die Gesamtkonzeption oder Vorgaben anderer bedingt worden ist. Gerade wenn Komponistinnen betrachtet werden, scheint es wichtig, noch einmal hervorzuheben, dass nicht allein die Kompetenz der KomponistIn die Beschaffenheit der Klavierbegleitung bedingt.

149 Definitorische Arbeit zu einigen der benannten Begrifflichkeiten leistet z. B. Katrin Losleben in ihrer Monografie *Musik – Macht – Patronage*. (Vgl. Losleben, *Musik*, S. 25 und S. 83–85.)

150 Für diesen Hinweis danke ich Sabine Meine sehr herzlich.

151 Vgl. Storchs zweigeteilten Werkbegriff, in dem er zwischen einem notentextlichen und klanglichen Werktyp unterscheidet. (Storch, *Der Komponist*, S. 102–107.)

in der Editionsphilologie deutlich.[152] Anhand dieser Begriffe wird diskutiert, wie deckungsgleich z. B. ein Textzeuge mit einer neuen Edition ist[153] und wie der Wille der AutorIn bzgl. ihres Werks berücksichtigt wird.[154] Da es an beiden Stellen einen gewissen Spielraum zu geben scheint, muss sich die EditorIn für eine Variante entscheiden[155] und bietet so in ihrer Ausgabe eine Interpretation von vielen an. Sie beteiligt sich sowohl durch ihre Interpretation als auch durch das Layout an der Schöpfung des Werks in seiner verschriftlichten Form und sollte in der Frage nach der Autorschaft ebenfalls berücksichtigt werden.[156]

Interpretationen eines Werks werden im Bereich der Musik allerdings nicht nur von EditorInnen im Zuge der Verschriftlichung vorgenommen, sondern vor allem von den musikpraktischen InterpretInnen eines Musikwerks. Gerade diese nehmen im Netz der Autorschaft einen eminenten Platz ein, da sie oftmals das Bindeglied zwischen SchöpferIn und RezipientIn bilden. Anhand der Stichworte »auktoriale Aufführungstradition« und »Interpretensubjektivität« hat sich Herman Danuser bereits mit dem Grenzbereich zwischen Autorintention und Freiheit des Interpreten auseinandergesetzt.[157] Aus diesem Spannungsverhältnis lässt sich ableiten, dass die InterpretIn durch ihre Aufführung dem Werk mitunter etwas hinzufügen bzw. es weiterentwickeln und somit aus Sicht der RezipientIn bisweilen genauso wie die KomponistIn am schöpferisch-kreativen Prozess desselben teilhaben kann. Der InterpretIn käme dann der Status einer (Mit-)SchöpferIn des Musikwerks in seiner klanglichen Realisation zu. Die Aktualität dieses Gedankens wird durch den Band *Autorschaft – Genie – Geschlecht* hervorgehoben: Zum einen verweist die Mitherausgeberin Susanne Kogler z. B. darauf, dass gerade in den Performance-Studien InterpretInnen als AutorInnen betrachtet werden und zum anderen zeugt allein die große Anzahl der Aufsätze des Bands zu dem Thema Sängerinnen als Autorinnen von der Relevanz des Themas.[158] Auch im Bereich der Notation von Musik

152 Einen Einblick in diese Diskussion bietet der Sammelband Bein/Nutt-Kofoth/Plachta, *Autor – Autorisation – Authentizität.*

153 Martens, »Autor – Autorisation – Authentizität«.

154 Scheibe, »Zur Abgrenzung«.

155 Dies ist auch der Grund, warum es durchaus nicht immer bei einer Ausgabe bleibt. Entscheidungen werden vor veränderten Hintergründen oder in verschiedenen Kontexten anders getroffen.

156 Ausdruck für die mannigfaltigen Entscheidungen, die eine EditorIn treffen muss, sind der kritische Bericht einer Ausgabe, der eben diese Entscheidungen aufdeckt und begründet, als auch die Bestrebungen, digitale Ausgaben zu realisieren, die der RezipientIn u. a. verschiedene Lesarten eines Textzeugen anbieten und so gleichzeitig die Rolle der EditorIn im Schöpfungsprozess diminuieren können.

157 Vgl. z. B. Danuser, »Einleitung«, S. 27–43.

158 Knaus/Kogler, *Autorschaft – Genie – Geschlecht.*

werden die Grenzbereiche, in welche diese Betrachtungsweise führt, kenntlich. Im Bereich der Jazz- bzw. Pop-Musik wird Musik z. B. häufig ausschließlich anhand von Texten und Akkordsymbolen notiert; genauso kann im Bereich der neueren Musik beobachtet werden, dass Musik mitunter so bildlich notiert wird, dass man fast eher von einer Inspirationsquelle als von einer schriftlichen Fixierung von Musik sprechen kann. Innerhalb dieser Grenzbereiche wird der InterpretIn ein großes Gewicht verliehen und sowohl die Tätigkeit als auch die Bedeutung der Kategorie der KomponistIn an sich werden auf diese Weise eingeschränkt, wenn nicht sogar komplett in Frage gestellt. Hier wird deutlich, dass »die KomponistIn« ein Konstrukt ist, das weder für alle Sparten der Musik noch für sämtliche Epochen die gleiche Bedeutung besitzt. Dennoch erfreut sich diese Kategorie gerade in der Musikwissenschaft und -geschichtsschreibung einer machtvollen Position, die bisweilen nicht im Verhältnis zu ihrer tatsächlichen Relevanz im Hinblick auf sämtliche Umgangsweisen mit Musik steht.

Die Auffassung, dass nicht nur InterpretInnen als SchöpferInnen gedacht werden können, sondern auch RezipientInnen, wird zunehmend auch in der Musikwissenschaft vertreten. Zunächst macht Hermann Danuser darauf aufmerksam, dass bereits Richard Wagner in »Oper und Drama« diese Perspektive formuliert hat:[159] »Eine solche ahnungsvolle Stimmung hat der Dichter uns zu erwecken, um aus ihrem Verlangen heraus uns selbst zum notwendigen Mitschöpfer des Kunstwerkes zu machen.«[160] Mehr als 150 Jahre später greifen z. B. Rainer Marten und Susanne Kogler diese Perspektive in ihrer Forschung wieder auf. Marten setzt sich philosophisch mit dem Werkbegriff auseinander und durch die enge Verknüpfung zwischen Werk und SchöpferIn gelangt er zu der Einsicht, dass die SchöpferIn eines Werks dreiteilig gedacht werden muss: als KomponistIn, InterpretIn und RezipientIn.[161] Susanne Kogler wiederum gelangt über die Betrachtung Neuer Musik zu dieser Auffassung. In Bezug auf das Musiktheaterwerk *Prometeo* von Luigi Nono aus den 1980er Jahren konstatiert Kogler, dass das »Hören eine neue schöpferische Grundhaltung« sei.[162] Sie bringt damit zum Ausdruck, dass KomponistInnen sich im 20. Jahrhundert durchaus nicht mehr ausschließlich auf das Bild der genialen SchöpferIn beziehen, sondern auch die Hörerschaft in den Schaffensprozess integrieren. Während in der (historischen) Musikwissenschaft die RezipientIn als SchöpferIn noch keine herausragende Position erlangt hat, ist diese Per-

159 Danuser, »Einleitung«, S. 63.
160 Wagner, *Oper und Drama*, S. 166.
161 Vgl. Marten, »Ensemble der Freiheiten«, S. 6.
162 Kogler, »Autorschaft, Genie, Geschlecht«, S. 10.

spektive in der Literaturwissenschaft schon zu einer kompletten Forschungsrichtung gereift.[163] Unter dem Stichwort Rezeptionstheorien versammeln sich viele Überlegungen, welche die Rolle der RezipientIn untersuchen und differenzieren. Exemplarisch für diesen Forschungszweig sei an dieser Stelle auf Wolfgang Iser und das von ihm begründete Konzept der Wirkungsästhetik verwiesen. Nach Iser ist die Bedeutung eines Texts nicht allein im Text selbst zu finden, sondern sie entsteht vielmehr in der »Interaktion von Text und Leser«:[164] Ein Text weist bestimmte Lücken oder Leerstellen auf, welche die LeserIn im Rezeptionsprozess füllt und somit Bedeutung konstituiert.[165]

Überträgt man die Idee der Interaktion zwischen Werk und RezipientIn auf den Bereich der Musik, so wird auch hier ein dialogischer Aspekt offenbar: Das Veröffentlichen eines Werks wird zu einem notwendigen Charakteristikum sowohl für das Werk als auch für die KomponistIn. Diese konstitutive Bedeutung der Veröffentlichung tritt u. a. im Kontext der Editionsphilologie zu Tage. Gunter Martens thematisiert diesen Umstand des notwendigen Gegenübers unter dem Stichwort Autorisation: »In dieser Fassung will ich – als Autor – mein Werk nach außen getragen wissen.«[166] Im Prozess der Autorisation ist die RezipientIn notwendigerweise mitzudenken: Von wem, aber auch für wen wird ein Werk autorisiert? Martens beschreibt daher Autorisation auch als »Akt der Entäußerung«, in welchem sowohl die Instanz der AutorIn als auch die Instanz der Rezipierenden enthalten sind.[167] Das Veröffentlichen oder Entäußern lässt sich auch sehr weit verstehen: Das Vorspielen eines noch nicht notierten Stücks für einen Freund kann ebenso eine Form der Veröffentlichung sein, wie das Publizieren eines notierten und gedruckten Werks. Rebecca Grotjahn betont diesen dialogischen Aspekt des Veröffentlichens als Kriterium für das »Komponist sein«, wenn sie konstatiert:

> Komponist(in) ist man nicht schon dadurch, dass man komponiert, sondern dadurch, dass man sich mit seinem kompositorischen Handeln und dessen Ergebnissen in einen Kommunikationszusammenhang mit den Rezipierenden stellt – anders formuliert: dass man sich als Autor(in) musikalischer Werke präsentiert.[168]

163 Vgl. auch den Beginn dieses Kapitels ab S. 25.
164 Winkgens, »Leerstellen«, S. 377.
165 Vgl. ebd., S. 377–378 und Antor, »Rezeptionsästhetik«, S. 571–572.
166 Martens, »Autor – Autorisation – Authentizität«, S. 46.
167 Ebd.
168 Grotjahn, »Lieder singen«, S. 18.

Hier lässt sich sicherlich eine Parallele zum literarischen Kommunikationsmodell ziehen, in dem diese dialogische Komponente einen Grundgedanken darstellt.[169]

Vor dem Hintergrund dieses in der Musikwissenschaft immer öfter anerkannten großen Netzwerks an Handlungen und SchöpferInnen – KomponistIn, TextdichterIn, EditorIn, InterpretIn, RezipientIn, u. a. m. – stellt sich schon fast die Frage, ob es eine ausschließliche KomponistIn – im Sinne der alleinigen, anfangs umrissenen SchöpferIn eines musikalischen Werks – überhaupt gibt. Gerade die Idee, dass die RezipientIn eine MitschöpferIn des Werks ist, stellt die Kategorie der KomponistIn als singulärer SchöpferIn radikal in Frage. Dass das Konzept einer ausschließlichen KomponistIn existiert und verwendet wird, wurde anfangs mit dem Bezug auf die Autorfunktion bereits angedeutet und soll hier noch einmal im Hinblick auf die Bedeutung für das Autorkonstrukt aufgegriffen und ausgeführt werden.

Der Umstand, dass es in der Regel *eine* Person bzw. Instanz gibt, die sich für die Gesamtkonzeption eines Werks verantwortlich zeigt, spielt gerade für das Autorkonstrukt eine große Rolle. Fehlen präzise Angaben zur Aufgabenverteilung innerhalb eines Werks, ist es nachvollziehbar, dass im Rezeptionsprozess sämtliche Arbeitsschritte – reflektiert oder unreflektiert – dieser einen Person zugeschrieben werden und auf diese Weise bei der Erstellung eines Autorkonstrukts Berücksichtigung finden. Dennoch scheint es im Zuge einer wissenschaftlichen Betrachtung sinnvoll, gerade im Bereich der Liederhefte sämtliche TeilautorInnen und -aspekte, wie z. B. die VerlegerInnen oder die Gestaltung des Titelblatts, und ihre jeweilige Bedeutung für das Autorkonstrukt zu berücksichtigen. So lässt sich z. B. berechtigterweise fragen, ob es Johanna Kinkels Idee war, auf ihr Opus 1, ihrer *Vogelkantate*, eine Abbildung mit um ein Klavier gruppierten, vollständig bekleideten Vögeln abzudrucken – dieses Bild hat möglicherweise die Rezeption beachtlich im positiven Sinne beeinflusst.[170] Genauso bedeutend ist die Frage danach, wer entschieden hat, die Autorschaftsangabe auf Johanna Kinkels Opus 21 mit »Gottfried und Johanna Kinkel« abdrucken zu lassen – ist das eine Konstruktion Johanna Kinkels oder ihrer VerlegerIn?

Es gibt Fälle, in denen die Autorschaft explizit z. B. auf zwei Personen aufgeteilt wird. Der *Liebesfrühling* Clara und Robert Schumanns ist ein solches Beispiel. Hier werden ausdrücklich Clara und Robert Schumann vor allem durch die fehlende Kennzeichung ihrer Einzelleistungen als gemeinschaftliche

169 Vgl. Reinfandt, »Kommunikation, literarische«, S. 334–335 und Nünning, »Kommunikationsmodell«, S. 336–337.

170 Vgl. dazu S. 117 in dieser Arbeit.

AutorInnen des Werks inszeniert. Diese Autorschaftszuschreibung spiegelt den tatsächlichen Entstehungsprozess jedoch nicht adäquat wider. So zeigt Rebecca Grotjahn auf, dass der *Liebesfrühling* durch die Konzeption als Zyklus eindeutig als Werk Robert Schumanns betrachtet werden muss:

> Durch das Zykluskonzept werden die zwölf Lieder aus dem *Liebesfrühling* zu einem Werk. Dessen Urheber ist Robert Schumann, der bereits als Schöpfer des doppelten Autornamens bestimmt wurde. Insofern sich ein Autor durch die Beziehung zu dem Werk als Ganzen definiert (und nicht nur zu von ihm hergestellten Einzelteilen – andernfalls müsste auch Rückert als Mitautor bezeichnet werden), ist Robert Schumann der Autor des *Liebesfrühlings*.[171]

Gerade im Bereich der historischen Musikwissenschaft ist es auffällig, dass multiple Autorschaften immer nur zwischen KomponistInnen dargestellt werden und die anderen Beteiligten eines Werks häufig wenig Berücksichtigung finden. In Bezug auf das Autorkonstrukt bleibt festzuhalten, dass die am Entstehungsprozess Beteiligten selten durch den einen Namen, der auf dem Werk selbst zu finden ist, vollständig erfasst werden. Im Zuge der Erstellung meines Autorkonstrukts kann ich häufig aufgrund der Quellenlage keine genaueren Angaben zu den verschiedenen SchöpferInnen machen – trotzdem möchte ich die Möglichkeiten, dass einerseits nicht jede Entscheidung Johanna Kinkel zuzuschreiben ist und sie andererseits aber vielleicht auch bewusste Vernetzungen bzw. Filiationen z. B. durch die Auswahl von TextdichterInnen vorgenommen hat, in meinem Konstruktionsprozess mitdenken.

Um diesen Überblick abzuschließen, möchte ich meine Verwendung des Begriffs der AutorIn thematisieren und den Umstand beleuchten, warum ich ihn in Ergänzung zum Begriff der KomponistIn als gewinnbringend betrachte. Der Begriff der AutorIn ist in der Literaturwissenschaft ausführlich diskutiert worden und Konzepte wie die implizi(er)te AutorIn oder die Autorfunktion berücksichtigen kulturwissenschaftlich bedeutsame Mechanismen, die eben nicht nur für den Bereich der Literatur Gültigkeit besitzen. Daher ist an dieser Stelle tatsächlich auch in der Musikwissenschaft der Begriff der AutorIn sinnvoll, da es bisher keine vergleichbaren musikwissenschaftlichen Konzepte gibt. Wenn es dementsprechend nicht nur um den reinen (musikalischen) Schaffensprozess geht, sondern auch um übergeordnete Mechanismen oder Konzepte, verwende ich statt dem Begriff der KomponistIn den Begriff der AutorIn. Wollte man trotzdem den Autorbegriff umgehen, müsste man sämtliche (literaturwissenschaftliche) Terminologien umbenennen, was zum einen

171 Grotjahn, »Zyklizität«, S. 82, Herv. im Orig.

nicht praktikabel ist und zum anderen den Ursprung der Konzepte und Ideen verschleiert als auch ihre Verweiskraft mindert. Es ergibt daher keinen Sinn, z. B. von einer Komponistenfunktion statt einer Autorfunktion zu sprechen. Die Autorfunktion ist in der Literaturwissenschaft klar umrissen; der Begriff Komponistenfunktion müsste erst mühsam innerhalb der Musikwissenschaft definiert und etabliert werden. Gleichzeitig wird der Ursprung verschleiert und interdisziplinäre Verbindungen wären schwerer zugänglich und aufzudecken.

2.4 Autorkonstrukt(e) in dieser Arbeit

Um einen wichtigen Aspekt am Ende dieses Kapitels erneut zu konturieren, möchte ich an dieser Stelle kurz auf das nachfolgende Zitat von Helmut Rösing eingehen: »Die Konstruktion von Komponistenbildern korreliert in der Regel mit dem Popularitätsgrad eines Komponisten. Popularität und mentales Komponistenbild gehören zusammen.«[172] Rösing verknüpft das »Komponistenbild« sehr eng mit dem Bekanntheitsgrad einer KomponistIn. Diese Setzung erscheint zunächst zwar einleuchtend; auf den zweiten Blick jedoch auch willkürlich. Vielmehr ist davon auszugehen, dass unabhängig vom Zeitpunkt der Rezeption, der Popularität der AutorIn oder den zugrunde liegenden Quellen immer – bei jeglichem Rezeptionsprozess – ein Bild der AutorIn entsteht. Was zu differenzieren bleibt, ist, wie ausgeprägt oder beschaffen dieses Bild ist und ob es bzw. welchen Einfluss es auf den weiteren Rezeptionsprozess hat. Beatrix Borchard formuliert hierzu: »Wahrnehmen heißt immer schon Interpretieren, und *mentale Bilder* sind ein Teil der sozialen (geschichtlichen) Realität, denn als bedeutungsgebend konstituieren sie Realität mit.«[173] Gerade deshalb ist Johanna Kinkel sowie ihr Schaffen für diesen Ansatz ein prädestinierter Forschungsbereich. Sie wurde bisher in der Musikwissenschaft kaum als traditions- bzw. geschichtswürdig betrachtet. Viele Quellen sind daher noch nicht oder nur sehr begrenzt musikwissenschaftlich ausgewertet worden. Trotzdem entstehen in der Rezeption Bilder von ihr – bisher jedoch selten Bilder, die sie als Komponistin, als Autorin zeigen.[174]

172 Rösing, »Musikpsychologische Aspekte«, S. 26.
173 Borchard, »Mit Schere und Klebstoff«, S. 40, Herv. im Orig.
174 Dass die Popularität Auswirkungen auf die Bilder hat, die von KomponistInnen erstellt werden, möchte ich nicht gänzlich von der Hand weisen. Es scheint aber nicht das Erstellen an sich zu sein, welches mit der Popularität gekoppelt ist, sondern vielleicht eher der Kern eines Autorkonstrukts. Werden viele Autorkonstrukte aufgrund der Popularität einer KomponistIn erstellt, wird sich über die Zeit hinweg wahrscheinlich ein Kern herauskristallisieren, der in den verschiedenen Autorkonstrukten mehr oder weniger deckungsgleich ist – Adaptionen an die

Welche Bedeutung hat nun vor diesem Hintergrund die RezipientIn für ein Werk und seine AutorIn? Für die AutorIn hat sie eine immense Bedeutung: Die RezipientIn konstruiert die AutorIn – sie erstellt ein Autorkonstrukt von ihr. Je nachdem, welches Vorwissen die RezipientIn mitbringt, welche Dokumente und welche Autorkonstrukte Dritter in den Rezeptionsprozess einfließen und unter welchen Umständen rezipiert wird, entstehen unterschiedliche Bilder von Johanna Kinkel und ihrer Autorschaft: Johanna Kinkel z. B. als marktorientierte Komponistin, als Kleinmeisterin oder als »deutsche« Komponistin. Ich möchte im Folgenden genauer untersuchen, durch welche Quellen verschiedene Facetten meines Autorkonstrukts von Johanna Kinkel entstanden sind. Dabei soll mitnichten ein kohärentes Bild Johanna Kinkels entstehen; vielmehr möchte ich die Pluralität betonen. Ganz ähnlich geht Nicole Strohmann in ihrer Dissertation vor, wenn sie beispielsweise drei verschiedene Lesarten der Oper *La Montagne noire* von Augusta Holmès anbietet und auf diese Weise der LeserIn multiple Interpretationen zur Auswahl stellt.[175] Im Unterschied zu Strohmann möchte ich jedoch nicht in erster Linie die Werke Johanna Kinkels auf ihre Pluralität hin betrachten, sondern mein Autorkonstrukt von ihr.

Ich habe mich an dieser und anderen Stellen bewusst für den Wortlaut »*mein* Autorkonstrukt « entschieden, um zu verdeutlichen, dass meinem Ansatz eine konstruktivistische Idee zugrunde liegt: Das Besondere einer Konstruktion liegt nicht notwendigerweise in ihrem Inhalt oder in ihrer Deckungsgleichheit mit einer wie auch immer definierten Wirklichkeit – bedeutsam ist gerade auch das Individuum, welches konstruiert.[176] In dieser Arbeit konstruiere ich – das ist eine essenzielle Prämisse, die durch die Formulierung »mein Autorkonstrukt« zum Ausdruck gebracht werden soll.

durchaus variierenden Denkschulen verschiedener Epochen mögen jedoch auch diesen Kern erneut verändern.

175 Strohmann, *Gattung*.

176 Vgl. Rusch, »Konstruktivismus«, S. 345 und Pörksen, »Schlüsselwerke«, S. 3–5.

3 Johanna Kinkel als marktorientierte Komponistin ihrer Zeit – Die Komik der *Vogelkantate*

Im folgenden Kapitel soll es um die Frage gehen, welche Bedeutung die Komik für mein Autorkonstrukt von Johanna Kinkel hat. Da die Komik in der Rezeption Johanna Kinkels immer wieder zum Vorschein kommt und kaum umgangen werden kann, soll hier exemplarisch Johanna Kinkels Opus 1, die *Vogelkantate*, genauer untersucht werden. Die Kantate spielt für dieses Anliegen nicht nur eine große Rolle, weil sie die einzige komische Komposition ist, die Johanna Kinkel auch tatsächlich publiziert hat, sondern ebenso, weil sie durch ihren Erfolg sowohl zu Johanna Kinkels Lebzeiten als auch danach als ein wichtiger Faktor im Rezeptionsprozess einzuschätzen ist. Zunächst soll die Komposition an sich im Vordergrund stehen; in einem weiteren Schritt möchte ich die verschiedenen Kontexte der Kantate genauer beleuchten; dabei geht es insbesondere darum, wie sich die Komik auf Johanna Kinkels KomponistIn Sein auswirkt.

Um die folgenden Ausführungen besser nachvollziehen zu können, sei an dieser Stelle ein kurzer Überblick über die Komposition (vgl. hierzu auch Tab. 1) gegeben: Johanna Kinkels *Vogelkantate* ist für fünf Singstimmen mit Klavierbegleitung komponiert. Jeder Singstimme ist eine Rolle in Gestalt einer Vogelart zugeordnet: Den zwei Sopranstimmen werden die Rollen der Nachtigall und der Elster zugewiesen, den zwei Altstimmen die Rollen des Kuckucks und des Papageis und dem Bass die Rolle des Raben. Inhaltlich lässt sich die Kantate so zusammenfassen, dass sich diese fünf Vögel treffen, um ein Ständchen für den Adler anlässlich seines Namenstags zu proben. Zunächst muss der Kuckuck recht lang auf seine Mitsänger warten und vertreibt sich seine Wartezeit mit Solfeggien. Schließlich sind alle Vögel versammelt und die Probe kann beginnen. Nach kurzer Zeit werden weitere Ideen vorgebracht: Die Nachtigall möchte eine »Bravour-Arie« singen und Rabe und Papagei wollen dem Adler ein Duett vortragen. Zum Streit kommt es, als der Kuckuck sich zum Dirigenten aufschwingen möchte. Nach heftigen Diskussionen kann die Probe indes weitergehen, bis Nachtigall und Elster einen Halbton zu hoch singen und allseits gegenseitige Beschuldigungen ausgesprochen werden. Nach einem Machtwort des Kuckucks kann die Probe jedoch schließlich erfolgreich beendet werden. Diese inhaltlichen Abschnitte strukturieren die Kantate auch in musikalischer Hinsicht. So ist z. B. der Anfang der Kantate vorwiegend als

Rezitativ des Kuckucks gestaltet und mit dem Erscheinen der übrigen Vögel verändert sich die Form der Komposition zu einem Chorsatz mit Klavierbegleitung.

Takte	Inhalt	Kommentar zur Form
1–43	Der Kuckuck vertreibt sich die Wartezeit mit Solfeggien.	rezitativisch
44–81	Die Vögel sind eingetroffen und beginnen, ein Ständchen zu singen.	zumeist homofoner Chorsatz mit Einwürfen des Soprans
82–93	Die Nachtigall singt ihre »Bravour-Arie«.	Arie
94–108	Der Rabe und der Papagei singen ein Duett.	Duett mit Chorbegleitung
109–113	Der Kuckuck will dirigieren.	rezitativisch
114–121	Die Vögel entrüsten sich über den Kuckuck.	homofoner Chorsatz
122–177	Jeder Vogel will dirigieren.	zunächst homofoner Chorsatz mit Einwürfen des Alts, später fugenartige Stimmimitation
178–184	Der Kuckuck setzt sich durch.	rezitativisch
185–191	Die Vögel zählen gemeinsam eine lange Pause durch.	homofoner Chorsatz
192–202	Die Vögel proben das Ständchen bis Nachtigall und Elster einen Ton zu hoch singen.	zumeist homofoner Chorsatz
203–239	Die Vögel beschuldigen sich gegenseitig, die falschen Töne gesungen zu haben.	Quodlibet
240–246	Der Kuckuck beendet den Streit.	rezitativisch mit chorischem Einwurf
247–286	Die Vögel singen das Ständchen zu Ende.	zumeist homofoner Chorsatz, abschließendes Finale mit Vogelstimmenimitationen

Tab. 1: Aufbau der *Vogelkantate*.

3.1 Johanna Kinkels Präsenz in der *Vogelkantate*

In diesem Unterkapitel möchte ich reflektieren, welche Bedeutung es hat, dass die *Vogelkantate* eine komische Komposition, ein »musikalischer Scherz« ist. Ausgangspunkt für diese Reflexion sind die Gedanken, dass Komik einerseits auf einer bisweilen tiefgreifenden Kenntnis der persiflierten Sache basiert und dass Komik andererseits als eine Form der Positionierung gegenüber dem thematisierten Gegenstand betrachtet werden kann. Da Johanna Kinkel als Autorin aufgrund der ausschließlich auf die Probe der Vögel begrenzten Handlung und der »Ich-losigkeit« von Musik vordergründig nicht wahrnehmbar ist, also keine konkrete Stimme besitzt, kann diese Betrachtungsweise anhand der Komik helfen, die Verbindung zwischen Johanna Kinkel und ihrer Komposition zu konturieren. Johanna Kinkels Entscheidungen bezüglich Handlung und musikalischer Gestaltung dieses fiktiven Erzeugnisses fallen auf sie zurück und formen so ein Bild von ihr als Autorin. Um einschätzen zu können, wie Johanna Kinkels Gestaltungsentscheidungen ihr Bild als Autorin beeinflussen, möchte ich vor der Analyse der Kantate einige Komiktheorien ansprechen, welche die Wirkweise der Komik genauer umreißen. Diesen Überlick über die verschiedenen für diesen Kontext relevanten Komiktheorien möchte ich mit Thomas Hobbes' klassischen Überlegungen zur Komik beginnen.

3.1.1 Komiktheorien

Thomas Hobbes, dessen Ausführungen zum Thema Komik und Lachen[177] eng an Aristoteles anknüpfen,[178] definiert wie folgt: »I may therefore conclude, that the passion of laughter is nothing else but a sudden glory arising from sudden conception of some eminency in ourselves, by comparison with the infirmities of others, or with our own formerly[.]«[179] Grundlegender Gedanke ist, dass man sich als Lachende der Person, über die man lacht, überlegen fühlt; dass das Wahrnehmen von fremden Fehlern mithin eine wesentliche Komponente der Komik ist.[180] Thomas Hobbes' Ansichten zur Komik lassen sich daher in den Bereich der »Überlegenheitstheorien« einordnen, in denen Lachen als »Aggression«, als »*Ver*lachen« verstanden wird.[181] In seinem Werk *De cive* benennt Hobbes insgesamt drei konstitutive Faktoren für das Lachen: »Zur Entstehung des Lachens ist also dreierlei erforderlich: daß überhaupt ein Fehler empfunden wird, dieser ein fremder ist und die Empfindung plötzlich

177 An dieser Stelle sei angemerkt, dass die genaue Abgrenzung der Begriffe Komik und Lachen im Kontext der Komiktheorien selten genau vorgenommen wird und somit Ursache und Effekt oftmals synonym verwendet werden. (Vgl. Schäfer, *Komik*, S. 17–22.)

178 Vgl. Skinner, »Hobbes«, S. 139.

179 Hobbes, *The elements*, S. 42.

180 In diesem Sinne ist auch die Formulierung »with our own formerly« zu verstehen. Dadurch, dass sich die Lachende weiterenwickelt hat, ist eine Distanz zwischen ihrer aktuellen und ihrer ehemaligen Person entstanden. Diese Distanz lässt Fehler der ehemaligen Person als fremd erscheinen und ermöglicht das Lachen über sie.

181 Vgl. Müller, »Komik und Komiktheorien«, S. 331.

eintritt.«[182] Im *Leviathan* wiederum ergänzt Hobbes seine Gedanken zur Komik dahingehend, dass nicht nur Fehler anderer, sondern auch eigene, positiv bewertete Handlungen Komik verursachen können: »[Laughter] is caused either by some sudden act of their own, that pleaseth them; or by the apprehension of some deformed thing in another, by comparison whereof they suddenly applaud themselves.«[183] Quentin Skinner bringt Hobbes' Auseinandersetzung mit dem Thema Komik schließlich wie folgt auf den Punkt: »Hobbes's basic suggestion is thus that laughter expresses a joyful and contemptuous sense of our own superiority.«[184]

Henri Bergsons Reflexionen über das Lachen bzw. über die Komik sind ebenso den Überlegenheitstheorien zuzuordnen; jedoch stehen nicht die Lachende und ihre »Überlegenheit « im Fokus, sondern vielmehr der Mensch, über den gelacht wird. Bergson benennt zunächst drei Charakteristika, die für das Lachen grundlegend sind. Als ersten Punkt führt Bergson aus, dass das Lachen etwas Menschliches ist und z. B. Landschaften oder Tiere nicht oder nur durch einen Bezug zum Menschlichen komisch sind bzw. werden.[185] Neben diesem Aspekt des Menschlichen weist er in einem zweiten Punkt darauf hin, dass sämtliches Mitgefühl oder Sympathien der Komik entgegenwirken: »Die Komik bedarf also einer vorübergehenden Anästhesie des Herzens, um sich voll entfalten zu können. Sie wendet sich an den reinen Intellekt.«[186] Als letztes und drittes Charakteristikum betont Bergson die soziale Funktion des Lachens: »Um das Lachen zu verstehen, müssen wir es wieder in sein angestammtes Element versetzen, und das ist die Gesellschaft; wir müssen seine nützliche Funktion bestimmen, und das ist seine soziale Funktion.«[187]

Diese »soziale Funktion« bestimmt Bergson eingehender, indem er das Prinzip der Komik auf eine »mechanische Steifheit« zurückführt: »Lächerlich ist [. . .] eine gewisse *mechanisch wirkende Steifheit* in einem Augenblick, da man von einem Menschen wache Beweglichkeit und lebendige Anpassungsfähigkeit erwartet.«[188] Prämisse für diesen Gedankengang ist, dass das Leben aus einer stetigen Weiterentwicklung besteht und dass das Mechanische oder Steife dieser Entwicklung entgegen steht: »Das wahrhaft lebendige Leben darf sich nie wiederholen. Wo eine Wiederholung stattfindet, wo es eine vollständige Gleichheit gibt, da vermuten wir immer einen hinter dem Lebendigen

182 Hobbes, *Vom Menschen*, S. 33.
183 Hobbes, *Leviathan*, S. 27.
184 Skinner, »Hobbes«, S. 156.
185 Vgl. Bergson, *Das Lachen*, S. 14.
186 Ebd., S. 15.
187 Ebd., S. 16.
188 Ebd., S. 17, Herv. im Orig.

tätigen Mechanismus.«[189] Durch das Lachen wird ein Mensch auf eben diese Steifheit aufmerksam gemacht: »Das Lachen ist eine bestimmte soziale Geste, die eine bestimmte Art des Abweichens vom Lauf des Lebens und der Ereignisse sichtbar macht und gleichzeitig verurteilt.«[190] Allerdings geht es Bergson nicht nur um das Offenlegen des Mechanischen, sondern auch um das Zurückkehren in die Gemeinschaft, wie an seinen Überlegungen zur Komödie deutlich wird:

> Und sie [die Komödie, DG] beginnt an dem Punkt, wo sich der *einzelne gegen das Leben in der Gemeinschaft* sträubt – mit anderen Worten: bei der Versteifung. Komisch ist eine Person, die automatisch ihren Weg geht, ohne sich um den Kontakt mit anderen zu bemühen. Das Lachen ist dazu da, den Einzelgänger zurückzuholen und aus seiner Zerstreutheit zu wecken.[191]

Die soziale Funktion des Lachens lässt sich nach Bergson damit bestimmen, den Menschen, über den gelacht wird, auf sein abweichendes Verhalten aufmerksam zu machen und ihm einen Weg zurück in die Gemeinschaft aufzuzeigen.

Diesen Zusammenhang kann man auch aus dem Blickwinkel der Berufskomik betrachten. Henri Bergson formuliert dazu:

> Jeder Spezialberuf erzeugt in den Menschen, die in ihm aufgehen, gewisse Denkweisen und gewisse charakterliche Besonderheiten, durch die sie einander ähnlich werden und sich zugleich von den anderen unterscheiden. So bilden sich kleine Gesellschaften im Schoß der großen. Sie sind aus der Organisation der allgemeinen Gesellschaft hervorgegangen. Gleichzeitig aber können sie, sofern sie sich allzusehr absondern, die Geselligkeit beeinträchtigen. Das Lachen soll solche separatistischen Tendenzen unterdrücken. Seine Aufgabe ist es, das Starre beweglich zu machen, den einzelnen allen anderen wieder anzupassen, die Ecken abzuschleifen. Wir haben es also mit einer Komik zu tun, deren Spielarten wir im voraus bestimmen können. Nennen wir sie *Berufskomik*.[192]

An diesem Punkt möchte ich mich einer Facette in Bergsons Gedanken widmen, die bisher zwar angeklungen ist, aber noch keine detailliertere Erwähnung gefunden hat: die Typisierung bzw. Verallgemeinerung an sich. Bergson

189 Bergson, *Das Lachen*, S. 31.
190 Ebd., S. 62.
191 Ebd., S. 90, Herv. im Orig.
192 Ebd., S. 113, Herv. im Orig.

betrachtet die Verallgemeinerung als grundlegendes Prinzip der Komödie;[193] ein Gedanke, den Gustav Seibt treffend zusammenfasst: »Immer geht es um Typen, nicht um Individuen. Komisch ist ›Der Eifersüchtige‹, tragisch hingegen Othello.«[194] Eine Keimzelle dieses Gedankens findet man auch bei Thomas Hobbes unter dem Stichwort »laugther without offence«: »Laughter without offence, must be at absurdities and infirmities abstracted from persons, and where all the company may laugh together«[195] Vor allem durch die Formulierung »abstracted from persons« verweist Hobbes hier ebenso auf den Aspekt der Verallgemeinerung bzw. Typisierung.

Helmuth Plessner hat sich in seiner Schrift »Lachen und Weinen«[196] 1941 u. a. mit der Theorie Henri Bergsons auseinander gesetzt. Während Plessner der Idee des Mechanischen als »Störung« der »Lebendigkeit«[197] durchaus zustimmt, sieht er die Differenz zwischen seiner und Bergsons Komik-Betrachtung in der Sphäre des Menschlichen: »Gerade als solcher ist der komische Konflikt *nicht* an die menschliche Sphäre gebunden, sondern kann überall da hervorbrechen, wo eine Norm durch die Erscheinung, die ihr *gleichwohl offensichtlich gehorcht*, verletzt wird.«[198] Unabhängig davon, welchem Theoretiker man folgt, scheint bei allen bisher benannten der Bezug zu Normen bzw. die Normwidrigkeit für die Komik eine entscheidende Rolle zu spielen. Komik scheint folglich eng mit normiertem Verhalten verknüpft zu sein.

Das Kriterium des normierten Verhaltens greift Oliver Seibt in einer speziellen Ausprägung in seiner Auseinandersetzung mit der Komik im Bereich der Musik auf. In seinem Aufsatz »Aus dem Rahmen gefallen. Ein Versuch, mit Erving Goffman zu erklären, wann es in der Musik witzig wird« reflektiert Seibt, wie man das Konzept der »frames« oder »Rahmen« auf die Komik in der Musik anwenden kann.[199] Zunächst beschreibt er Rahmen als »Interpretationsschemata«[200] mit Hilfe derer Situationen, mit denen man konfrontiert wird, einordnen kann.[201] Seibt führt im Anschluss aus, dass Komik zustande kommt, wenn *entweder* unterschiedliche Rahmen bzw. unterschied-

193 Vgl. Bergson, *Das Lachen*, S. 108–109.
194 Seibt, »Der Einspruch«, S. 756.
195 Hobbes, *The elements*, S. 42.
196 Plessner, *Lachen und Weinen*.
197 Vgl. Bachmaier, *Texte zur Theorie der Komik*, S. 111–112.
198 Ebd., S. 109, Herv. im Orig.
199 Seibt, »Aus dem Rahmen gefallen«.
200 Ebd., S. 16.
201 Vgl. Kapitel 2.3.3, S. 45 in dieser Arbeit.

liche Interpretationsschemata aufeinander treffen *oder* aus einem Rahmen ausgebrochen wird.[202]

Anhand dieser Anwendung der Rahmentheorie wird ein Aspekt deutlich, der an anderer Stelle bereits wiederholt festgehalten worden ist: die »Relativität der Komik«.[203] Komik funktioniert nur, wenn die Rahmen oder Normen bekannt sind, mit denen gebrochen wird. Das gilt sowohl in historischer als auch in sozialer und kultureller Dimension.[204] Ruth Müller-Lindenberg formuliert diesen Umstand in Anlehnung an Helmuth Plessner folgendermaßen:

> Das Lachen ist zwar eine anthropologische Konstante, aber es hängt vom Konsens einer Gruppe an einem bestimmten Ort zu einer bestimmten Zeit ab, und man muss den jeweiligen Kontext rekonstruieren, um es zu verstehen. Zu verschiedenen Zeiten, zwischen verschiedenen Individuen und an verschiedenen Orten, die sich auf der Landkarte des Komischen befinden, sedimentieren also Schichten kultureller Bedeutung. Diese Sedimente markieren das Gebiet, auf dem Lachanlässe wirken.[205]

Es kann also mitunter schwer fallen bzw. unmöglich sein, über einen Witz aus einer fremden Zeit, einem fremden sozialen Milieu oder einer fremden Kultur zu lachen, wenn das Wissen um die notwendigen Rahmen oder Normen fehlt. Im Umkehrschluss bedeutet dies jedoch auch, dass Komik ein Indikator dafür ist, dass Rahmen oder Normen eines bestimmten Umfelds bekannt sind. Wenn Johanna Kinkel in ihrer *Vogelkantate* folglich SängerInnen und Probensituationen persifliert, heißt das dementsprechend zum einen, dass wir heute diese Persiflage nicht unbedingt als witzig oder komisch empfinden müssen,[206] und zum anderen, dass Johanna Kinkel gewisse Rahmen oder Normen in Bezug auf SängerInnen und Probenarbeit der ersten Hälfte des 19. Jahrhunderts geläufig waren.

Diese komiktheoretischen Überlegungen möchte ich mit einer letzten Facette aus diesem Themenbereich abschließen. Durch die Komik wird nicht nur offenbar, dass Johanna Kinkel sich in dem Metier der Musik bzw. des Gesangs

202 Seibt, »Aus dem Rahmen gefallen«, S. 25.

203 Z. B. Lissa, »Über das Komische«, S. 95–96; Appel, *Robert Schumanns Humoreske*, S. 83–90 und S. 206–207; Müller-Lindenberg, »Gibt's da was zu lachen?«, S. 301–317; Bayerdörfer, »Homo ridens«, S. 17–38.

204 Vgl. Stille, *Möglichkeiten des Komischen*, S. 19; Seibt, »Aus dem Rahmen gefallen«, S. 25.

205 Müller-Lindenberg, »Gibt's da was zu lachen?«, S. 304.

206 Festzuhalten bleibt, dass die *Vogelkantate* – vielleicht nicht in jedem Detail, aber zumindest in ihrer Gesamtheit – auch heute noch als musikalischer Scherz verständlich ist.

ausgekannt hat, sondern auch, dass sie zu diesen Themengebieten Stellung bezogen und bestimmte Verhaltensweisen bewertet hat. Dieser Gedanke gewinnt an Kontur, wenn man sich mit dem Begriff der Parodie beschäftigt. Im Bereich der Literaturwissenschaft bezeichnet der Begriff der Parodie ein Werk, das sich an eine Vorlage anlehnt und deren Stil kopiert, inhaltlich hingegen unabhängig davon gestaltet ist.[207] Im Bereich der Musikwissenschaft wird zunächst grundsätzlich zwischen einer ernsten und einer heiteren Parodie unterschieden, wobei die ernste Parodie sich auf eine Komposition bezieht, die eine bereits existierende Komposition verändert oder weiterführt.[208] Die heitere oder komische Parodie hingegen kategorisiert Michael Stille in zwei Grundformen: In der einen Grundform kommt die Komik durch »fremde formale Kontexte« zum Ausdruck und in der anderen Grundform zeichnet sich die Komik durch das Einfügen von »musikalischen Fremdkörpern« aus.[209]

Eine für diesen Kontext aufschlussreiche Definition der Parodie aus dem Bereich der Literaturwissenschaft stammt von J. G. Riewald aus den 1960er Jahren. Er definiert eine Parodie als

> a humorous and aesthetically satisfying composition in prose or verse, usually written without malice, in which, by means of a rigidly controlled distortion, the most striking peculiarities of subject matter and style of a literary work, an author, or a school or type of writing, are exaggerated in such a way as to lead to an implicit value judgment of the original.[210]

Das an dieser Stelle hervorzuhebende Merkmal dieser Definition liegt in der implizierten Bewertung des Werks. Eine Parodie ist nicht nur Ausdruck einer profunden Werk-, Stiloder Gattungskenntnis, sondern auch einer Beurteilung. Vor diesem Hintergrund wird ersichtlich, warum Riewald die Parodie als eine Form der Literaturkritik einschätzt: Sowohl die Analyse als auch die Bewertung eines Werks sind essenziell für die Literaturkritik wie für die Parodie.[211]

Welche Rolle spielen diese dargestellten Komiktheorien für meine Lesart der *Vogelkantate* und für mein Autorkonstrukt Johanna Kinkels? Da ich die *Vogelkantate* nicht als autonomes Werk betrachte, sondern sie in Rückbezug auf Johanna Kinkel rezipiere, wirkt sich die Komik auf mein Bild von ihr aus – ich lese sie sozusagen in ihre Komposition ›hinein‹ bzw. aus ihr ›heraus‹. Gerade der Einsatz von Stereotypen innerhalb der Komik ermöglicht es, Johanna

207 Vgl. Stauder, *Die literarische Travestie*, S. 39.
208 Vgl. Dadelsen u. a., »Parodie«, Sp. 1394–1395.
209 Stille, *Möglichkeiten des Komischen*, S. 139.
210 Riewald, »Parody as Criticism«, S. 128–129.
211 Vgl. ebd., S. 129–133.

Kinkel aufgrund der Relativität und der Kritikfunktion der Komik innerhalb zeitgenössischer Denkweisen zu verorten. Dementsprechend positioniert sich Johanna Kinkel in ihrer Rolle als Autorin – durch ihr KomponistIn Sein – zur sie umgebenden Musizierpraxis. Um genauer herausarbeiten zu können, wie sie sich positioniert, ist es im nächsten Schritt notwendig, zu untersuchen, was und wie Johanna Kinkel in ihrer *Vogelkantate* persifliert.

3.1.2 Analyse der komischen Elemente der *Vogelkantate*

Was bzw. wen Johanna Kinkel in ihrer *Vogelkantate* persifliert, offenbart sich recht schnell: SängerInnen. Bereits die Charaktere bzw. Rollen, die sie für die verschiedenen Singstimmen auswählt, spiegeln dies wieder. Sie ordnet den fünf Singstimmen die Rollen der Nachtigall, der Elster, des Papageis, des Kuckucks und des Raben zu. Die SängerInnen mit Rollen als Vögel zu versehen, erscheint zunächst sinnfällig, wie u. a. an Rebecca Grotjahns Ausführungen deutlich wird:

> Sängerinnen als Vögel – vorzugsweise als Nachtigallen, Lerchen oder Kanarienvögel – zu bezeichnen (bzw. zu zeichnen), war ein beliebtes Motiv dieser Zeit [19. Jahrhundert, DG]. Der Grund dafür liegt auf der Hand: Der Vogel – von welcher Art er auch immer sein mag – verweist auf das Merkmal, das für Bedeutung und Wahrnehmung von Sängerinnen das entscheidende sein dürfte: die Stimme bzw. den Gesang.[212]

Dass vor allem die Nachtigall als Symbol für Sängerinnen gewählt worden ist, lässt sich auf den Gesang derselben zurückführen. Sowohl die Etymologie – der zweite Wortteil »gall« bezieht sich auf das germanische Verb für »singen«[213] – als auch die Erforschung des Nachtigallengesangs an sich verweisen darauf, dass er äußerst bemerkenswert und vielfältig ist.[214] Dass jedoch nicht nur die Nachtigall, die für ihren außerordentlichen Gesang bekannt ist, sondern auch andere Vögel, deren Gesang nicht unbedingt positiv konnotiert ist,[215] als Rollen innerhalb der Kantate verwendet werden, ist bereits ein erster

212 Grotjahn, »Diva, Hure, Nachtigall«, S. 42.

213 Kluge, *Etymologisches Wörterbuch*, URL: <http://www.degruyter.com/view/Kluge/kluge.7609> (Abruf: 06.05.2015).

214 Helwig Brunner beschreibt in ihrer Arbeit *Der Nachtigallengesang in der europäischen Kunstmusik* den Nachtigallengesang ausführlicher und charakterisiert ihn als sehr variabel. (Vgl. Brunner, *Der Nachtigallengesang*, S. 15–16.)

215 Genauere Konnotationen der anderen Vogelarten lassen sich nur schwer präzisieren. Als persönliche Beobachtung sei an dieser Stelle festgehalten, dass der

Anhaltspunkt dafür, dass Johanna Kinkel in ihrer *Vogelkantate* vor allem SängerInnen karikiert.

Auf inhaltlicher Ebene persifliert Johanna Kinkel SängerInnen vor allem durch Kritik an ihren Verhaltensweisen in Probensituationen, die in auskomponierten Streitigkeiten in der *Vogelkantate* zum Vorschein kommen. Es wird nicht nur darum gestritten, wer dirigieren darf, sondern auch darum, wer falsch gesungen hat. Der erste Disput, in dem die Vögel um das Dirigat streiten, ist insgesamt 56 Takte lang (T. 122–177) und lässt sich in drei Teile gliedern, wobei der dritte Teil eine Wiederholung eines Abschnitts aus Teil eins ist. Der erste Teil (vgl. Abb. 4) bedarf keiner eingehenden Betrachtung: insgesamt zweimal 16 Takte, viertaktige, zumeist auf Dreiklängen oder Tonleitern basierende Motive, insgesamt homofone Kompositionsweise, einfache Harmonik.[216] Der etwas aufschlussreichere zweite Teil dieser Passage (T. 154–169, Abb. 7) zeichnet sich dadurch aus, dass er in Anlehnung an die Form der Fuge konzipiert worden ist. Dies ist u. a. besonders deshalb hervorzuheben, da die Kantate an dieser Stelle – wie bereits Else Thalheimer festgestellt hat – tatsächlich effektiv fünfstimmig komponiert ist und nicht – wie in den übrigen Chorsätzen der Kantate – eine Drei- oder Vierstimmigkeit vorliegt.[217] Es gibt zwei verschiedene Motive, die imitatorisch durch die einzelnen Stimmen geführt werden. Das erste Motiv (vgl. Abb. 5) wird alternierend auf der ersten und fünften Stufe der Tonart in Anlehnung an Dux und Comes verwendet, wobei es systematisch von der tiefsten Stimme an aufwärts in einem regelmäßigen Abstand von drei Takten in allen weiteren Stimmen eingesetzt wird. Das zweite Motiv (vgl. Abb. 6) wird nur in einer Form verwendet und in folgender Reihenfolge eingesetzt: Nachtigall, Elster, Rabe, Kuckuck und Papagei. Rhythmisch gesehen setzt das zweite Motiv immer einen halben Takt nach dem Erklingen des ersten Motivs ein. Insgesamt lässt sich für diesen Teil

Elster in der Regel ein rauhes Schäckern zugeschrieben wird und dem Raben ein Krächzen. Der Papagei hingegen ist eher für seine Sprachimitationen bekannt und der Kuckuck für sein Terz-Motiv. Eva Weissweiler kommentiert die Rollen der *Vogelkantate* demgegenüber wie folgt: »Wer genauer hinhört, wird sehr schnell merken, daß Johanna ihren eigenen Musikverein ein wenig auf den Arm nimmt: Der Rabe ist Symbol der Unmusikalität, die Elster steht für die vielen Damen, die erst nach langem Keifen und Zetern zu einer kleinen Ensembleleistung bereit sind, die Nachtigall für die jedem Chorleiter zur Genüge bekannte Möchtegernprimadonna.« (Weissweiler, *Komponistinnen*, S. 229.)

216 Die in diesem Kapitel verwendeten Notenbeispiele der *Vogelkantate* sind Exzerpte aus der gedruckten Erstausgabe. (Mathieux, »Die Vogelkantate«.) Sämtliche Vortragsbezeichnungen sind – soweit vorhanden – übernommen worden.

217 Vgl. Thalheimer, *Johanna Kinkel*, S. 48.

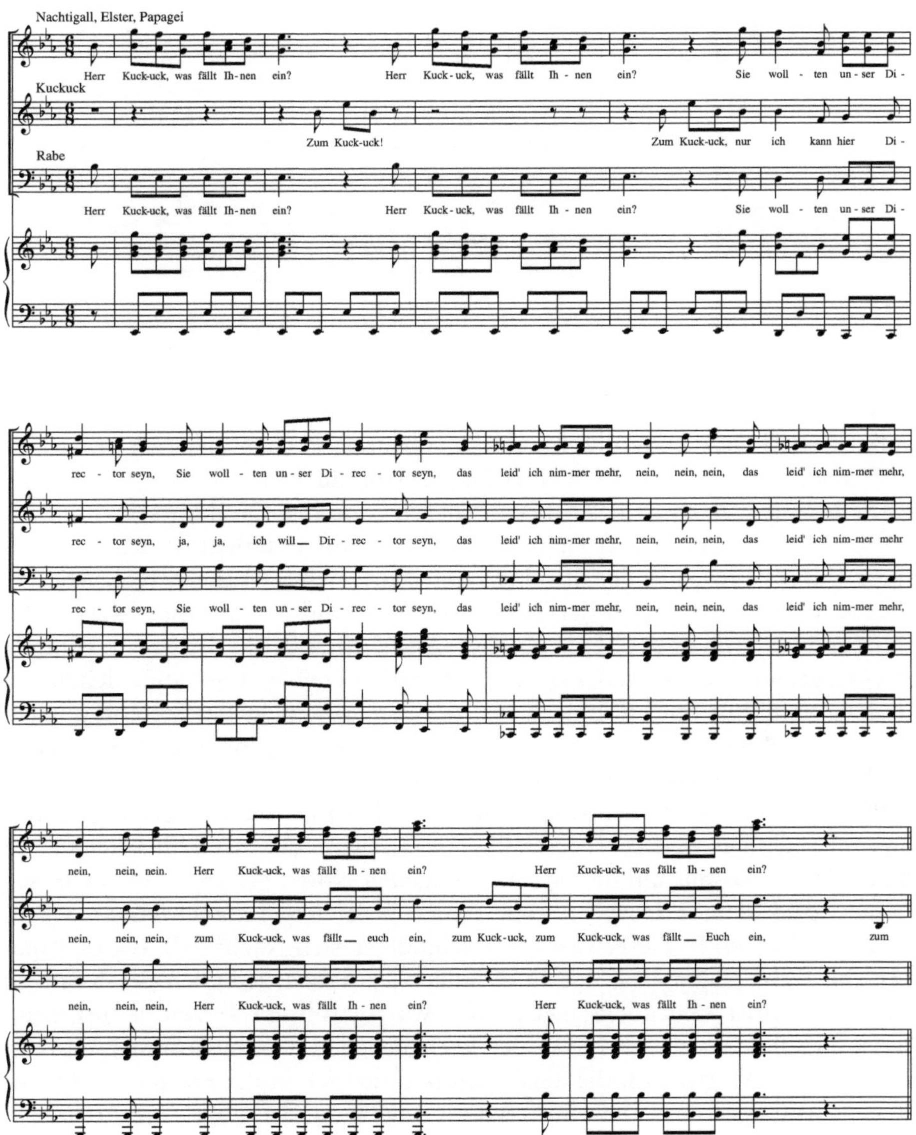

Abb. 4: *Vogelkantate*, T. 122–137.

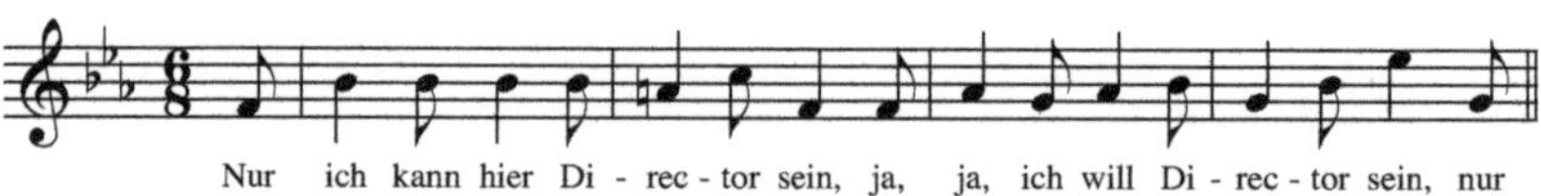

Abb. 5: *Vogelkantate*, 1. Motiv des Fugenteils.

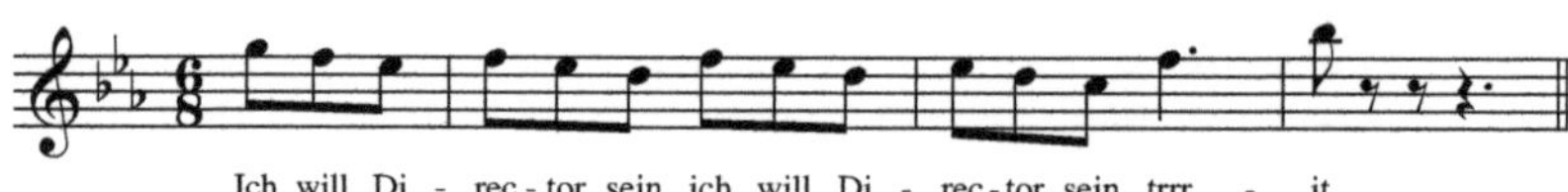

Abb. 6: *Vogelkantate*, 2. Motiv des Fugenteils.

somit festhalten, dass er – zumindest aus heutiger Sicht – ziemlich genau den Vorgaben für eine Exposition einer Fuge entspricht.[218]

Da das erste Motiv mit dem Text »Nur ich kann hier Direktor sein« und das zweite Motiv mit dem Text »Ich will Direktor sein« unterlegt ist, wird auf fast jeder Zählzeit in einer der Stimmen das Wort »Ich« gesungen (vgl. Abb. 7). Durch diese Kombination der Textbehandlung und Kompositionsweise wird das durch den Inhalt des Texts evozierte Durcheinander in der Musik stimmig nachempfunden bzw. auskomponiert. Letztlich zeichnet Johanna Kinkel in diesem Abschnitt mit Hilfe der Form der Fuge geschickt das Stereotyp nach, dass SängerInnen mit einer gewissen Vehemenz eine Sonderrolle anstreben und somit eine gewisse Egozentrik offenbaren.

Diese Ichbezogenheit der SängerInnen kritisiert Johanna Kinkel darüber hinaus anhand einer weiteren Facette dieses Klischees: der »Unfehlbarkeit« einer SängerIn. Im Disput um die falsch gesungenen Noten (T. 203–239) stellt sich heraus, dass dem Stereotyp zufolge Fehler in der Regel *die anderen* machen, nicht man selbst. In dieser Passage beschuldigen sich Nachtigall, Elster, Papagei und Rabe gegenseitig, falsch gesungen zu haben; lediglich der Kuckuck singt immerfort »Kuckuck« meist auf abwärtsgeführten Terzen.[219] Insgesamt weist dieser Teil (vgl. Abb. 8) in den verschiedenen Gesangsstimmen nur vier verschiedene Motive auf, die melodisch und textlich in der Form eines Quodlibets variiert werden. Diese überspitzte Empörung der Vögel konturiert den implizierten Gedanken, dass sich SängerInnen – dem Stereotyp bzw. Vorurteil zufolge – über Fehler erhaben wähnen.

218 Vgl. Platen, »Fuge«, Sp. 931–932.

219 Eine Ausnahme bilden acht Takte in der Mitte der Passage, in denen er sich bemitleidet – begleitet durch auskomponierte Vogellaute in den anderen Stimmen.

Dass wiederum innerhalb der verschiedenen Stimmfächer der Sopranistin eine Sonderstellung zugedacht wird, arbeitet Johanna Kinkel heraus, indem sie der Empörung der Nachtigall darüber, »einer falschen Note angeklagt zu werden«,[220] im Gezank der Vögel einen besonderen Platz einräumt. Während Elster, Papagei und Rabe anhand des in Abb. 8 dargestellten motivischen Materials ihren Streit austragen und gleichzeitig ihre Beschuldigungen hervorbringen, zeichnet sich der Einsatz der Nachtigall (vgl. Abb. 9) dadurch aus, dass die anderen Stimmen pausieren, ihre Melodie weniger aus Sechzehntelnoten als aus Viertel- und Achtelnoten besteht und in der Klavierbegleitung in beiden Händen Tremoli statt typisierter Begleitschemata gesetzt sind.

Inwieweit sich sämtliche stereotype Verhaltensweisen, die Johanna Kinkel in ihrer *Vogelkantate* thematisiert hat, in tatsächlichen Probensituationen bewahrheiten bzw. bewahrheitet haben, kann und soll hier nicht beurteilt werden. Für diese Arbeit scheint viel eher relevant, dass Johanna Kinkel mit diesen Stereotypen vertraut gewesen ist und sie als so passend eingeschätzt hat, dass sie eine Parodie tragen – eine Parodie, die auch heute ihre Wirkung nicht verfehlt.

Neben den benannten Verhaltensweisen, die Johanna Kinkel in ihrer *Vogelkantate* karikiert, wird ebenso auch ihr Bezug zu gesangspädagogischer Arbeit deutlich. Ganz zu Beginn der Kantate vertreibt sich der Kuckuck mit Solfeggien die Zeit, bis die restlichen Vögel zur Probe erscheinen. Diese Solfeggien (vgl. Abb. 10) sind so auskomponiert, dass sie sich in Dynamik, Tempo und Ausdruck über zehn Takte steigern; vermutlich, um den wachsenden Unmut des Kuckucks ob der Verspätung der anderen Vögel auszudrücken. Diese Steigerung findet ihren Höhepunkt darin, dass zum Ende dieser Passage die Systematik der abwärts geführten Terzen durchbrochen wird und der Kuckuck stattdessen Quarten abwärts singt. Dadurch, dass er diese Quarten mit dem in diesem Abschnitt höchsten Ton *f2* und nicht mit dem zu erwartenden *b1* beginnt, lässt sich diese Stelle als Gipfel der Empörung des Kuckucks interpretieren.

Da Solfeggien in erster Linie Gesangs- bzw. Solmisationsübungen[221] sind und vor dem Hintergrund dieser Funktion zunächst keine eigenständige musikalische Bedeutung neben dem Erlernen von Technik und Theorie erwarten lassen, ist diese Umsetzung in dem Sinne signifikant, als dass sie losgelöste technische Übung mit (musikalischem) Ausdruck – in Form der beschriebenen Steigerung – verbindet. Durch diese ungewöhnliche Verbindung bedingen die Solfeggien als gesangspädagogische Übung das komische Moment in dieser Passage.

220 Vgl. Mathieux, Die Vogel-Kantate, S. 23.
221 Vgl. Menrath, »Etüde«, Sp. 201.

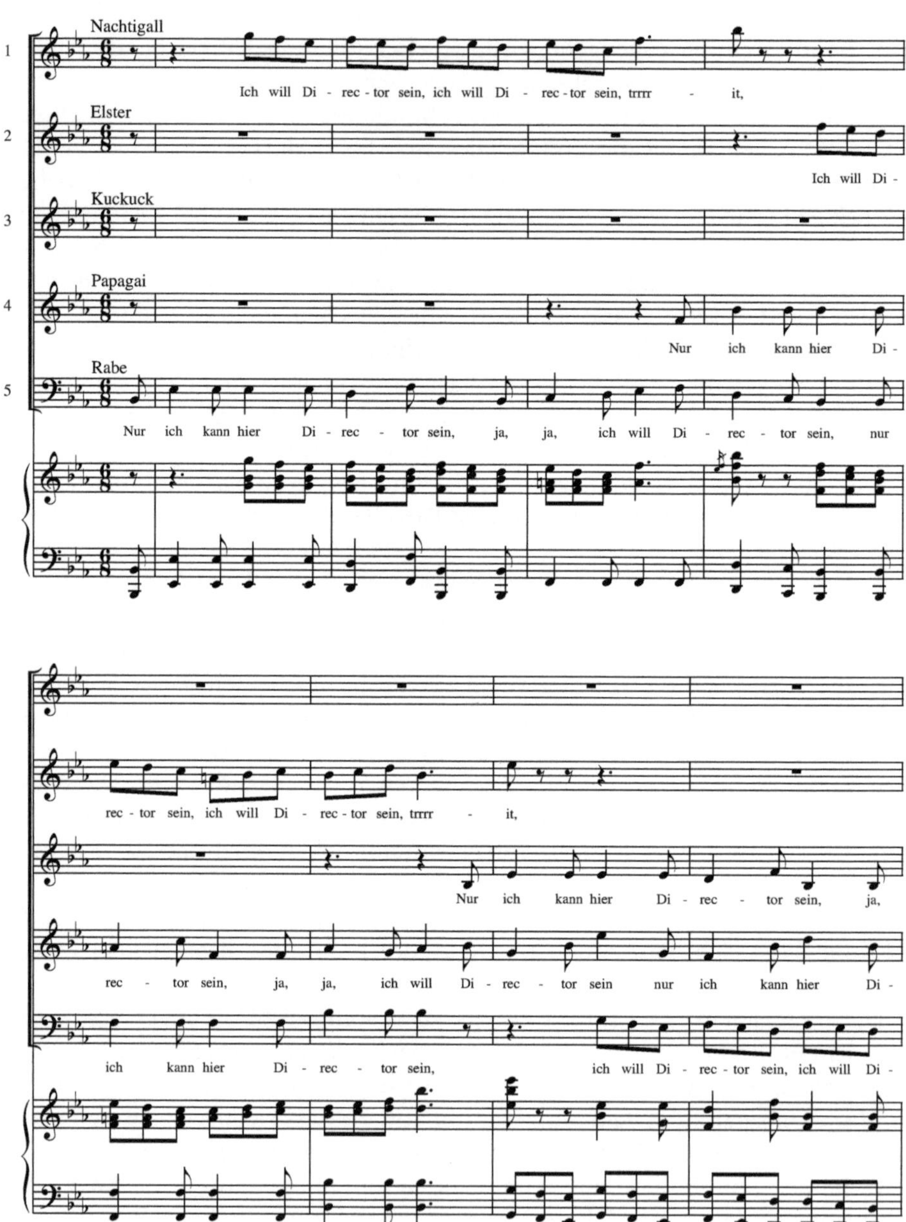

Abb. 7: *Vogelkantate*, Fugenteil, T. 154–169.

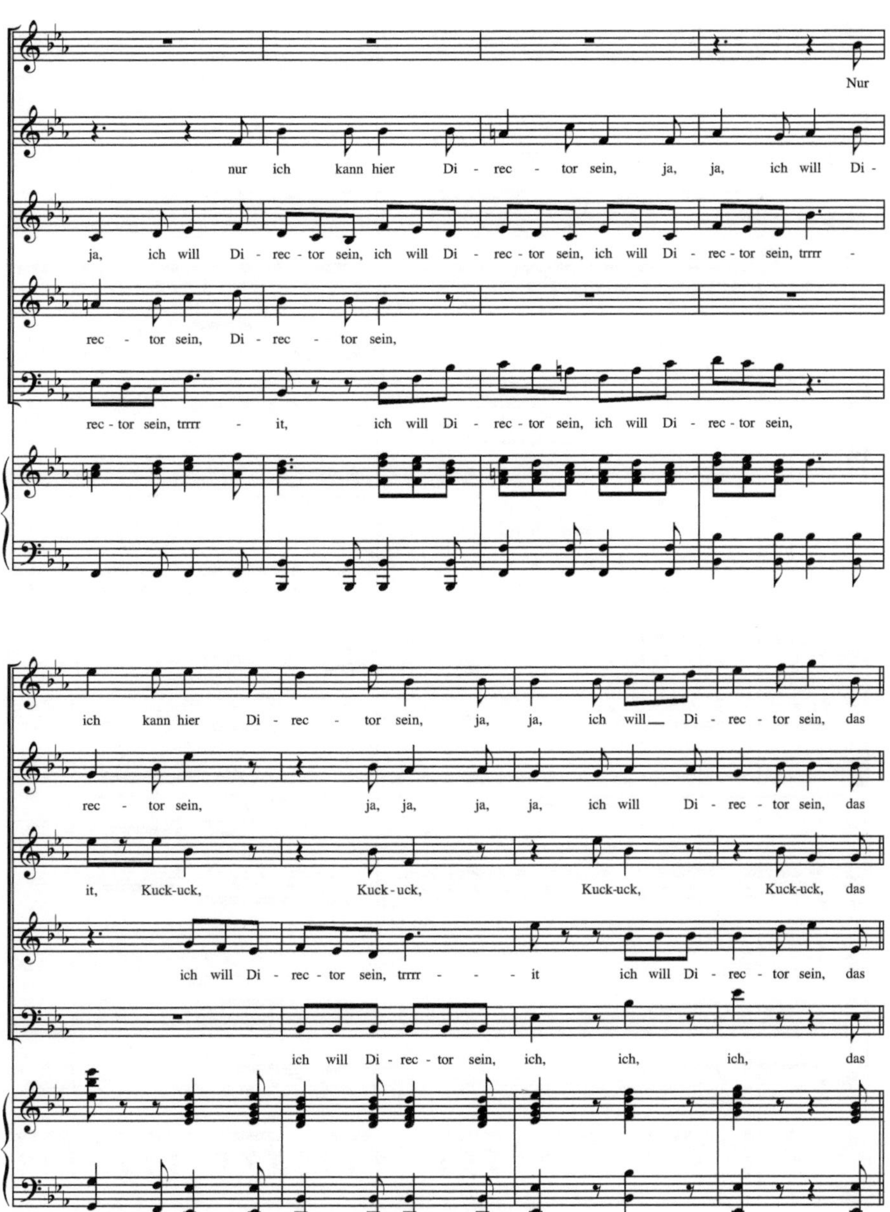
Nur
nur ich kann hier Di - rec - tor sein, ja, ja, ich will Di -
ja, ich will Di - rec - tor sein, ich will Di - rec - tor sein, ich will Di - rec - tor sein, trrrr -
rec - tor sein, Di - rec - tor sein,
rec - tor sein, trrrr - it, ich will Di - rec - tor sein, ich will Di - rec - tor sein,
ich kann hier Di - rec - tor sein, ja, ja, ich will Di - rec - tor sein, das
rec - tor sein, ja, ja, ja, ja, ich will Di - rec - tor sein, das
it, Kuck-uck, Kuck - uck, Kuck-uck, Kuck-uck, das
ich will Di - rec - tor sein, trrrr - it ich will Di - rec - tor sein, das
ich will Di - rec - tor sein, ich, ich, ich, das

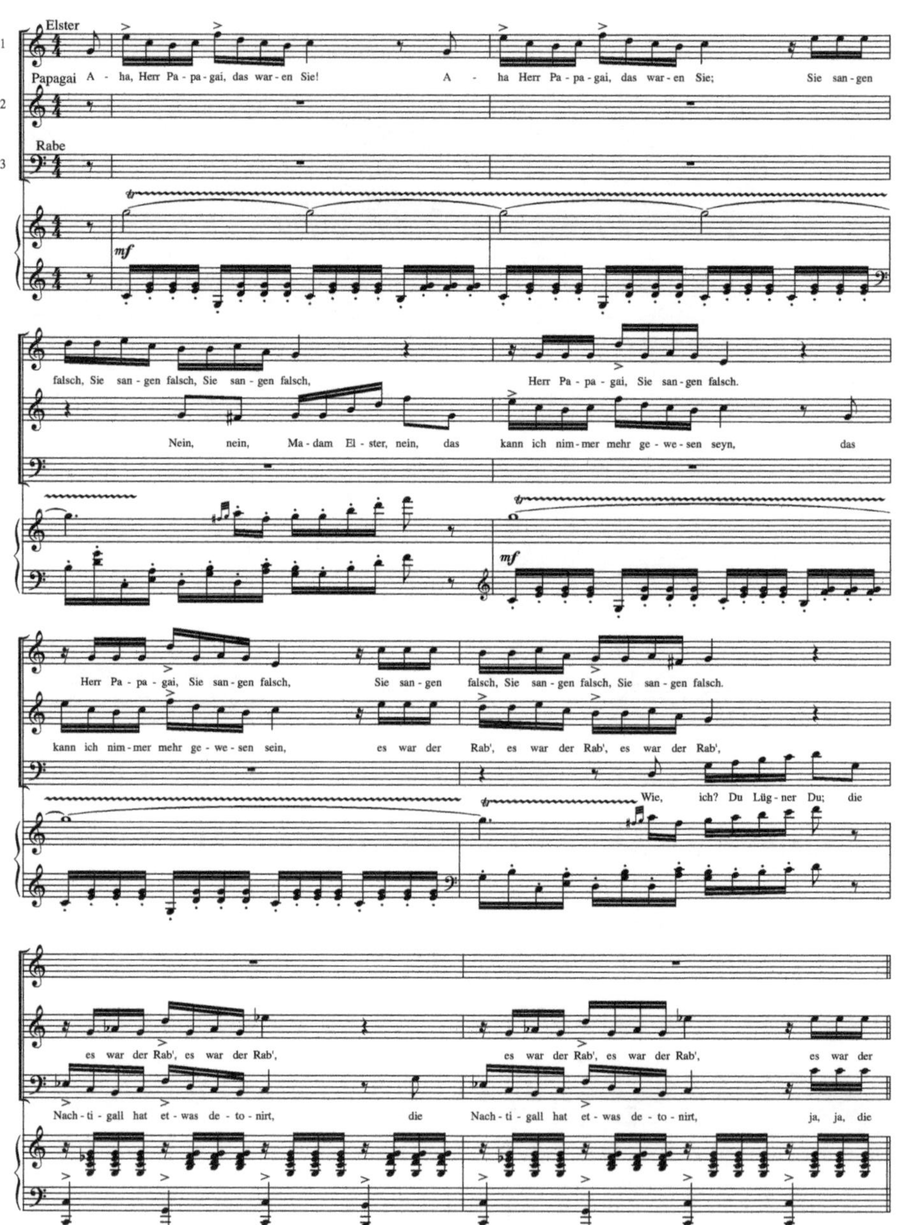

Abb. 8: *Vogelkantate*, Quodlibet, Disput über falsch gesungene Noten, T. 203–210.

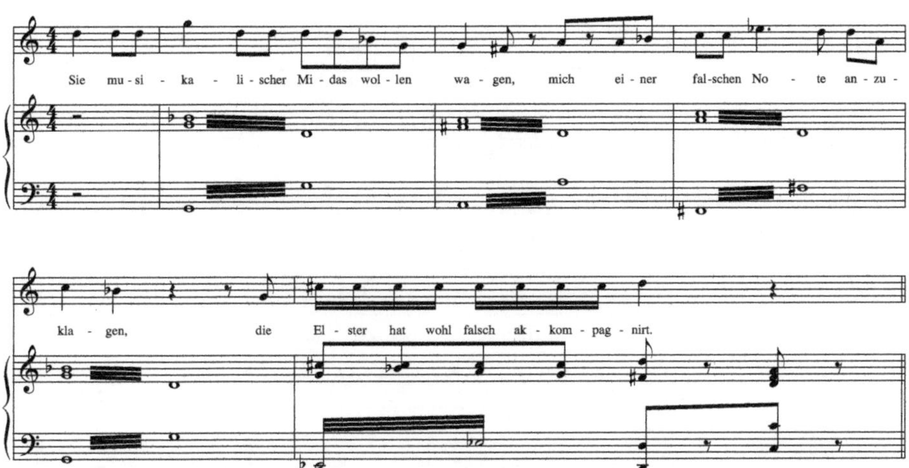

Abb. 9: *Vogelkantate*, Entrüstung der Nachtigall, T. 212–216.

Ein weiterer Kritikpunkt wird in der *Vogelkantate* konturiert, wenn die fünf Gesangsstimmen eine knapp siebentaktige Pause in Viertelnoten auf *c1* auszählen (vgl. Abb. 11). Diese Takte spielen darauf an, dass das Zählen einer Pause in der Ensemblearbeit durchaus Probleme bereiten kann. Durch die als eher plump zu bezeichnende Art und Weise des Auszählens der Pause wird eine rhythmische Unsicherheit bzw. ein mangelnder Überblick über die Komposition herausgearbeitet und SängerInnen zugeschrieben. Auf diese Weise wird die in der Komposition geäußerte Kritik nicht nur auf Verhaltensweisen von SängerInnen bezogen, sondern auch auf deren musikalischen Sachverstand ausgeweitet.

Neben der oben bereits erwähnten musikalischen Form der Fuge nutzt Johanna Kinkel ebenso die Formen des Rezitativs und der Arie, um ihrer Komik Gestalt zu verleihen. Insgesamt lassen sich vier rezitativisch gearbeitete Teile ausmachen, die alle in der Partie des Kuckucks zu finden sind. Inhaltlich lassen sich diese rezitativischen Passagen an folgenden Stellen einordnen: zu Beginn, während der Kuckuck auf die Ankunft der anderen Vögel wartet (T. 3–11, T. 23–28 u. T. 38–42); ein weiteres Mal, als der Kuckuck sich zum Dirigenten aufschwingen möchte (T. 108–113, vgl. Abb. 12) und schließlich noch zweimal, als der Kuckuck schlichtend in das Gezänk der Vögel eingreift (T. 178–185 u. T. 239–246). Neben diesen für die Handlung wichtigen Impulsen weisen die rezitativischen Teile auch im Hinblick auf die musikalische Gestaltung die typischen Merkmale dieser Form auf: Der Text wird in der

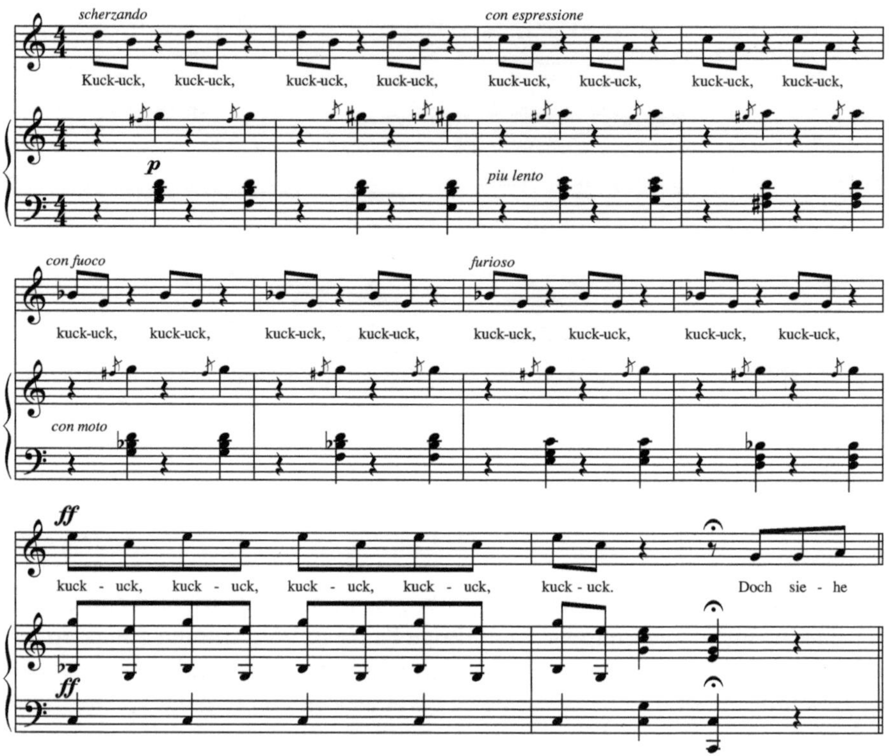

Abb. 10: *Vogelkantate*, Solfeggien des Kuckucks, T. 29–38.

Melodie zumeist syllabisch behandelt und die Begleitung ist vor allem durch Stützakkorde geprägt.

Ein Vergleich mit den für Johanna Kinkel mehr oder minder zeitgenössischen Ausführungen aus Johann Christian Lobes *Lehrbuch der Musikalischen Komposition* zeigt, dass beispielsweise der rezitativische Teil, in dem sich der Kuckuck zum Dirigenten ernennt, sehr deutlich den von Lobe formulierten Regeln und Formen des »einfachen Rezitativs« bzw. des »recitativo secco« entspricht.[222] Das auf inhaltlicher Ebene handlungstragende Element ist genauso umgesetzt worden wie die Orientierung an der gesprochenen Sprache.[223] Auch

222 Lobe, *Lehrbuch*, S. 49–63.

223 Hier wären z. B. ein Quartsprung aufwärts auf den Text »doch ich« oder die rhythmische Nachzeichnung des Worts »dirigieren« zu nennen.

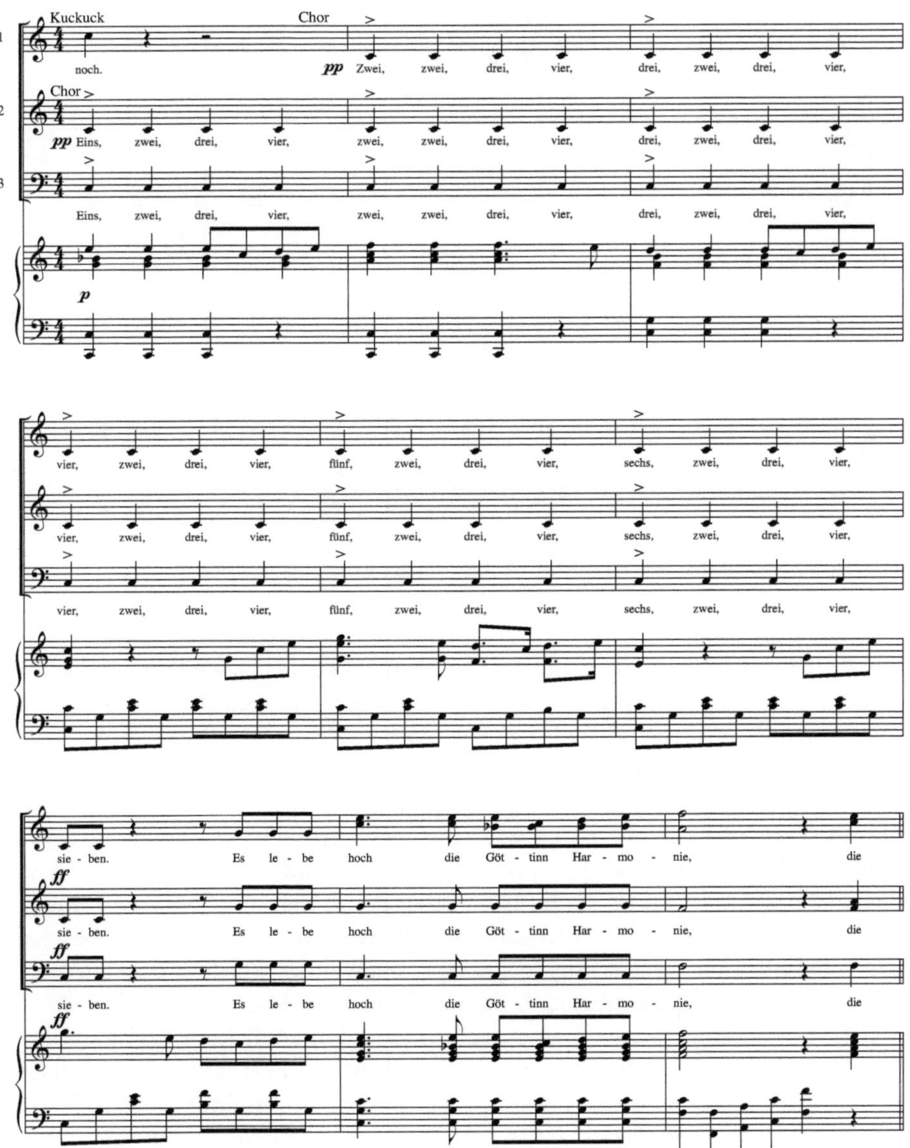

Abb. 11: *Vogelkantate*, gemeinsames Auszählen der Pause, T. 185–193.

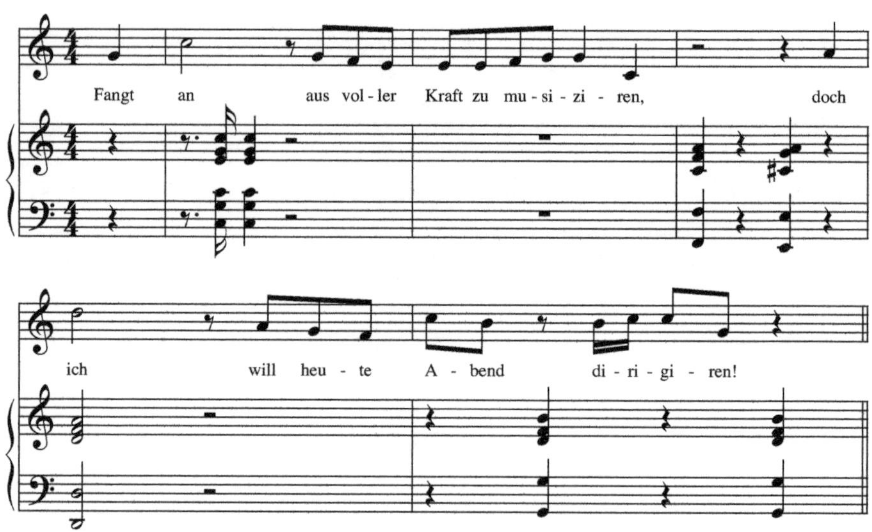

Abb. 12: *Vogelkantate*, zweiter rezitativischer Teil des Kuckucks, T. 109–113.

die Begleitung anhand von angeschlagenen Akkorden jeweils zum Akkordwechsel und die grundsätzliche Passung zwischen Klangeindruck des Akkords und seinem zugehörigen Inhalt ist gegeben.[224]

Die Form der Arie verwendet Johanna Kinkel in der elftaktigen »Bravour-Arie« der Nachtigall (vgl. Abb. 13), welche diese dem Adler zusätzlich zum Namenstag singen möchte: »Ich will eine große Bravour Arie singen; da sollen Triller und Rouladen erklingen, da sollen Triller und Rouladen, ja, ja, Rouladen erklingen. ti ti ti ti tia tia tia tia«[225] Betrachtet man die Sopranstimme eingehender, so fällt auf, dass hier auf kürzestem Raum – wie im Text beschrieben – bereits viele Verzierungstechniken angewendet werden: Umspielungen, »Rouladen« bzw. Koloraturen, Triller und Messa di Voce.

Die Verwendung zweier dieser Techniken möchte ich kurz kommentieren. Die »Roulade «, Takt 89 und 90, ist insofern interessant, als dass Johanna Kinkel auf die Silbe »la« des Worts tatsächlich eine Roulade bzw. Koloratur komponiert, den Inhalt des Texts entsprechend wörtlich – sozusagen performativ – umgesetzt hat. Zum Messa di Voce in Takt 93 sei hinzugefügt, dass der Umstand, dass es allein auf der Note *d2* und den Text »ti« komponiert

224 Hier wäre z. B. die Kombination von C-Dur mit dem Text »Fangt an« zu nennen.
225 Mathieux, *Die Vogel-Kantate*, op. 1, S. 6–7.

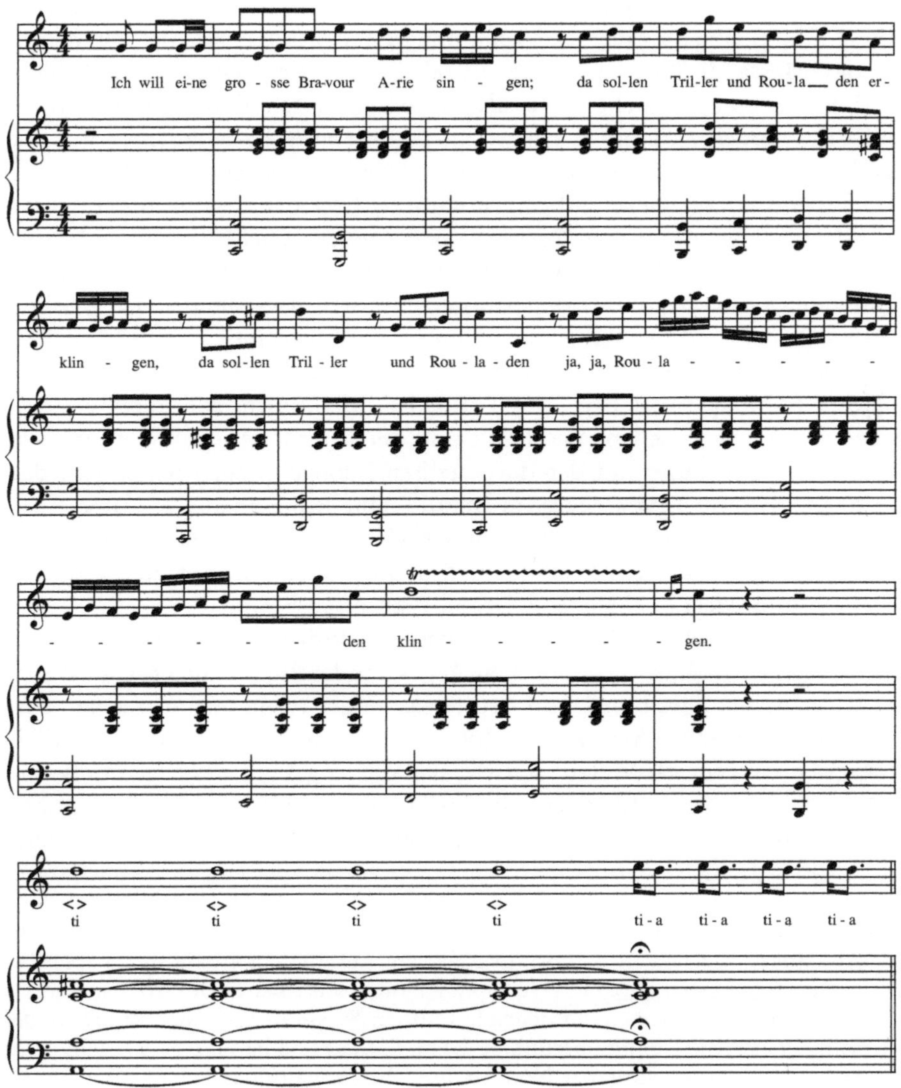

Abb. 13: *Vogelkantate*, »Bravour-Arie«, T. 83–93.

worden ist, sowie insgesamt viermal wiederholt wird, eher auf eine Gesangsübung als auf eine angemessene Verwendung innerhalb einer Arie verweist.[226] Da das Messa di Voce am Ende der »Bravour-Arie« sozusagen angehängt wird und in eine möglicherweise als auskomponierten Triller zu bezeichnende Figur übergeht, könnte es ebenso als Beginn einer Kadenz, einer abschließenden Verzierungsformel, interpretiert werden, in der eine SolistIn frei u. a. ihre Virtuosität zur Geltung bringen kann.[227] Letztlich bekommt der Einsatz des Messa di Voce in dieser Passage noch eine erhebliche Signifikanz, wenn man berücksichtigt, dass vor allem dieser Gesangstechnik lange Zeit eine Sonderstellung eingeräumt und sie spätestens ab dem beginnenden 19. Jahrhundert nicht mehr nur als maßgebliche Interpretationstechnik, sondern auch als pädagogische Übung eingesetzt worden ist.[228]

Helga Lühning führt bzgl. der Form der Bravourarie aus, dass sie »vorwiegend der sängerischen Akrobatik und der Improvisationskunst«[229] dient. Daher lässt sich aufgrund der dargestellten Beobachtungen festhalten, dass der bereits zitierte Text sowohl im Detail – eine Roulade auf der Silbe »la« – als auch auf übergeordneter Ebene in der Musik gedoppelt wird: Die Nachtigall äußert nicht nur die Absicht, eine Bravourarie zu singen, sondern tut dies bereits – zumindest in einer reduzierten, typisierten Form.

Dass diese Passage jedoch keine ernst zu nehmende Arie bzw. Bravourarie darstellt, wird an verschiedenen Aspekten deutlich. Zunächst muss man berücksichtigen, dass bereits auf der Titelseite der Komposition vermerkt ist, dass es sich um einen »Musikalische[n] Scherz«[230] handelt. Auch der inhaltliche Kontext – im weiteren Verlauf streiten sich die Vögel um das Dirigat als auch darum, wer falsch gesungen hat – bestätigt dies und legt die Vermutung nahe, dass die »Bravour-Arie« zusätzlich zur Komik beitragen soll.[231] Des Weiteren ist der Text, der sich sowohl durch seine Dopplung in der Musik als auch durch

226 Vgl. hierzu Ott/Ott, *Handbuch der Verzierungskunst.* Band 2, S. 307. Im Abschnitt über Nicola Porpora drucken die Autoren ein Übungsblatt desselben ab, das Il famoso foglio. Die erste Übung besteht aus einer C-Dur-Tonleiter von *c1* bis *g2* in ganzen Noten, auf denen jeweils ein Messa di Voce ausgeführt werden soll. Die nächste Übung übernimmt dieses Format und hängt eine Viertelnote im Sekundabstand an die ganze Note an, um Übergänge zu schulen.

227 Vgl. Ott/Ott, *Handbuch der Verzierungskunst.* Band 1, S. 168.

228 Vgl. Harris, »Messa di voce«.

229 Ruf u. a., »Arie«, Sp. 821.

230 Mathieux, *Die Vogel-Kantate*, op. 1.

231 Diese ungewöhnliche Kontextualisierung entspricht der ersten Variante der musikalischen Parodie nach Michael Stille, in der er einen »fremden formalen Kontext« als Auslöser der Komik benennt. (Vgl. Stille, *Möglichkeiten des Komischen*, S. 139.)

seinen reduzierten Inhalt und überflüssige Füllsel – z. B. »ja, ja« – auszeichnet, ein weiterer Hinweis auf den komischen Charakter der Arie, der vor allem die Ausführende, die Bravoursängerin, der Lächerlichkeit preisgibt. Das Messa di Voce wiederum, die Gesangsübung, erscheint als das prägnanteste Merkmal, welches auf die Verspottung von SängerInnen und Virtuosität verweist. Während sämtliche Verzierungen im Vorfeld in Bezug auf die Melodieführung mehr oder weniger nachvollziehbar erscheinen, geht dem Messa di Voce an dieser Stelle der Zusammenhang sowohl auf musikalischer als auch inhaltlicher Ebene völlig ab. Diese bloße Zurschaustellung gesanglicher Technik verweist eindeutig auf das in dieser Passage anhand von Überspitzung kritisierte Motiv des Virtuosentums von SängerInnen.

In einem weiteren Schritt möchte ich nun speziell Johanna Kinkels Persiflage der Bravourarie eingehender kontextualisieren und mit ihr als Autorin in Verbindung bringen. Kann man die »Bravour-Arie« als Ausdruck ihrer Überlegenheit interpretieren? Ist das kritisierte Phänomen als Normabweichung aufzufassen, welche Johanna Kinkel aufdeckt? Oder positioniert sie sich durch ihre Persiflage im Sinne einer kritischen Auseinandersetzung innerhalb dieser Thematik? Um diese Punkte besser klären zu können, möchte ich im Folgenden einige zeitgenössische und/oder signifikante Quellen und Kompositionen heranziehen, in denen es ebenso um Bravourarien geht.

Der Zusatz »Bravour« in der Bezeichnung Bravourarie lässt zunächst vermuten, dass es sich um eine Arie handelt, die vor allem mit technischen bzw. virtuosen Kunststücken versehen ist.[232] 1867 beschreibt Johann Christian Lobe in seinem *Lehrbuch der Musikalischen Komposition* die Bravourarie genau in diesem Sinne: »I. Die Bravourarie will dem Sänger Gelegenheit bieten, seine ganze Kunst zu entfalten, den Umfang seiner Stimme, die Volubilität derselben in Koloraturen, Sprüngen, Trillern, Staccato, Kadenzen, lang ausgehaltenen Tönen u. s. w.«[233] Dieses Element der Virtuosität wird vergleichsweise einmütig in vielen musiktheoretischen Schriften des 19. Jahrhunderts als konstitutiv für die »Bravourarie« angeführt; was hingegen beständig diskutiert wird, ist ihre geeignete Einbindung in eine Oper:

> Viele wollen diese Gesangsform [die Bravourarie, DG] nicht gelten lassen und verwenden sie als eitle Künstelei, die dem Sänger nur Gelegenheit gebe, die Fertigkeit und Gewandheit seiner Stimme bewundern zu lassen. Gar oft mag dieß der Fall seyn, keinesweges aber ist die Bravourarie jeder-

232 Das Wort »Bravur« wird im Fremdwörterbuch mit »Tapferkeit«, »Geschicklichkeit« und »meisterhaft ausgeführte Darbietung« beschrieben. (Vgl. Dudenredaktion, *Duden*, S. 153.)

233 Lobe, *Lehrbuch*, S. 174.

> zeit leere Tonkünstelei, sondern gar oft auch der höchste und ergreifendste Ausdruck eines lebendigen Gefühls und einer mächtigen Phantasie, so daß man sie als den Gipfel des begeisterten Gesanges betrachten kann, wo der erhöheten Empfindung die Worte nicht mehr in ihrem kühnen Fluge folgen und nur Töne allein dem hohen Schwunge genügen können.[234]

Im Gegensatz dazu sieht Friedrich Holzapfel die sinnvolle Anwendung einer Bravourarie nicht im Ausdruck höchster Emotionalität. Vielmehr hält er zu ihrer Verwendung in folgenden Situationen an:

> Wenn der Effekt eine Pause macht, wenn die handelnde Person sich im Stande der Ruhe befindet, wenn der zu behandelnde Gegenstand Pracht und Feierlichkeit fordert: dann lasse man Bravourarien singen, und sie werden ihre Ungereimtheit verlieren, und keinen Mann von Geschmack beleidigen.[235]

Letztendlich scheint für diesen Zusammenhang wichtig, dass die Bravourarie in erster Linie als eine auf Virtuosität ausgelegte Form der Arie betrachtet worden ist und dass es – zumindest in Deutschland – variierende Vorstellungen darüber gegeben hat, auf welche Art und Weise sie sinnvoll in die Oper integriert werden konnte. In Bezug auf Johanna Kinkels Persiflage lässt sich vor diesem Hintergrund festhalten, dass sie den Aspekt der Virtuosität vorrangig durch die Koloratur, den Triller und das Messa di Voce nachgeahmt hat und in Kombination mit dem inhaltlichen Kontext auf diese Weise den Einsatz einer solchen Arie als bloße Zurschaustellung von (technischer) Virtuosität parodiert hat.

Etwa zehn Jahre nach der Veröffentlichung der *Vogelkantate* hatte Johanna Kinkel die Gelegenheit, in der *Neuen Bonner Zeitung* unter der Redaktion ihres Ehemannes Gottfried Kinkel Rezensionen und Kritiken musikalischer Aufführungen in Bonn zu schreiben. In einer dieser Rezensionen wird ihr Verständnis von Bravourarien deutlich. In Bezug auf eine Aufführung von Mozarts *Entführung aus dem Serail* kommentiert Johanna Kinkel:

> Wie ein Hauch aus dem Siden [sic], der uns den Duft der Orangenblüthen herüberbringt, so weht uns diese liebesüße Musik an. Die Roccoco=Arien der Constanze ernüchtern zwar den Hörer ein wenig von jenem berauschenden Zauber, doch enthält selbst die steife Form der Bravour=Arie

234 A., »III. Ueber die Oper«, S. 62–63.
235 Holzapfel, *Neuer Almanach*, S. 75.

> noch genug des Geistes, um uns mit dem allzu verschwenderisch darüber ausgestreuten Flitter zu versöhnen.[236]

Vor allem die Formulierungen »steife Form der Bravour=Arie« und »allzu verschwenderisch darüber ausgestreuten Flitter« helfen, Johanna Kinkels Meinung zur Bravourarie herauszuarbeiten: Zum einen scheint die Form der Bravourarie aus Johanna Kinkels Sicht formale Schwächen aufzuweisen und zum anderen scheint die Anzahl der Verzierungen ein negatives Kriterium zu sein. Vor allem der zweite Kritikpunkt fügt sich nahtlos in die bereits angeführte Diskussion um die Bravourarie ein und zeugt somit von einem kritischen Standpunkt Johanna Kinkels, der die aktuellen Positionen innerhalb der musiktheoretischen Diskussion ihrer Zeit widerspiegelt. Die »Bravour-Arie« in der *Vogelkantate* scheint zehn Jahre zuvor genau diese Position in Ansätzen bereits zum Ausdruck zu bringen.

Eine dieser »Roccoco=Arien«, auf die sich Johanna Kinkel bezieht, ist sicherlich die erste Arie Konstanzes »Ach ich liebte« aus dem ersten Akt des Singspiels *Die Entführung aus dem Serail*, KV 384. Mozart schreibt über den Entstehungsprozess u. a. dieser Arie an seinen Vater: »die aria der konstanze habe ich ein wenig der geläufigen gurgel der Mad:selle Cavallieri aufgeopfert. – Trennung war mein banges loos. und nun schwimmt mein aug in Thränen – habe ich, so viel es eine wälsche Bravour aria zulässt, auszudrücken gesucht.«[237] Durch die Bemerkung, dass Mozart die Arie in Anlehnung an die »geläufige Gurgel« einer Sängerin komponiert hat, wird u. a. angedeutet, dass die Arie sehr virtuos und mit technischen Herausforderungen gestaltet ist.[238] Der zweite Satz des Zitats bringt Mozarts Vorbehalte gegenüber der Form der Bravourarie zum Ausdruck, welche – wie bereits ausgeführt – Johanna Kinkel in ihrer Rezension Mitte des 19. Jahrhunderts ebenso konstatiert.

Als interessante Randnotiz möchte ich hervorheben, dass eine der Koloratur-Passagen dieser Arie (vgl. Abb. 14) eine ähnliche Struktur wie eine Passage der »Bravour-Arie« Johanna Kinkels (vgl. Abb. 13, T. 89–92) aufweist. Beide Passagen sind mit einer einfachen Harmonik in der Begleitung versehen und in der Melodie folgt einer längeren Koloratur ein zum Grundton führender Triller auf der zweiten Stufe der Tonart.

236 Kinkel, »Theater in Bonn«.

237 Mozart, *Brief vom 26.09.1781 an seinen Vater*, S. 2, Herv. im Orig.

238 Ebenso ist dieser Kommentar ein Indiz dafür, dass der Kompositionsprozess durchaus von äußeren Umständen – wie Aufführungsmöglichkeiten – beeinflusst worden ist.

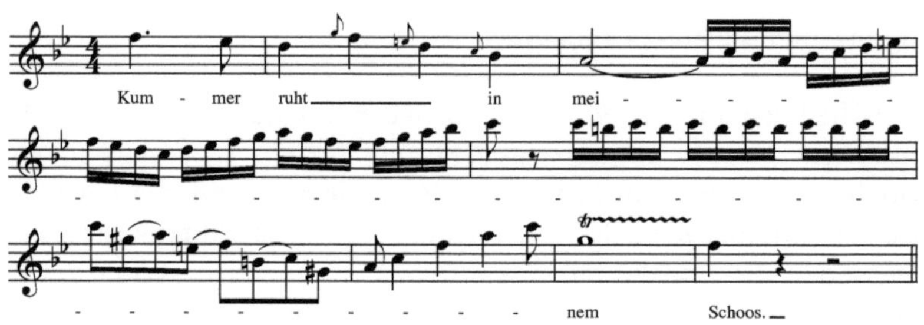

Abb. 14: *Die Entführung aus dem Serail*, Melodie-Auszug aus der Arie »Ach ich liebte«, T. 41–49.

Nachdem nun musiktheoretische Schriften, Mozarts Arie »Ach ich liebte« und Johanna Kinkels eigene Position zur Thematik der Bravourarie dargestellt worden sind, soll im Folgenden die »Bravour-Arie« der Nachtigall mit einer Komposition in Beziehung gesetzt werden, die ebenso sängerisches Verhalten und Virtuosität parodiert: *Der Schauspieldirektor* von Wolfgang Amadeus Mozart. 1786, vier Jahre nach der Uraufführung der *Entführung aus dem Serail*, wird Mozarts *Der Schauspieldirektor. Komödie mit Musik in einem Akt* (KV 486) zusammen mit Salieris *Prima la musica, poi le parole* in der Schönbrunner Orangerie in Wien uraufgeführt.[239] In dieser Komödie streiten die zwei Soprane Madame Herz und Mademoiselle Silberklang in dem Terzett »Ich bin die erste Sängerin« darum, wem eben diese Position der »ersten Sängerin« zukommt; wobei der Tenor Monsieur Vogelsang vermittelnd einzugreifen versucht. Nachdem Monsieur Vogelsang die unterschiedlichen Fachgebiete der beiden Sängerinnen – als »Adagio« und »Allegro« bezeichnet – gleichermaßen würdigt, geben beide Sängerinnen eine kurze Kostprobe ihrer Fertigkeiten: Madame Herz singt ein achttaktiges Adagio auf den mehrfach wiederholten Text »Adagio« und Mademoiselle Silberklang singt ein zwölftaktiges Allegro assai auf den ebenso mehrfach wiederholten Text »Allegro, allegrissimo!«. Während sowohl Johanna Kinkels »Bravour-Arie« als auch Wolfgang Amadeus Mozarts »Ich bin die erste Sängerin « auf den ersten Blick beide auf kompositorischer Ebene die jeweiligen Arientypen parodieren, fällt zunächst auf, dass bei Mozart eine Dopplung zwischen Text und Musik auf einer anderen Ebene umgesetzt worden ist als in der »Bravour-Arie« Kinkels; die Tempoangaben »Adagio« und »Allegro« werden als textliche Grundlage für ebensolche Stücke verwendet – keine motivischen Begrifflichkeiten wie »Roulade«.

239 Vgl. Leopold, *Mozart Handbuch*, S. 98–100.

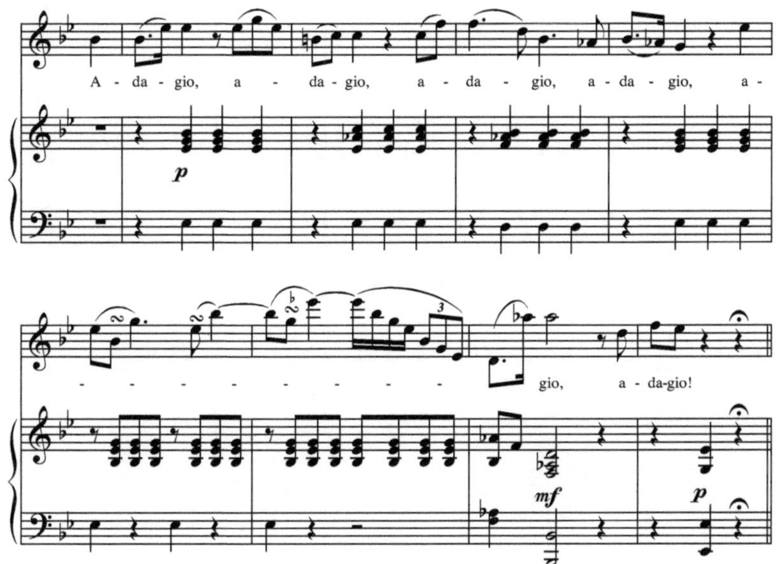

Abb. 15: *Der Schauspieldirektor*, Terzett, Adagio der Madame Herz, T. 90–97.

Das Adagio der Madame Herz (vgl. Abb. 15) zeichnet sich vor allem in der zweiten Hälfte durch Doppelschläge und einen Ambitus von fast zwei Oktaven – bis zum *es3* – aus, welcher innerhalb von drei bzw. vier Zählzeiten vollkommen ausgeschöpft wird. Ebenso technisch anspruchsvoll und bemerkenswert ist der große Sprung einer kleinen Undezime aufwärts von *d1* in der Bruststimme zu *as2* in der Kopfstimme. Mademoiselle Silberklangs Allegro (vgl. Abb. 16) beinhaltet einen ähnlich großen Sprung aufwärts – von *es1* zu *g2* –, ist aber vor allem durch eine fünftaktige Koloratur geprägt, die u. a. durch ihre Länge und den zweimal auftauchenden Spitzenton *c3* ebenso eine nicht zu vernachlässigende Anforderung an die ausführende Sängerin stellt.

Karin und Eugen Ott haben sich auch mit genau diesem Ausschnitt des Terzetts in ihrem *Handbuch der Verzierungskunst in der Musik* beschäftigt.[240] Sie analysieren durch eine Deduktion viele Passagen der Melodien des Adagios und des Allegros sozusagen als auskomponierte Verzierungen[241] und identifizieren »im *Adagio* Vorschläge, Antizipationen, Doppelschläge

240 Ott/Ott, *Handbuch der Verzierungskunst*. Band 2, S. 214–217.
241 Vgl. ebd., S. 216–217.

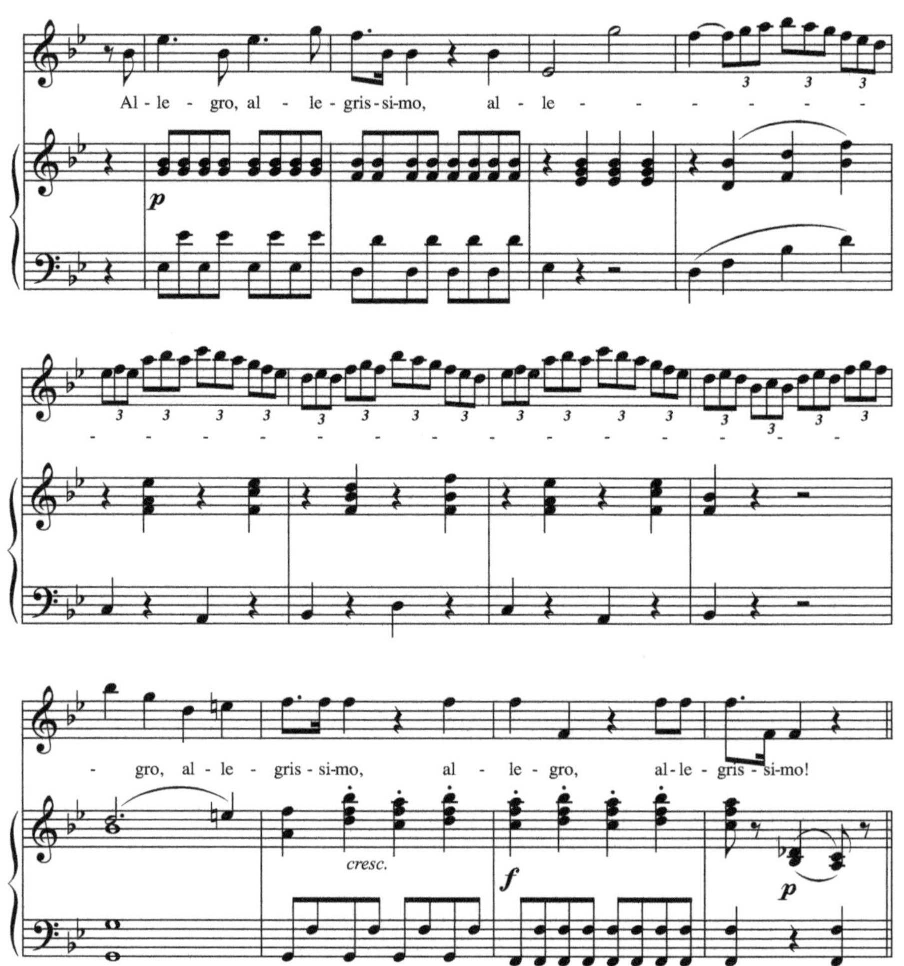

Abb. 16: *Der Schauspieldirektor*, Terzett, Allegro assai der Mademoiselle Silberklang, T. 98–109.

oder weiche akkordische Umspielungen« und »im *Allegro assai* diatonische Triolenumspielungen«.[242]

Vergleicht man lediglich die beiden Notentexte der »Bravour-Arie« und des Terzetts aus dem *Schauspieldirektor*, so liegt die Schlussfolgerung nahe, dass beide KomponistInnen auf kurzem Raum durch die Überzeichnung typischer

242 Ott/Ott, *Handbuch der Verzierungskunst*. Band 2, S. 215.

Merkmale des jeweiligen Arientyps diese parodieren. Sowohl Johanna Kinkel als auch Wolfgang Amadeus Mozart setzen dazu standardisierte Verzierungstechniken ein, wobei Mozart einen größeren Ambitus zugrunde legt und in Kinkels Parodie dem Messa di Voce eine Sonderstellung zukommt. Während Kinkel in ihrer »Bravour-Arie« gerade die technischen Aspekte heranzieht, um die aus ihrer Sicht durch die Virtuosität zum Ausdruck gebrachte Selbstdarstellung von SängerInnen zu kritisieren, nutzt Mozart darüber hinaus die anschauliche Konkurrenzsituation zwischen den beiden Sopranistinnen zu diesem Zweck. Somit wird bei beiden eine kritische Haltung gegenüber dieser musikalischen Gattung rezipierbar.

Erweitert man diese Betrachtungen – anknüpfend an die Konkurrenzsituation der beiden Sopranistinnen bei Mozart – über den reinen Notentext hinaus, differenziert sich diese Sichtweise aus. Die Partien der Madame Herz und der Mademoiselle Silberklang unterscheiden sich nicht nur aufgrund ihrer Anlage als Adagio respektive Allegro, sondern auch aufgrund des Umstands, dass sie an die verschiedenen Fähigkeiten der Sängerinnen der Uraufführung, Aloysia Lange und Caterina Cavalieri – mit der »geläufige[n] Gurgel« –, angepasst worden sind.[243] Dieses Anpassen von Partien an konkrete InterpretInnen bzw. sogar deren Beziehungen zueinander scheint nach Thomas Betzwiesers Einschätzungen im Vorwort zur neu herausgegebenen Edition von Salieris *Prima la musica* – dem Pendant zum *Schauspieldirektor* – eine gängige Vorgehensweise im Entstehungsprozess beider Musiktheaterstücke gewesen zu sein. Er legt dar, dass sich gerade *Prima la musica* immer wieder durch intertextuelle Verweise auf das Beziehungsgeflecht der InterpretInnen bezieht.[244] Diese Einschätzung konkretisiert er bspw. daran, dass in einer Arie, die in der Uraufführung von Nancy Storace gesungen worden ist, bewusst der Stil des erfolgreichen Kastraten Luigi Marchesi eingesetzt wurde, um auf eine Episode zu verweisen, in welcher Storace die Nachahmung des Marchesi-Stils untersagt worden ist. Vor diesem Hintergrund konstatiert Betzwieser, dass die Oper »außerhalb ihres selbstreferenziellen Wiener Beziehungsgeflechts kaum ›spielbar‹«[245] war. Während ähnliche Analysen für den *Schauspieldirektor* noch ausstehen, können sie hier für die »Bravour-Arie« der *Vogelkantate* aufgrund der begrenzten Quellenlage nicht geleistet werden. Es bleibt jedoch festzuhalten, dass je nach Vorwissen der RezipientIn verschiedene Interpretationen möglich sind. So können sowohl das Terzett Mozarts als auch die »Bravour-Arie« Johanna Kinkels – basierend vor allem auf den Betrachtungen der Notentexte – als

243 Vgl. Leopold, *Mozart Handbuch*, S. 99.
244 Vgl. Betzwieser, »Vorwort«, S. XXXI–XXXIII.
245 Ebd., S. XXXII.

unterschiedlich ausgestaltete Kritik am Virtuosentum sowie am generellen Verhalten von SängerInnen interpretiert werden. Andererseits könnten aber z. B. gerade zeitgenössische RezipientInnen diese Stücke auch als Parodie konkreter InterpretInnen und ihrer Gesangsstilistiken aufgefasst haben.

Um diesen Vergleich abzuschließen, möchte ich darauf hinweisen, dass es sowohl im *Schauspieldirektor* als auch in der *Vogelkantate* jeweils die Sopranistinnen sind, die für ihr Virtuosentum kritisiert werden. Weder bei Mozart noch bei Kinkel sind andere Stimmfächer – weder der Alt noch die männlichen Stimmfächer – so offenkundig dieser Kritik ausgesetzt. Dass gerade die *hohe* Frauenstimme, der Sopran, im Fokus der Kritik steht, mag im Falle Mozarts durch den Bezug auf konkrete Sängerinnen bedingt gewesen sein. Im Falle Kinkels kann dieser Umstand aber mitunter auch darauf verweisen, dass die hohe Frauenstimme – im Gegensatz zum Alt – im Hinblick auf den Ambitus die Grenzen des menschlichen Gesangs in der Höhe abstecken bzw. erweitern und auf diese Weise große Effekte erzielen kann, womit das nach Owen Jander für Virtuosität wichtige Kriterium der technischen und expressiven Erweiterung der Grenzen der Kunst eingelöst würde.[246] Heinz von Loesch führt in diesem Zusammenhang aus, dass klanglich das »Helle, Glänzende, auch Funkelnde und Irisierende, kurzum all das, was – nomen est omen – mit dem Brillanten eng zusammenhängt«[247] als virtuos einzustufen ist – Musik in tiefer Lage entspricht dieser Idee nicht, was möglicherweise die Festlegung auf die *hohe* Frauenstimme erklären könnte. In musikalischer Hinsicht wird diese Sonderrolle der Nachtigall bzw. Sopranistin in der *Vogelkantate* einerseits durch die bereits erwähnte Empörung der Nachtigall, eine falsche Note gesungen zu haben, deutlich und andererseits durch die Art und Weise der Aufzählung der zur Probe eintreffenden Vögel zu Beginn (vgl. Abb. 17). Ausschließlich die Nachtigall wird mit einer Anrede – »Fräulein« – und einer Verzierung – einem Vorschlag bestehend aus drei Noten – eingeführt.

Diese Beobachtungen finden Widerhall in einigen Überlegungen Rebecca Grotjahns zum Themengebiet der Sängerinnen-Forschung. In ihrem Aufsatz »Diva, Hure, Nachtigall: Sängerinnen im 19. Jahrhundert« beschäftigt sich Grotjahn vor allem mit Klischees, die Sängerinnen bzw. Diven anhängen. Vor allem das von ihr herausgearbeitete Klischee des »leeren Virtuosentums« bzw. des »dressierten Singvogels«[248] scheint in diesem Kontext von Bedeutung, da in diesem Motiv das Virtuosentum negativ konnotiert und in einem weiteren Schritt mit Sänger*innen* in Verbindung gebracht wird. Die »Bravour-Arie«

246 Vgl. Jander, »Virtuoso«.
247 Loesch, »Virtuosität«, S. 14.
248 Vgl. Grotjahn, »Diva, Hure, Nachtigall«, S. 48.

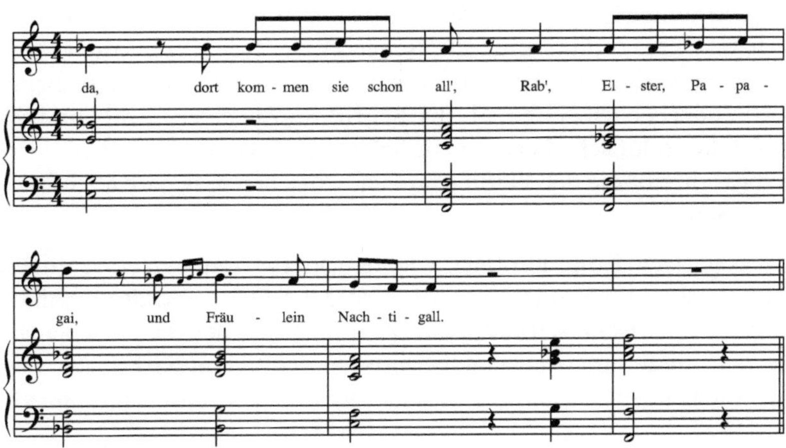

Abb. 17: *Vogelkantate*, Begrüßung der Vögel, T. 39–43.

Johanna Kinkels erscheint als perfekte Umsetzung des Motivs des »dressierten Singvogels«; nicht nur, weil die – metaphorisch passende – Rolle der Nachtigall mit einer Sopranistin besetzt worden ist, sondern auch, weil die Arie durch textliche und musikalische Gestaltung abseits von Zurschaustellung eingeübter Kunststücke nur wenig Gehalt aufweisen kann.

In einem Aufsatz zum »Geschlecht der Stimme« legt Grotjahn darüber hinaus dar, dass gerade im 19. Jahrhundert die Koloratur als Symbol für Weiblichkeit gelten kann und zur Darstellung von Koketterie und Wahnsinn eingesetzt worden ist.[249] In ihrer *Vogelkantate* schreibt Johanna Kinkel diese Symbolik zu einem gewissen Grad durch die »Bravour-Arie« der Nachtigall fort. In der »Bravour-Arie« konnotiert sie das Virtuosentum im Bereich des Gesangs implizit – und gerade deshalb so suggestiv – sowohl negativ durch ihre Überzeichnung als auch weiblich durch die Stimmfachauswahl. Da die *Vogelkantate* im Rezeptionsprozess zu Johanna Kinkel vermutlich einen breiten Raum eingenommen hat, scheint auch hier – möglicherweise unreflektiert – diese Verknüpfung zwischen negativ konnotierter Gesangsvirtuosität und Weiblichkeit vorzuherrschen.

Johanna Kinkels Kritik an der Form der Bravourarie als auch an den ausführenden Bravoursängerinnen bringt Ansätze eines Musikverständnisses zum Ausdruck, welches den Aspekt des Mechanischen oder Technischen in Bezug auf den Umgang mit Musik abwertet, und sich direkt in die Virtuosenkritik

249 Grotjahn, »Das Geschlecht der Stimme«, S. 165–169.

des 19. Jahrhunderts einordnen lässt. Camilla Bork weist darauf hin, dass ein wesentlicher Kritikpunkt im technischen Aspekt der Virtuosität[250] gesehen wurde: »Eine verbreitete Abwertung von Virtuosität lässt sich zu Beginn des 19. Jahrhunderts nachweisen, als der Begriff im Zuge der Genie- und Werkästhetik auf die technische Leistung als Selbstzweck verengt wurde.«[251] Cornelia Bartsch beschreibt die der Virtuosität zugeschriebenen negativen Subtexte folgendermaßen:

> Die negativen Konnotationen ›bloßer‹ Virtuosität betreffen zunehmend jene Aspekte des Musizierens, die sich der Schrift und der Sinnhaftigkeit entziehen: optische Wirkung, das ›Zur-Schau-Stellen‹ technischer Brillanz, die rein ›materialhaften‹, nicht ›sprechenden‹ Klangwirkungen sowie die unerklärliche und also ›dämonische‹ Wirkung auf das Publikum.[252]

Insgesamt scheint die Kritik am Virtuosentum dementsprechend das Aufstreben schriftlicher Kategorien und damit einhergehend das Aufstreben des sich – im schriftlich fixierten Werk – etablierenden Genies wiederzuspiegeln. Dieses vielleicht als Dichotomie zu bezeichnende Verhältnis[253] von Virtuosität

250 Heinz von Loesch konstatiert, dass eine genaue Vorstellung davon, was Virtuosität als Konzept repräsentiert, nicht existiert: »Zunächst einmal steht einfach nicht genau fest, was der Begriff ›Virtuosität‹ wirklich meint, und zwar als ästhetische wie als analytische Kategorie.« (Loesch, »Virtuosität«, S. 12.) Loesch ergänzt jedoch, dass das Technische als ein wesentliches Merkmal grundsätzlich anerkannt ist. Demgegenüber versucht Hans-Georg von Arburg das »Virtuose« anhand der sechs Aspekte der Technik, der Absolutheit, der Darstellung, der Leistung, der Wirkung und des Sozialen bzw. Politischen zu fassen. (Arburg, »Einleitung«, S. 9–10.)

251 Bork, »Virtuosität«, S. 511. Diese Einschätzungen Borks lassen sich durch den zweiten Teil von Erich Reimers Ausführung zur Bewertung von VirtuosInnen im 19. Jahrhundert im *Handwörterbuch der musikalischen Terminologie* bekräftigen: »Seit Mitte des 18. Jh. wird die spezielleWortbedeutung häufig durch *positiv oder negativ wertende Beiwörter* festgelegt. Gemäß dieser Differenzierung bezeichnet das Wort seit Beginn des 19. Jh. einerseits das *Ideal des reproduzierenden Musikers* schlechthin, andererseits aber immer häufiger den *ausübenden Musiker*, der sich zwar durch *aussergewöhnliche technische Fertigkeiten* auszeichnet, diese aber *exhibitionistisch zum Selbstzweck erhebt.*« (Reimer, »Virtuose«, S. 1, Herv. im Orig.)

252 Bartsch, »Virtuosität«, S. 82.

253 Uwe Wirth verknüpft den technischen Aspekt von Virtuosität mit »ernsthafter Arbeit« und schließt in einem weiteren Schritt aufgrunddessen auf eine Dichotomie zwischen Virtuosität und Genieästhetik: »Ein Begriff der Meisterschaft, der an das Kriterium der ernsthaften Arbeit gekoppelt ist, steht in einem grundsätzlichen Spannungsverhältnis zum Konzept der Genieästhetik, wonach die Bega-

und Genieästhetik fügt sich wiederum in die Arbeitsweise der Musikkritik im 19. Jahrhundert ein: »Die Musikkritik konzeptionalisierte Virtuosität im 19. Jahrhundert in einer Kette von Dichotomien, zu denen u. a. die Gegenüberstellung von Form und Materie, Tiefe und Oberfläche bzw. Brillanz, Natürlichkeit und Künstlichkeit gehörte.«[254] Berücksichtigt man den Umstand, dass der Begriff der Virtuosität eine zunehmende Ausrichtung auf die *brillante technische Ausführung* bzw. *Interpretation* erfahren hat – »[a]us einem Terminus für besondere Interessen und Leistungen auf dem Gebiet wissenschaftlicher wie künstlerischer Theorie und Praxis wird mehr und mehr der Inbegriff für eine spezifisch künstlerische und näherhin musikalische Aus- bzw. Aufführungsgabe«[255] –, scheint es plausibel, dass vor dem Hintergrund einer sich ausprägenden Genie- und Werkästhetik, die den Fokus auf die KomponistIn und ihre Komposition lenkt, Virtuosität zunehmend in der Kritik steht. Johanna Kinkels musikästhetische Position scheint mehr oder weniger deutlich anhand der Kategorien Genie und Werk ausgerichtet gewesen zu sein und Virtuosität, die keine erkennbare musikalisch-ästhetische Funktion besitzt, wird letztlich abgewertet.

Diese Verortung als Kritikerin von Virtuosität erweist sich als durchaus tragfähig, wenn man über die *Vogelkantate* hinaus Johanna Kinkels Schrift *Acht Briefe an eine Freundin über Clavier-Unterricht* in die Überlegung einbezieht.[256] Darin formuliert sie: »Indeß bedenke, daß es wichtiger ist, den Schüler zu einem wirklich musikalischen Menschen zu bilden, als die Zahl der Claviervirtuosen zu vermehren, denn diese sind nächst den Bravoursängern wohl die unmusikalischsten Personen auf der Welt.«[257] Der Aspekt des Virtuosen ist das Bindeglied zwischen den beiden Gruppen der »Claviervirtuosen« und »Bravoursänger«, welche beide als unmusikalisch eingestuft werden.[258]

bung zur Kunst eine angeborene Gabe der Natur ist.« (Wirth, »Dilettantenarbeit«, S. 287.) Helmut Schneider greift diese Idee im literarischen Kontext auf und führt sie folgendermaßen aus: »Was der romantische Dichter aber verbirgt, das gerade kehrt der Virtuose nach außen. Er stellt den geheimnisvollen Ursprung der Werkschöpfung, die von der romantischen Ästhetik und Poetik gern in der organologischen Semantik von Zeugung und Wachstum beschrieben wurde, ins Licht der Bühne. Das – angeblich – ›gewordene‹ Werk wird als ›gemachtes‹ ausgestellt.« (Schneider, »Seele und Maschine«, S. 47.)

254 Bork, »Virtuosität«, S. 511.

255 Arburg, »Einleitung«, S. 10.

256 Kinkel, *Acht Briefe.*

257 Ebd., S. 49–50.

258 Interessanterweise benutzt Johanna Kinkel hier allem Anschein nach das generische Maskulinum und bezieht die Kritik an Gesangsvirtuosität auch auf Män-

»Wirklich musikalische Menschen« scheinen sich daher durch andere Fähigkeiten als technische Brillanz auszuzeichnen. Aufgrund dieser Abwertung erscheint es stimmig, Johanna Kinkels musikästhetischen Standpunkt tatsächlich im Bereich der Virtuosenkritik zu verorten.

Welche Konsequenzen haben nun die Ergebnisse dieser Analyse der *Vogelkantate* in der Rückschau für mein persönliches Autorkonstrukt von Johanna Kinkel? Ihre Stimme als Autorin ist in ihrer *Vogelkantate* nicht explizit wahrzunehmen. Als implizierte Autorin nehme ich sie nur durch ihre inhaltliche und musikalische Gestaltung wahr. Diese Gestaltung setzt sie ein, um gerade Sängerinnen und Virtuosität zu persiflieren. Dafür nutzt sie auf inhaltlicher Ebene die Rollenverteilung der Stimmen auf verschiedene Vogelarten und die dargestellten Handlungsstränge; auf formaler Ebene nutzt sie verschiedene musikalische Formen – z. B. Fuge und Arie –, die sie anhand typischer Merkmale deutlich erkennbar macht und bisweilen überspitzt. Vor dem Hintergrund der ausgeführten Komiktheorien erscheint Johanna Kinkel in meiner Rezeption als eine Autorin, die sich nicht nur in dem Musikwesen, in welchem sie selbst tätig gewesen ist, auskannte, sondern sich ebenso mit diesem auseinandergesetzt und demselben einen Spiegel vorgehalten hat. Dieser kritische Standpunkt positioniert sie in den musikästhetischen Diskussionen ihrer Zeit und füllt ihr KomponistIn Sein mit eben dieser Facette der Kritikerin.

3.1.3 Über die Entstehung der *Vogelkantate*

An dieser Stelle möchte ich – durchaus abseits der eigentlichen Thematik der Komik – noch einige Hintergrundinformationen zur Entstehung der *Vogelkantate* ergänzen, die das von mir bisher erstellte Autorkonstrukt erweitern sollen. Monica Klaus beschreibt in ihrem Aufsatz über die *Vogelkantate*, dass Johanna Kinkel die Kantate 1829 für die Karnevalsfeier des Bonner Musikalischen Kränzchens komponierte, dessen Leitung sie zuvor von Franz Anton Ries übernommen hatte.[259] Dieses Detail bietet eine Folie, vor deren Hintergrund Johanna Kinkels Darstellung von Proben- und Ensemblearbeit rezipiert werden kann. Monica Klaus hat dieser Entstehungskontext vermutlich zu folgender Einschätzung veranlasst: »In der ›Vogelkantate‹ hatte Johanna auf humorvolle Weise ihre ersten Erfahrungen als Chorleiterin zum Ausdruck

ner. Einzuräumen ist, dass dieser sprachlichen Feinheit im 19. Jahrhundert mutmaßlich noch weniger Aufmerksamkeit gewidmet worden ist, als dies Anfang des 21. Jahrhundert der Fall ist. Daher bleibt fraglich, inwieweit dieses Detail tatsächlich auf der einen Seite intendiert und auf der anderen Seite wahrgenommen worden ist.

259 Klaus, »... die Nachtigall«, S. 290.

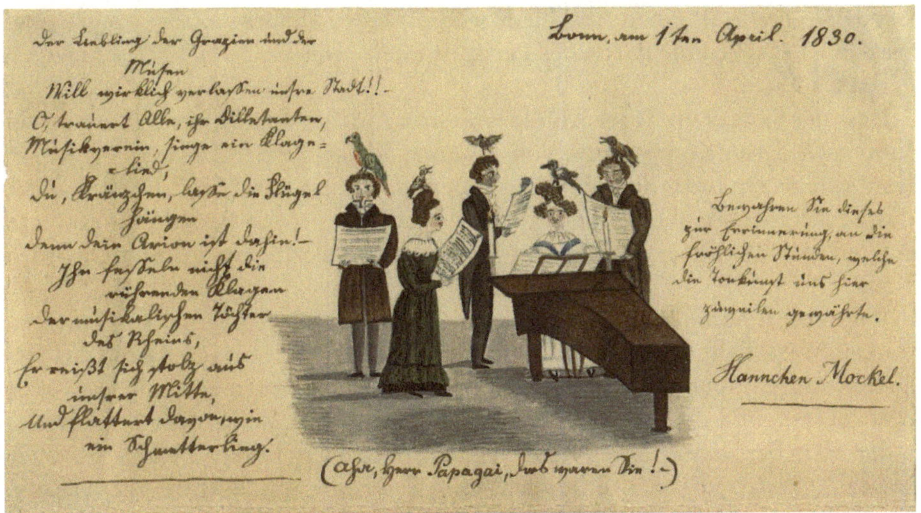

Abb. 18: Zeichnung und Gedicht zum Abschied eines Sängers aus dem Musikalischen Kränzchen von Johanna Kinkel.

gebracht.«[260] Auch wenn sich letztlich nicht klären lässt, inwieweit Johanna Kinkel in ihrer *Vogelkantate* tatsächlich ihre Erlebnisse als Leiterin des Musikalischen Kränzchens verarbeitet hat, kann anhand verschiedener Details zumindest die enge Verknüpfung der Kantate mit ihrer Musizierpraxis genauer herausgearbeitet werden.

Eine Zeichnung von Johanna Kinkel vom 1. April 1830 (vgl. Abb. 18) zeigt fünf SängerInnen – eine am Klavier –, die sich jeweils durch einen Vogel auf dem Kopf einer Stimme der Kantate zuordnen lassen. Das Gedicht und die Grußworte, die um die Zeichnung herum aufgeschrieben worden sind,[261] wei-

260 Klaus, ». . . die Nachtigall«, S. 290.

261 Der Gedichttext links neben der Zeichnung lautet: »Der Liebling der Grazien und der Musen / Will wirklich verlassen unsre Stadt! – / O, trauert alle, ihr Dilettanten, / Musikverein, singe ein Klagelied, / Du, Kränzchen, lasse die Flügel hängen / Denn Dein Arion ist dahin! – / Ihn fesseln nicht die rührenden Klagen / Der musikalischen Töchter des Rheins, / Er reißt sich stolz aus unsrer Mitte, / Und flattert davon wie ein Schmetterling.« Außerdem ist unter der Zeichnung noch der Kommentar »(Aha, Herr Papagai, das waren Sie! –)« eingefügt und rechts stehen die folgenden Grußworte: »Bewahren Sie dieses zur Erinnerung, an die fröhlichen Stunden, welche die Tonkunst uns hier zuweilen gewährte. Hannchen Mockel.« (Vgl. Mockel, *Der Liebling der Grazien*, SN 98/190.)

sen diese Quelle als einen Abschiedsgruß für einen Sänger aus, der im Musikalischen Kränzchen die Partie des Papageis übernommen, Bonn aber schließlich verlassen hatte.

Dass der Sänger mit einer Abbildung einer Aufführung der *Vogelkantate* ein Jahr nach deren Komposition von Johanna Kinkel verabschiedet worden ist, lässt sich als ein Indiz dafür interpretieren, dass die Kantate für die Mitglieder des Musikalischen Kränzchens fortwährend von großer Bedeutung gewesen ist und gleichzeitig die Rollen mit konkreten SängerInnen verknüpft worden sind.

Während Johanna Kinkels Aufenthalt Ende der 1830er Jahre im Haus von Bettina von Arnim wurde die Kantate zum Geburtstag von Friedrich Carl von Savigny aufgeführt.[262] In ihren Memoiren berichtet Johanna Kinkel, dass sie die Kantate – da die Noten in Bonn geblieben waren – aus dem Kopf erneut aufgeschrieben hatte. Nachdem die ursprünglichen Rollen besetzt gewesen waren,[263] baten die Aufführenden immer wieder um weitere Partien, um zusätzliche SängerInnen solistisch mitwirken zu lassen:

> Die übrigen musikalischen Kräfte wollte ich im Chor vertheilen, aber die Familie verlangte daß für jeden Mitsingenden noch eine aparte Vogelpartie geschaffen werde. Mein Stück bot jetzt den Anhaltspunkt, auf den Jeder seine momentanen Einfälle propfen wollte, und endlich kaufte ich mich damit los, daß ich den Schlußchor der ›Entführung aus dem Serail‹ hinten anhängte. Kam nun Armgart mit einem Vorschlag, so stopfte ich nur ein neues Kuplet an den Schwanz und ließ den Refrain mit oder ohne Sinn folgen: ›Wer so viel Huld vergessen kann, den seh' man mit Verachtung an.‹[264]

Diese von Johanna Kinkel beschriebene Situation kann vor dem Hintergrund der Begriffe der AutorIn und des Werks gelesen werden. Sie hat sich gegenüber den Einflussnahmen der beteiligten SängerInnen behauptet und sich nur auf Ergänzungen am Schluss eingelassen – nicht auf grundsätzliche Änderungen in der Kantate selbst. Einerseits kann Johanna Kinkels Unwille, neue Partien hinzuzufügen, schlicht durch mangelnde Zeit oder Motivation begründet gewesen sein. Andererseits mag dieser Umstand aber auch als Hinweis darauf

262 Klaus, ». . . die Nachtigall«, S. 293.

263 »Armgart war mit ihrer hohen Sopranstimme für die Nachtigall wie geschaffen, ich nahm die Elster und Bettina wollte den Kukuk nicht aus der Hand geben. Franz v. Savigny, der einen sentimentalen Tenor kultivirte, ließ sich zum Papagei herab, und ein Freund des Hauses, Herr v. Eckenbrecher, lieferte für die schmähliche Rolle des Raben einen wirklich vorzüglichen Baß.« (Kinkel, »Aus Johanna Kinkels Memoiren«, Nr. 45, S. 3–4.)

264 Ebd., S. 4.

gelesen werden, dass sie als Autorin ihrer Kantate aufgetreten ist, diese in einer bestimmten, von ihr vorgegebenen Form aufführen wollte und nur bedingt auf Kompromisse im Hinblick auf die Form ihrer Komposition eingegangen ist. Dass überhaupt solche Diskussionen entstanden sind, kann mitunter damit zusammenhängen, dass vorher bereits andere Aufführungen gemeinsam erarbeitet wurden und diese gemeinschaftliche Arbeitsweise auch auf Johanna Kinkels eigene Komposition übertragen worden ist. Genauso kann die Einflussnahme der SängerInnen aber auch dadurch bedingt gewesen sein, dass die *Vogelkantate* zu diesem Zeitpunkt noch nicht publiziert gewesen ist – also durch den Druck noch nicht auf eine fixe Form festgelegt worden war – und die Aufführenden mit der Komponistin selbst zusammen gearbeitet haben, die potenziell Änderungen hätte vornehmen können.

Vor dem Hintergrund der hier angeführten Quellen kreiert die *Vogelkantate* in meiner Rezeption eine Facette meines Autorkonstrukts von Johanna Kinkel, in welcher ihr KomponistIn Sein eng mit ihrer Musizierpraxis verknüpft gewesen ist. Sowohl Anlässe als auch Personen beinflussen ihre Rolle als Autorin: Die Karnevalsfeier des Musikalischen Kränzchens initiiert die eigentliche Komposition und die Geburtstagsaufführung für Friedrich Carl von Savigny fordert Johanna Kinkel als Autorin, sich gegenüber den InterpretInnen zu behaupten.

3.2 Johanna Kinkels Marktorientierung

Kehrt man zurück zur Thematik der Komik, so lässt sich im Anschluss an die Analyse der *Vogelkantate* festhalten, dass die Komik nicht nur auf mehr oder minder werkimmanenter Ebene der Komposition eine Bedeutung für Johanna Kinkel und mein Autorkonstrukt von ihr aufweist. Auch auf einer übergeordneten Ebene, gewissermaßen als besonderes Charakteristikum oder Alleinstellungsmerkmal, entfaltet die Komik eine bemerkenswerte Relevanz. Zunächst möchte ich im Folgenden herausarbeiten, welche Bedeutung die Komik für Johanna Kinkels persönliches Selbstverständnis hatte und in einem weiteren Schritt, welche Rolle die Komik im Hinblick auf ihre Karriere als Komponistin gespielt hat.

Während Johanna Kinkel ihren Humor an verschiedensten Stellen oft selbst thematisiert, ist er darüber hinaus auch immer wieder Gegenstand der Literatur, die zu ihrer Person verfasst wird. Eine Anekdote, die in Werner Hesses Artikel »Gottfried und Johanna Kinkel in Bonn« beschrieben wird, kann einen ersten Eindruck geben:

> In Bezug auf ihre [Johanna Kinkels, DG] Ungebundenheit teilte mir eine Jugendfreundin mit, daß sie einstmals mit mehreren Altersgenossinnen in einem angesehenen Hause eingeladen worden war, wo sie ihrem rheinischen Humor recht munter die Zügel hatte schießen lassen, so daß man über ihre Einfälle viel lachen mußte. Als die jungen Mädchen sich entfernt hatten, meinte eine ältere Dame, sie hätte köstliches Vergnügen gehabt, es sei aber doch gut, daß ›die tolle Mockel‹ fort sei. ›Hoho,‹ erscholl da plötzlich Johannas Stimme unter dem Sopha hervor, ›ich bin noch hier.‹ Sie hatte sich dort versteckt um zu hören, was man von ihr sage und empfahl sich nun unter lustigem Gelächter. Man konnte ihr nicht zürnen, denn sie war zu gutmütig und besaß eine zu naturwüchsige Aufgeregtheit, die man als eine Beigabe zu ihrem großen Talente hinnehmen mußte.[265]

Auch während Johanna Kinkels Zeit in Berlin fällt ihre lustige Art immer wieder auf. Emanuel Geibel, dessen Bekanntschaft Johanna Kinkel während ihres Aufenthalts in Bettina von Arnims Haus macht, berichtet im Februar 1838 an seine Mutter:

> Diese vielversprechende und vielsprechende junge Dame hat in ihrem Aeußeren nichts weniger, als den von dir vermutheten melancholischen Anstrich; im Gegentheil scheint mir das Komische das Element zu sein, in dem sie sich am besten bewegt. Sie versteht es sehr wohl eine ganze Gesellschaft zu unterhalten; für einen Einzelnen hat sie der Unterhaltung zu viel; wenn man mit ihr allein ist, bekommt man Kopfweh von all den mit unglaublicher Schnelligkeit auf einander gepfropften Geschichten, Späßen und Reflexionen.[266]

Diese beiden Beispiele zeugen mithin davon, dass Johanna Kinkels Humor gerade in ihrer Jugendzeit bzw. frühem Erwachsenenalter oft und offen zu Tage getreten ist bzw. wahrgenommen wurde.

Quellen aus der Zeit ihres Exils vermitteln den Eindruck, dass Johanna Kinkels Humor auch später in ihrem Leben immer wieder zum Vorschein gekommen ist. Am 31. März 1851 schreibt sie z. B. nach gut zwei Monaten im Exil in London an ihren Vater: »Zuweilen ertönt sogar wieder ein komisches Lied, wie ich sie in meiner Jugend mit großem Humor vorzutragen liebte.«[267] Dieser Kommentar scheint vor allem vor dem Hintergrund signifikant, dass Johanna Kinkel in den Jahren zuvor durch die Anfeindungen aufgrund ihrer Verbin-

265 Hesse, »Gottfried und Johanna Kinkel«, Nr. 5/S. 37–38.

266 Zit. nach Klaus, *Johanna Kinkel*, S. 40.

267 Kinkel, *Brief vom 31.03.1851 an Peter Joseph Mockel*, S 2664 <3>.

dung mit Gottfried Kinkel und seiner durch die Revolution bedingten Inhaftierung eine belastende Zeit durchgemacht haben muss.

Dass Johanna Kinkel den Humor durchaus als Teil ihres persönlichen Selbstverständnisses betrachtet hat, wird an folgendem Zitat aus einem Brief vom 28. April 1854 an Fanny Lewald deutlich:

> Ich komponiere jetzt ein komisches Oratorium für Kinder, worin Katzen u. Mäuse singend eingeführt werden. Die Mäuse vertreten mehr die sozialistischen Tendenzen, u. die Katzen die militärischen. Es wird sehr spaßig werden, und ich muß oft selber lachen, wenn die Kinder singend durch's Haus laufen, und die Fugensätze ›miau miau weewiwiwibibi‹ absingen, die drin vorkommen. Jetzt wo ich ein bißchen wieder zu Kräften, und wieder zu dicken Wangen gekommen bin, bricht meine rheinische Natur überall von neuem durch. Das karnevalistische Element steckt uns so durchaus im Blut. Ich muß eben Spaß haben, und kann mich mit blos erhabenen Gefühlen nicht vergnügt fühlen. Ach, und die Kinder sind so herrlich voll nichtsnutziger Streiche, und eine tägliche Quelle von Witzen![268]

Der Kontext dieses Zitats – Johanna Kinkels Arbeit an einem komischen Oratorium – schlägt eine Brücke von der Bedeutung der Komik für ihr persönliches Selbstverständnis zur Bedeutung der Komik für ihre kompositorische Tätigkeit.

Zwar ist die *Vogelkantate* die einzige komische Komposition, die Johanna Kinkel publizierte, aber sie ist keineswegs die einzige lustige Komposition, die sie geschrieben hat. Neben dem oben erwähnten komischen Oratorium mit Katzen und Mäusen hat sie ebenso z. B. die komische Operette *Die Landparthie* komponiert.[269] Diese Operette ist für verschiedene Solostimmen, Chor und Klavier gesetzt und beschreibt einen Ausflug sowie eine daran anschließende Scharade. Der gleichermaßen komische *Chor der strickenden Damen* ist ein kurzes, unvollendetes Stück für Solostimme, Chor und Klavier, in welchem strickende Damen nach Neuigkeiten verlangen und Lottchen schließlich von ihrer enttäuschten Liebe zu einem Studenten berichtet.[270] Um die Publikation des zuvor erwähnten Oratoriums mit Katzen und Mäusen hat sich Johanna Kinkel zwar bemüht, aber es wurde letztlich – wie die anderen Kompositionen – nie verlegt. Für mein Autorkonstrukt von Johanna Kinkel bedeutet die durchaus beachtliche Zahl an komischen Kompositionen, dass ich ihm

268 Kinkel, *Brief vom 28.04.1854 an Fanny Lewald*, Autographensammlung Johanna Kinkel.

269 Kinkel, *Die Landparthie*, Cod. Mus. 2. Reihe 20 111c.

270 Kinkel, *Chor der strickenden Damen*, Cod. Mus. 2. Reihe 20 111c.

die Facette der Komikerin bzw. der komischen Komponistin hinzufüge; auch, wenn ein Großteil dieser komischen Kompositionen nie publiziert worden ist und so nur einen begrenzten Teil der RezipientInnen – wie z. B. MusikwissenschaftlerInnen – erreicht.[271]

Betrachtet man die Komik im Kontext der Publikationstätigkeit Johanna Kinkels, so wird noch eine ganz andere Facette meines Autorkonstrukts von ihr konturiert. Um diesen Gedanken auszuführen, geht es im Folgenden etwas genauer um die Veröffentlichung der *Vogelkantate*. Zu Beginn ist festzuhalten, dass sowohl die niedrigeren Plattennummern der Opera 7, 8 und 9,[272] die ebenfalls wie die *Vogelkantate* im Verlag Trautwein erschienen sind, als auch die Zeitpunkte der Rezensionen der Opera 7 und 8 in der *Iris*,[273] der *Neuen Zeitschrift für Musik*[274] und der *Allgemeinen musikalischen Zeitung*[275] dafür sprechen, dass die *Vogelkantate* als Opus 1 erst nach diesen Liederkompositionen veröffentlicht worden ist.[276]

Dass Johanna Kinkel ihre ersten publizierten Liederhefte nicht mit den Opuszahlen 1, 2 und 3 auszeichnet, ist nicht unbedingt verwunderlich, da Opuszahlen durchaus strategisch ausgewählt worden sind, um z. B. die Einstufung als Anfängerwerk zu umgehen.[277] Aber was fängt man mit der Beobachtung an, dass Johanna Kinkel nachträglich eine Komposition, die sie in ihrer Jugendzeit 1829[278] in Bonn geschrieben hat, als ihr Opus 1 veröffentlicht hat? Ist die Entscheidung für die Opuszahl 1 – statt z. B. 10 – eine Referenz auf die Umstände der Entstehung der Komposition oder sollten lediglich Lücken in der Zählung aufgefüllt werden? Und was hat Johanna Kinkel veranlasst, nach drei – zumeist positiv rezensierten – Liederheften die Gattung und die Thematik zu ändern? Die Wahl der Opuszahl kann ich aufgrund der derzeitigen Quellenlage nicht erklären. Die Antwort auf die zweite Frage, was Johanna Kinkel veranlasst hat, Gattung und Thematik zu wechseln, kann anhand der überlieferten Quellen hingegen zumindest in Ansätzen gefunden werden. Johanna

271 Die Lieder der *Anleitung zum Singen*, op. 20, sind oft auch mit einem lustigen Text versehen. Da aber die Zielsetzung dieser Komposition in erster Linie eine musikpädagogische ist, habe ich sie in diesem Kontext nicht erwähnt.

272 Plattennummer op. 7: 597; Plattennummer op. 8: 609; Plattennummer op. 9: 616; Plattennummer op. 1 (*Vogelkantate*): 619.

273 Rellstab, »Sechs Lieder«.

274 Lorenz, »Lieder«.

275 Fink, »6 Lieder«; N. N., »Sechs Gedichte«.

276 Vgl. Whistling, *Handbuch*, S. 365.

277 Vgl. Beer, *Musik zwischen Komponist, Verlag und Publikum*, S. 374–378, hier bes. S. 376–377.

278 Klaus, ». . . die Nachtigall«, S. 290.

Kinkels Korrespondenz mit ihrer Jugendfreundin Angela Oppenhoff als auch mit ihrem Verleger lassen Details zu den Umständen der Veröffentlichung der *Vogelkantate* ans Licht treten. An Angela Oppenhoff schreibt Johanna Kinkel am 10. Dezember 1837:

> Es [die *Vogelkantate*, DG] ist ein dummes Ding, das ich in drei Tagen zusammengeschmiert. Seit ich Kontrapunct verstehe, habe ichs ein bischen umgearbeitet, korrigiert und nun wird's hier von den ersten Sängern der großen Gesellschaft aufgeführt, daß ich oft zu träumen meine, wenn ichs höre. Wahrscheinlich wird's auch mit der Zeit gedruckt, weil es gerade hier an musikalischen Tollheiten fehlt.[279]

Vor allem die Folgerung, dass es »an musikalischen Tollheiten fehlt«, ist in diesem Zusammenhang von großer Bedeutung. Diese Formulierung lässt darauf schließen, dass Johanna Kinkel durchaus strategische Überlegungen im Hinblick auf ihre Publikationen angestellt hat. Sie hat ihre *Vogelkantate* allem Anschein nach veröffentlicht, da es scheinbar beim Publikum einen Bedarf gab, den es zu decken galt. Diese Strategie, eine Marktlücke zu besetzen und sich so gleichzeitig von anderen Komponisten abzusetzen, formuliert Johanna Kinkel an einer anderen Stelle des gleichen Briefs in Bezug auf eine Komposition, die nie veröffentlicht worden ist, noch klarer:

> Meine allzukühne Idee ist drum, früher nach der Spitze zu fliegen, und da anzufangen, wo besonnere Leute aufzuhören pflegen. Nemlich der Narrenstreich ist schon halb fertig! – Eine komische Oper – und ich habe gegründete [sic] Aussicht, sie zur Aufführung zu bringen. [. . .] Komische Musik macht hier auch das meiste Furore, weil kein Berliner deren schreiben kann.[280]

Dass es in Berlin sehr wahrscheinlich tatsächlich an »musikalischen Tollheiten« gefehlt hat,[281] kristallisiert sich weiterhin heraus, wenn man berücksichtigt, dass Johanna Kinkel die *Vogelkantate* allem Anschein nach auf Anfrage des Verlags Trautwein für den Druck umgearbeitet hat. Ein Brief der Komponistin vom 10. November 1842 an den Verlag legt ein ebensolches Szenario nahe:

279 Kaufmann, »Johanna Kinkel«, S. 26.

280 Ebd.

281 Einen grundsätzlichen Mangel an schicklichen komischen Kompositionen konstatiert auch Nina d'Aubigny in ihren *Briefe[n] an Natalie über den Gesang*. Darüber hinaus fordert die Autorin größere Bemühungen vor allem seitens der DichterInnen ein, in diesem Gebiet für mehr und bessere Textvorlagen zu sorgen. (Vgl. Aubigny, *Briefe an Natalie*, S. 154–157.)

> Sie werden sich erinnern, daß wir übereingekommen waren, mit der Feststellung des Honorars für meine Vogelkantate so lange zu warten, bis man ein ungefähres Urtheil über den Absatz des Werkchens hätte, welches zu den Sachen gehört die sich langsamer verbreiten. [. . .] [Ich] setze das volle Vertrauen (wie immer) in Sie, daß Sie mir nach Ihrem eignen Ermessen nun die bestimmte Antwort geben mögen, ob und wie viel Honorar Sie mir für diese Arbeit welcher ich mich auf Ihre Bestellung unterzogen hatte, geben können.[282]

Es liegt sogar im Bereich des Möglichen, dass Johanna Kinkel nicht nur eine Anfrage von Trautwein für ihre *Vogelkantate* bekommen hat, sondern ebenso von Bote und Bock: »Das Manuskript, nach welchem Sie sich erkundigen, ist schon Hrn. Trautwein übergeben, mit dem ich keine Ursache habe, zu brechen, da ich bisher sehr zufrieden mit ihm war.«[283] Da Johanna Kinkel das in diesem Brief erwähnte Manuskript nicht weiter spezifiziert, lässt sich nur anhand des Datums – 02. Januar 1839 – vermuten, dass es sich um das Manuskript der *Vogelkantate* oder des Opus 10 handelt. Auch noch im politischen Exil in London, mehr als zehn Jahre nach der Publikation der Erstausgabe, scheinen Verleger Interesse an Johanna Kinkels *Vogelkantate* zu bekunden: »Meine Vogelkantate ist diesen Sommer hier in einem Konzert aufgeführt worden, und gleich am folgenden Tage erhielt ich eine Anfrage von einem Verleger, sie drucken zu lassen. Wie schade, daß sie nicht disponibel war!«[284] Dass Johanna Kinkel nach drei Liederheften mit einer komischen Komposition an die Öffentlichkeit getreten ist, hat folglich offenbar den Hintergrund, dass sie grundsätzlich eine Marktlücke entdeckt hatte, die sie für sich zu nutzen hoffte *und* (mitunter mehrere) Verleger hinsichtlich einer Veröffentlichung auf sie zugekommen sind, da diese auf irgendeine Weise auf ihre *Vogelkantate* aufmerksam wurden.[285]

282 Kinkel, *Brief vom 10.11.1842 an Ferdinand Mendheim*, Mus. ep. Kinkel, J. 10.
283 Kinkel, *Brief vom 02.01.1839 an die Musikverleger B. Bote u. G. Bock*, Mus. ep. Kinkel, J. 2.
284 Asten-Kinkel, »Johanna Kinkel in England«, S. 180.
285 Dass Johanna Kinkels Strategie aufgegangen zu sein scheint, lässt sich anhand einer Rezension von Ludwig Rellstab zeigen. In seiner Rezension der *Vogelkantate* hält er einleitend fest: »Haydns Sinfonie für Kinder-Instrumente, seine und Mozarts komische Kanons und einige andere musikalische Scherze haben als solche so viel Glück gemacht, daß es zu verwundern ist, wie sich unsere jungen Musiker, die sich an empfindsam-langweiligen Liedern gar nicht satt schreiben können, nicht auch einmal dieser heitern Gattung, die zugleich der Erfindung einen bisher so wenig benutzten Spielraum gewährt, ihre Kräfte zugewendet haben. Eine Dame

Während die Formulierungen aus den späten 1830er Jahren noch eine gewisse Unbedarftheit und Lenkung durch Verleger vermuten lassen, wird knapp 20 Jahre später in einem Schreiben an den Musikverlag Schott deutlich, dass Johanna Kinkel mit der Herausgabe ihrer Kompositionen selbst gezielt versucht hat, eine gewisse Nische bzw. Sparte zu bedienen. Nachdem Johanna Kinkel auf den internationalen Erfolg ihrer *Vogelkantate* verwiesen hat, führt sie weiter aus:

> Meine neueste Cantate ist in diesem Genre, nur hat sie weit bessern Text, dauert doppelt so lange, und ist meine beste ausgeführteste Composition, während jene mein Erstlingsversuch war. Als die Vogelkantate zuerst in der Iris 1839 oder 40 (?) beurtheilt wurde, hob deren Rezensent (Rellstab) hervor, daß sie sich dem Lustigsten von komischer Musik anreihe, und daß es wünschenswerth sei, wenn mehr in diesem Fache geleistet würde. Leider wenn wir uns zum geselligen Vergnügen versammeln, hören wir fast nur sentimentale und melancholische Musik, die uns mehr zum Weinen als zum Lachen reizt. Für Kinder sind die trocknen Texte ebenfalls vorherrschend, und deßhalb bin ich gewiß, daß das in Rede stehende Werk mancher jungen Generation Spaß machen, und vielleicht viel werthvollere ernsthafte Stücke überdauern wird. [. . .] Im Ganzen ist es so leicht und bequem gehalten, daß nicht blos Dilettanten, sondern Kinder es auswendig aufführen können. Für die letztern eignet es sich des kindlichen Textes wegen, am meisten; doch wäre es auch zu Carnevalsspässen, Geburtstags u. Polterabends=Comödien passend.[286]

Unabhängig davon, in welchem und für welchen Kontext die Kantate komponiert worden ist, wird hier deutlich, dass Johanna Kinkel relativ genaue Vorstellungen davon hatte, für welchen Rahmen ihre Komposition verlegt und herausgegeben werden sollte.

Diese Strategie, eine Komposition für bestimmte Anlässe herauszugeben bzw. eine Marktlücke zu bedienen, kann als eine ausschließlich auf den Handel bezogene Strategie betrachtet werden. In ihrer Monografie »Kunst & Marketing« betrachtet Nadine Müller den Bereich der Malerei am Beispiel der Düsseldorfer Malerschule aus einer ebensolchen Perspektive. Dabei arbeitet sie heraus, dass die Analyse der Ausgangssituation ein elementarer Baustein

giebt ihnen hier ein im Allgemeinen eben so nachahmenswerthes, wie im Einzelnen glückliches Beispiel.« (Rellstab, »Die Vogelcantate«, S. 2.)

286 Kinkel, *Brief vom 24.07.1856 an die Musikalienhandlung von J. B. Schott's Söhnen*. Mit freundlicher Genehmigung von SCHOTT MUSIC, Mainz.

einer Marketing-Konzeption ist.[287] Innerhalb dieser Analyse geht es darum, den »Markt und das Umfeld« zu beleuchten und seine eigene Position dazu in Beziehung zu setzen; also sowohl »Chancen und Risiken«, als auch »Stärken und Schwächen« herauszuarbeiten. [288] Letztlich muss der Künstler sich vergegenwärtigen, »was das Einzigartige an seiner Kunst und Person ist, das heißt, was er aus Anbietersicht als seine unique selling proposition (USP) definiert.«[289] Aufgrund der vorherigen Darstellungen scheint es sinnfällig, die Komik nicht nur als eine Charaktereigenschaft Johanna Kinkels einzuordnen, sondern auch als Alleinstellungsmerkmal, als ihre »unique selling proposition«. Sowohl die Veröffentlichung der *Vogelkantate* selbst als auch Johanna Kinkels Verweis auf dieselbe, um eine andere Kantate zu publizieren, zeugen vom Gebrauch der Komik im Sinne eines Alleinstellungsmerkmals.[290]

In einem weiteren Schritt unterscheidet Müller zwischen dem »Demand-Pull-Ansatz« und dem »Supply-Push-Ansatz«.[291] Ersterer basiert auf dem Prinzip, zunächst einen Wunsch oder eine Nachfrage zu ermitteln und diese(n) in einem weiteren Schritt zu befriedigen; zweiterer basiert darauf, einen Markt für ein bis dahin unbenötigtes Angebot zu schaffen.[292] Interessant ist, dass zunächst der »Supply-Push-Ansatz« als für den Kultursektor zentral bzw. wichtig eingeschätzt wird,[293] Johanna Kinkels Vorgehensweise in Sachen Publikation aber eher dem »Demand-Pull-Ansatz« zugeordnet werden kann. Diesem Umstand verleiht folgende Frage Johanna Kinkels an ihren Verleger Nachdruck: »Quartetten für Sopr. Alt. Tenor Bass ohne Begleitung, habe ich auch gemacht; Fragen die Dilettanten wohl zu weilen nach dergleichen?«[294] Festzuhalten bleibt, dass über die Entstehung einer Komposition oftmals kei-

287 Vgl. Müller, *Kunst & Marketing*, S. 35.
288 Vgl. ebd.
289 Ebd.
290 Hier sei angemerkt, dass sich diese Strategie nicht auf das ganze Spektrum von Johanna Kinkels Publikationen bezieht. Sie hat in vielen anderen Genres oder Formaten publiziert, in denen die Komik keine Rolle gespielt hat. Dieser Umstand schmälert in meiner Rezeption aber keineswegs die Bedeutung, welche ihr strategisches Vorgehen in diesem Bereich für mein Autorkonstrukt hat.
291 Vgl. Müller, *Kunst & Marketing*, S. 29–30.
292 Vgl. ebd.
293 Vgl. ebd., S. 30.
294 Kinkel, *Brief vom 16.11.1839 an Ferdinand Mendheim*, Mus. ep. Kinkel, J. 5. An dieser Stelle sei noch kurz auf die interessante Wortwahl »gemacht« hingewiesen. Diese pragmatische Formulierung verweist darauf, dass Johanna Kinkel ihren kreativen Schöpfungsprozess nicht als geniale Umsetzung einer Inspiration versteht, sondern – zumindest in diesem Kontext – der handwerkliche Aspekt viel mehr im Vordergrund steht.

ne genaueren Aussagen getroffen werden können – eine gezielte Vermarktung aber durchaus anhand verschiedener Quellen nachgewiesen werden kann.

Es ist jedoch nicht nur die mehr oder weniger systematische Bedienung von Marktlücken bzw. die Orientierung an den Bedürfnissen der Konsumenten, welche Johanna Kinkel in ihrer Publikationstätigkeit berücksichtigt und die zumindest in Ansätzen auf heutige Marketingstrategien verweisen. Der Aspekt der Kontinuität spielt für sie ebenso eine Rolle. Dies wird ersichtlich, wenn man ihre Verlagskorrespondenz, welche über die *Vogelkantate* hinausgeht, in die Überlegungen einbezieht. Nachdem die Komponistin für ihre Scheidung 1839 nach Bonn zurückgekehrt ist, schreibt sie an ihren Verleger Ferdinand Mendheim in Berlin:

> Meine Berliner Freunde mahnen mich schriftlich, daß es an der Zeit sey, etwas Neues herauszugeben, wenn ich nicht in Vergessenheit gerathen wolle. Ich wage deßhalb die Anfrage, ob Sie geneigt sind, vor Neujahr etwas von meiner Composition zu verlegen. Was ich von meinen letzten Arbeiten für das geeignetste zur Herausgabe halte, sind Duetten für weibliche Stimmen, aus denen ich die drei (die ich für die ansprechendsten halte) heraus wählen würde. [. . .] Das Manuskript sende ich nächstens Hrn. Conzertmeister Ries, mit welchem Sie sich (falls Sie es anzunehmen für gut finden,) über die Bedingungen vereinigen können.[295]

In diesem Briefausschnitt wird ganz deutlich, dass der Faktor der Kontinuität für den erfolgreichen Absatz von Kompositionen sowohl von Johanna Kinkels Freunden als auch von ihr selbst als verhältnismäßig wichtig eingeschätzt worden ist. Dieses bedeutsame Element der Kontinuität spielt auch schon im Hinblick auf Fanny Hensels Publikationstätigkeit eine Rolle. Auf die Bitte seiner Mutter, Fanny Hensel zur Publikation zu bewegen, antwortet Felix Mendelssohn Bartholdy am 24. Juni 1837:

> Wir haben darüber früher viel gesprochen, und ich bin immer noch derselben Meinung – ich halte das Publiciren für etwas Ernsthaftes (es sollte das wenigstens sein) und glaube man soll es nur thun, wenn man als Autor sein Lebenlang auftreten und dastehn will. Dazu gehört aber eine Reihe von Werken, eins nach dem andern, von einem oder zweien allein ist nur Verdruß von der Öffentlichkeit zu erwarten, oder es wird ein sogenanntes Manuscr. für Freunde, was ich auch nicht liebe. Und zu einer Autorschaft hat Fanny wie ich sie kenne, weder Lust noch Beruf, dazu ist sie zu sehr eine Frau wie es recht ist, erzieht den Sebastian und sorgt für ihr Haus,

295 Kinkel, *Brief vom 16.11.1839 an Ferdinand Mendheim*, Mus. ep. Kinkel, J. 5.

und denkt weder ans Publicum, noch an die musikalische Welt, noch sogar an die Musik, außer wenn dieser erste Beruf erfüllt ist.[296]

Johanna Kinkel scheint sich dieser Problematik bewusst gewesen zu sein und hat ihr Rechnung getragen, indem sie den Kontakt zu ihrem Verleger gesucht hat, um weitere Kompositionen zu veröffentlichen. Somit arbeitet sie mehr oder weniger systematisch an ihrer musikalischen Autorschaft.

Aus betriebswirtschaftlicher Perspektive gehört die Idee der Kontinuität in den Bereich der »Marke«[297] bzw. der »Markenführung«, wo sie als ein wichtiges Erfolgskriterium betrachtet wird: »Als zentraler Markenerfolgsfaktor kann die Forderung nach *Kontinuität* verstanden werden. Kunden erlernen und verinnerlichen die Werte einer Marke, indem ihnen diese Werte über einen langen Zeitraum kontinuierlich vermittelt werden.«[298] Zwei Komponenten werden in dieser Beschreibung sichtbar: Zum einen ist es notwendig, dass die Inhalte einer Marke über die Zeit gleich bleiben; zum anderen ist es ebenso notwendig, dass diese Inhalte immer wieder über einen längeren Zeitraum kommunizert werden.[299]

Johanna Kinkels Bestreben, kontinuierlich mit Kompositionen an die Öffentlichkeit zu treten, lässt sich bestimmt *nicht* als eine Form der Markenentwicklung oder -führung nach heutigem Verständnis einstufen. Man kann nicht davon ausgehen, dass Johanna Kinkel sich selbst – im Sinne »Der Mensch als Marke«[300] – vermarktet hat. Die vor allem im Hinblick auf ihre Publikationstätigkeit rudimentäre Quellenlage lässt eine solche Beschreibung zur Spekulation werden. Ebenso spricht der Umstand, dass sie die Bedienung der Marktlücke der Komik zugunsten der Kontinuität aufgegeben hat und wiederum Lieder bzw. Duette veröffentlicht hat, für ein aus heutiger Sicht eher unkoordiniertes Marketingkonzept. Letztlich stellen außerdem die anachronistischen Marketing-Begrifflichkeiten ein Problem dar. Trotzdem weist Johanna Kinkels publizistische Vorgehensweise eine erstaunliche Nähe zu diesem Konzept auf. Sie versucht eine Kontinuität aufzubauen, die sich vor allem um ihre Person – symbolisiert durch ihren Namen – ranken sollte. Dieses Anstreben

296 Wald, *Felix Mendelssohn Bartholdy*, S. 292.

297 Franz-Rudolf Esch definiert den Begriff der »Marke« wirkungsbezogen: »Marken sind Vorstellungsbilder in den Köpfen der Anspruchsgruppen, die eine Identifikations- und Differenzierungsfunktion übernehmen und das Wahlverhalten prägen.« (Esch, *Strategie und Technik*, S. 22.) Diese Sichtweise weist eine bemerkenswerte Nähe zur Grundidee des Autorkonstrukts auf.

298 Bauer/Huber/Albrecht, »Meilensteine,« S. 7, Herv. im Orig.

299 Ebd.

300 Vgl. Herbst, *Der Mensch als Marke*.

einer Kontinuität zeugt davon, dass Johanna Kinkel durchaus eine Form der Autorschaft intendiert hat, die eine beständige öffentliche Präsenz beinhaltet; nicht als Selbstzweck – um in der Öffentlichkeit zu stehen –, sondern um einen Absatz für ihre Kompositionen zu erlangen und zu erhalten.

Nicht nur in Bezug auf den Aspekt der Kontinuität, sondern auch im Hinblick auf Johanna Kinkels Publikationstätigkeit insgesamt ist vor dem Hintergrund der bereits benannten Gründe bei der Verwendung der anachronistischen Marketing-Begriffe Vorsicht geboten. Trotz dieser Einschränkung bieten aktuelle Marketing-Aspekte jedoch einen Vorteil, der anderweitig nur schwerlich zu kompensieren ist: Sie schärfen die Wahrnehmung für die bedachte Vorgehensweise Johanna Kinkels. Infolgedessen zeichnet sich ihre wohlüberlegte Publikationstätigkeit umso deutlicher ab: Sie hat teilweise bewusst versucht, ihre Stärke – die Komik – zu nutzen. Sie hat sich am Markt orientiert, in dem sie sich nach Bedürfnissen der Kunden gerichtet bzw. Marktlücken zu bedienen versucht hat. Sie hat außerdem in Bezug auf ihre eigene Stellung als Autorin in der Öffentlichkeit eine Präsenz intendiert, die einen gewissen Grad an Kontinuität aufweist. Es ist vor allem die Komik, welche diese – bisweilen wenig rezipierten – strategischen Facetten zum Vorschein bringt und zu meinem Autorkonstrukt von Johanna Kinkel hinzufügt. Das Bild einer empfindsamen (Lieder-)KomponistIn, welches immer wieder für Komponistinnen des 19. Jahrhunderts bemüht wird, lässt sich daher vor diesem Hintergrund kaum auf Johanna Kinkel beziehen.

Wechselt man die Blickrichtung und betrachtet statt der Verlagskorrespondenz, welche naturgemäß den Publikationsprozess betont, das gesamte Schaffen Johanna Kinkels aus einer rückblickenden Perspektive, so stellt sich auch hier noch einmal die Frage nach der Bedeutung der Komik. Untersucht man zunächst ihre Publikationen insgesamt – Johanna Kinkels Opera –, so fällt auf, dass der größte Teil ihrer Veröffentlichungen aus Liedern besteht. Gegenüber den knapp 70 Liedern und Duetten, die in 12 Liederheften veröffentlicht worden sind, liegen die anderen Kompositionen – die *Vogelkantate*, die geistliche Kantate *Hymnus in coena domini*, op. 14, und zwei musikpädagogische Werke, die *Anleitung zum Singen*, op. 20, sowie *Tonleitern und Solfeggien für die Altstimme*, op. 22 – deutlich in der Unterzahl. Reduziert man die Betrachtung der veröffentlichten Kompositionen auf diese Eckdaten, so entsteht schnell der Eindruck, dass die Komik keine große Rolle spielt und man Johanna Kinkel doch adäquat mit dem Begriff »Liederkomponistin« bezeichnen kann. Hier ist jedoch zu berücksichtigen, dass die *Vogelkantate* nicht nur im Hinblick auf ihre Gattung und ihre Thematik eine Ausnahme darstellt. Sie ist gleichzeitig auch eine der erfolgreichsten Publikationen Johanna Kinkels; eine Komposition, die auch ohne besondere wissenschaftliche Aufarbeitung noch heute verlegt wird[301] – ein weiteres Indiz dafür, dass die Idee, eine Marktlücke zu bedienen, funktioniert zu haben scheint.

Aber als was für eine Komponistin wird Johanna Kinkel nun rezipiert? Als komische Komponistin? Als Liederkomponistin? Oder doch als marktorientierte Komponistin? Es lässt sich vermuten, dass Johanna Kinkel zunächst in den ersten Jahren ihrer Publikationstätigkeit, in denen sie vor allem Liederhefte publiziert hat, durch eben diese Veröffentlichungen und deren Rezensionen zumindest in der anonymen Öffentlichkeit vorrangig als Liederkomponistin wahrgenommen worden ist. Dass vor allem aufgrund persönlicher Bekanntschaft mit Johanna Kinkel jedoch demgegenüber auch ganz andere Autorkonstukte entstehen können, wird mitunter am Beispiel der Familie von Arnim deutlich. Johanna Kinkel hat während ihrer Zeit in Berlin ein halbes Jahr bei ihnen gewohnt und sich vor allem durch Musikunterricht sowie durch die Zusammenstellung verschiedener, zumeist komischer Singspiele hervorgetan.[302] In Maximiliane von Arnims Erinnerungen stehen vor allem diese komischen Singspiele im Vordergrund, für die Johanna Kinkel vorrangig den Text geschrieben und Melodien aus anderen Kompositionen für den jeweiligen Kontext adaptiert hat. Dies lässt vermuten, dass Johanna Kinkel bei von Arnims im Privaten weniger als Liederkomponistin denn als Kompilatorin oder Komponistin komischer Singspiele betrachtet worden ist. In einem Brief vom 06. Juni 1844 richtet Bettina von Arnim Johanna Kinkel dementsprechend die Bitte ihrer Töchter aus, eine »Oper aus dem Ermel zu schütteln, das heist Text und Musik und zwar in kürzester Bälde«.[303] Diese Bitte verweist zum einen auf die gemeinsamen Opern- bzw. Singspielaufführungen in der Familie von Arnim und zeugt zum anderen davon, dass die Töchter Bettina von Arnims Johanna Kinkel eben nicht nur als Liederkomponistin, sondern gerade auch als eine Musikerin betrachtet haben, die eine Oper bzw. ein Singspiel – wenn auch nur für den häuslichen Rahmen – zusammenstellen konnte.

Johanna Kinkels eigene Kategorisierung ihres KomponistIn Seins scheint selbst eine gewisse Fluidität aufzuweisen. In ihrem Aufsatz »Ueber die modernen Liederkomponisten«, welcher Anfang August 1843 im literarischen Kreis des *Maikäfer*-Vereins veröffentlicht worden ist, gibt Johanna Kinkel einen Überblick über die LiederkomponistInnen ihrer Zeit. Sie beginnt ihre Ausführungen mit der grundsätzlichen Abwertung der Liedgattung:

301 Kinkel, *Die Vogelkantate.*

302 Vgl. Werner, *Maxe von Arnim*, S. 52–60. Ein Beispiel eines solchen Singspiels ist in der Universitäts- und Landesbibliothek Münster unter dem Titel *Savigny u. Themis oder Die Olympier in Berlin* erhalten. (Kinkel, *Savigny u. Themis*, N. Savigny 1,025.)

303 Arnim, *Brief vom 06.06.1844 an Johanna Kinkel*, Hs-17805.

> Gleichwie auf dem poetischen Felde während der letzten Jahrzehnte die meisten schaffenden Kräfte sich der Lyrik zugewendet haben, so ist es auch im Gebiet der Musik geschehen. Im Ganzen kann man dies kein erfreuliches Zeichen nennen, da es auf ein Erschlaffen der Begeisterung deutet, die zum Hervorbringen größerer Werke erforderlich ist. Wer zum Schaffen einer Oper, eines Oratoriums, einer Symphonie nicht die nachhaltige Kraft in sich fühlt, der ergießt die nächste frisch aufsprudelnde Melodie in ein Lied, und erfreut sich, wenn er kein ganz ungeübter Musiker ist, nach ein oder zwei Stunden schon, eines vollendeten in sich abgeschlossenen Werkchens.[304]

Darauf folgt eine Besprechung der folgenden Komponisten: »Friedr: Curschmann«, »Kücken«, »Löwe«, »Proch«, »C. G. Reissiger«, »Bernhard Klein«, »Dr. Felix Mendelssohn Bartholdy« und »Franz Schubert«.[305] Während diese Beschreibungen einen wirklich interessanten Einblick in Johanna Kinkels musikalische Urteilskriterien geben und ihren Beitrag zur Genieästhetik offenbaren, möchte ich hier vor allem auf den Schluss des Aufsatzes eingehen:

> Unter den in neuester Zeit beliebt gewordenen Liederkomponisten von ernstem künstlerischen Bestreben, welche meist vorzugsweise in Mendelssohns und Schuberts Fußstapfen einzutreten bemüht sind, wären noch Bank, Dessauer, Hiller, L. Huth, Lachner, J. Mathieux, Speier, Taubert, Truhe zu erwähnen. Doch fühlen die meisten jungen Kräfte daß diese jetzt in höchster Blüthe stehende Periode musikalischer Lyrik sich bald ihrem Ende zuneigen muß, und beginnen deßhalb, wie man allseitig berichten hört, dem Opernfach zuzustreben.[306]

Zunächst soll an dieser Stelle Johanna Kinkels Namenswahl »J. Mathieux« reflektiert werden. Da die Autorschaft ihres Aufsatzes in der *Maikäfer*-Version – abgesehen von ihrer Handschrift – durch ihren im Register verwendeten Spitznamen »Direktrix« gekennzeichnet wurde und sie im August 1843, dem Veröffentlichungszeitpunkt dieses Aufsatzes im *Maikäfer*, bereits seit etwa drei Monaten mit Gottfried Kinkel verheiratet war, hätten sich die Namen »Direktrix« und »Johanna Kinkel« genauso angeboten wie »J. Mathieux«. Ihre Wahl des Namens »J. Mathieux« lässt sich vor diesem Hintergrund dahingehend interpretieren, dass dieser als ein Name zu fungieren scheint, unter

304 Brandt-Schwarze u. a., *Der Maikäfer. Band 3*, S. 28.

305 Die Namen der Komponisten sind in Anführungszeichen gesetzt, da sie auf diese Art und Weise in Johanna Kinkels Aufsatz genannt werden.

306 Brandt-Schwarze u. a., *Der Maikäfer. Band 3*, S. 37.

dem sie sich aus ihrer eigenen Perspektive eine Autorschaft erarbeitet hatte und aufrecht erhalten wollte. Ferner ist hervorzuheben, dass sich Johanna Kinkel aus einer scheinbar allografen[307] Perspektive als eine Komponistin mit »ernstem künstlerischen Bestreben« bezeichnet, welche in die »Fußstapfen« Mendelssohns und Schuberts treten möchte. Sie thematisiert sich nicht in der ersten Person, als Ich, sondern nennt sich selbst auf Distanz schaffende Weise »J. Mathieux« und verleiht so der Filiation mit Mendelssohn und Schubert eine objektivere Dimension. Bemerkenswert ist weiterhin, dass sie sich selbst durch diesen Aufsatz grundsätzlich als eine Liederkomponistin einstuft – allerdings als eine Liederkomponistin, die sich der zukunftsweisenden Gattung der Oper zuwendet. Durch diese Hinwendung zu größeren Gattungen – die sich in Johanna Kinkels Fall durch ihre genau in diesen Zeitraum fallende Arbeit an der Vertonung der *Assassinen*, einem »Romantische[n] Schauspiel mit Gesang in drei Aufzügen«[308] von Gottfried Kinkel, äußert – verändert sie die Ausrichtung ihrer Autorschaft grundlegend. Sie wendet sich einer Gattung mit größerem Prestige zu.[309] Gerade der Schluss dieses Aufsatzes evoziert daher in meiner Rezeption eine Sicht auf Johanna Kinkel, in welcher sie sich selbst als eine in kompositorischer Hinsicht ambitionierte Schöpferin sieht – sie konstruiert sich als eine Komponistin, die nicht nur anspruchsvolle Lieder schreiben möchte, mit denen sie den Anschluss an Mendelssohn und Schubert sucht, sondern die sich einer kompositorisch anspruchsvolleren Gattung zuwendet. Aus ihrer eigenen Perspektive ließe sie sich dementsprechend weder ausschließlich als empfindsame noch als modische Liederkomponistin einordnen. Diese Facette meines Autorkonstrukts von Johanna Kinkel bildet eine Ergänzung zu dem anhand der Komik herausgearbeiteten Bild der am Markt orientierten Komponistin. Ihre Bestrebungen als Komponistin lassen sich folglich aus heutiger Sicht und unter Berücksichtigung verschiedenster Quellen nicht eindeutig einem singulären Bild von KomponistIn Sein zuordnen.

Johanna Kinkels eigene Ansichten zum Thema Veröffentlichen fügen meinem Autorkonstrukt von ihr noch eine weitere Dimension hinzu. In ihren Memoiren, die sie 1849 begonnen und 1856 fertiggestellt hat,[310] berichtet Johanna Kinkel von ihren Studien bei Carl Herrmann Böhmer in Berlin und beschreibt u. a. eine Situation, in der Böhmer eines ihrer Lieder als so gelungen beurteilte, dass es direkt gedruckt werden könne. Ihre Freude über dieses Kompliment hält Johanna Kinkel rückblickend wie folgt fest:

307 Vgl. Genette, *Paratexte*, S. 16.
308 Kinkel, *Die Assassinen*, S 2686 <1>.
309 Vgl. Citron, *Gender*, S. 130–132.
310 Klaus, *Johanna Kinkel*, S. 310.

> Vor meinem Bewußtsein war ganz verschwunden, wie viel Unbedeutendes und Schlechtes man in der Welt der Mühe werth hält, drucken zu lassen. Ich fühlte nur, daß ich jetzt die Linie überschritten hatte, die den Dilettantismus von der Künstlerwelt scheidet. In mir wohnte eine große Ehrfurcht vor dem Publikum, und ich glaubte, nur das Beste, das man leisten könne, dürfte vor das ganze Volk gebracht werden. Ich konnte nun nach dem Ausspruch des Lehrers etwas schaffen, das werth war, Allen zu gehören.[311]

An diesen Ausführungen wird deutlich, dass der Akt des Veröffentlichens für Johanna Kinkel zu Beginn ihrer Publikationstätigkeit die Rolle eines Wendepunkts eingenommen hat. Von ihrem Standpunkt aus hat das Publizieren ein gewisses kompositorisches Niveau bestätigt sowie einen Schritt in die Professionalität bedeutet – dem Komponieren an sich scheint diese Funktion nicht zwingend eigen gewesen zu sein. Die Retrospektive, aus der sie ihre Memoiren geschrieben hat und die auch in diesem Zitat eindeutig hervorscheint, lässt allerdings vermuten, dass Johanna Kinkel zumindest die Idee, dass eine Publikation zwingend kompositorische Qualität bestätigt, im Verlauf ihrer Karriere revidiert bzw. zumindest in Zweifel gezogen hat.

Dass das Publizieren von Johanna Kinkel nicht nur als Schritt in die Professionalität aufgefasst, sondern von ihr auch eng mit dem Aspekt des Gelderwerbs verbunden worden ist, zeigt sich an ihrer Korrespondenz mit ihrem Verleger Ferdinand Mendheim. Um dies zu illustrieren, möchte ich hier noch einmal ein bereits erwähntes Zitat ohne besondere Kürzungen anbringen. Es geht um den Brief Johanna Kinkels an Ferdinand Mendheim, in welchem sie denselben nach dem Honorar für ihre *Vogelkantate* fragt:

> Sie werden sich erinnern, daß wir übereingekommen waren, mit der Feststellung des Honorars für meine Vogelkantate so lange zu warten, bis man ein ungefähres Urtheil über den Absatz des Werkchens hätte, welches zu den Sachen gehört die sich langsamer verbreiten. Meine Freunde aus Berlin versichern mich, daß es viel dort gesungen werde; auch Hr. Felix Mendelssohn, der mich diesen Sommer hier besuchte sprach sich günstig über den ›musikalischen Scherz‹ aus, und erzählte mir daß er schon manche Aufführungen desselben beigewohnt. Hiervon kann ich freilich <u>nicht</u> auf die Zahl der abgesetzten Exemplare schließen, und setze das volle Vertrauen (wie immer) in Sie, daß Sie mir nach Ihrem eignen Ermessen nun die bestimmte Antwort geben mögen, ob und wie viel Honorar Sie mir für diese Arbeit welcher ich mich auf Ihre Bestellung unterzogen hatte,

311 Kinkel, »Aus Johanna Kinkels Memoiren«, Nr. 47/S. 2.

> geben können. Wenn ich schon darauf angewiesen bin, von dem Ertrage meines musikalischen Talents meine kleinen Bedürfnisse zu bestreiten, so möchte ich doch immerhin lieber auf irgend einen Vortheil verzichten, als eine unbescheidne Forderung machen und den Werth meines Geleisteten überschätzen.[312]

Neben dem Aspekt, dass die *Vogelkantate* auf Anfragen des Verlegers hin überarbeitet und veröffentlicht worden ist, wird hier deutlich, dass Johanna Kinkel das Veröffentlichen ihrer Kompositionen durchaus auch als eine Erwerbsquelle betrachtet und ihren Kompositionen daher einen gewissen finanziellen Wert zugeschrieben hat – auch, wenn sie im Hinblick auf die Höhe dieses Werts Bescheidenheit bzw. Unsicherheit erkennen lässt.[313] Das Briefzitat erweckt den Eindruck, dass vor allem das Publizieren für Johanna Kinkel eine Tätigkeit gewesen ist, die sie mit Gelderwerb verknüpft hat – ein Kriterium, welches für mich ein entscheidendes ist, wenn es um den professionellen Umgang mit Musik geht.[314]

Um dieses Kriterium des Gelderwerbs noch weiter zu konturieren, möchte ich eine Anekdote aus Johanna Kinkels Londoner Zeit in voller Länge wiedergeben:

> Ich habe aber nun einen deutschen Musikladen in London ausfindig gemacht, wo ich Musik aus Deutschland bestellen kann. Daselbst fand ich zu meiner Verwunderung eins meiner älteren Lieder in einer Sammlung wieder, die ›Gems of German melodies‹ genannt war. Es war englisch übersetzt, und einer wildfremden Lady gewidmet. Der Thäter hatte blos seine Anfangsbuchstaben dazu geschrieben. Der Verleger entschuldigte

312 Kinkel, *Brief vom 10.11.1842 an Ferdinand Mendheim*, Mus. ep. Kinkel, J. 10, Herv. im Orig.

313 Eine Komposition mit einem finanziellen Wert zu taxieren, spricht gegen die Perspektive einer genialen KomponistIn, die ein Meisterwerk für die Ewigkeit schafft.

314 Die Abgrenzung zwischen professionellem und laienhaftem Musizieren ist nicht einfach zu ziehen. Astrid Reimers schlägt verschiedene Merkmale vor, anhand derer eine Zuordnung vorgenommen werden kann. (Reimers, *Laienmusizieren*, S. 32–44.) Der Gelderwerb ist eines dieser Merkmale neben beispielsweise der musikalischen Bildung oder der Motivation. Allerdings reicht eine einfach Ja/Nein-Bewertung eines dieser Merkmale zur Kategorisierung nicht aus. Vielmehr scheint ein Merkmalsverbund aus mehreren Aspekten die Einordnung in professionell/laienhaft zu ermöglichen. Letztlich scheint der Aspekt des Gelderwerbs ein wichtiger, jedoch kein ausschließlicher Aspekt der Definition von Professionalität zu sein. Sicherlich trägt er – vor allem bei Anwendung auf ›große Komponisten‹ – zur Dekonstruktion des Genies bei.

> sich damit, daß deutsche Compositionen in England vogelfrei wären, u. daß er jedes Jahr einen Reisenden nach Deutschland schickte, der die most fashionable Melodies abschriebe, u. für einen Spottpreis englische Verse darunter mache. Ich sagte scherzend, nach der Revolution würde wohl die Maßregel sehr praktisch sein, auch das Vermögen der Verleger vogelfrei zu erklären. Der Mann war indeß so honorich, mir ein Freiexemplar des mir gestohlenen Eigenthums zum Geschenk anzubieten. Ich dankte freundlich, und bat ergebenst, wenn er künftig in gleicher Weise für die Verbreitung meiner Compositionen sorge, doch wenigstens meinen Namen darunter zu setzen, damit dies mir helfe in London als Lehrerin zugleich bekannt zu werden. Er versprach dies gern, weil er, wie er mich versicherte, seit 10 Jahren schon dies Lied verkauft und gute Geschäfte damit gemacht habe. Es war das Heft, was im deutschen Text anfängt ›der Mond kommt still gegangen‹ und das 1837 in Berlin sehr in Mode war. [op. 7, DG] – Sind das nicht höchst naive Zustände?[315]

Anhand dieses Zitats möchte ich auf zwei Aspekte eingehen. Zunächst wird durch Johanna Kinkels Verwendung des Begriffs Eigentum sehr deutlich, dass sie gegenüber ihren Kompositionen – auch nach einer ersten Veröffentlichung – einen deutlichen Besitzanspruch ausgebildet hat. Ihre Kompositionen sind etwas, dass sie besitzt und worüber sie – auch finanziell – verfügen kann. Aufgrund der Begebenheiten – sie befindet sich in einem anderen Land mit anderen Gesetzen und Praktiken – verzichtet Johanna Kinkel hingegen auf diesen Besitzanspruch, der durch den Verkauf ihrer Komposition einen finanziellen Gewinn für sie bedeutet hätte. Der zweite Aspekt, den ich thematisieren möchte, bezieht sich auf Johanna Kinkels Bestreben, auch diese Version ihrer Komposition wenigstens mit ihrem Namen versehen zu wissen. Auch wenn sie keinen direkten finanziellen Nutzen daraus ziehen kann, dient diese Markierung auf indirektem Weg durch die Erhöhung ihres Bekanntheitsgrads ihrem Gelderwerb als Musikerin. Interessanterweise scheint eine genaue Spezifizierung keine Rolle zu spielen – durch ihre Kompositionen soll ihre Tätigkeit als Musikpädagogin unterstützt werden. Ihr Name scheint hier – im Sinne von Foucaults Autorfunktion – als ein reduziertes Zeichen oder Symbol für eine in der Öffentlichkeit stehende Musikerin zu wirken.

In der British Library wird ein Musikdruck aufbewahrt, der zu den Beschreibungen Johanna Kinkels passt. Er trägt den Titel *Gems of German Song, / By / The most admired Composers, / With / Piano Forte accompaniments, / The*

315 Kinkel, *Brief vom 26.06.1852 an Peter Joseph Mockel*, S 2664 <3>, Herv. im Orig.

English Words Adapted And Respectfully Dedicated / To / Mrs. F. Bayntun. / By / E. B.[316] Dieses Liederheft enthält Johanna Kinkels »Nachtlied« aus ihrem Opus 7 unter dem Titel »Evening Song«.[317] Die Version des Lieds in den *Gems of German Song* ist tatsächlich gegenüber der Version in Johanna Kinkels Opus 7 kaum verändert; hauptsächlich unterscheidet sie sich in Bezug auf die Musik durch fehlende Artikulationszeichen und Angaben zur Benutzung des Pedals.[318] Die Übersetzung des Gedichts von Emanuel Geibel ins Englische ist sehr frei und durchaus sinnverändernd.

Im oben angeführten Zitat beklagt sich Johanna Kinkel, dass die Komposition nicht durch ihren Namen als ihre ausgezeichnet worden ist. In der vorliegenden Liedersammlung ist jedoch sowohl auf der Titelseite als auch im Heft selbst ihr Name »J. Mathieux« verzeichnet. Dieser Umstand wirft die Frage auf, ob dieses Liederheft tatsächlich demjenigen entspricht, welches Johanna Kinkel erwähnt hat. Die Datierung auf den Zeitraum 1841 bis 1843 anhand der Adresse des Verlegers auf der Titelseite spricht dafür, dass es sich um eine solche Ausgabe gehandelt haben könnte.[319] Durch diese Beobachtung schließen sich weitere Fragen an, die sich hier leider nicht beantworten lassen: War es wirklich eine Ausgabe dieses Drucks, um den es in Johanna Kinkels Ausführungen ging? Hatte sie sich von ihrem früheren Namen »J. Mathieux« distanzieren wollen oder wollte sie ihren Namen »Kinkel« stattdessen weiter verbreiten? Wusste man in England von ihren verschiedenen Namen? Oder ist der erhaltene Musikdruck doch die Konsequenz ihrer Beschwerde gewesen?[320]

Letztlich zeigen Johanna Kinkels Ansichten zum Thema Publizieren, dass das Veröffentlichen für sie ein Kennzeichen für Professionalität und darüber hinaus auch eine Möglichkeit des Gelderwerbs gewesen ist. In diesem Zusammenhang war ihr Name, als Symbol für ihre Präsenz als Autorin, ein Faktor, dem sie einige Bedeutung beigemessen hat.

316 N. N., *Gems of German Song. Book 6.*

317 Mathieux, »Evening Song«.

318 Weitere marginale Unterschiede sind eine zusätzliche, akkordeigene Note in der rechten Hand in Takt drei, eine ausnotierte Oktavierung im drittletzten Takt wiederum in der rechten Hand, eine fehlende Dynamikangabe im gleichen Takt sowie eine rhythmische Veränderung in der Melodie in Takt 19 – mutmaßlich aufgrund der Silbenverteilung.

319 Die Adresse auf der Titelseite lautet: »J.J. Ewer & Co., 69, Newgate Street«. Humphries und Smith datieren diese Adresse auf den Zeitraum 1841 bis 1843. (Vgl. Humphries/Smith, *Music Publishing*, S. 143.)

320 Leider lässt sich hier nur darüber spekulieren, welchen Namen – Mathieux oder Kinkel – sie mit ihren Liedern abgedruckt haben wollte. Ein Hinweis vonseiten Johanna Kinkels wäre im Hinblick auf ihr eigenes Autorschaftskonzept sehr aufschlussreich gewesen.

3.3 Eine Komposition – verschiedene Autorkonstrukte

Durch die Betrachtung der *Vogelkantate* im Hinblick auf den Aspekt der Komik werden meinem Autorkonstrukt von Johanna Kinkel zwei wichtige Facetten hinzugefügt. Zum einen erscheint Johanna Kinkel als Komponistin, die sich durch ihre Persiflage kritisch zu musikästhetisch und musikpraktisch wichtigen Themen ihrer Zeit und Kultur positionieren lässt. Zum anderen betont gerade ihre Verlagskorrespondenz ihre strategische Publikationstätigkeit, die ihre Autorschaft mit dem Aspekt des Gelderwerbs verbindet. Die Signifikanz dieser beiden Aspekte liegt darin begründet, dass sie dem Bild Johanna Kinkels als empfindsamer Liederkomponistin entgegenwirken. Auf einer übergeordneten Ebene stellen sie nicht nur dieses individuelle Bild in Frage, sondern auch das Schema einer einfachen Liederkomponistin. Frauen grundsätzlich aufgrund ihres Geschlechts eine kritische sowie berufliche oder marktorientierte Ausübung ihrer Kompositions- und Publikationstätigkeit abzusprechen, scheint vor dem Hintergrund dieses exemplarischen Beispiels verfehlt.

Dass die in diesem Kapitel herausgearbeiteten Facetten meines Autorkonstrukts kein zwingendes Ergebnis jedweder Rezeption sein müssen und dementsprechend auch im Umgang mit Autorkonstrukten individuelle Voranahmen und Umstände mitgedacht werden sollten, zeigt sich deutlich, wenn man Else Thalheimers Dissertation über *Johanna Kinkel als Musikerin* von 1922 in die Betrachtungen einbezieht. Else Thalheimer ist im Anschluss an ihre Analyse der *Vogelkantate* zu der Schlussfolgerung gelangt,

> dass er [der musikalische Teil, DG] mit einfachster Harmonik geschrieben ist in ansprechendem melodischen Flusse. Mit den liedartigen Sätzen, die an den Stil der Berliner Liederschule anknüpfen, ist im Ganzen glücklich ein volkstümlicher Ton getroffen, der durch die individuelle Behandlung der einzelnen Vogelstimmen einen hübschen Aufputz erhält; so wird etwas über die Armut an originellen musikalischen Einfällen hinweggeholfen.[321]

Darüber hinaus führt Thalheimer den Erfolg der Kantate auf »den glücklichen Textgedanken« als auch auf die scheinbar von Johanna Kinkel vorgeschriebene kostümierte Aufführung mit Vogelköpfen zurück.[322] An diesen Ausführungen wird deutlich, dass Else Thalheimers Autorkonstrukt von Johanna Kinkel

321 Thalheimer, *Johanna Kinkel*, S. 50.

322 Vgl. ebd. Es ist jedoch fraglich, ob die Anweisung zu einer kostümierten Aufführung mit Vogelköpfen überhaupt von Johanna Kinkel stammt. Die Komponistin berichtet lediglich von kostümierten Aufführungen und auf der Erstausgabe ist ein Bild abgedruckt, welches Vögel in Kleidung um ein Klavier gruppiert zeigt.

zumindest aufgrund der *Vogelkantate* eine andere Färbung erhalten hat als mein eigenes. Aus Else Thalheimers Formulierungen lässt sich eine gewisse Skepsis gegenüber dem musikalischen Wert der Kantate herauslesen. Der kompositorische Wert bzw. dessen Originalität spielt in meiner eigenen Rezeption hingegen keine bzw. eine sehr untergeordnete Rolle. Mir geht es vielmehr darum, darzustellen, dass die Kantate eine Rezeption initiieren kann, die Johanna Kinkel als Komponistin darstellt, die sich innerhalb der musikästhetischen und -praktischen Debatten ihrer Zeit und Kultur verorten lässt und die nicht nur auf Anlässe und Personen bezogen komponiert, sondern auch – gerade im Hinblick auf ihre eigene Rolle als Autorin – gezielt publiziert.

Betrachtet man Else Thalheimers Schlussgedanken, in denen sie ihre Ergebnisse in Bezug auf Johanna Kinkels Rolle als Komponistin verallgemeinert, zeichnet sich noch eine weitere Facette ab:

> Wenn man Johanna Kinkels allgemeines Verhältnis zur Musik, wie es sich aus ihren zahlreichen Aeusserungen ergibt, mit der Stellung vergleicht, die sie ihren eigenen Kompositionen gegenüber einnimmt, so macht sich eine auffallende Diskrepanz bemerkbar: auf der einen Seite die denkbar strengste Kunstauffassung, auf der andern ein offensichtlicher Mangel an Selbstkritik. Dass Künstler ihren eigenen Werken gegenüber blind sind, ist eine nicht seltene Erscheinung, aber gerade weil Johanna Kinkel im Wort ihr ganzes Leben hindurch sich gegen jede oberflächliche Modemusik aufs schärfste wendet, ist es doppelt auffällig, dass sie im Grunde nur gefällige und übersentimentale Musik schreibt und dabei ihre Kompositionen durchaus ihrer Auffassung gemäss findet.[323]

Dieses hier festgehaltene Autorkonstrukt von Else Thalheimer scheint vor allem von einem Zweifel gegenüber der Passung zwischen Johanna Kinkels musikästhetischen Ansichten und der Beurteilung ihrer eigenen Kompositionen geprägt zu sein. Die an dieser Stelle implizierte negative Bewertung der Kompositionen Johanna Kinkels führt dazu, dass Thalheimer demgegenüber gerade die musikalischen Aufsätze als bemerkenswerteste Leistungen der »Musikerin Johanna Kinkel« betrachtet: »Diese Aufsätze mit ihrer weitblickenden, wahrhaft produktiven Kritik zeigen auch auf diesem Gebiete die reifsten Leistungen der Musikerin Johanna Kinkel.«[324]

Die von Else Thalheimer implizit geforderte Passung zwischen musikästhetischen Ansichten und der Beurteilung der eigenen Kompositionen möchte ich zum Abschluss dieses Kapitels genauer betrachten. Zunächst ist festzuhalten,

323 Thalheimer, *Johanna Kinkel*, S. 76.
324 Ebd., S. 77.

dass Else Thalheimer an keiner Stelle in ihrer Arbeit Johanna Kinkels Meinung bezüglich ihrer eigenen Kompositionen betrachtet. Das einzige Zitat, welches sie diesbezüglich einfügt, ist ein fälschlicherweise Johanna Kinkel zugesprochenes Zitat aus Ludwig Rellstabs Rezension der *Vogelkantate.*[325] Unabhängig davon, ob Else Thalheimer nun tatsächlich Belege für Johanna Kinkels positive Beurteilung ihrer eigenen Werke gefunden hat oder nicht, vermittelt ihre Arbeit den Eindruck, dass sie aus Johanna Kinkels allgemeineren musikästhetischen Ansichten direkt Johanna Kinkels Beurteilung ihrer eigenen Kompositionen ableitet – eine Schlussfolgerung, die keinesfalls zwingend erscheint. Der Anspruch, den man generell postuliert und mitunter auch bei anderen Komponisten konstatiert, muss nicht gleich dem Anspruch sein, den man notwendigerweise an eigene Werke richtet und der für eine Publikation erfüllt sein muss. Sicherlich wird Johanna Kinkel nicht absichtlich gegen ihre eigenen Ansprüche verstoßen haben; steht jedoch ein anderes Ziel wie z. B. der Gelderwerb im Vordergrund, so können auch Werke, die mitunter nicht den hohen musikästhetischen Ansprüchen genügen, zielführend publiziert werden.

Lässt man verschiedene Modelle der kreativen SchöpferIn zu – z. B. die geniale, aber auch die berufliche KomponistIn –, so löst sich dieser scheinbare Gegensatz auf. Johanna Kinkel hat in ihren musikwissenschaftlichen Schriften durchaus detailreich den Wert verschiedener Kompositionen anderer KomponistInnen herausgearbeitet und daran ihre musikästhetischen Vorstellung geschärft und zum Ausdruck gebracht. Ihre eigene Musik steht aber nicht unbedingt immer unter genau dieser Prämisse; ganz im Gegenteil – Johanna Kinkel äußert beispielsweise vor allem zu Beginn ihrer Publikationstätigkeit durchaus immer wieder Zweifel am Wert ihrer eigenen Kompositionen. Dass sie ihre *Vogelkantate* als »dummes Ding«[326] bezeichnet, ist nur ein Indiz dafür.[327] Gerade im Hinblick auf die *Vogelkantate* sind die Gründe für ihr

325 »Auch aus vielen Selbstzeugnissen Johanna Kinkels geht hervor, dass die Kantate Beifall fand, von zahlreichen Aufführungen berichtet sie und nicht uninteressant ist ihr eigenes Urteil: ›Ich habe die Kantate geschrieben, nun will ich sie auch mit drei Worten recensieren: Sie ist allerliebst!‹« (Thalheimer, *Johanna Kinkel*, S. 50.); Wortlaut der Rezension Rellstabs: »Ich habe die Kantate beschrieben, nun will ich sie auch mit drei Worten recensiren: ›Sie ist allerliebst!‹« (Rellstab, »Die Vogelcantate«, S. 3.)

326 Vgl. Zitat auf S. 103 in dieser Arbeit.

327 Vgl. außerdem z. B.: »Du schreibst mir, daß meine Lieder und Duette viel gesungen würden. Ich hatte Trautweins neulich einige neue Kompositionen angeboten; sie schrieben zwar zurück, daß sie sie im nächsten Jahre verlegen wollten, machten aber eine lange Vorrede folgenden Inhalts: Sie hätten noch großen Vorrat von Manuskripten, aber aus besonderer Rücksicht [. . .] wollten sie dennoch [. . .] und meine Sachen *gingen nicht mehr so gut*, wie die ersten Werke usw. usw. Nun

Komponieren und Publizieren dementsprechend nicht zwingend in erster Linie darin zu suchen, dass sie ein tiefgründiges und komplexes Werk schreiben und veröffentlichen wollte. Vielmehr spielen Faktoren wie ihre Freude am Komponieren,[328] alltägliche Anlässe, musikästhetische Diskussionen, in Bezug auf die Publikation letztlich aber eben auch der Gelderwerb und das Aufbauen einer Autorschaft eine Rolle. Daher scheint es mitunter zielführender, nicht ausschließlich das Modell der genialen SchöpferIn anzuwenden, sondern differenziert von Fall zu Fall zu entscheiden, welches KomponistInnenmodell das adäquate zu sein scheint.

Aufgrund ihres ihrem Forschungszeitraum entsprechenden wissenschaftlichen Ansatzes gelangt Else Thalheimer also dementsprechend zu Ansichten über Johanna Kinkel, die sich deutlich von meinen eigenen absetzen.[329] Im Hinblick auf Johanna Kinkels KomponistIn Sein beklagt Thalheimer ein mangelndes Niveau in den Kompositionen, welches überdies mit Johanna Kinkels eigenem hohen musikalischen Anspruch unvereinbar erscheint. In meinen eigenen Ausführungen versuche ich hingegen, vor allem die berufliche Komponente der Kompositions- und Publikationstätigkeit sowie Johanna Kinkels musikästhetische und -praktische Positionierung herauszuarbeiten. Diese Pluralität der Autorkonstrukte ist der Subjektivität der Forscherinnen geschuldet und spiegelt letztlich vor allem das individuelle Vorwissen und die Umstände der Rezeption wieder.

will ich lieber nichts mehr bei ihnen herausgeben, denn ich möchte doch meinem Verleger keinen Schaden zufügen. Ich weiß nicht recht, was ich davon halten soll. Entweder Trautweins wollen nur meine Ansprüche herunterstimmen oder meine Freunde schmeicheln mir zu viel, wenn sie mir sagen, daß meine Lieder mit Beifall gesungen würden. Ich gäbe etwas darum, wenn ich nur in diesem Punkt zur Klarheit kommen könnte; es hat der Trautweinsche Brief mehr meinen Mut gelähmt als alle schmeichelhaften Nachrichten hierüber von Euch, Arnims und anderen mich angespornt hatten. Indes schreiben muß ich einmal; ich will nur nicht zu viel herausgeben.« (Goslich, »Briefe von Johanna Kinkel«, S. 192, Herv. im Orig.)

328 »Ich kann Dir wahrhaftig versichern, beste Emilie, daß es kein heimlicher Stolz ist, der mich so gleichgültig gegen eine weiter ausgedehnte Anerkennung der eignen Leistungen macht. Ob meine Sachen bekannt und gelobt werden oder nicht, das quält mich kaum mit der kleinsten Sorge. Nicht daß ich über ihren Werth beruhigt wäre, sondern das Schaffen an sich ist eine so ewige Freude.« (Goslich, »Briefe von Johanna Kinkel«, S. 403.)

329 Weitere Informationen über Else Thalheimer finden sich in Klaus Wolfgang Niemöllers Aufsatz »Die Musikwissenschaftlerin Dr. Else Thalheimer-Lewertoff und die Diskussion um ›jüdische Musik‹«. (Vgl. Niemöller, »Die Musikwissenschaftlerin«.)

4 Johanna Kinkel als Liebende und als Komponistin – Eine Paarautorschaft mit Gottfried Kinkel?

Nachdem ich im vorherigen Kapitel die Bedeutung der Komik für Johanna Kinkels KomponistIn Sein betrachtet habe, möchte ich in diesem Kapitel eine andere Facette beleuchten: Gottfried Kinkel. Ihrer Verbindung zu Gottfried Kinkel ist nicht nur im Hinblick auf ihren Familienstand eine große Bedeutung beizumessen, sondern auch im Hinblick auf ihr künstlerisches Schaffen. Gottfried Kinkel hat in Johanna Kinkels Lyrik und in ihren Kompositionen Spuren hinterlassen, welche die Frage aufwerfen, auf welche Weise er ihren Schaffensprozess beeinflusst hat. Daran anschließend stellt sich die Frage, ob und wie Johanna und Gottfried Kinkel gemeinsam geschaffen haben. Ihre gemeinsamen Projekte sind für die Beantwortung dieser Fragen genauso von Interesse wie die inhaltliche Thematisierung ihrer Künstlergemeinschaft in ihrer jeweiligen Kunst und die Wechselwirkungen zwischen ihrer Liebesbeziehung und ihrem Kunstschaffen. Ich möchte genauer herausarbeiten, inwieweit ihre Liebesbeziehung, aber auch ihr gemeinsames oder gegenseitig inspiriertes Schaffen sinnstiftend zu ihren Rollen als Kunstschaffenden beigetragen haben und inwieweit dies von RezipientInnen wahrgenommen werden kann. Kreieren sie inhaltlich in ihren Werken eine »Paarautorschaft« und werden ihre gemeinsamen Werke als Erzeugnisse einer solchen »Paarautorschaft« wahrgenommen? Bedeutet für Johanna Kinkel dementsprechend KomponistIn Sein auch als künstlerisch-schöpferische Einheit mit Gottfried Kinkel zu schaffen?

4.1 Das Kahnunglück und seine schöpferischen Folgen

In Johanna und Gottfried Kinkels Leben hat es ein entscheidendes Ereignis gegeben, welches ihre Beziehung zueinander unwiderruflich verändert hat: ein Kahnunglück auf dem Rhein. Eine Kurz-Version dieser Geschichte, welche auf den 04. September 1840 datiert wird,[330] könnte lauten: Auf dem Rückweg von einem Ausflug auf den Petersberg im Siebengebirge setzen Johanna und Gottfried Kinkel mit einem Kahn über den Rhein. Als sie dabei mit einem Dampf-

330 Klaus, *Johanna Kinkel*, S. 76.

boot kollidieren, stürzen sie beide in den Fluss. Gottfried Kinkel gelingt es jedoch, Johanna Kinkel und sich selbst zu retten.

Einerseits klingt diese Fassung sehr romantisch; andererseits ist sie bereits Teil der Problematik, die sich aus den verschiedenen Berichten bzw. Quellen ergibt, durch welche das Kahnunglück überliefert wird. Durch die Auswahl bestimmter Details und durch die Art und Weise der Formulierungen wird deutlich, dass sämtliche Schilderungen eine bestimmte Sichtweise auf das Ereignis wiedergeben. Noch komplexer wird der Umgang mit dem Kahnunglück, wenn man sich vor Augen hält, dass es nicht nur in Notizbüchern, Briefen oder biografischen Darstellungen rekonstruiert wird, sondern auch – teilweise unmissverständlich – Gegenstand von Johanna und Gottfried Kinkels künstlerischem Schaffen wird. In den folgenden Ausführungen versuche ich, verschiedene Erzeugnisse, die Bezüge zum Kahnunglück aufweisen, miteinander zu vergleichen und dadurch herauszuarbeiten, welche individuellen Ansichten oder auch Differenzen sich aus den verschiedenen Perspektiven und Konstruktionen Johanna und Gottfried Kinkels ergeben. Dabei werde ich mich gerade auch damit auseinandersetzen, wie sie das Kahnunglück in ihre Kunst einarbeiten und welche Konsequenzen es für ihr Verständnis als Kunstschaffende hat.

4.1.1 Johanna und Gottfried Kinkels eigene Darstellungen des Kahnunglücks in ihren Selbstzeugnissen

Die Schilderung des Kahnunglücks, die sich in dem von Monica Klaus herausgegebenen Briefwechsel zwischen Johanna und Gottfried Kinkel finden lässt und welche dem Brief vom 05. Oktober 1840 beigelegt wurde,[331] trägt den Titel »Wir sind verloren!«[332] und setzt direkt mit der Beschreibung der Kollision des Kahns mit dem Dampfboot ein. Johanna Kinkel beschreibt ihre Reaktion in diesem Moment folgendermaßen: »Du strecktest mir die Arme entgegen, ich flog an dein Herz, und so zum ersten u. letzten mal einander umschlingend stürzten wir vereint in den Tod.«[333] Da der Tod für Johanna Kinkel unausweichlich erscheint, treten die Hindernisse, die ihrer Verbindung mit Gottfried Kinkel im Wege stehen, in den Hintergrund und ihre Empfindungen scheinen allein von ihrer Liebe zu ihm geprägt zu sein:

> Du hattest noch Rettungsgedanken während des Untersinkens und so hast du den Tod nicht voll u. süß gekostet, wie ich, die sich ihm ruhig ergab.

331 Klaus, *Liebe treue Johanna!*, S. 72–74.
332 Ebd., S. 72.
333 Ebd.

> So laß mich dir sagen, *wie* schön Sterben ist, u. so ein prächtiges Sterben, ganz des Pracht-Lebens würdig. Ach es sank sich so himmlisch schön in das kühle, sanft u. schmerzlos=umfangende Grab. Wir waren ganz allein, alles stumm – Sorge u. Hoffnung, Vergangenes u. Zukunft, das war alles weggelöscht, keine Welt mehr, nichts war geblieben, als die Liebe, der ganze Wellen=Reichtum des Rheins konnte dies im Herzen begrabene Licht nicht austilgen. Seelige Ruhe die ich vergebens im Wachen u. Schlummer einst gesucht, erfüllte mich an deinem Herzen in der einsamen holden Todesnacht.[334]

Johanna Kinkel bewertet diesen Moment daran anknüpfend als das »höchste Glück«[335] und nimmt an, dass das größte Leid dementsprechend noch folgen muss. Im Anschluss an diese Darstellung ihrer Gefühlseindrücke folgt eine Beschreibung des eigentlichen Ablaufs des Kahnunglücks, welche damit beginnt, dass die Mutter Johanna Kinkels auf die möglichen Gefahren der Überquerung des Rheins bei Nacht hingewiesen hat: »Wie ahnungsvoll ist doch ein Mutterherz. Ehe wir hinauswanderten, bat sie [Marianna Mockel, MK] unaufhörlich: ›Fahrt nicht im Nachen den Rhein hinab; Ihr könntet bei der Nacht von einem Schiff überfahren werden!‹«[336] Diese Warnung verleiht dem eigentlichen Kahnunglück im Hinblick auf die Erzähltechnik der Darstellung eine größere Signifikanz. Die folgenden Ausführungen dieser Schilderung beschränken sich allein auf den verbleibenden Hergang des Kahnunglücks, welcher hier nicht weiter von Belang ist. Ein Detail, welches ich jedoch nicht unerwähnt lassen möchte, ist die Rolle Andreas Simons', einem engen Familienfreund Johanna Kinkels, der ebenfalls bei diesem Ausflug und dem anschließenden Kahnunglück dabei gewesen ist. Im angesprochenen Bericht Johanna Kinkels findet er allerdings nur als »der Freund« Erwähnung. Seine Identität lässt sich nur durch das Hinzuziehen weiterer Berichte klären, wodurch seine Bedeutung für diese Erzählung immens abgeschwächt und entpersonalisiert wird. Der Fokus wird auf diese Weise stärker auf Johanna und Gottfried Kinkel gelenkt.

Einen Aspekt des oben angeführten Zitats möchte ich abschließend hervorheben. Unter anderem durch die Verwendung des Personalpronomens »du« und Formulierungen wie »So laß mich dir sagen« wird ersichtlich, dass Johanna Kinkel eine konkrete AdressatIn – aller Wahrscheinlichkeit nach Gottfried

334 Klaus, *Liebe treue Johanna!*, S. 73, Herv. im Orig.
335 Ebd.
336 Ebd.

Kinkel[337] – mit dieser Schilderung ansprechen möchte. Die Frage nach der AdressatIn ist in sofern von Bedeutung, als dass dieses explizite, an den Tod geknüpfte Liebesbekenntnis Johanna Kinkels in ihren anderen Darstellungen des Kahnunglücks nicht in dieser Deutlichkeit und Intensität zu finden ist. Allerdings rezipiere ich diese Schilderung Johanna Kinkels nicht nur als Liebesbekenntnis, welches für Gottfried Kinkel intendiert gewesen ist, sondern auch – gerade vor dem Hintergrund des Konzepts der narrativen Identität[338] – als ein Schlüsselerlebnis, in welchem sie sich zu ihrer Liebe zu Gottfried Kinkel bekennen darf und welches einen Teil ihrer Identitätskonstruktion ausmacht.

Im Oktober 1841 – gut ein Jahr nach dem Kahnunglück – schreibt Johanna Kinkel an ihren Freund Leopold von Henning in Berlin einen umfangreichen Brief.[339] Um sämtliche Vorurteile oder Gerüchte bezüglich ihrer Verbindung zu Gottfried Kinkel ihm gegenüber zu widerlegen bzw. richtig zu stellen, beschreibt sie in diesem Brief ausführlich, wie diese Beziehung zustande gekommen ist. Johanna Kinkel führt aus, dass vor allem der geistige Austausch die beiden einander näher gebracht hat. Dass Liebe zumindest aus Sicht Johanna Kinkels zunächst keine Rolle gespielt hat,[340] wird durch folgende Formulierungen von ihr ersichtlich:

> Nicht allein, daß ein Verhältniß, das man im täglichen Leben Liebschaft nennt, mit keinem romantischen Zauber mehr meine Phantasie reizte, im Gegentheil, alles dergleichen war mir verhaßt geworden, und ich hätte geglaubt, meine Verehrung für K. zu entheiligen, wenn ich nur einen Brief von ihm an die Lippen gedrückt hätte. Mir war nie ein Mensch so überirdisch rein erschienen; ich traute ihm gar keine Unruhe noch Leidenschaften zu. Ganz erstaunt war ich, als mir, wenige Tage nachdem ich Ihnen geschrieben, K. ein Gedicht sandte, aus dem mir zuerst wie ein Blitz her-

337 Monica Klaus kommentiert diesen Bericht in ihrer Ausgabe dahingehend, dass die genauen Umstände dieser Darstellung nicht bekannt seien; es könne sich z. B. sowohl um einen »eigenständige[n] Brief« als auch um einen »angehängte[n] Tagebucheintrag« handeln. (Vgl. Klaus, *Liebe treue Johanna!*, S. 72 (Anm. 140).)

338 Vgl. Kapitel 2.3.2, S. 43–S. 45.

339 Zur Person Leopold von Hennings vgl. Klaus, *Liebe treue Johanna!*, S. 1413.

340 Auch Gottfried Kinkel beschreibt in seiner *Selbstbiographie*, dass Liebe ein Faktor war, der erst spät in ihrer Beziehung eine Rolle spielte: »Ich hatte das Gefühl eines unermeßlichen Glückes, aber daß ich Johanna bereits mit aller Kraft liebte, blieb mir unbewußt.« (Sander, *Gottfried Kinkels Selbstbiographie*, S. 54–55.) Ebenso: »Noch immer dachte ich an Liebe nicht. Unser Verkehr war so geistig, daß ich noch nicht Johannas Hand geküßt hatte. Ich träumte, mit einer andern glücklich zu werden und daneben Johannas geistig erregende Freundschaft mir retten zu können.« (Ebd., S. 56.)

> vorleuchtete, daß nicht Liebe, nur das alte Versprechen ihn an seine Braut binde, daß er es als einen tiefen Schmerz fühle, daß wir für dies Leben durch eine unübersteigliche Kluft getrennt seien.[341]

Es lässt sich davon ausgehen, dass Johanna Kinkel den vorerst ausschließlich geistigen Austausch so sehr betont, um dem Eindruck entgegenzuwirken, sie habe wissentlich Gottfried Kinkels Verlobung mit Sophie Boegehold gefährden wollen. In dieser Konstruktion kommt ihrer zunächst unerkannten Liebe also vermutlich die Funktion zu, eigenes Fehlverhalten aufgrund von Unwissenheit auszuschließen bzw. zu entschuldigen, was Johanna Kinkel durch folgende eindrückliche Frage auf den Punkt bringt: »Was ist Schuld auch anders als Irrthum?«[342]

Trotz ihrer Erkenntnis wollten Johanna und Gottfried Kinkel wegen der Verlobung und der damit verbundenen moralischen Hindernisse eine Liebesbeziehung vermeiden.[343] Durch diesen Umstand erlangt das Kahnunglück auch in dieser zweiten Fassung im Brief an Leopold von Henning seine Bedeutung.[344] Als Konsequenz des Kahnunglücks scheint für Johanna Kinkel die Liebesbeziehung zu Gottfried Kinkel unausweichlich zu sein:

> Von diesem 4. September ab datirt sich die völlige Umwandlung aller unsrer Anschauungen und Entschlüsse. Wie konnten wir uns nun wieder ›Sie‹ nennen, uns fremd begegnen! Wir waren jetzt den irdischen Gewalten verfallen. Nun überströmten uns Schmerzen, Sehnsucht, alle leidenschaftlichen Empfindungen, die um so stärker werden, je mehr Dämme ihnen entgegenstehn.[345]

Dass ihr in ihrer eigenen Wahrnehmung letztlich diese Entscheidung zur Anerkennung ihrer Liebe abgenommen wurde, zeigt sich an der Rolle, die Johanna Kinkel dem Schicksal beimisst. Dieses Element der höheren Gewalt entkräftet sowohl in dem bereits besprochenen Bericht des Kahnunglücks als auch in ihrem Brief an Leopold von Henning[346] zu einem gewissen Grad die Anschul-

341 Goslich, »Briefe von Johanna Kinkel«, S. 210.
342 Ebd., S. 211.
343 Vgl. ebd.
344 Vgl. »Ich hoffe, daß Niemand auf der Welt bis zu dem Grade Pedant sein wird, um von uns zu fordern, daß wir jetzt an Verhältnisse und anderes dummes Zeug denken sollten. Da wir einmal sterben mußten, so fielen wir einander in die Arme und umklammerten uns so fest als wir konnten.« (Ebd., S. 213.)
345 Ebd., S. 215–216.
346 Vgl. ebd., S. 212.

digungen, die aufgrund ihres als unmoralisch eingestuften Verhaltens gegen sie erhoben wurden.[347]

Auch bei der zweiten Quelle möchte ich zum Abschluss noch kurz die Frage nach der AdressatIn aufwerfen. Dadurch, dass Johanna Kinkels Freund Leopold von Henning, der das Kahnunglück nicht selbst miterlebt hat, der offenkundige Adressat des Briefs gewesen ist, liegt hier eher eine detaillierte, strukturierte und rechtfertigende Darstellung vor, in welcher z. B. auch die Rolle von Andreas Simons ausführlich dargestellt wird, als ein inniges Liebesbekenntnis, wie es der erste Bericht zu sein scheint. Ganz eindrücklich lässt sich dies anhand der Gedanken Johanna Kinkels zeigen, die ihr vor ihrer Rettung durch den Kopf gehen. In dieser zweiten Darstellung betont sie weniger die Liebe zu Gottfried Kinkel, als dass ihr ihr ganzes Leben in einer Sekunde gewahr wurde:

> Eine Empfindung war besonders wunderlich: fast wie man auf der Karte ein ganzes Land mit einem Blick übersieht, so lag mir in der Minute, die ich für meine letzte hielt, mein ganzes, langes Leben mit Allem, was ich mein nannte, deutlich wie vom Blitz erhellt vor der Erinnerung, als sei es eine Sekunde.[348]

Vor diesem Hintergrund und dem Umstand, dass Johanna Kinkel viel Wert darauf legt, dass ihre Liebe zueinander lange unerkannt geblieben ist und das Schicksal eine entscheidende Rolle gespielt hat, lese ich den Bericht an Leopold von Henning als eine Rechtfertigung.

Gottfried Kinkel beschreibt das Kahnunglück vom 04. September 1840 in seiner Selbstbiografie, die während seiner Gefangenschaft 1849/50 entstanden ist.[349] In dieser Schilderung entwickelt er Motive weiter, die auch schon in den Darstellungen Johanna Kinkels eine Rolle gespielt haben. Während z. B. bei Johanna Kinkel das Schicksal oder die höheren Mächte noch nicht explizit, sondern nur durch die Vorahnung der Mutter thematisiert worden sind, nimmt Gottfried Kinkel ausdrücklich darauf Bezug. Den Moment unmittelbar nach der Rettung Johanna Kinkels hält er folgendermaßen fest:

347 Vgl. hierzu den Bericht über das Kahnunglück aus dem Familien- bzw. Bekanntenkreis Sophie Boegeholds, der Verlobten Gottfried Kinkels: »Eines Tages fuhr sie [Johanna Kinkel, DG] mit einem Kahn an ein Dampfboot, dem Kinkel, der darauf war, entgegen; als der Kahn an das Dampfschiff anlegen wollte, schlug er um, und die Verderberin der Seele des armen Kinkel stürzte in den Rhein; da springt Kinkel, ein vortrefflicher Schwimmer, in den Fluß und rettet sie. Der Entschluß beider wird im Wasser reif.« (Wichern, *Briefe und Tagebuchblätter*, S. 243.)

348 Goslich, »Briefe von Johanna Kinkel«, S. 213–214.

349 Vgl. Sander, *Gottfried Kinkels Selbstbiographie*, S. XVI–XVII.

> Wir hoben Johanna hinein, ich selbst folgte – und nun warf die Seligkeit des geretteten Lebens sie zum zweiten Male in meinen Arm. Du, Du, flüsterte sie mir zu, und der erste flammende Kuß verband unsere Lippen. Mir war groß und hehr zu Mute; für ein neues Leben hatte ich die Geliebte mir gerettet, die von der Welt zwischen uns aufgebaute Schranke war durch ein Wunder gesprengt, wie in hunderttausenden von Menschenleben kein ähnliches sich ereignet, und wir gehörten nun wie durch einen Spruch des Geschickes uns; – mir aber war in dem geretteten Leben vom Schicksal außerdem eine Antwort gegeben auf meine Zweifel an künftigem Erfolg, und stolz sah ich zu vollern Kränzen als der Efeukranz empor, den der Strom mir entführt hatte.[350]

Neben dem Aspekt des Schicksals thematisiert Gottfried Kinkel hier – wie JohannaKinkel bereits vor ihm – das Verblassen der gesellschaftlichen Hindernisse sowie den Beginn ihrer Liebesbeziehung. Hervorhebenswert ist im Unterschied zu Johanna Kinkels Darstellungen hingegen vor allem, dass Gottfried Kinkel im Zuge seiner Schilderung des Kahnunglücks eine enge Verknüpfung zwischen seiner Liebe zu Johanna Kinkel und seinem Dichtertum herstellt. Dies zeigt sich daran, dass die definierenden Elemente Gottfried Kinkels »neuen Lebens« – seines »Schicksals« – zum einen Johanna Kinkel und zum anderen das erfolgreiche Dichten sind. Johanna Kinkel verweist zwar auch auf das Schicksal, aber eine Verknüpfung zu ihrer – bereits durchaus erfolgreichen – Tätigkeit als Komponistin stellt sie nicht her.

Dass Gottfried Kinkel diese zwei Elemente, die sein »neues Leben« bestimmen sollten, so klar benennen kann, liegt womöglich daran, dass er seine Erinnerungen an dieses Ereignis mit einigen Jahren Abstand und in Gefangenschaft niedergeschrieben hat. Daher lese ich Gottfried Kinkels Darstellung des Kahnunglücks an dieser Stelle als eine (Re-)Konstruktion, in welcher er die aus der Rückschau wichtigen Elemente hervorhebt und für sich sinnstiftenden verarbeitet. Vor allem der Umstand, dass fast ein halbes Jahr vergeht, bis Gottfried Kinkel seine Verlobung mit Sophie Boegehold auflöst und sich entsprechend für eine Verbindung mit Johanna Kinkel entscheidet, widerspricht dieser eindeutigen Interpretation des Kahnunglücks. Diesen Zeitraum bis zur Auflösung der Verlobung beschreibt Johanna Kinkel an Leopold von Henning mit folgenden Worten:

> Jene fünf Monate, die dem 4. September folgten, waren voll der tötlichsten Qual für uns. Ich darf es nicht ausmalen, wie mir zu Muthe war, wenn ich

350 Sander, *Gottfried Kinkels Selbstbiographie*, S. 59.

> ihn dort in Mühlheim wußte. [...] Er hielt an dem Prinzip fest, unter keiner Bedingung ein Wort zu brechen, welches ich nur achten konnte. Doch wenn ich sah, wie sehr er litt, wie er sich zu Grunde richtete, so dachte ich oft, wozu nützt das Opfer?[351]

Zwar wird die Bedeutung des Kahnunglücks durch diese zusätzlichen Informationen nicht unbedingt geschmälert oder gänzlich aufgelöst, aber die von mir als Rezipientin erwarteten Konsequenzen des Kahnunglücks – bspw. eine sofortige Trennung von Sophie Boegehold – erscheinen aufgeweicht, wodurch die Eindeutigkeit der Interpretation als Wendepunkt in meiner Rezeption verloren geht.

Sowohl Johanna als auch Gottfried Kinkel scheinen in ihren Schilderungen des Kahnunglücks demselben eine außergewöhnliche Bedeutung beizumessen. Es wird letztlich von ihnen als eine Art Wendepunkt oder auch Moment der Erkenntnis inszeniert.[352] Jedoch scheint in den drei hier besprochenen Quellen in meiner – durchaus selektiven und subjektiven – Rezeption immer eine andere Facette hervor. Johanna Kinkels erster Bericht präsentiert sich als Liebesbekenntnis, während der Brief an Leopold von Henning als Rechtfertigung ihrer Liebesbeziehung interpretiert werden kann. Gottfried Kinkels Darstellung liest sich hingegen eher als retrospektive, schicksalhafte Verknüpfung von Liebe und Dichtertum. Auch wenn die unterschiedlichen AdressatInnen mitunter die variierenden Interpretationen bzw. Konstruktionen bedingt haben mögen, lassen sich trotzdem die drei Schilderungen – aus heutiger Sicht nebeneinander gelesen – als sinnstiftende Maßnahmen im Sinne einer narrativen Identität im Hinblick auf Johanna und Gottfried Kinkels Selbstkonzepte lesen – Johanna Kinkel konstruiert sich als Liebende und Gottfried Kinkel als Liebender und Dichter.

4.1.2 Künstlerische Verarbeitung des Kahnunglücks – In Wort...

Am 17. September 1840 – etwa zwei Wochen nach dem Kahnunglück – schreibt Johanna Kinkel an Gottfried Kinkel, wie sie Sebastian Longard, einem Mitglied des *Maikäfers*, »das Ereignis aller Ereignisse«[353] berichtet hat:

351 Goslich, »Briefe von Johanna Kinkel«, S. 216.

352 Vgl. hierzu Etzemüllers Definition einer »Konversionsgeschichte«, »[...] die keine Rekonstruktion des Lebens ist, sondern die Darstellung eines Bruchpunktes: einer Bekehrung, wodurch die Vergangenheit auf einen Aspekt reduziert wird, nämlich ein glücklicherweise überwundenes Leben in einem fundamentalen Irrtum.« (Etzemüller, *Biographien*, S. 119.)

353 Klaus, *Liebe treue Johanna!*, S. 59.

> Diese Göttergeschichte fiel wie ein Blitz in das romantische Herz, er sagte: ›Ich beneide Euch drei [Johanna und Gottfried Kinkel, Andreas Simons, DG] unsäglich, ich weiß nicht was ich Alles drum gäbe, mit dabei gewesen zu sein, es ist ein neuer Born von Poesie für mich, schon in diesem Augenblicke verwandeln sich alle Gedanken in mir zu Liedern in den verschiedensten Formen, die mir das Nachtbild verewigen sollen.‹ Nun, der Romant:[iker] ist doch wert mitzuwissen.[354]

Aber nicht nur Sebastian Longard fühlte sich scheinbar durch dieses Ereignis inspiriert. Auch Gottfried und Johanna Kinkel haben ihre Erlebnisse – augenscheinlich autobiografisch – in einigen Gedichten verarbeitet, von denen zwei auf den folgenden Seiten thematisiert werden sollen. Vor allem in Johanna Kinkels Fall hat gerade diese künstlerische Verarbeitung des Kahnunglücks im Vergleich zu den zuvor dargestellten Berichten ein besondere Bedeutung, da sie diese nicht nur durch die Veröffentlichung im *Maikäfer* einer größeren Öffentlichkeit zugänglich gemacht hat,[355] sondern gleichzeitig auch den Aspekt des Kunstschaffens in ihre Konstruktion einfließen lässt. Insgesamt werden die Fragen im Mittelpunkt stehen, wie Johanna und Gottfried Kinkels Konstruktionen ihrer selbst und ihrer Beziehung zueinander in ihren künstlerischen Erzeugnissen aussehen und inwieweit sie mit den bereits herausgearbeiteten Konstruktionen übereinstimmen.

Anhand einer Einschätzung, die Johanna Kinkel in ihrer Korrespondenz mit Adolf Strodtmann festgehalten hat, möchte ich noch einmal deutlich machen, wie ich das folgende Gedicht Johanna Kinkels lese. Sie schreibt 1850: »[I]ch bin so wenig im Stande aus mir herauszutreten, daß ich gar kein objektives Gedicht machen kann. Nur was ich selbst in vollster Glut empfand, kann ich schildern.«[356] Diese Beobachtung führt vor Augen, dass Johanna Kinkel die Verbindung zwischen ihren Texten und ihrer selbst als sehr eng empfunden hat. Welche Bedeutung hat das für eine WissenschaftlerIn? Ist das eine Legitimation für biografistische Lesarten? Mitnichten. Ich betrachte biografische Elemente nicht als faktische Details, sondern als Eindrücke und Konstruktionen Johanna Kinkels, die unter bestimmten Umständen enstanden und festgehalten worden sind. Sie müssen sich weder auf tatsächliche Handlungen beziehen, noch für Johanna Kinkels gesamtes Leben Geltung besitzen. Johanna

354 Klaus, *Liebe treue Johanna!*, S. 59.

355 Hierbei ist zunächst die Situation zu Johanna Kinkels Lebzeiten gemeint. Für die heutige WissenschaftlerIn sind sämtliche Dokumente zu einem ähnlich Grad zugänglich.

356 Kinkel, *Brief an Adolf Strodtmann*, S 1218.

Kinkel interpretiert durch ihre Gedichte die Erlebnisse ihres Lebens; sie hält Eindrücke und Gefühle fest, verleiht ihnen Sinn und konstruiert sich auf diese Weise – im Sinne einer narrativen Identität – selbst. Als eine solche Selbstkonstruktion, die einen Teil von Johanna Kinkels Auto-Autorkonstrukt ausmacht, verstehe ich das im Folgenden analysierte Gedicht.

Johanna Kinkels Gedicht »Der Sterne Wechselgesang mit dem Rhein« liegt in zwei Versionen vor. Im Briefbuch, in das Johanna und Gottfried Kinkel zwischen Februar 1840 und Mitte 1841 abwechselnd Gedichte und Ähnliches geschrieben haben,[357] findet sich das Gedicht unter dem eben genannten Titel und der Datierung »d. 4t. Sept: 1840«.[358] Die zweite, leicht veränderte Version ist in der Nummer 12 des ersten Jahrgangs des *Maikäfers*, welche auf den 08. September 1840 datiert ist, festgehalten.[359] In der *Maikäfer*-Version bleibt die Datierung – »4ter Sept. 1840«[360] – erhalten, der Titel hingegen wird ausgelassen.

Das Gedicht besteht aus insgesamt neun vierzeiligen Strophen, die jeweils durch eine Überschrift abwechselnd als Aussagen der Sterne oder des Rheins gekennzeichnet werden. Lediglich die letzte Strophe wird einem »Sängerpaar« zugeschrieben.[361] Inhaltlich lässt sich das Gedicht wie folgt zusammenfassen: Die Sterne machen den Rhein auf einen in Not geratenen Kahn aufmerksam, den der Rhein sicher ans Ufer bringen soll. Der Rhein weigert sich zunächst und greift erst ein, als die Sterne ihm vermitteln, dass sich im Kahn zwei »Sängerherzen«[362] befinden, die ihm bereits viele Lieder gesungen haben. Die letzte Strophe lässt schließlich das »Sängerpaar« zu Wort kommen, in welcher es dem Rhein und den Sternen für ihre Rettung dankt. Damit die dialogische Komponente des Gedichts genügend Berücksichtigung findet, sei hier der komplette Text wiedergegeben:

> Die Sterne:
> Du liegst und träumst so düster,
> du stolzer dunkler Rhein!
> Horch unserm Liedgeflüster,
> und schlafe heut nicht ein.

357 Vgl. Universitäts- und Landesbibliothek Bonn, *Findbuch*, S. 90.
358 Vgl. Kinkel/Kinkel, *Diarium*, S 2678 <6>, S. 39–40.
359 Brandt u. a., *Der Maikäfer*. Band 1, S. 112–113.
360 Ebd., S. 112.
361 Vgl. Kinkel/Kinkel, *Diarium*, S 2678 <6>.
362 Vgl. ebd.

Der Rhein:
Im Sturmeskampfe schäumend
hab' ich den Tag verbracht;
nun laßt mich schweigend, träumend
auch ruh'n in tiefer Nacht.

Die Sterne:
In deinen Armen schauen
wir einen schwachen Kahn;
nicht täusche sein Vertrauen,
trag' ihn zum Port hinan.

Der Rhein:
Was kümmern mich die Thoren
die sich der Nacht vertraut?
Das Leben ist verloren,
auf Wellengrund gebaut.

Die Sterne:
Auf glüh'ndem Schiff gezogen
kömmt durch die Nacht der Tod:
Zerschmettert in die Wogen
versenkt sein Stoß das Boot.

Der Rhein:
Ein Paar versinkt im kühlen
im tiefen Wellenschoos:
doch Todesfurcht nicht fühlen
die Herzen stark und groß.

Die Sterne:
Zwei Sängerherzen gleiten
an deine kalte Brust,
die manch ein Lied dir weihten
voll warmer Lebenslust.

Der Rhein:
Die will ich nicht verschlingen
im tollen Uebermuth;
nein, beid' an's Ufer bringen
auf treuer starker Fluth.

Das Sängerpaar:
Dem Tode kaum entrungen
sey laut zum frischen Wein
ein Lebehoch gesungen
den Sternen und dem Rhein.[363]

Dieses Gedicht vor dem Hintergrund des Kahnunglücks Johanna und Gottfried Kinkels zu lesen, wird durch einige Hinweise für die biografisch vorgebildete LeserIn unvermeidlich. Das Datum an sich – der 04. September 1840 ist das tatsächliche Datum des Kahnunglücks – ist schon ein offenkundiger Verweis, der explizit in beiden Versionen dem Gedicht vorangestellt ist. Außerdem ist die Ausgangssituation – ein in Not geratener Kahn auf dem Rhein – ebenso ein Hinweis auf das Kahnunglück. Wenn vor diesem Hintergrund die einzige, semantisch nicht eindeutig besetzte Sprecherinstanz neben dem Rhein und den Sternen als »Sängerpaar« – nicht nur als bloßes Liebespaar – bezeichnet wird, kann man sich bei entsprechendem Vorwissen einer Gleichsetzung dieses »Sängerpaars« mit Johanna und Gottfried Kinkel im Rezeptionsprozess kaum erwehren. Einerseits kann diese Wortwahl als bloße Beschreibung interpretiert werden, welche die Gleichsetzung von Sprecherinstanz und SchöpferIn weiter verstärkt, da Johanna und Gottfried Kinkel zu diesem Zeitpunkt tatsächlich gedichtet und komponiert haben. Andererseits kann man diese Wortwahl aber auch dahingehend lesen, dass Johanna Kinkel sich selbst – und zwar sowohl textimmanent bzw. inhaltlich als auch durch den Schaffensprozess dieses Gedichts – im Kontext des Kahnunglücks als Kunstschaffende bzw. als eine Hälfte eines kunstschaffenden Paars konstruiert. In den bisher thematisierten Texten von Johanna Kinkel fehlt diese Komponente des Kunstschaffens. Vertraut man dem eingangs erwähnten Kommentar Johanna Kinkels, dass sie nur über etwas schreiben könne, was sie selbst in »vollster Glut empfand«, so lässt sich die Konstruktion als Kunstschaffende nicht nur in Autorkonstrukte von RezipientInnen einfügen, sondern auch in Johanna Kinkels eigenes Auto-Autorkonstrukt.

Auf den ersten Teil des Kompositums »Sängerpaar« möchte ich kurz eingehen. Der Begriff Sänger scheint auf sehr präzise Art und Weise das jeweilige Kunstschaffen Johanna und Gottfried Kinkels zusammenzufassen und dabei gleichzeitig gegen andere Kunstsparten abzugrenzen. Gottfried Kinkels Rolle als Dichter lässt sich genauso durch den Begriff Sänger beschreiben wie Johanna Kinkels Rollen als Dichterin und Komponistin.[364] Gleichzeitig werden

363 Kinkel/Kinkel, *Diarium*, S 2678 <6>, S. 39–40.
364 Vgl. Grotjahn, »Lieder singen«, S. 18–19.

andere künstlerische Rollen wie z. B. der MalerIn ausgeschlossen. Das Konzept des als eine Einheit gedachten Paars wird daher durch diese Wortwahl treffend unterstrichen. Der Umstand, dass in der Version des Gedichts, die im *Maikäfer* veröffentlicht wurde, statt »Sängerpaar« lediglich die Wendung »Die Sänger«[365] ausgewählt worden ist, wirft an dieser Stelle die Frage nach der Begründung für diese Änderung auf. Hat Johanna Kinkel in der *Maikäfer*-Version bewusst auf das »Paar« verzichtet, um in der Version des Gedichts, die für eine größeres Publikum gedacht war, den Aspekt der (Liebes-)Beziehung abzuschwächen bzw. komplett zu tilgen? Da das Briefbuch demgegenüber lediglich für den Austausch zwischen ihr und Gottfried Kinkel angelegt worden war und durch diese Privatheit auch Formulierungen zugelassen hat, die möglicherweise nicht für andere Personen bestimmt gewesen sind, liegt ein solches Szenario durchaus im Bereich des Möglichen. Unabhängig von den Beweggründen liegt ungeachtet dessen in der Briefbuch-Version eher eine Konstruktion vor, in der die beiden Personen im Kahn nicht nur KünstlerInnen sind, sondern auch ein (Liebes-)Paar. In der *Maikäfer*-Version hingegen reduziert sich die Konstruktion auf zwei Kunstschaffende.

Neben den beschriebenen Aspekten fällt noch eine weitere Konstruktion ins Auge: Der Rhein rettet die im Kahn befindlichen Personen erst, als ihm bekannt wird, dass sie ihm bereits viele Lieder gesungen haben. Dieser Umstand ist in mehrfacher Hinsicht von Interesse. Zum einen erscheint hervorhebenswert, dass weder die Menschen noch der Zufall Entscheidungsgewalt besitzen, sondern dass die höhere Gewalt der Natur – nicht zuletzt des Rheins – das Schicksal der Menschen bestimmt. Zum anderen erscheint die auf den Rhein bezogene Kunst als das entscheidende Merkmal, weshalb die beiden Personen gerettet werden (vgl. Strophe acht und sieben). In der Rezeption des Gedichts entsteht daher der Eindruck, dass sowohl die Kunst als auch die Verbundenheit mit dem Rhein für die ProtagonistInnen eine essenzielle Rolle spielen – ohne diese Komponenten wären sie in den Fluten des Rheins ums Leben gekommen. Durch die bereits dargelegte Nähe der ProtagonistInnen zu Johanna (und Gottfried) Kinkel lassen sich diese essenziellen Komponenten des Rheins und der Kunst auch auf (Auto-)Autorkonstrukte Johanna und Gottfried Kinkels übertragen.

Die *Maikäfer*-Version des Gedichts »Der Sterne Wechselgesang mit dem Rhein« erweckt letztlich den Eindruck, dass sich Johanna Kinkel im Kontext des Kahnunglücks als Kunstschaffende konstruierte, die eine durchaus große

365 Brandt u. a., *Der Maikäfer*. Band 1, S. 113.

Verbundenheit zum Rhein besessen hat.[366] Die Briefbuch-Version, in welcher darüber hinaus die Bezeichnung »Sängerpaar« verwendet wird, fügt dieser Konstruktion die Facette des gemeinsamen Kunstschaffens mit dem Partner, dem Geliebten – mit Gottfried Kinkel – hinzu.

Ein Gedicht Gottfried Kinkels, welches gleichermaßen offenkundig Bezüge zum Kahnunglück vom 04. September 1840 herstellt, ist die »Siebente Elegie« aus den »Elegien aus dem Norden. – An Johanna.«.[367] Dieses Gedicht ist sowohl in der dritten Auflage von Gottfried Kinkels Gedichtband[368] als auch im bereits erwähnten Briefbuch Johanna und Gottfried Kinkels zu finden; dort jedoch noch als »Sechste Elegie«.[369] Im Briefbuch ist die Elegie nicht explizit datiert; da aber vorher und nachher Gedichte eingetragen sind, die ebenso das Kahnunglück thematisieren und teilweise konkret auf den 04. September 1840 datiert sind, lässt sich davon ausgehen, dass auch die Elegie in diesem Zeitraum entstanden ist.[370] Da die Unterschiede zwischen den beiden Versionen der Elegie vor allem in der Interpunktion und Orthografie liegen, werde ich im folgenden aus Gründen der einfacheren Zugänglichkeit und somit besseren Überprüfbarkeit die gedruckte Version aus Gottfried Kinkels Gedichtband als Grundlage der Betrachtungen verwenden.

Inhaltlich thematisiert das Gedicht ein Liebespaar, welches sich durch einen Blick in die Zukunft gealtert sieht. Ihre Liebe zueinander wird als immer noch genauso innig beschrieben wie zu Beginn ihrer Beziehung. Der Anblick eines Schiffs löst die Erinnerung an ein Kahnunglück in der Vergangenheit aus, welches sie für ihre Beziehung und ihr jeweiliges Künstlertum als Schlüsselereignis erlebt haben. Das Gedicht schließt mit ihrer Einschätzung, dass sie beide – am Ende ihres Lebens – durch ihre Kunst eine Stellung erlangt haben, die sie durch ihre Werke letztlich den Tod überdauern lässt.

366 Dass der Rhein bzw. das Rheinland eine große Bedeutung für Johanna Kinkel besessen hat, wurde bereits im vorherigen Kapitel durch die Facette angedeutet, dass sie ihren rheinischer Humor zum einen als Charaktereigenschaft bewertet, zum anderen aber auch als Vermarktungsstrategie eingesetzt hat (vgl. Kapitel 3). Auch in den Ausführungen des sechsten Kapitels (vgl. Kapitel 6) wird der Rhein im Kontext der Nationenbildung wieder eine Rolle spielen.

367 Kinkel, *Gedichte. Dritte vermehrte Auflage*, S. 156–160.

368 Ebd.

369 Kinkel/Kinkel, *Diarium*, S 2678 <6>, S. 41–45.

370 Die Datierungen im Briefbuch scheinen vor allem ein Hinweis auf die Entstehung der Gedichte zu sein. Wann sie genau in das Briefbuch eingetragen wurden, lässt sich nicht immer aus diesen Daten genau ableiten, da z. B. ein Gedicht mit der Datierung »d. 30t. Aug:« nach einem Gedicht eingetragen worden ist, das sich eindeutig auf das Kahnunglück vom 04. September 1840 bezieht. (Ebd., S. 37.)

Im inhaltlichen Überblick ist bereits angeklungen, dass vor allem die zeitliche Struktur des Gedichts sehr komplex gestaltet ist. Zu Beginn verweist das Ich auf einen Zeitsprung in die Zukunft:

> Weithin schau' ich hinaus in die dunstigen Nebel der Zukunft, Vor dem prophetischen Blick hebt sich die schlummernde Zeit. Folge mir, fliege voran, du hellbegeisternde Freundin! Nie von dir ja getrennt leuchtet das Künftige mir. Alles schaust du gewandelt: es blich uns beiden die Locke, Müd schon strauchelt der Fuß, langsamer kreiset das Blut.[371]

Nachdem dieser Zeitpunkt in der Zukunft etabliert scheint, wechselt die Sprecherinstanz und der Rückblick wird begonnen: »So spricht dann dein Mund: Schau, siehst du nahen das Schiff dort, / Langsam, müde wie wir? Kennst du noch sein Gallion? / Schau, Marianne ist's, es ist die Priesterin Gottes, / Die uns den heiligen Bund fügte mit tödtlichem Ernst.«[372] Nach dem daran anschließenden Rückblick, in dem ein Kahnunglück geschildert wird, folgt eine Beschreibung des künstlerischen Erfolgs der beiden SprecherInnen sowie ein Ausblick, in welchem die erste SprecherIn davon ausgeht, dass ihre jeweiligen Werke die Zeit überdauern werden. In den letzten zwei Zeilen des Gedichts ist nicht eindeutig ersichtlich, ob der Zeitpunkt vor oder nach dem Zeitsprung zu Beginn des Gedichts gemeint ist. Diese verschachtelte Handhabung der Zeit – zuerst ein Sprung in die Zukunft, gefolgt von einem Rückblick und schließlich wieder ein Blick in die Zukunft – wirft natürlich die Frage nach den Gründen dafür auf.

Eine genauere Betrachtung der Rolle der Kunst scheint dieser zeitlichen Struktur einen Sinn zu verleihen. Innerhalb des Rückblicks berichtet eine SprecherIn zunächst von Zweifeln ihrer PartnerIn an ihrem eigenen Dichtertum:

> Du warst traurig und ernst, und feucht erblickt' ich dein Auge – Edelste Thräne! sie rann um die zukünftige That. Werd' ich, sprachest du da, die höchste Palme gewinnen, Wird mein begeistertes Lied treffen die Herzen des Volks? Wird mir der Lorbeer krönen die schweißbeträufelten Schläfen, Oder ich ruhmlos gehn zu der Geschiedenen Schar? Da weissagend verhieß ich Erfolg, und setzte prophetisch Kühlenden Eppichs Kranz dir auf die pochende Stirn.[373]

Durch den Zeitsprung innerhalb des Gedichts zum Lebensabend der SprecherInnen können diese Zweifel erfolgreich zerstreut werden, da der künstleri-

371 Kinkel, *Gedichte. Dritte vermehrte Auflage*, S. 156.
372 Ebd., S. 157.
373 Ebd., S. 157–158.

sche Erfolg rückblickend als Tatsache beschrieben werden kann. Die komplexe zeitliche Struktur kann dementsprechend im Zweifel der SprecherIn an ihrem Erfolg begründet sein, welcher auf diese Weise ausgeräumt werden kann.

Neben der komplexen Zeitstruktur bedürfen auch die wechselnden Sprecherinstanzen eines Kommentars. Das Gedicht beginnt zunächst mit einem männlichen Sprecher, dessen Geschlecht jedoch erst sehr spät und auch nur indirekt durch die Formulierung »des Greisenden Arm« in Zeile 26 angedeutet wird.[374] Mit dem Rückblick übernimmt eine weibliche Sprecherin – ersichtlich durch die Anrede »du hellbegeisternde Freundin« zu Beginn.[375] Wenn es abschließend um die Darstellung des künstlerischen Erfolgs geht, spricht vornehmlich wieder der erste Sprecher. Allerdings ist dieser letzte Wechsel der Sprecherinstanz weder genau auf eine Stelle zurückzuführen, noch konsequent bis zum Ende durchgehalten. In den folgenden Zeilen habe ich hinter den Pronomen bzw. anderweitigen Bezeichnungen »S[precher]1« oder »S[precherin]2« eingefügt, je nachdem welcher Bezug durch den vorherigen oder folgenden Inhalt begründet am wahrscheinlichsten ist:

> Nicht zu kleinlichem Zweck, so sprachst du [S1], sind wir gerettet,
> Nun bringt Frucht uns das Sein, das uns ein Wunder erhielt,
> Schwimme der Epheu hin, den die Freundin [S2] küssend gewunden,
> Bald nun drückt mir [S1] mein Volk adlichern Kranz auf die Stirn!
> Und nun schau ich [S2] erfüllt, was im Rettungsjubel du [S1] ausriefst,
> Denn mein Dichter, ihn nennt Deutschland den seinigen heut!
> Dann umfass' ich [S1] dich [S2] still, und im Aug' wohl perlt mir die Thräne:
> Nicht für mich ja allein sprach ich [S1] verheißenden Spruch![376]

Auch in den folgenden Zeilen des Gedichts erscheint die Zuordnung der Sprecherinstanz schwierig, da ohne weitere Markierungen ein Wechsel stattfindet, der sich aus dem Inhalt des Gedichts ergibt:

> Weinlaub reiß' ich [S2] herab, und ich [S2] kröne wieder das Haupt dir [S1],
> Wieder des Eppichs Kranz windet dein [S2] Finger für mich [S1].[377]

Warum die Wahl auf diese mehrdeutige Sprechersituation gefallen ist, lässt sich letztlich nicht beantworten. Auf meinen Rezeptionsprozess hatte diese Situation den Effekt, dass ich die beiden SprecherInnen zunächst nicht klar voneinander trennen konnte und unwillkürlich andere biografische Quellen

374 Kinkel, *Gedichte. Dritte vermehrte Auflage*, S. 157.
375 Ebd., S. 156.
376 Ebd., S. 159.
377 Ebd., S. 160.

herangezogen habe, um besser beurteilen zu können, wer gerade spricht. Ich habe Sprecher 1 mit Gottfried Kinkel und Sprecherin 2 mit Johanna Kinkel identifiziert. Diese Gleichsetzung hat die Zuordnung sehr vereinfacht. Aufgrund der vielen inhaltlichen Parallelen sowie mitunter konkreten biografischen Details[378] liegt auch hier eine biografische Lesart nahe,[379] durch welche sowohl die zeitliche Struktur als auch der Wechsel der Sprecherinstanzen eine neue Bedeutung erhalten. Die unsteten Sprecherinstanzen rufen in Verbindung mit der Konstruktion einer engen Paarbeziehung in meiner Rezeption eine Lesart hervor, welche das Erkennen der einzelnen Ichs verwischt und somit die Wahrnehmung zweier Personen als Einheit nahe legt.

Wie bereits dargestellt inszeniert Gottfried Kinkel durch die zeitliche Struktur des Gedichts das Kahnunglück als einen prophezeienden Moment, der zukünftigen Erfolg erwarten lässt. Dieser Erfolg beinhaltet außerdem einen Ewigkeitsanspruch; einen Ewigkeitsanspruch, der u. a. durch den »nicht [. . .] kleinliche[n] Zweck«[380] ihrer Rettung und durch den abschließenden Teil des Gedichts deutlich wird:

> Dein ist, sprichst du, das Lied! Erkennst du die wogenden Maße,
> Die vor allen zuerst du mir geflüstert in's Ohr?
> Aber ich lausche beglückt den voller schwellenden Tönen:
> Mein nicht, dein ist das Lied, welchem die Weise du gabst.
> Nun erst dauert der Bund! Wir leben ein ewiges Dasein,
> Ob auch das mattere Haupt still zu dem Grabe sich senkt.
> Horch, im Wechsel des Tons umarmen sich mächtig die Geister,
> Jeglicher singende Mund zeugt von dem treuen Verein.
> So zwei lichte Gestalten, gewiegt von den wogenden Tönen,
> Schweben wir Hand in Hand über dem heimischen Strom.[381]

Während in Johanna Kinkels »Wechselgesang« bereits geschriebene Gedichte bzw. Lieder und das Sujet des Rheins als Rettungsgrund hervorgehoben werden, wird hier das zukünftig erfolgreiche, das die Zeit überdauernde Dichter-

378 Im Gedicht wird z. B. das Dampfschiff »Marianne« explizit erwähnt. (Vgl. Kinkel, *Gedichte. Dritte vermehrte Auflage*, S. 157.)

379 Das Motto, welches den gesamten »Elegien aus dem Norden« vorangestellt ist, stammt aus Goethes *West-östlichem Divan* und lautet: »Die Flut der Leidenschaft sie stürmt vergebens / An's unbezwungne feste Land – / Sie wirft poetische Perlen an den Strand / Und das ist schon Gewinn des Lebens.« (Ebd., S. 136.) Diese Zeilen verknüpfen den Schaffensprozess eng mit den Erlebnissen eines Dichters und fordern auf diese Weise ebenso zu einer biografischen Rezeption auf.

380 Vgl. ebd., S. 159.

381 Ebd., S. 160.

tum angeführt. Aber auch die bereits geschriebenen und publizierten Gedichte und Kompositionen werden in Gottfried Kinkels »Elegie« berücksichtigt:

> Auch dein Lied erschallt in Deutschlands wallenden Fluren.
> Auch dein tönender Geist geht triumphirenden Gang.
> Deine Weisen entbeben dem liebenden Munde des Knaben,
> Wenn er in nächtlichem Sturm Lieder der Schlummernden singt;
> Mütter wiegen das Kind mit deinen Tönen zum Schlafe.
> Und dein Hymnus erbraust hoch von der Orgel ins Chor.
> An der Brust dir liegt die kindlich träumende Menschheit.
> Und auf dem Fittich des Klangs hebst du sie himmelempor![382]

Aufschlussreich ist, dass die hier angesprochenen Kompositionen alle der zweiten Sprecherin zugewiesen werden. Vergleicht man die hier thematisierten Kompositionen mit Johanna Kinkels Werken, so fällt auf, dass sie sich durchaus mit ihren konkreten Kompositionen identifizieren lassen. So ist z. B. in ihrem Opus 10 ein Wiegenlied auf ihren eigenen Text enthalten und ihr *Hymnus in coena domini* hat sie für den Gründonnerstag 1840[383] komponiert. Der Konstruktionscharakter dieser biografischen Bezüge lässt sich jedoch daran festmachen, dass die beschriebene Form der Rezeption der Kompositionen idealisiert wird. Ungeachtet dessen ist es bemerkenswert, dass gerade auch Johanna Kinkels Schaffen in dieser Form eine durchaus eingehende Würdigung erfährt und sie somit durch Gottfried Kinkels Gedicht als künstlerisch Schaffende, als Komponistin dargestellt und konstruiert wird – viel mehr noch als Gottfried Kinkel, der sich als Dichter erst noch etablieren muss, und viel mehr noch als in ihrem eigenen Gedicht »Der Sterne Wechselgesang mit dem Rhein«.

Dass es aber nicht nur zwei nebeneinander schaffende Künstler sind, welche als Protagonisten in der »Elegie« kreiert werden, sondern auch ein gemeinsam schaffendes Künstlerpaar, wird an folgenden, bereits zitierten Zeilen ersichtlich:

> Dein [S1] ist, sprichst du [S2], das Lied! Erkennst du [S1] die wogenden Maße,
> Die vor allen zuerst du [S1] mir [S2] geflüstert in's Ohr?
> Aber ich [S1] lausche beglückt den voller schwellenden Tönen:
> Mein [S1] nicht, dein [S2] ist das Lied, welchem die Weise du [S2] gabst.[384]

382 Kinkel, *Gedichte. Dritte vermehrte Auflage*, S. 159–160.
383 Vgl. Klaus, *Liebe treue Johanna!*, S. 1017.
384 Kinkel, *Gedichte. Dritte vermehrte Auflage*, S. 160.

In diesen Zeilen wird u. a. angesprochen, dass der Prozess der Entstehung eines Lieds zunächst durch das Dichten eingeleitet wird, jedoch in der Vertonung seine Weiterführung findet. Durch die vielen unausweichlichen biografischen Bezüge kreiert Gottfried Kinkel für die RezipientIn an dieser Stelle eine Beschreibung eines gemeinsamen Schaffensprozesses, der letztlich aus seiner Dichtung und Johanna Kinkels nachzeitiger Vertonung besteht. Die Urheberschaft für ihr gemeinsames Lied weisen sich Johanna und Gottfried Kinkel vorerst gegenseitig zu. Auch hier trägt das häufige Wechseln der Sprecherinstanz zur Aufweichung der eindeutigen Autorschaftszuschreibung bei. In den Zeilen, die sich direkt an die eben zitierten anschließen, wird offenkundig, dass Gottfried Kinkel diese Problematik der Autorschaftszuweisung durch eine Synthese, durch eine Paarautorschaft löst: »Nun erst dauert der Bund! Wir leben ein ewiges Dasein, / Ob auch das mattere Haupt still zu dem Grabe sich senkt. / Horch, im Wechsel des Tons umarmen sich mächtig die Geister, / Jeglicher singende Mund zeugt von dem treuen Verein.«[385] Die Worte »Bund« und »Verein« lassen sich hier als Signalwörter für eine gemeinsame Autorschaft deuten.

Insgesamt bleibt festzuhalten, dass Johanna Kinkels künstlerisches Schaffen in der »Siebenten Elegie« durch Gottfried Kinkel eine besondere Würdigung erfährt und das die Autorschaft – die Verantwortung – für gemeinsame Werke durchaus nicht die eindeutige Domäne Gottfried Kinkels ist; Johanna Kinkel trägt – aus seiner Sicht – diese Autorschaft mit. Es ist bemerkenswert, dass Gottfried Kinkel diese Facette der (Paar-)Autorschaft viel deutlicher und konturenreicher herausstellt als Johanna Kinkel.

4.1.3 Künstlerische Verarbeitung des Kahnunglücks – ... und in Ton

Nach den verschiedenen Verarbeitungen des Kahnunglücks in Selbstzeugnissen und Lyrik von Johanna und Gottfried Kinkel möchte ich an dieser Stelle ein Lied Johanna Kinkels betrachten, in welchem sich ebenso Verbindungen zum Kahnunglück herstellen lassen. Dieses Lied »Am Ufer« ist als zweites Lied im Opus 18 – einem unter dem Namen »J. Mathieux« erschienen Liederheft mit sechs Liedern für Singstimme und Klavierbegleitung – im Frühjahr 1843 veröffentlicht worden.[386]

Betrachtet man zu Beginn den Text des Lieds, so fällt zunächst auf, dass die Autorschaftsangabe vor allem im Vergleich zu den anderen Liedtexten im Liederheft uneindeutig ist. Drei der sechs Lieder des Liederhefts sind auf Texte

385 Kinkel, *Gedichte. Dritte vermehrte Auflage*, S. 160.
386 Vgl. Goslich, »Briefe von Johanna Kinkel«, S. 406.

von Gottfried Kinkel, eines auf einen Text von Emanuel Geibel komponiert und auch jeweils dementsprechend gekennzeichnet. Die zwei verbleibenden Liedtexte haben bezeichnenderweise keine bzw. uneindeutige Autorschaftsangaben. Komplett ohne Kennzeichnung ist der Text zum vierten Lied »Seelige Nacht«. Dieser lässt sich jedoch als Text Johanna Kinkels identifizieren, da eine ihr zugeschriebene, längere Version des Texts im *Maikäfer* zu finden ist.[387] Das hier im Fokus stehende zweite Lied »Am Ufer« trägt die eigentümliche Autorschaftsangabe »J. G.« – eine Angabe, die ich anhand der Betrachtung der verschiedenen erhaltenen Textversionen erläutern möchte.

Der Text des Lieds liegt in insgesamt vier nennenswerten Versionen vor.[388] Neben der bereits erwähnten Vertonung Johanna Kinkels in ihrem Opus 18 findet sich im Briefbuch Johanna und Gottfried Kinkels sowie im *Maikäfer* jeweils eine Version.[389] Schließlich ist der Text ebenso unter dem Titel »Die geweihte Stelle« in Gottfried Kinkels Gedichtband enthalten.[390] Textlich weichen diese unterschiedlichen Versionen nur geringfügig voneinander ab.[391] Da das Gedicht im Briefbuch und im *Maikäfer* handschriftlich erhalten ist, lassen sich aufgrunddessen die ersten zwei Strophen Johanna Kinkel und die dritte und vierte Strophe Gottfried Kinkel zuweisen. Inwieweit diese Handschriften ausreichen, um tatsächlich von einem entsprechend nachzeitigen, aber doch gemeinsamen Schöpfungsprozess auszugehen, bleibt zunächst fraglich, da – vor allem im Kontext einer Paarautorschaft – Szenarien wie z. B. ein gegenseitiges Diktieren nicht gänzlich ausgeschlossen werden können. Da aber sowohl im *Maikäfer* als auch im Briefbuch genau diese Aufteilung gewählt worden ist, lässt sich annehmen, dass ein gemeinsamer Schaffensprozess in möglicherweise nachzeitiger Form stattgefunden hat. Darüber hinaus ist der Hinweis des *Maikäfer*-Mitglieds Willibald Beyschlag in seinen *Erinnerungen*, in denen er schreibt, dass die »beiden ersten Strophen [. . .] von ihr, die beiden letzten von ihm [herrühren]«,[392] ein Anhaltspunkt für die tatsächlich gemeinsame Autorschaft Johanna und Gottfried Kinkels. Die handschriftlichen Versionen lassen

387 Vgl. Brandt u. a., *Der Maikäfer. Band 1*, S. 419.

388 Nennenswert nicht so sehr aufgrund textlicher Unterschiede, sondern vielmehr aufgrund ihrer Fundorte und den damit einhergehenden Umständen.

389 Kinkel/Kinkel, *Diarium*, S 2678 <6>, S. 46; Brandt u. a., *Der Maikäfer. Band 1*, S. 137–138.

390 Kinkel, *Gedichte*, S. 124.

391 Neben Unterschieden in der Orthografie und Interpunktion ist die Verwendung von »langeranckten« in der *Maikäfer*-Version statt des »Lenzgeweckten« im Opus 18 wohl eine der gravierendsten Änderungen. Mutmaßlich ist diese Veränderung vorgenommen worden, um das Vergehen der Jahre besser zu kennzeichnen.

392 Beyschlag, *Aus meinem Leben*, S. 107.

entsprechend einen gemeinsamen Schaffensprozess vermuten – ein Detail, welches sich in den gedruckten Versionen nicht bzw. kaum wiederfindet.

Aufgrund dieser vermutlich gemeinsamen Autorschaft Johanna und Gottfried Kinkels möchte ich im Folgenden auf die Kennzeichnung dieser Autorschaft in den verschiedenen Versionen eingehen. Sie ist in allen vier Fällen unterschiedlich gelöst worden. Im Briefbuch lässt sich nur durch die verschiedenen Handschriften eine Zuordnung vornehmen, welche jedoch, wie bereits erwähnt, den Schaffensprozess nicht unbedingt abbilden muss. Im *Maikäfer* sind die verschiedenen Strophen in der gleichen Weise von Johanna und Gottfried Kinkel aufgeschrieben worden. Da sie aber durch eine Schlängellinie voneinander getrennt sind, lassen sich bei der ausschließlichen Rezeption der *Maikäfer*-Version zunächst durchaus Zweifel anbringen, ob diese vier Strophen als ein Gedicht zu lesen sind. Im Register des *Maikäfers* werden die Anfangszeilen der ersten und dritten Strophe nebeneinander angeführt und – in der vermutlich falschen Reihenfolge – G. Kinkel und J.Mockel zugeschrieben.[393] Daher lassen sich die Strophen als ein Gedicht sowohl von Johanna als auch Gottfried Kinkel verfasst interpretieren. In der gedruckten Version des Gedichts in Gottfried Kinkels Gedichtband wird Johanna Kinkel gar nicht erwähnt, was zu der Annahme führen muss, dass die Autorschaft in der ausschließlichen Rezeption des Gedichtbands in der Regel wahrscheinlich komplett Gottfried Kinkel zugeschrieben worden ist und wird. In Johanna Kinkels Opus 18 liegt ein besonderer Fall vor. Das komplette Heft ist unter ihrem Namen »J. Mathieux« veröffentlicht. Am Ende des Liedtexts ist – wie bereits erwähnt – die Angabe »J. G.« zu finden. Da es auf der Titelseite ebenso einige Unstimmigkeiten in Bezug auf die Textangabe und Reihenfolge der Lieder gibt, kann dieses Kürzel zunächst als Fehler interpretiert werden; eine Annahme die sich durch die Angaben in dem von Richard Sander publizierten Werkverzeichnis Johanna Kinkels bestätigt: »Opus 18. (J. Mathieux) sechs Lieder. [. . .] Erblick' ich dort, von J. Mathieux [J. G.] [. . .].«[394] Sander schreibt die Autorschaft des Texts Johanna Kinkel zu, wobei er das scheinbar irrtümliche Kürzel in Klammern einfügt und somit der Auffälligkeit Rechnung trägt. Vor dem Hintergrund, dass der Text in den anderen handschriftlichen Versionen anscheinend von Johanna und Gottfried Kinkel verfasst worden ist, lässt sich »J. G.« nicht als Fehler, sondern als Angabe der gemeinschaftlichen Autorschaft auflösen.

In diesem Kontext ist noch einmal hervorzuheben, dass gerade die Versionen – in Johanna Kinkels Opus 18 und Gottfried Kinkels Gedichtband –, die vermutlich eine größere Öffentlichkeit erreicht haben, in Bezug auf die

393 Vgl. N. N., *Der Maikäfer*, S 2684.
394 Sander, *Gottfried Kinkels Selbstbiographie*, S. 222.

Autorschaftskennzeichnung am unübersichtlichsten sind. Die verschiedenen Handschriften werden in den Drucken der damaligen Zeit natürlich nicht nachempfunden. In Gottfried Kinkels Gedichtband entfällt in der Konsequenz die Kennzeichnung von Johanna Kinkels Autorschaft komplett und in ihrem Opus 18 wiederum verweist zwar das »G.« im Kürzel »J. G.« auf Gottfried Kinkel, aber dieser Verweis muss – wie oben dargestellt – nicht immer funktionieren, und so bleibt Gottfried Kinkels Anteil an der Autorschaft wahrscheinlich oft eher im Verborgenen – auch wenn Johanna Kinkel sie zumindest in kleinem Umfang berücksichtigt.

Bevor ich inhaltlich näher auf den Text eingehe, möchte ich kurz reflektieren, welche Bedeutung es hat, dass Johanna und Gottfried Kinkel zusammen ein Gedicht geschaffen haben. Durch die gemeinsame Arbeit am Text wird in meiner Rezeption ein Bild evoziert, in welchem Johanna und Gottfried Kinkel gemeinsam auf einer Ebene Kunst schaffen und diesen gemeinsamen Schaffensprozess durch den Topos des Kahnunglücks eng mit ihrer Liebesbeziehung verbinden. Allerdings muss dieser gemeinsame Schaffensprozess aufgrund der nach Strophen aufgeteilten Autorschaft nicht unbedingt natürlich bzw. genuin wirken, sondern kann auch als intendiert bzw. konstruiert rezipiert werden. Diese Wirkung möchte ich jedoch nicht negativ konnotieren – es geht nicht darum, ein natürliches Genie, welches sich auf zwei Personen in einer Partnerschaft verteilt, zu ermitteln. Ich möchte im Gegenteil darauf hinweisen, dass Johanna und Gottfried Kinkel sich in meiner Rezeption aktiv über die lyrische Verarbeitung des Kahnunglücks als ebenbürtig kunstschaffendes Paar konstruieren. Dass die Autorschaftskennzeichnungen gerade in den Versionen des Texts, die eine größere Öffentlichkeit erreicht haben, diese Konstruktion eher verschleiern als offenlegen, lässt vermuten, dass diese Konstruktion in diesem Zusammenhang vor allem eine persönliche Bedeutung für Johanna und Gottfried Kinkel – und vielleicht ihr unmittelbares Umfeld – gehabt hat.

Inhaltlich lässt sich das vierstrophige Gedicht in etwa wie folgt zusammenfassen: Eine SprecherIn wird durch eine Örtlichkeit, durch eine »Stelle«, an ihre Liebe zu einer Person erinnert, die im Gedicht mit »Dir« angesprochen wird und durch das Possessivpronomen »unser« sprachlich als Teil einer Partnerschaft markiert wird. Diese Liebe wird so dargestellt, dass sie nicht nur Zeit ihres Lebens Bestand hat, sondern auch darüber hinaus – besagter Platz dient dafür als Zeit überdauerndes Symbol. Zur besseren Übersicht sei hier der komplette Wortlaut wiedergegeben:

Erblick' ich dort am Ufer jene Stelle,
so dringt es bis an's Herz mir warm und helle;
ein Liebeshauch weht über allen Lüften,
ein Liebesruf hallt wieder auf den Klüften.

Mit Dir einst stand ich unter jenen Bäumen,
in ihre Wipfel auf stieg unser Träumen;
und tönet nun wie Aeolsharfen-Lieder
harmonisch säuselnd aus den Wipfeln wieder.

Die Bäume werden stolz nach oben streben,
wenn längst zu Staub gesunken unser Leben.
Mit jedem Lenzgeweckten jungen Triebe,
Leis' rauschen sie die Bothschaft unsrer Liebe.

Dass stürmender in weicher Dämmerstunde,
der Mund des Knaben häng' an Liebchens Munde
und heilig weihend ihre Brust durchfluten
verscholl'nen Sängerpaars verschwieg'ne Gluten.[395]

Anders als in den bisher thematisierten Ausführungen und Texten findet sich in diesem Gedicht kein konkreter Hinweis auf das Kahnunglück Johanna und Gottfried Kinkels wie z. B. das Datum 04. September 1840 in Johanna Kinkels »Der Sterne Wechselgesang mit dem Rhein« oder der Name des Dampfschiffs (»Marianne«) in Gottfried Kinkels »Siebente[r] Elegie«. Durch die Eingrenzung des Zeitpunkts der Entstehung auf September 1840[396] und durch den Inhalt wird trotzdem der autobiografische Bezug – in Abhängigkeit vom Vorwissen sowie vom betriebenen Aufwand der RezipientIn – erneut mehr oder weniger eindeutig signalisiert. Auch in diesem Text weisen daher die Sprecherinstanzen in meiner persönlichen Wahrnehmung wieder eine große Nähe zu den Personen Johanna und Gottfried Kinkels auf.

Angesichts dieser Lesart möchte ich abermals sowohl auf die SprecherIn(nen) des Gedichts als auch die Darstellung der (Liebes-)Beziehung bzw. Paarautorschaft eingehen. In den ersten beiden Strophen wird ein »Ich« etabliert, welches durch die Verwendung des Worts »Dir« ein Gegenüber erschafft. Diese beiden Instanzen der SprecherIn und der AdressatIn verschmelzen durch den Gebrauch des Possessivpronomens »unser« vor allem in der dritten und

395 Vgl. Mathieux, *Sechs Lieder für eine Singstimme mit Piano*, op. 18, S. 4–5.

396 Vgl. hierzu die voran- und nachgestellten Gedichte im Briefbuch als auch das Datum der *Maikäfer*-Ausgabe (29.09.1840), welche das Gedicht enthält. (Brandt u. a., *Der Maikäfer. Band 1*, S. 127–138.)

vierten Strophe. Diese Sprechereinheit wird letztlich noch in der dritten Person allograf als »Sängerpaar« bezeichnet, was wiederum die Einheit der beiden SprecherInnen nach außen symbolisiert.[397] Im Hinblick auf den Inhalt lässt sich festhalten, dass textlich ingesamt die Liebesbeziehung offenkundig thematisiert, auf das Künstlertum hingegen aber nur sehr dezent verwiesen wird. Neben dem bereits angeführten »Sängerpaar« ist es lediglich der Begriff »Aeolsharfen-Lieder« in der zweiten Strophe, welcher den Bezug zur Kunst bzw. zum Kunstschaffen anklingen lässt. Daher steht inhaltlich die Liebesbeziehung, welche die Zeit überdauert, mehr im Vordergrund als das gemeinsame Künstlertum.

Was passiert nun, wenn man den Text nicht nur als Text, sondern als Liedtext rezipiert bzw. vielmehr die komplette Vertonung im Rezeptionsprozess fokussiert? Kann sich neben den Sprecherinstanzen im Text eine wahrnehmbare Komponistinneninstanz etablieren? Wird die Komponistin überhaupt wahrgenommen oder in die Sprecherinstanzen des Texts eingefügt? Wer spricht im Lied? Um die Frage zu beantworten, ob ich in meiner Rezeption eine gesonderte KomponistInneninstanz wahrnehme, möchte ich zunächst herausarbeiten, inwieweit die Vertonung gegenüber dem Text eine Eigenständigkeit aufweist.

Vordergründig scheint die Vertonung des Texts »Erblick' ich dort am Ufer jene Stelle« in Johanna Kinkels Opus 18 (vgl. Abb. 19) dem Text kaum signifikante Aspekte hinzuzufügen: einfache Harmonik und Melodik,[398] Strophenform und einfache Begleitschemata in der Klavierbegleitung. Schaut man jedoch genauer hin, so scheint die Vertonung doch eine – wenn auch subtile – Ausdeutung der Gedichtstrophen zu sein. So besteht die Melodie beispielsweise größtenteils zunächst aus Akkordtönen in punktierten Rhythmen, die das jambische Metrum des Texts erhalten. Da aber sowohl große, wie auch kleine Punktierungen – punktierte Achtel- sowie Viertelnoten – verwendet werden, können durch die zeitliche Dehnung der großen Punktierungen bestimmte Wörter hervorgehoben werden. In der ersten Strophe sind das z. B. »Liebeshauch« und »Liebesruf«, in der letzten Strophe wiederum ist es das »Sängerpaar«. In Bezug auf die Harmonik dieses in F-Dur gesetzten Lieds fällt auf, dass die letzte Zeile einer jeden Strophe hervorgehoben wird. In der

397 Die SprecherInnen des Gedichts können sich selbst nur durch Abstraktion in der dritten Person bezeichnen, was darauf verweist, dass sie sich selbst aus einer Perspektive von außen betrachten und sich als eine Einheit sehen und letztlich auch inszenieren.

398 Gerade in den ersten vier Takten werden z. B. in der Begleitung lediglich Tonika und Dominantseptakkord verwendet, während melodisch auf den schweren Zählzeiten der Takte vorwiegend Akkordtöne eingesetzt werden.

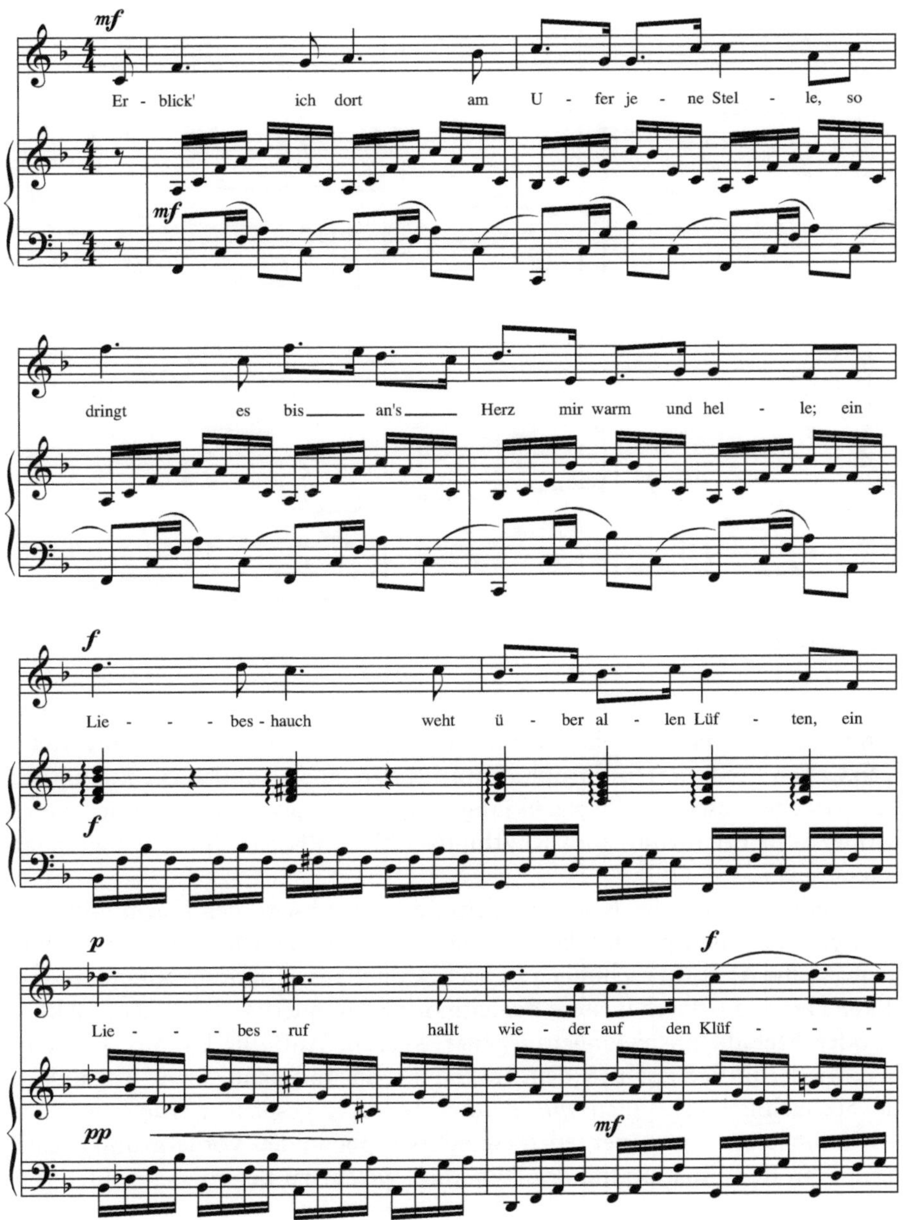

Abb. 19: »Am Ufer«, erste Strophe und Zwischenspiel, T. 1–12.

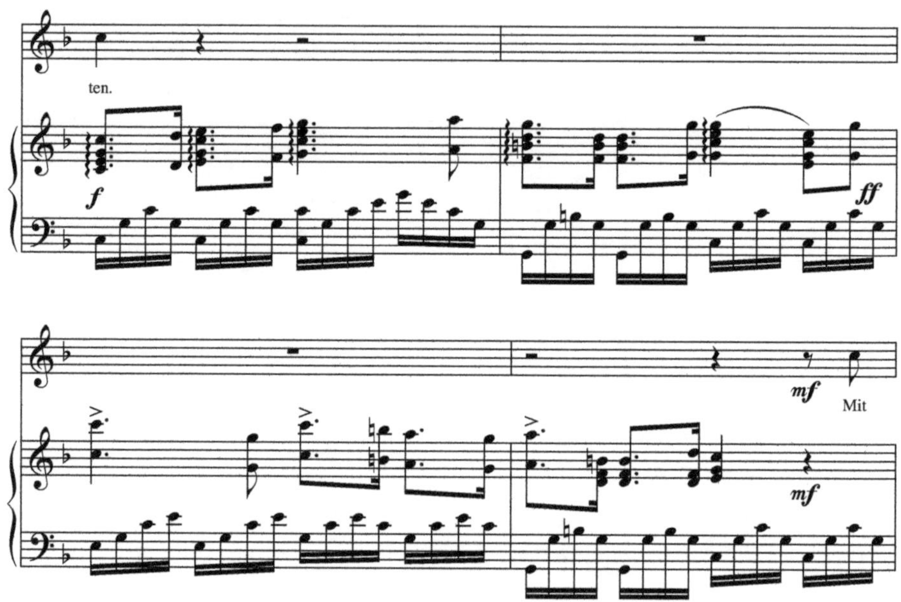

Abb. 19 – Fortsetzung.

ersten (und dritten) Strophe weicht die Tonart zur Mollparallele aus und in der zweiten (und vierten) Strophe zum leiterfremden Tonikagegenklang Des-Dur. Gerade dieser Tonikagegenklang ist bemerkenswert, da er in der vierten Strophe – in Ergänzung zum Rhythmus – ebenfalls das Wort »Sängerpaar« unterstreicht.

Schließlich bietet die Klavierbegleitung auch abseits der Harmonik noch Hinweise auf eine eigenständige Interpretation des Gedichts. Sie besteht überwiegend aus Akkordbrechungen in Sechzehntelläufen in der rechten und/oder linken Hand, die durch weitere Begleitmotive, komplett angeschlagene Akkorde oder Melodieumspielungen ergänzt werden. Auffällig ist hier zunächst, dass wiederum lediglich in den Takten sieben und acht (sowie 19 und 20) die Sechzehntel-Arpeggien *mit beiden Händen* gespielt werden, wodurch erneut die letzte Zeile einer jeden Gedichtstrophe in den Vordergrund gerückt wird.[399] In Kombination mit der Dynamik, welche zu Beginn des siebten (und

399 In der dritten Zeile der ersten Strophe wird diese Verdichtung in der rechten Hand durch Viertelnoten zunächst auf den Zählzeiten eins und drei und nachfolgend auf allen vier Zählzeiten des Takts im Sinne einer Steigerung vorbereitet.

19.) Takts mit pianissimo und schließlich mit einem crescendo zum mezzoforte bzw. forte bezeichnet wird, deutet diese Verdichtung abermals bezeichnende Textstellen wie z. B. »die Bothschaft unsrer Liebe« in der dritten Strophe oder das »Sängerpaar« in der vierten Strophe aus. Ferner können die Sechzehntel-Arpeggien insgesamt als Nachempfindung des Gewässers – des Rheins – interpretiert werden, welches im Gedicht selbst nur durch die Formulierung »am Ufer« indirekt erwähnt wird. Gerade dieses Detail ist eine Besonderheit der Komposition, die nicht durch das Gedicht dargestellt wird. Vor diesem Hintergrund kann die bereits beschriebene Verdichtung der Sechzehntel-Arpeggien als Beispiel dafür dienen, dass die als Gewässer interpretierbare Klavierbegleitung gegenüber dem Text eine Eigenständigkeit aufweist, die dem Lied als Ganzem eine Bedeutungsschicht hinzufügt. Ebenso möchte ich an dieser Stelle das Zwischen- und Nachspiel in der Klavierbegleitung erwähnen. Die erste und zweite Strophe werden durch ein Zwischenspiel voneinander abgetrennt und im Anschluss an das Nachspiel nach der zweiten Strophe wird die komplette Komposition mit den Texten der dritten und vierten Strophe noch einmal wiederholt. Durch diese instrumental gestalteten Pausen zwischen den Strophen, in denen weiterhin in der linken Hand die Arpeggien durchlaufen und in der rechten Hand in Akkorden die Melodie einmal in der Dominante (Zwischenspiel) und einmal in der Tonika (Nachspiel) weiter verarbeitet wird, entsteht der Eindruck eines Nachklangs der Melodie, welcher mit dem Textinhalt korrespondieren könnte: »Mit Dir einst stand ich unter jenen Bäumen, / in ihre Wipfel auf stieg unser Träumen; / und tönet nun wie Aeolsharfen-Lieder / harmonisch säuselnd aus den Wipfeln wieder.«[400]

Welche Sicht auf Johanna Kinkel ergibt sich aus diesen Beobachtungen? Aufgrund der dargestellten Details komme ich zu dem Schluss, dass das Lied »Am Ufer« das Gedicht weiterentwickelt und somit als eigenständige Komposition zu betrachten ist, deren Autorin Johanna Kinkel ist. Vor allem durch die als Hinweis auf den Rhein interpretierbare Klavierbegleitung und die – eher subtile – Verstärkung einiger textlicher Formulierungen mit Hilfe des Rhythmus der Melodie ist Johanna Kinkel als Komponistin für mich deutlich wahrnehmbar, auch wenn Musik grundsätzlich durch eine eher unkonkrete Semantik weniger prägnant auf deren SchöpferIn bezogen werden kann als ein Text. Die Paarautorschaft bzw. das Bild des gemeinsam schaffenden Dichterpaars, welches der Text auf verschiedenen Ebenen evoziert, tritt demgegenüber in den Hintergrund. Ich muss an dieser Stelle allerdings einräumen, dass meine Rezeption in erster Linie auf der eingehenden Analyse des Notentexts basiert. Wie sich die einzelnen Konstrukte verändern oder vielleicht überblenden, wenn bspw.

400 Mathieux, *Sechs Lieder für eine Singstimme mit Piano*, op. 18, S. 4–5.

eine Interpretation einer SängerIn Grundlage der Rezeption ist, muss ich leider genauso offen lassen, wie das Ergebnis eines Rezeptionsprozesses, bei dem die RezipientIn keine Autorschaftsfragen verfolgt.

Diese eher als eigenständig zu beschreibende Autorschaft wirft ein anderes Licht auf den gemeinsamen Schaffensprozess. Johanna und Gottfried Kinkel schaffen zwar gemeinsam innerhalb einer Kunstsparte den Text, aber über den gemeinsamen Text hinaus überführt Johanna Kinkel denselben in eine neue Kunstform – in die Musik. Diese Leistung der Vertonung ist allein ihr zuzuschreiben. Welche Wirkung entfaltet es jedoch, wenn Johanna Kinkel sich gerade einen Text für eine Vertonung aussucht, den sie gemeinsam mit Gottfried Kinkel verfasst hat und darüber hinaus inhaltlich auf ihre Liebesbeziehung und ihr künstlerisches Schaffen verweist? Ich lese diese Auswahl als eine Form der Festschreibung ihrer Liebes- und Kunstbeziehung. Mit dieser Textauswahl bekräftigt und konstruiert sie ihre Einheit mit Gottfried Kinkel auf persönlicher wie schöpferischer Ebene, wobei sie durch die Übertragung in den Bereich der Musik vor allem ihre eigene musikalisch-künstlerische Expertise in diese Einheit einbringt. Durch die Vertonung eines Texts, in welchem sie selbst als Kunstschaffende erscheint, wertet sie darüber hinaus ebenso ihre Tätigkeit als Komponistin auf.

Betrachtet man das Lied »Am Ufer« im Kontext des gesamten Liederhefts, so hebt es sich in seiner Deutlichkeit der Konstruktion einer Liebes- und Kunstgemeinschaft Johanna und Gottfried Kinkels in meiner Rezeption erkennbar von den anderen fünf Liedern des Liederhefts ab. Es fällt mithin auf, dass Johanna Kinkel als Autorin des Liederhefts Gottfried Kinkel mit drei weiteren Vertonungen seiner Texte als Textdichter favorisiert, und dass die Vertonung ihres eigenen Texts »Seelige Nacht« durchaus auch (auto-)biografisch ihre Beziehung zu Gottfried Kinkel konstruiert. Aber eine Konstruktion Johanna Kinkels, in welcher sie als Autorin nicht nur mit eigenen Mitteln, sondern auch durch die Zusammenarbeit mit Gottfried Kinkel am Text und durch die inhaltliche Ausrichtung des Texts am Kahnunglück und am gemeinsamen Kunstschaffen ihre Liebesund Kunstgemeinschaft entwirft, findet man in ähnlicher Weise in diesem Liederheft nicht noch einmal.

Bleibt zu fragen, wer diese Konstruktion einer Liebes- und Kunstgemeinschaft Johanna und Gottfried Kinkels im Liederheft und speziell im Lied »Am Ufer« tatsächlich wahrnimmt. Eine uninformierte RezipientIn wird biografische Konstruktionen in den verschiedenen Texten der sechs Lieder wahrscheinlich nicht wahrnehmen. Während sie zwar die Favorisierung Gottfried Kinkels als Textdichter registrieren kann, bleibt seine Verbindung zur AutorIn »J. Mathieux« durch die Verwendung von Johanna Kinkels Namen aus erster Ehe und der Abkürzung ihres Vornamens auf den Buchstaben »J.«

verschleiert. Auch der gemeinsame Schaffensprozess des Texts »Erblick' ich dort am Ufer jene Stelle« – festgehalten im Kürzel »J. G.« – und die Signifikanz von Johanna Kinkels Auswahl gerade dieses biografisch lesbaren Texts wird ohne Bedeutung bleiben. In meiner eigenen Rezeption gestaltet sich der Fall natürlich anders. Für mich ist Johanna Kinkels Lied »Am Ufer« ihre eigene Konstruktion und Festschreibung ihrer privaten sowie künstlerischen Beziehung zu Gottfried Kinkel.

4.1.4 Eine mögliche Lesart der verschiedenen Verarbeitungen des Kahnunglücks

Unter dem Datum vom 06. Februar 1842 hält Willibald Beyschlag in seinem Tagebuch folgende Beobachtung fest:

> Nahe an dem bei Plittersdorf liegenden Gute kamen wir auf einer kleinen Erhöhung an ein junges Bäumchen, in das zwischen mehrere alte Kränze das Datum des 4. Sept. 1840 (dasselbe Datum, das Kinkels und Directrix' Ringe führten) eingeschnitten war. Mit Blicken freudiger Andacht betrachteten die Liebenden das schöne Denkmal.[401]

Diese Beschreibung zeigt, dass das Kahnunglück auch noch zwei Jahre nach dem eigentlichen Ereignis mehr oder minder eine große symbolische Bedeutung für Johanna und Gottfried Kinkel besessen hat. Sämtliche betrachteten Dokumente konkretisieren diese symbolische Bedeutung: Johanna und Gottfried Kinkel konstruieren das Kahnunglück zunächst als schicksalhaftes Zeichen, welches sie veranlasst, ihre Liebesbeziehung zu akzeptieren und schließlich auch auszuleben. Darüber hinaus knüpft vor allem Gottfried Kinkel eine explizite symbolische Verbindung zu ihrem künstlerischen Schaffen und dessen Erfolg. Beide verarbeiten das Kahnunglück ebenso in ihrer Kunst, wodurch es ästhetisiert und gleichzeitig zu einem Symbol ihres durch ihre Liebe zueinander inspirierten und begründeten gemeinsamen Kunstschaffens wird. Der Text »Erblick' ich dort am Ufer jene Stelle« repräsentiert in diesem Kontext nicht nur inhaltlich die Ästhetisierung und das Zusammendenken von Liebe und gemeinsamem Künstlertum, sondern fungiert gleichzeitig als performative Umsetzung dieser Vorstellung, da sowohl Johanna als auch Gottfried Kinkel AutorInnen des Texts sind. Die Vertonung ist wiederum eine alleinige Konstruktion der Liebes- und Kunstbeziehung von Johanna Kinkel, in welcher sie ihre eigene musikalische Expertise hinzufügt und ihr Autorkonstrukt als kunstschaffende Komponistin innerhalb einer Partnerschaft mit einem Dichter

401 Zit. nach Pahnke, »Der Schauplatz«.

hervorscheint. Das Kahnunglück dient somit als Topos, anhand dessen Johanna und Gottfried Kinkel sowohl ihre Rollen als einander Liebende als auch als (gemeinsam) Kunstschaffende konstruieren.

Während Johanna Kinkel im Vorfeld des Kahnunglücks durch ihre verschiedenen Opera als individuelle, unabhängige Autorin öffentlich wahrzunehmen ist, wird diesem individuellen Konstrukt nach dem Kahnunglück zunächst subtil eine Facette hinzugefügt. In den sechs Liederheften, die sie nach dem Kahnunglück noch veröffentlicht – op. 15 bis op. 19 sowie op. 21 –, ist immer mindestens ein Lied auf einen Text von Gottfried Kinkel komponiert[402] – insgesamt haben 16 der 36 Lieder aus diesen Liederheften eindeutig einen Text von ihm.[403] Auch wenn Johanna Kinkel erst ab ihrem Opus 19 durch die Verwendung ihres Namens aus zweiter Ehe – »Kinkel« – die eheliche Verbindung zwischen ihr und Gottfried Kinkel auch ohne Vorwissen wahrnehmbar macht, ändert dieser Umstand nichts an dem Befund, dass sie Gottfried Kinkel durch die zahlreichen Textvorlagen für ihre Liedkompositionen auch vor diesem Schritt eine bedeutende Position in ihrem kompositorischen Schaffen einräumt. Gottfried Kinkels Position lässt sich dabei nicht als gleichwertig zu Johanna Kinkels Autorschaft beschreiben – er erfüllt durch seine Texte eine vorgeschaltete, inspirierende Funktion, welche unbestreitbar als sehr bedeutsam, durchaus definierend, aber nicht als ausschließlich einzuschätzen ist. Johanna Kinkels Autorschaft wäre ohne Gottfried Kinkel eine andere, aber sie wäre auch ohne ihn existent.

Da Johanna Kinkel gerade in der Zusammenarbeit mit Gottfried Kinkel vor allem als Komponistin in Erscheinung tritt und Gottfried Kinkel als Dichter, ist die Richtung – zuerst schreibt Gottfried Kinkel einen Text, welchen Johanna Kinkel im Anschluss vertont – mehr oder weniger vorgegeben. Es bleibt zu spekulieren, ob Gottfried Kinkel im umgekehrten Falle Johanna Kinkels Texte ebenso vertont hätte. Rückwirkungen eines Musikstücks von Johanna Kinkel auf die Lyrik Gottfried Kinkels konnte ich in meiner Recherche nicht ausfindig

402 An zweiter Stelle nach Gottfried Kinkel bevorzugt Johanna Kinkel mit insgesamt neun Texten ihre eigenen Gedichte.

403 Das Opus 17 ist in diesem Fall besonders interessant, da Johanna Kinkel in diesem Liederheft neben drei Texten von Sebastian Longard, August von Platen und Alexander Kaufmann drei Texte von Gottfried Kinkel vertont, diese aber nicht als von ihm stammend kennzeichnet. Diese fehlende Autorschaftsangabe mag einerseits dazu führen, dass diese Texte Johanna Kinkel zugeschrieben werden. Andererseits kann sie auch Ausdruck für eine so enge (künstlerische) Verbundenheit Johanna und Gottfried Kinkels sein, dass Autorschaftsangaben aus ihrer Sicht überflüssig erscheinen.

machen.[404] Auch ein weiteres Erzeugnis, welches neben dem Text »Erblick' ich dort am Ufer jene Stelle« Ergebnis eines tatsächlich gemeinsamen Schaffensprozess gewesen ist, lässt sich in den erhaltenen Quellen – abgesehen von der im folgenden Unterkapitel thematisierten Kurzgeschichte »Hinaus in's Meer. (Ein Roman in Luftschlößern.)« – nach meinem Wissensstand nicht finden.[405] Insgesamt scheint daher grundsätzlich eine Zusammenarbeit mit einer festen Richtung bzw. festen Reihenfolge vorzuliegen – zuerst die Lyrik von Gottfried Kinkel, im Anschluss die Vertonung Johanna Kinkels.

Welche Auswirkungen haben nun die Verarbeitungen des Kahnunglücks auf mein Autorkonstrukt Johanna Kinkels? Ich nehme Johanna Kinkel – vor allem im Hinblick auf ihre Kompositionen – durchaus immer noch als eigenständige Autorin wahr. Durch die verschiedenen Kunstsparten, die Johanna und Gottfried Kinkel in erster Linie bedienen, ist eine Verschmelzung der beiden Autorschaften zu einer einzigen Entität kaum möglich. Trotzdem sehe ich Johanna Kinkels enge Verbundenheit zu ihrem zweiten Ehemann als eine definierende Facette ihrer Autorschaft, da sie in ihren eigenen Texten oftmals verschiedene Aspekte ihrer Liebe zu Gottfried Kinkel konstruiert und seine Texte nach dem Kahnunglück aus ihrem (ausschließlich vokalen) kompositorischen Schaffen kaum wegzudenken sind. Einschränken ließe sich diese Perspektive lediglich durch den Faktor der Zeit. Die Veröffentlichungen Johanna Kinkels, in denen Gottfried Kinkel durch Textvorlagen deutlich vertreten ist, beschränken sich auf den Zeitraum von etwa 1841 bis etwa 1851 (op. 15 bis op. 21). In diese Zeit fällt das Kennenlernen, die Heirat und die Entstehung der Familie Kinkel durch die Geburt der vier Kinder. Im politischen Exil in London ab 1851 publiziert Johanna Kinkel keine Liederhefte o. Ä. mehr und beschränkt sich auf Schriften und musikpädagogische Werke. Letztlich scheint daher die Konstruktion eines kunstschaffenden Paars eine durchaus wichtige, aber trotzdem auf die ersten zehn Jahre der Beziehung von Gottfried und Johanna Kinkel beschränkte Konstruktion gewesen zu sein.

404 Johanna Kinkel als Person scheint durchaus inhaltlich verschiedene Gedichte inspiriert oder motiviert zu haben. Über das Sujet hinaus fällt jedoch keine Arbeit Gottfried Kinkels ins Auge, welche eine Weiterentwicklung von Johanna Kinkels Kunstschaffen gewesen ist. Letztlich kann diese Frage aber erst durch eine intensive Analyse des Œuvres von Gottfried Kinkel beantwortet werden, die hier nicht geleistet werden kann.

405 An dieser Stelle möchte ich darauf hinweisen, dass vor allem die Handschrift einer AutorIn dazu dient, in Manuskripten Autorschaften zu klären. Inwieweit dadurch andere oder gemeinsame Urheberschaften verschleiert werden, kann ich nicht beurteilen. Ob dementsprechend einige Einträge des gemeinsamen Briefbuchs evtl. doch auch gemeinschaftlich geschaffen wurden, lässt sich aufgrund der Handschriften nicht nachvollziehen.

4.2 Genuine Paarautorschaft – nur ein »Luftschloß«?

Eine Konstruktion Johanna und Gottfried Kinkels als Liebes- und Autoren-Paar, welche gerade auch den eigentlichen gemeinsamen Schaffensprozess näher ausführt, findet sich im Briefbuch der beiden.[406] Es handelt sich um eine Kurzgeschichte in drei Teilen, welche den Titel »Hinaus in's Meer. (Ein Roman in Luftschlößern.)« trägt.[407] Die drei »Luftschlößer« dienen der inhaltlichen Unterteilung des »Romans« bzw. der Kurzgeschichte, wobei das erste und dritte »Luftschloß« in Johanna Kinkels und das zweite in Gottfried Kinkels Handschrift geschrieben ist. Im ersten »Luftschloß« erklimmt ein Paar – mit den Namen Gottfried und Johanna benannt – eine Anhöhe, um von dort aus das Meer zu erblicken. Nachdem sie eine ganze Weile das Meer betrachtet haben, kehren sie in ein Dorf zurück und erhalten – sich als Bruder und Schwester ausgebend – in einem Gasthof Unterkunft. Das zweite »Luftschloß« beschreibt den nachfolgenden Morgen. Gottfried erwacht früh und weckt nach einigen Reflexionen auch Johanna. Im dritten »Luftschloß« machen die beiden ProtagonistInnen schließlich erneut einen Ausflug zum Meer und treffen dort auf zwei Fischer, mit denen sie gemeinsam eine Mahlzeit einnehmen.

Da die ProtagonistInnen dieser Kurzgeschichte explizit die Namen Johanna und Gottfried tragen, möchte ich kurz reflektieren, welche Wirkung dieser Umstand auf die RezipientIn haben mag. Es ist zu erwarten, dass die ProtagonistInnen mit den realen Personen Johanna und Gottfried Kinkels gleichgesetzt werden. Der Fundort – das sehr private Briefbuch – unterstreicht bzw. begünstigt diese Lesart. Bezieht man den Begriff »Luftschloß« aus dem Untertitel in die Überlegungen ein, so stellt sich die Frage, was denn eigentlich das unrealisierbar Phantastische, Fiktive ist. Sind es die Umgebung, die Personen oder doch die Handlung? Es sind es alle drei Komponenten: Johanna und Gottfried Kinkel kreieren Charaktere, die sie – mitunter idealisiert – an sich selbst anlehnen und die einen – in dieser Form wahrscheinlich kaum möglichen – Ausflug an einen nur vage definierten bzw. imaginierten Schauplatz machen. Warum wählen aber Johanna und Gottfried Kinkel den Begriff »Luftschloß«? Wel-

406 In der Retrospektive von 1850 betrachtet Johanna Kinkel das Briefbuch als ein außergewöhnliches Ergebnis ihres gemeinsamen Schaffens mit Gottfried Kinkel und schätzt ihre Liebesbeziehung zu ihm als sehr motivierenden Faktor ihres Schaffens ein: »Wie reich war unser Brautstand an Poesie, und hoher Erwartung! Mir ist in der ganzen Literatur nicht ähnliches von einem Liebesleben innerhalb der Dichtung begegnet, wie dieses Album enthält. Eine Menge meiner eignen Verse, die ich halb vergessen, grüßten mich wieder! Ich wunderte mich, wie viel ich geschrieben habe.« (Klaus, *Liebe treue Johanna!*, S. 922.)

407 Kinkel/Kinkel, *Diarium*, S 2678 <6>, S. 65–72/S. 74–78/S. 79–82.

ches Element ist für sie Fiktion? Der Begriff »Luftschloß« könnte sich aus der Perspektive Johanna und Gottfried Kinkels mitunter auf den Umstand beziehen, dass sie beide gemeinsam fernab ihrer Heimatstadt Bonn die Natur, das Land und das Kunstschaffen genießen können, ohne sich mit Anfeindungen oder anderweitigen Problemen auseinandersetzen zu müssen. In meiner eigenen Rezeption ist es in Anlehnung an die Methodik der Literaturwissenschaft nicht nur diese Flucht, die einen gewissen fiktiven Charakter besitzt. Insbesondere die Personen an sich sind ebenfalls keine faktischen Darstellungen – vielleicht nicht unbedingt fiktiv, aber doch zumindest Konstruktionen, die nur einzelne Teile der Persönlichkeiten herausarbeiten. Eine Kurzgeschichte kann mitnichten komplexe reale Persönlichkeiten in ihrer Gänze abbilden – egal, wie ausführlich und detailliert sie geschrieben sein mag. Das Besondere der Konstruktionen in dieser Kurzgeschichte liegt meines Erachtens darin, dass Johanna und Gottfried Kinkel sich nicht nur als Liebende, sondern auch immer wieder durch das Schaffen von Versen und Melodien und durch ihre Reflexionen und Naturbetrachtungen als Kunstschaffende konstruieren. Sie wählen zwei Facetten ihrer jeweiligen Selbstkonzepte – die Liebende und die Kunstschaffende – und arbeiten diese in der Kurzgeschichte gemeinsam aus.

Die Art und Weise dieser Konstruktion als Kunstschaffende erhält einen besonderen Charakter, wenn man die Erzählsituation gerade im dritten »Luftschloß« etwas eingehender untersucht. Es fällt auf, dass die ProtagonistInnen Johanna und Gottfried – abgesehen von ihren Dialogen – in der dritten Person betrachtet werden. Es gibt also eine von den ProtagonistInnen abweichende ErzählerIn, die jedoch selbst – z. B. durch ein Personalpronomen – nicht in Erscheinung tritt und somit eher verborgen bleibt.[408] Diese zusätzliche Erzählinstanz ist des Weiteren kein Teil der eigentlichen Erzählung und erweckt dadurch den Eindruck einer Distanz zum Erzählten; die ErzählerIn blickt sozusagen »auf das Geschehen« und suggeriert daher einen losgelösten Standpunkt.[409] Insgesamt legt diese Erzählsituation den Eindruck einer neutralen Darstellung nahe – was die Erzählung jedoch mitnichten sein kann. Wenn die ErzählerIn im dritten »Luftschloß« die ProtagonistInnen dementsprechend als »Sänger«[410] bezeichnet, erweckt diese Beschreibung durch die Erzählperspektive – durch die versteckte, nicht teilnehmende ErzählerIn – zunächst den Eindruck recht großer Glaubwürdigkeit bzw. von Neutralität. Dieser Eindruck

408 In der englisch-sprachigen Erzählforschung wird diese erschwerte Wahrnehmbarkeit mit dem Begriff »covertness« bezeichnet. (Vgl. Rimmon-Kenan, *Narrative Fiction*, S. 97–101.)

409 Hier werden in der englisch-sprachigen Erzählforschung die Begriffe »extradiegetic« und »heterodiegetic« verwendet. (Vgl. ebd., S. 95–97.)

410 Kinkel/Kinkel, *Diarium*, S 2678 <6>, S. 82.

lässt sich aber aufgrund der Konstruktionsleistung der Autorin Johanna Kinkel berechtigterweise anzweifeln. Diese Beobachtungen sollen nicht grundsätzlich Johanna Kinkels Verwendung der Bezeichnung »Sänger« in Frage stellen. Es geht vielmehr darum, zu zeigen, dass diese Bezeichnung eine von vielen ist, die Johanna Kinkel hier benutzt, um ein bestimmtes Bild von sich und Gottfried Kinkel zu kreieren. Letztlich muss man sich vor Augen führen, dass Johanna Kinkel – durch ihre Handschrift mutmaßlich als Autorin ausgewiesen – sowohl die ProtagonistInnen, als auch die ErzählerIn geschaffen hat. Alles ist ihre eigene Konstruktion – eine Konstruktion, in der sie sich und Gottfried Kinkel als sich liebende KünstlerInnen in einer Künstlergemeinschaft imaginiert.

Den Gedanken, dass dieser Text nur im privaten Briefbuch enthalten ist und daher vermutlich zunächst nur für Johanna und Gottfried Kinkel gedacht war, möchte ich zum Anlass nehmen, das Briefbuch an sich genauer zu betrachten. Gemäß dem Findbuch der Universitätsbibliothek Bonn ist das »Briefbuch« ein »Diarium«, in das Gottfried und Johanna Kinkel »[z]wischen dem 08.02.1840 und Mitte 1841 [. . .] abwechselnd Gedichte ein[trugen].«[411] Johanna Kinkel beschreibt das Briefbuch in ihrer Korrespondenz mit Gottfried Kinkel folgendermaßen:

> Als wir diese Prachtversendung zuerst errichteten, hieß es, täglich kann es hin und her gesandt werden, es braucht nur ein Distichon, ein Spruch, ein Gruß darin zu stehen, es ist doch immerhin ein Schimmer Morgenrot, der den ganzen kommenden Tag mit Liebesrosenschein umleuchtet.[412]

Dieses Briefbuch nimmt demzufolge eine besondere Stellung ein. Es bietet Johanna und Gottfried Kinkel nicht nur eine Gelegenheit poetisch tätig zu werden, sondern es ist aus Sicht Johanna Kinkels ebenso eine Möglichkeit entweder ihre Liebe zum Thema ihres Schaffens zu machen oder ihr Schaffen sozusagen als Liebesdienst zu betrachten. Geistreiches Schaffen wird dementsprechend inhaltlich, aber auch durch den Prozess an sich zum Symbol ihrer Beziehung. Das Briefbuch ist demgemäß ein Weg, die Verquickung von Liebe und Kunst zu festigen. In dem bereits erwähnten Brief Johanna Kinkels hält sie Gottfried Kinkel an, auch beständig Eintragungen in das Briefbuch vorzunehmen:

> Wandle jeden Traum, jeden Seufzer in eine Strophe; es ist doch alles, was von uns übrig bleiben wird. Wenn man einst nach dem verschollenen Sängerpaar fragt, so antwortet die Sage: ›Ihre Herzen sind lebendig verbrannt, u. alles, was blieb, ist ein Buch voll funkelnden Wechselgesangs!‹[413]

411 Universitäts- und Landesbibliothek Bonn, *Findbuch*, S. 90.
412 Klaus, *Liebe treue Johanna!*, S. 87.
413 Ebd., S. 87.

Das Interessante an dieser Einschätzung ist, dass Johanna Kinkel hier hervorhebt, dass vor allem Erzeugnisse – in diesem Fall innerhalb der Künstlergemeinschaft geschaffene Erzeugnisse – eine Chance auf Verewigung bieten. Verewigt werden dabei nicht Johanna Kinkel als Komponistin und Gottfried Kinkel als Dichter, sondern beide als sich liebendes Künstlerpaar. Berücksichtigt man die verschiedenen Werke, an denen sowohl Johanna als auch Gottfried Kinkel autorschaftlich beteiligt sind – Opus 21, sämtliche Lieder Johanna Kinkels auf Texte Gottfried Kinkels und natürlich das unveröffentlichte Liederspiel *Die Assassinen* –, so ist festzuhalten, dass sie alle *nach* dem Briefbuch entstanden und/oder veröffentlicht worden sind. Das Briefbuch erscheint dementsprechend als ein erster – privater – Versuch, die Idee eines Künstlerpaars zu initiieren und gerade auch zu visionieren. Hierzu möchte ich noch festhalten, dass das Briefbuch interessanterweise im Februar 1840,[414] also vor dem Kahnunglück und vor Johanna und Gottfried Kinkels Entscheidung füreinander begonnen worden ist. Die Einschätzungen Johanna Kinkels aus den hier angeführten Zitaten stammen jedoch aus einem Brief an Gottfried Kinkel vom 20. November 1840 und könnten so bereits als Umdeutungen bzw. (Re-) Konstruktionen interpretiert werden, in denen anhand des Briefbuchs ein gemeinsames Kunstschaffen in Abhängigkeit von ihrer Liebesbeziehung kreiert worden ist.

Im Folgenden möchte ich nun genauer betrachten, wie Johanna und Gottfried Kinkel ihr Kunstschaffen in »Hinaus in's Meer. (Ein Roman in Luftschlößern.)« darstellen. Generell lässt sich festhalten, dass beide nicht einzeln als Kunstschaffende auftreten. Am Ende des ersten »Luftschloßes« ist es nicht Johanna Kinkels Lied, sondern ein Lied beider, welches sie zum Tagesende anstimmt: »Nun laß mich mit einem *unsrer* Lieder Abschied von dem wonnigen Tage u. den holden Sternen nehmen, die uns so freundlich, zwischen den bewegten Ranken durchschimmernd, Gesellschaft leisteten.«[415] Auch am Ende des zweiten »Luftschloßes« heißt es: »Da sprach er ihr in fröhlichen Reimen einen Morgengruß, darin er sie bat eilends hinabzukommen, sie aber faßte die Weise schnell, und sang ihm alsbald die Antwort herunter.«[416] Auch in diesem eher schlichten, alltäglichen Umgang werden beide ProtagonistInnen durch die Ästhetisierung ihrer Kommunikation – durch die Überführung ihrer Verständigung in Versform und Melodie – als Kunstschaffende in ihren jeweiligen Kunstsparten porträtiert. Dabei wird an diesem Punkt kein genuin

414 Vgl. Universitäts- und Landesbibliothek Bonn, *Findbuch*, S. 90.
415 Kinkel/Kinkel, *Diarium*, S 2678 <6>, S. 72, Herv. hinzugefügt.
416 Ebd., S. 77.

gemeinsamer Schaffensprozess dargestellt, sondern ein Schaffensprozess, der von gegenseitiger Inspiration, Motivation und Weiterentwicklung geprägt ist.

Im dritten »Luftschloß« wird schließlich eine Episode beschrieben, in der Johanna und Gottfried gemeinsam ein Lied schaffen, welches über die stilisierte Alltagskommunikation hinaus geht und den Schaffensprozess aus einem anderen Blickwinkel beleuchtet. Am Meer angelangt, entspinnt sich folgender Dialog zwischen den ProtagonistInnen:

> ›Singe mir ein frisches Lied, Traute!‹
>
> ›So gib mir eine neue Dichtung!‹
>
> ›Du hast recht. Der erste Augenblick eines neuen Glücks, das in dieser Farbe uns noch niemals angelächelt, muß auch mit einer niegesungenen Weise gefeiert werden.‹
>
> ›Der leise Wellengesang ruft noch bisher ungeahnte Melodien in mir herauf; o sprich das Wort aus, mein Dichter, das sie auf seinen Schwingen tragen soll. Sieh, es schwebt schon über deinen Lippen.‹[417]

In diesem Dialog wird die Verbundenheit der beiden Kunstschaffenden offensichtlich. Die Entstehung eines Lieds wird in einer Form inszeniert, in welcher Johanna als Komponistin eine Melodie vorschwebt, die aber erst durch die Worte Gottfrieds ihre Vollendung erfährt und Gottfried wiederum durch Johanna aufgefordert wird, Verse zu dichten. Eine engere Verbindung von Dichtung und Musik innerhalb eines Schaffensprozesses scheint kaum vorstellbar. Die Kunst des jeweils anderen scheint notwendig für den eigenen Schaffensprozess. Johanna fungiert als Anregungs- oder Impulsgeberin für Gottfried und Gottfried wiederum liefert durch seine Verse die Komplettierung für Johannas Melodie.

An dieser Stelle habe ich bewusst nur die Vornamen Johanna und Gottfried gewählt, um deutlich zu machen, dass es sich bei dieser Betrachtung um die Beziehung der ProtagonistInnen handelt. In einem weiteren Schritt ist nun zu fragen, inwieweit dieser konstruierte Schaffensprozess dem tatsächlichen Handeln Johanna und Gottfried Kinkels entsprechen könnte. Ein Punkt, der diese Darstellung als Illustration eines gemeinsamen Schaffensprozesses der realen Personen hinterfragenswert macht, ist die Vorstellung, dass Johanna Kinkel bereits eine Melodie-Idee im Kopf hat und Gottfried Kinkels Verse diese genau treffen und der Melodie so ihre endgültige Gestalt geben. Zum einen erscheint diese Form der Zusammenarbeit äußerst ungewöhnlich, da

417 Kinkel/Kinkel, *Diarium*, S 2678 <6>, S. 80.

die übliche Reihenfolge – erst der Text, dann die Vertonung – zugunsten einer Gleichzeitigkeit der Schaffensprozesse aufgegeben wird. Zum anderen ist auch die genaue Passung von Melodie und Text – wenn sie nicht auf eingefahrenen Mustern, sondern auf gleicher Inspiration und Verarbeitung basieren soll –, ausgesprochen unwahrscheinlich. Hier wird eine Einheit der Schaffensprozesse der beiden KünstlerInnen suggeriert, die sich durchaus anzweifeln lässt. Darüber hinaus ist es bemerkenswert, dass die ProtagonistInnen in der Fiktion nur einen Versuch brauchen, um eine perfekte Version der Verse und der Melodie zu schaffen: »Gottfried begann die folgenden Strophen, und Johanna wiederholte sie singend, mit einer langsamen feierlich schwebenden Melodie, die der Wiederhall von Kluft zu Kluft trug[.]«[418] Diese Arbeitsweise erscheint – übertragen auf Johanna und Gottfried Kinkel – eher als euphemistische Konstruktion, da sowohl Johanna als auch Gottfried Kinkel – zumindest für ihre Publikationen – oft Überarbeitungen und/oder Korrekturen vorgenommen haben. Festzuhalten bleibt, dass der hier beschriebene Schaffensprozess als eine idealisierte Darstellung innerhalb der Fiktion gelesen werden kann.

Diese Überlegungen zur Kurzgeschichte »Hinaus in's Meer. (Ein Roman in Luftschlößern.) « lassen sich vielleicht so zusammenfassen, dass sich Johanna und Gottfried Kinkel in diesen »Luftschlößern« durch das Medium der Literatur als liebende Künstlergemeinschaft konstruieren. Formal betrachtet bauen sie hier ihre gemeinsame literarische Autorschaft aus, wie sie schon im Gedicht »Erblick' ich dort am Ufer jene Stelle« umgesetzt worden ist.[419] Inhaltlich werden Gottfried und Johanna Kinkel hingegen als eine liebende Künstlergemeinschaft bestehend aus Dichter und Komponistin dargestellt. Die Konstruktionshaftigkeit dieser Darstellung als liebende Künstlergemeinschaft wird durch eine auffallend idealtypische Illustration ihres Kunstschaffens aufgedeckt, welche den Bezug zur realen Situation von Johanna und Gottfried Kinkel in Frage stellt. Dadurch, dass sich diese Kurzgeschichte im Briefbuch befindet, ist diese liebende Künstlergemeinschaft nicht als Inszenierung für andere zu werten, sondern eher als eine sinnstiftende Maßnahme von Johanna und Gottfried Kinkel sowohl für ihre gemeinsame Beziehung als auch für ihre Autorschaft – ganz im Gegensatz zum Opus 21, welches nun eingehender betrachtet werden soll.

418 Kinkel/Kinkel, *Diarium*, S 2678 <6>, S. 80–81.

419 Als Höhepunkt dieser gemeinsamen literarischen Autorschaft sind sicherlich die *Erzählungen* – ein 1849 unter der Autorschaftsangabe »Gottfried und Johanna Kinkel« veröffentlichter Band mit insgesamt zehn Kurzgeschichten von jeweils Johanna oder Gottfried Kinkel – zu betrachten. (Kinkel/Kinkel, *Erzählungen*.)

4.3 Opus 21 – doch noch ein *Liebesfrühling*?

Das gemeinsame Kunstschaffen Johanna und Gottfried Kinkels findet nicht nur in den bereits angeführten Erzeugnissen, sondern auch in Johanna Kinkels Opus 21 seine Umsetzung. Im Folgenden möchte ich herausarbeiten, welche Form des gemeinsamen Schaffensprozesses in diesem Liederheft realisiert worden ist und wie sich diese Form der Autorschaft in die Idee der liebenden Künstlergemeinschaft einfügt. Dieses Liederheft enthält sechs Lieder, von denen Johanna Kinkel vier auf Texte von Gottfried Kinkel und zwei auf eigene Texte komponiert hat. Die vier Texte von Gottfried Kinkel stammen aus größeren Werken von ihm. Das erste »Lied aus dem ›Spessarttraum‹« ist der Kurzgeschichte »Ein Traum im Spessart« entnommen. Diese Kurzgeschichte befindet sich in den *Erzählungen*, einem erfolgreichen Band mit insgesamt zehn Kurzgeschichten jeweils von Johanna oder Gottfried Kinkel, welcher 1849 bei Cotta erstmals erschienen ist.[420] Das »Provencalische Lied« stammt aus dem Singspiel *Die Assassinen*, welches Johanna Kinkel Anfang 1843 zu vertonen begonnen hatte,[421] und »Des Lehnsmanns Abschied« ist dem Liederspiel *Friedrich Barbarossa in Suza*, dessen Textvorlage 1841 entstanden ist,[422] entnommen. Das »Abendlied nach der Schlacht« ist der einzige Text von Gottfried Kinkel, der im Opus nicht als aus einer umfangreicheren Arbeit Gottfried Kinkels stammend gekennzeichnet ist. Vergleiche mit den Manuskripten Gottfried und Johanna Kinkels lassen aber die Schlussfolgerung zu, dass auch dieses Lied aus dem Kontext der *Assassinen* stammt.[423] Der Umstand, dass die Texte von Gottfried Kinkel alle aus älteren und größeren Arbeiten von ihm stammen, spricht gegen einen Schaffensprozess, bei dem beide miteinander arbeiten und Text und Musik gleichzeitig entstehen. Auch das explizite, durchaus vorzeitige Dichten für ein gemeinsames Liederheft scheint aus diesem Grunde wahrscheinlich nicht stattgefunden zu haben. Die zwei Textvorlagen von Johanna Kinkel, das »Wiegendlied« und »Jugenderinn'rung«, sind

420 Kinkel/Kinkel, *Erzählungen*.
421 Vgl. Briefe Nr. 246–50 in Klaus, *Liebe treue Johanna!*, S. 333–338.
422 Universitäts- und Landesbibliothek Bonn, *Findbuch*, S. 7.
423 Vgl. die Übersicht der Gesangs- und Musikstücke in Kinkel, *Die Assassinen*, S 2686 <1>; vgl. ebenso Mockel, *Die Assassinen*, SN 95, S. 113 u. 209. An dieser Stelle möchte ich darauf hinweisen, dass ich für die Quellenangabe von Johanna Kinkels Vertonung der *Assassinen* ihren Namen Mockel verwende. Da sich keine eindeutige, autorisierte Namenszuordnung anhand der Quellen vornehmen lässt, ist der Zeitpunkt der Entstehung – Anfang 1843, nach Johanna Kinkels Scheidung und vor ihrer zweiten Heirat – sowie die durch den Namen Mockel vereinfachte Abgrenzung zu Gottfried Kinkels Texten ausschlaggebend.

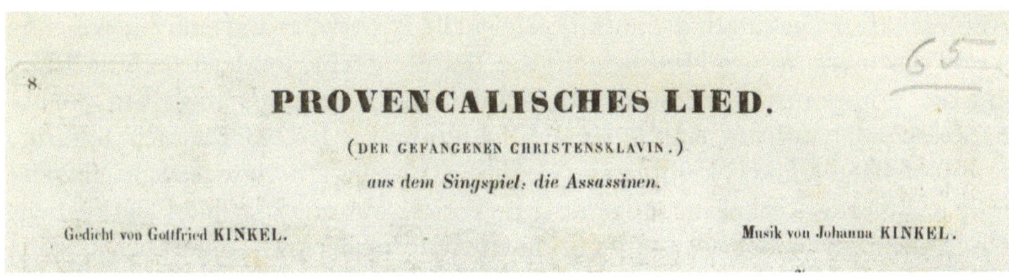

Abb. 20: Autorschaftskennzeichnung im »Provencalischen Lied«, Opus 21.

beide im Opus nicht als aus größeren Kontexten stammend gekennzeichnet. Für das »Wiegenlied« konnten bisher keine weiteren Quellen gefunden werden und somit ist es wahrscheinlich nicht aus einem größeren Werk entnommen worden. Bei dem Lied »Jugenderinn'rung « stellt sich der Fall anders dar. Es stammt aus Johanna Kinkels Komposition *Otto, der Schütz*, ein »Liederspiel in einem Aufzug«, welches im »Zusammenhang mit der Preisaufgabe zum Stiftungsfest des Maikäferbundes 1841« entstanden ist.[424] Sowohl das Text- als auch das Musikmanuskript von Johanna Kinkels *Otto, der Schütz* sind erhalten und lassen diese Einordnung zu.[425] Die Frage, warum Johanna Kinkel den Ursprung des Texts aus ihrem *Otto, der Schütz* nicht angibt, bleibt auch ohne konkrete Antwort interessant. Betrachtet sie ihr eigenes Liederpiel als qualitativ zu unbedeutend oder soll es vielleicht im Hinblick auf die Autorschaft nicht mit den Liederspielen aus Gottfried Kinkels Feder konkurrieren? Möchte sie auf diese Weise ihre zusätzliche Rolle als Dichterin herunterspielen und gleichzeitig die Zusammenarbeit von ihr und Gottfried Kinkel als Komponistin und Dichter betonen?

Um zunächst die Art und Weise, wie die Autorschaften innerhalb des gesamten Liederhefts gekennzeichnet sind, genauer herauszuarbeiten, möchte ich die verschiedenen Bestandteile der Angaben etwas eingehender betrachten. Unter der Titelangabe aller Lieder wird jeweils links mit »Gedicht von« und rechts mit »Musik von« die jeweilige Autorschaft präzise angegeben (vgl. Abb. 20). Diese Art und Weise der Bezeichnung ist bemerkenswert, da Johanna Kinkel oft – wie z. B. in ihrem Opus 7 oder Opus 10 – den Textdichter unauffällig am Ende des Liedtexts, sozusagen im Notenbild anführt. Im Opus 21 erhält die

424 Universitäts- und Landesbibliothek Bonn, *Findbuch*, S. 16.

425 Kinkel, *Otto, der Schütz*, S 2401; Kinkel, *Otto der Schütz*, Cod. Mus. II. Reihe 20 111a–b.

Autorschaftsfrage durch die auffällige visuelle Positionierung eine Aufwertung – und das nicht nur im Hinblick auf die TextdichterIn, sondern auch in Bezug auf die KomponistIn. Beide werden explizit zu Beginn genannt. Ein erwähnenswertes Detail am Rande ist die Schreibweise der Nachnamen Johanna und Gottfried Kinkels komplett in Großbuchstaben. Durch diese Schreibweise fällt der Name Kinkel ins Auge und suggeriert auf einer kleinen Detailebene die Einheit der beiden AutorInnen – auch wenn sie separat aufgeführt werden.

Die Titelseite des Liederhefts (vgl. Abb. 21) inszeniert diese Einheit Johanna und Gottfried Kinkels demgegenüber sehr prägnant und offenkundig. Ohne genauere Spezifizierung werden hier die sechs Lieder »Gottfried und Johanna Kinkel« zugeschrieben.

Die Form des Layouts scheint das Wahrnehmen einer gleichrangigen Künstlergemeinschaft zu begünstigen. Eine Frage, die zumindest in dieser Arbeit unbeantwortet bleiben muss, ist, wer dieses Layout bestimmt hat und somit für diese Inszenierung verantwortlich war. Hat Johanna Kinkel in ihren Vereinbarung mit Schott bereits Anforderungen gestellt, oder war es letztlich der Verleger Schott, der das Layout festgelegt hat? Die Frage hingegen, inwieweit diese Inszenierung den tatsächlichen Entstehungsprozess widerspiegelt, kann in Ansätzen hier beantwortet werden. Bereits die Betrachtung der Textgrundlage hat eine enge Zusammenarbeit Johanna und Gottfried Kinkels für dieses Liederheft in Frage gestellt; nicht nur, weil Johanna Kinkel neben der Musik auch noch zwei Texte selbst geschrieben hat, sondern weil sie die Texte aus größeren Werken ihres Ehemannes allem Anschein nach losgelöst vom Entstehungsprozess des Liederhefts vertont und für die Publikation vermutlich lediglich überarbeitet hat. Im Falle des »Provencalischen Lieds« lässt sich dieser Entstehungs- und Überarbeitungsprozess genauer nachvollziehen, was im Verlauf dieses Kapitels noch weiter ausgeführt wird.

Die Veröffentlichung dieses Liederhefts lässt sich anhand von Otto Erich Deutschs Sammlung von Musikverlagsnummern und anhand von Johanna Kinkels Korrespondenz mit Kathinka Zitz auf den Winter 1850/51 datieren.[426] Dieser Zeitpunkt ist von Interesse, da Gottfried Kinkel seine Frau in einem Brief aus seiner Inhaftierung im Zuchthaus Berlin- Spandau im Oktober 1850 zum Verkauf eines Liederhefts an Schott beglückwünscht: »Zu deinem glücklichen Verkauf des Liederheftes nach Mainz wünsche ich dir recht von Herzen Glück.«[427] Berücksichtigt man die anderen Liederhefte Johanna Kinkels und deren Veröffentlichungszeiträume, so lässt sich annehmen, dass sich diese

426 Vgl. Deutsch, *Musikverlagsnummern*, S. 23–24; vgl. Leppla, »Johanna und Gottfried Kinkels Briefe«, S. 30–31.

427 Vgl. Klaus, *Liebe treue Johanna!*, S. 1077.

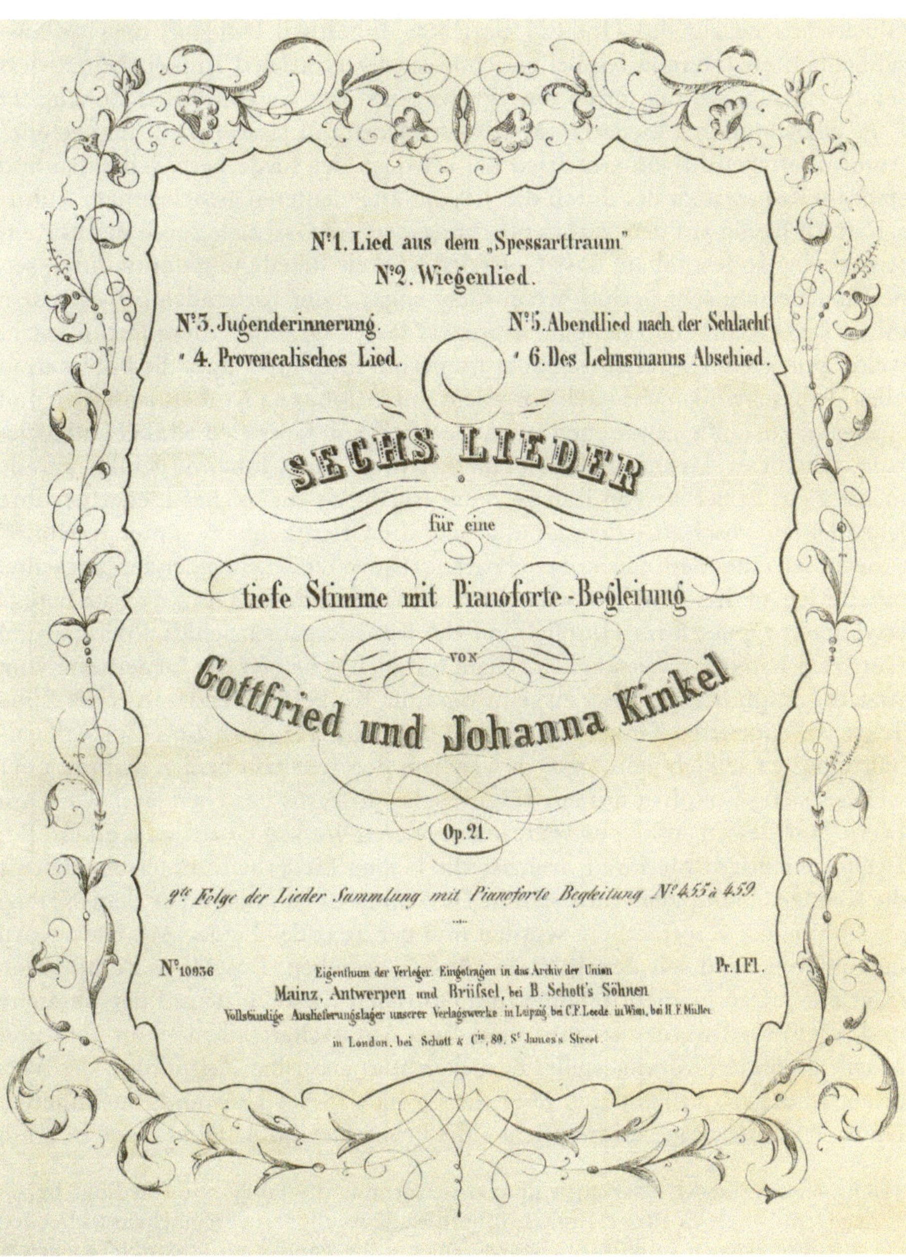

N°1. Lied aus dem „Spessarttraum"
N°2. Wiegenlied.
N°3. Jugenderinnerung.
" 4. Provencalisches Lied.
N°5. Abendlied nach der Schlacht
" 6. Des Lehmsmanns Abschied.

SECHS LIEDER
für eine
tiefe Stimme mit Pianoforte-Begleitung
von
Gottfried und Johanna Kinkel
Op. 21.

2te Folge der Lieder Sammlung mit Pianoforte Begleitung N° 455 à 459.

N° 10936 Pr. 1 Fl.

Eigenthum der Verleger. Eingetragen in das Archiv der Union
Mainz, Antwerpen und Brüssel, bei B. Schott's Söhnen
Vollständige Auslieferungslager unserer Verlagswerke in Leipzig bei C.F. Leede, in Wien, bei H.F. Müller
in London, bei Schott & Cie, 89, St James's Street.

Abb. 21: Titelseite des Opus 21.

Glückwünsche auf das Opus 21 beziehen. Inhaltlich fällt auf, dass sie ausschließlich an Johanna Kinkel gerichtet sind – Gottfried Kinkel thematisiert seinen eigenen Beitrag durch die Textvorlagen mit keinem Wort. Er schreibt z. B. nicht »unseres Liederheftes«. Dieser Umstand lässt auf ein mangelndes Autorschaftsgefühl von Gottfried Kinkel bzgl. des Liederhefts schließen und steht im Kontrast zu der durch das Layout angedeuteten gemeinsamen Autorschaft. In Bezug auf den Veröffentlichungsprozess lässt sich durch dieses Zeitfenster ebenso festhalten, dass Gottfried Kinkels Beteiligung daran durch seine Inhaftierung sehr gering, wenn nicht sogar nicht vorhanden gewesen sein muss. Der eigentliche Entstehungsprozess lässt sich durch diese Details nicht weiter präzisieren; es lässt sich aber immerhin festhalten, dass die Publikation aller Wahrscheinlichkeit nach vor allem durch Johanna Kinkels Initiative und Aufwand zustande gekommen ist. Ausgehend von Gottfried Kinkels Inhaftierung scheint es darüber hinaus bemerkenswert, dass Johanna Kinkel gerade in der Zeit, in der sie von ihm getrennt ist, durch ein solches Liederheft ihre Künstlergemeinschaft – für sich und/oder die Öffentlichkeit – unterstreicht.[428]

Bevor ich eines der Lieder, das »Provencalische Lied«, eingehender betrachte, möchte ich an dieser Stelle noch konturieren, wie sich das Opus 21 vom bereits erwähnten Opus 18 im Hinblick auf die Künstlergemeinschaft Johanna und Gottfried Kinkels unterscheidet. Grundsätzlich scheinen die Liederhefte vom Ansatz her ähnlich gestaltet zu sein: Johanna Kinkel verwendet in erster Linie Texte von Gottfried Kinkel und vertont diese. Im Vergleich zum Opus 18 enthält Opus 21 jedoch kein Lied, in welchem der Text von beiden stammt oder welches sich so explizit auf ein biografisches Ereignis beziehen lässt wie »Am Ufer«. Stattdessen enthält es Texte aus größeren Werken Gottfried Kinkels. Ein zweites wichtiges Merkmal, welches die beiden Liederhefte unterscheidet, ist die Kennzeichnung der Autorschaft. Das Opus 18 ist noch unter dem Namen »J. Mathieux« veröffentlicht worden und der Text des Lieds »Am Ufer« wird nur unzureichend mit den Kürzeln »J. G.« versehen. Das Opus 21 hingegen trägt die beiden Namen Johanna und Gottfried Kinkel groß auf der Titelseite und jedem Lied werden noch einmal zwei Autorschaftsangaben zu Text und Musik gesondert vorangestellt. Berücksichtigt man die Zeitpunkte der Veröffentlichungen, so lässt sich über die Gründe dieses Umstands spekulieren: Opus 18 wurde 1843 veröffentlicht – die Probleme und Anfeindungen in Bonn

428 Es sei angemerkt, dass auch finanzielle Gründe die Publikation bedingt haben mögen. Durch Gottfried Kinkels Inhaftierung war Johanna Kinkel ausschließlich auf ihre eigenen Einkünfte angewiesen, um die Familie zu ernähren. Vielleicht eigneten sich einfach gerade diese Lieder am besten für eine Publikation, um die prekäre finanzielle Lage zu entlasten, so dass Aspekte der Paarautorschaft keine Rolle gespielt haben müssen.

waren auf einem Höhepunkt und Johanna Kinkel war zwar bereits geschieden, aber noch nicht bzw. gerade erst mit Gottfried Kinkel verheiratet. Die Veröffentlichung des Opus 21 wurde 1850 – während Gottfried Kinkels Gefangenschaft – initiiert. Während beide Liederhefte zu Zeitpunkten veröffentlicht wurden, in denen die Beziehung Johanna und Gottfried Kinkels von außen unter Bedrängnis geraten war, mutet Opus 18 in dieser Gegenüberstellung aufgrund der unauffälligeren Autorschaftskennzeichnungen eher als ein erster Versuch an, ihre Künstler- und Liebesgemeinschaft vor allem für sich selbst zu etablieren. Opus 21 hingegen erscheint als ein Manifest dieser Künstler- und Liebesgemeinschaft für die Öffentlichkeit – jegliche RezipientIn wird im Opus 21 diese Gemeinschaft anhand der Namen direkt wahrnehmen können.

4.3.1 Aus den *Assassinen*

Das Lied, welches ich nun genauer analysieren möchte, ist das vierte Lied im Opus und trägt den Titel »Provencalisches Lied. (DER GEFANGENEN CHRISTENSKLAVIN.)«. Der Untertitel »aus dem Singspiel die Assassinen.« klärt scheinbar offenkundig die Herkunft. Allerdings verschleiert diese Formulierung, dass die Musik der *Assassinen* von Johanna Kinkel nie fertig gestellt worden ist und dieses Lied eine überarbeitete Form des Lieds aus dem unvollendeten, nicht veröffentlichten Manuskript ist. Neben diesen beiden Versionen im Opus 21 und im Manuskript gibt es noch eine weitere Version des Lieds – eine Reprise auf einen anderen Text im dritten Akt des Singspiels. Diese Reprise des »Provencalischen Lieds« ist ausgesprochen aufschlussreich, da sie eine musikalische Überarbeitung der vorherigen Version im Manuskript ist, in welcher bereits die meisten Veränderung zur Version im Opus 21 enthalten sind und welche somit einen Einblick in den Entstehungsprozess gewährt. Diese Einschätzung lässt sich aufgrund folgenden Kommentars im Manuskript zu Beginn der Reprise bestätigen: »Das provencalische Lied muß ebenso geändert werden.«[429]

In Bezug auf den Inhalt der *Assassinen* lässt sich das »Provencalische Lied« als Klage der Melisende einordnen, die aufgrund falscher Versprechungen nach Palästina aufgebrochen und schließlich als Sklavin verkauft worden ist.[430] Die Reprise der Melodie wird auf einen anderen Text – als Lied eines Ahnherrn der Familie des Ritters Heinrich – gesungen und dient diesem und seinem verschleppten Sohn Geoffroy, Musa genannt, zur Erkennung ihrer familiären Bande.[431]

429 Mockel, *Die Assassinen*, SN 95, S. 210.
430 Kinkel, *Die Assassinen*, S 2686 <1>.
431 Vgl. ebd.

Einer der auffälligsten Unterschiede der verschiedenen Versionen ist zunächst die Tonart, die im Manuskript bei beiden Varianten F-Dur und im Opus C-Dur ist – eine Änderung, die mutmaßlich dem Umstand geschuldet ist, dass das Liederheft für eine »tiefe Stimme« angelegt ist. Durch die Tonartänderung ist der höchste Ton nicht mehr *a2*, sondern *e2*. Darüber hinaus ist die erste Version im Manuskript im 9/8-Takt gesetzt, wohingegen sowohl die Reprise als auch die Opus-Version im 6/8-Takt geschrieben sind. Ein weiterer Unterschied, der die zeitliche Strukturierung betrifft, ist die Angabe »Andante« in der ersten Version im Manuskript und »Allegretto« im Opus; der Reprise ist keine Tempoangabe vorangestellt. Im Hinblick auf die Harmonik lässt sich festhalten, dass die ursprüngliche Version im Manuskript gegen Ende eine Ausweichung zur Mediante Des enthält, die in den nachfolgenden Versionen nicht mehr zu finden ist. Auch die Melodieführung weist in den drei Versionen einige Unterschiede im Hinblick auf Rhythmus und Tonhöhe auf. Ob diese Unterschiede Ergebnis des Taktartwechsels und der harmonischen Änderungen gewesen sind oder diese erst notwendig gemacht haben, lässt sich nicht abschließend beurteilen. Da die rhythmischen Veränderungen aber vor allem Kürzungen langer Noten sind, legen diese eine Anpassung an die veränderte Taktart in der Reprise nahe. Die Kadenz am Ende der ersten Version in den *Assassinen* wird weder in der Reprise noch im Opus verwendet.

Anhand des Anfangsmotivs auf den Text »Am Strande der Dürançe«, welches in allen drei Versionen (kompositorisch) anders gestaltet worden ist, möchte ich etwas konkreter aufzeigen, welche Überarbeitungsschritte Johanna Kinkel von Version zu Version vorgenommen hat. Die folgenden Ausschnitte (vgl. Abb. 22, Abb. 23 und Abb. 24) geben die unterschiedlichen Varianten – zur besseren Vergleichbarkeit in die Opus-Tonart C-Dur transponiert – wieder.

Während in der Ursprungsversion des »Provencalischen Lieds« das Eingangsmotiv vor allem als eine rhythmisierte Tonwiederholung betrachtet werden kann, der zum Abschluss Umspielungen und eine abwärtsgeführte Terz beigefügt worden sind, weisen sowohl die Reprise als auch die Opus-Version eine viel ausgeprägtere Melodieführung auf: Die Reprise umfasst eine komplette Oktave und zeichnet sich durch einen Quartsprung zu Beginn aus; in der Opus-Version beschränkt sich der Ambitus hingegen auf eine Quinte, die durch eine Abwärts- mit anschließender Aufwärtsbewegung nachgezeichnet wird und gleichzeitig den Schluss des Reprisen-Motivs aufgreift. Die Weiterentwicklung dieser Eingangsmotive ist exemplarisch für die Genese des kompletten »Provencalischen Lieds« bis hin zur Opus-Version: Zuerst wird das Motiv für die Reprise bis auf die Abschlussnoten substanziell verändert und in einem zweiten Schritt werden lediglich die ersten drei Noten für das Opus 21 überarbeitet. Über die Motivationen für die Veränderungen lässt sich leider

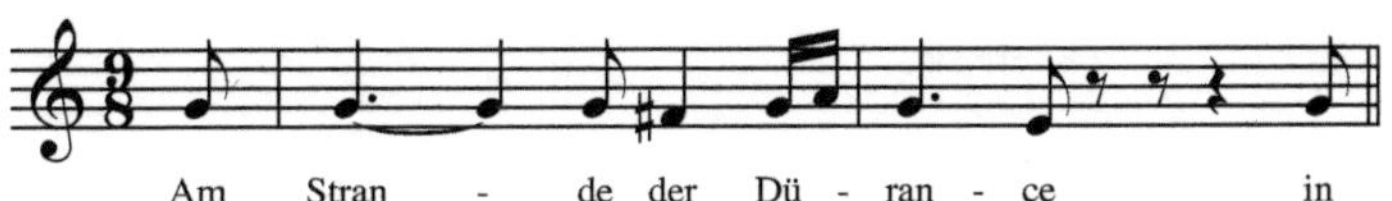

Abb. 22: Anfangsmotiv der Ursprungsversion des »Provencalischen Lieds«.

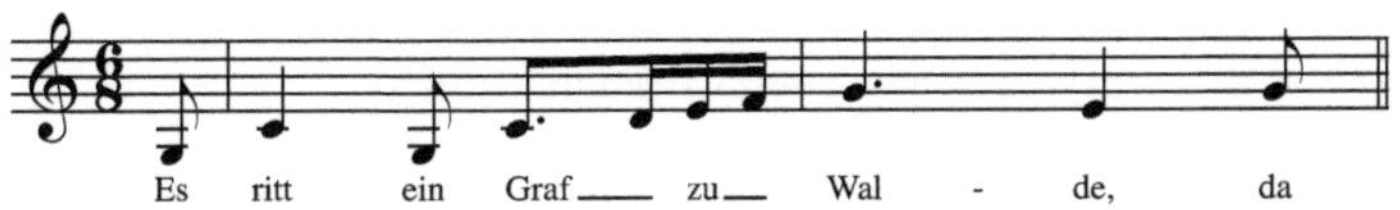

Abb. 23: Anfangsmotiv der Reprise des »Provencalischen Lieds«.

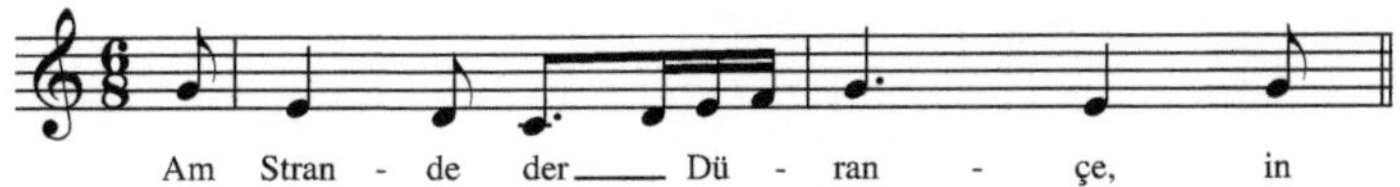

Abb. 24: Anfangsmotiv der Opus-Version des »Provencalischen Lieds«.

nur spekulieren. So kann beispielsweise die Veränderung des Anfangsmotivs der Reprise zur Opus-Version darin begründet sein, dass das Anfangsmotiv der Reprise – nach C-Dur transponiert – der SängerIn gleich zu Beginn ein tiefes *g* abverlangt hätte, was durchaus eine Schwierigkeit darstellen kann; genauso könnte Johanna Kinkel aber auch den Signalcharakter der aufsteigenden Quarte als unpassend empfunden haben.

Vergleicht man abschließend noch einmal die Melodieführung der Reprise in den *Assassinen* (vgl. Abb. 26) mit der Melodieführung in der Opus-Version (vgl. Abb. 25) über das Anfangsmotiv hinaus, lassen sich tatsächlich nur geringe Unterschiede feststellen: Eine None (T. 6) wird eingefügt, als Verzierung anmutende Sechzehntel werden in eine Achtel umgewandelt (T. 7) und eine leichte Änderung in der Rhythmisierung (T. 15–16) ist zu finden.[432] Da das Anfangsmotiv der Reprise im Mittelteil noch einmal in Ansätzen aufgegriffen wird, ist auch diese Stelle im Opus 21 – mutmaßlich aufgrund der Änderung des Anfangsmotivs – neu gestaltet worden, da die Reminiszenz sonst nicht mehr gegeben wäre.

432 Die Taktzahlen beziehen sich auf die vom Kontext losgelöste Melodie.

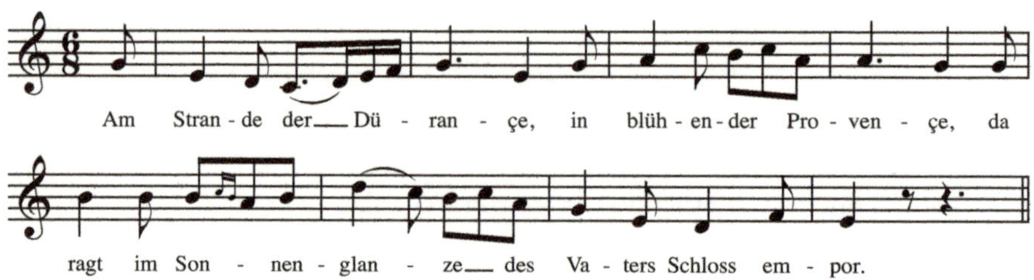

Abb. 25: Melodie des »Provencalischen Lieds« aus dem Opus 21.

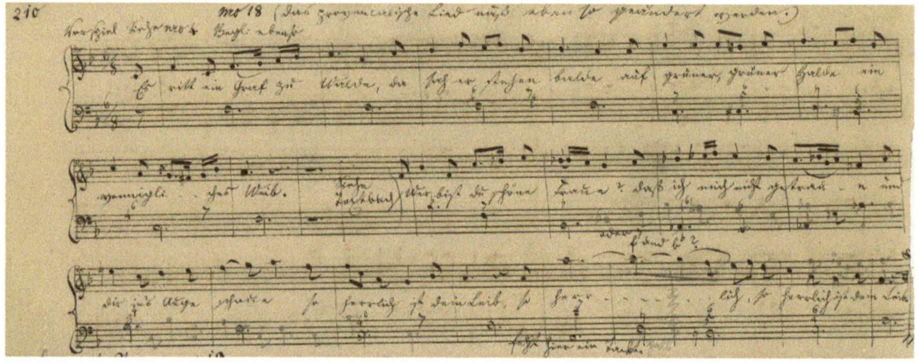

Abb. 26: Reprise des »Provencalischen Lieds«.

Im Mittelteil der Reprise (vgl. Abb. 26) liegt darüber hinaus eine andere Bassführung als in der Opus-Version vor. Diese Änderungen von der Reprise zur Opus-Version sind bis auf wenige Details mit Bleistift in der Reprise im Manuskript bereits festgehalten und zeigen so die Weiterentwicklung der Komposition auf.

Die beschriebenen Veränderungen zeigen, dass das »Provencalische Lied« allem Anschein nach für die *Assassinen* geschrieben und komponiert worden ist und für das Opus 21 von Johanna Kinkel lediglich in eher geringem Maße überarbeitet wurde.[433] Da auch der Text von Gottfried Kinkel in sämt-

433 Mit absoluter Sicherheit lässt sich diese Aussage nicht treffen, da anhand der Quellen nicht genau bestimmt werden kann, wann Johanna Kinkel welche Teile ihrer Vertonung der *Assassinen* komponiert hat. Es liegt im Bereich des Möglichen, dass sie die Reprise z. B. erst unmittelbar vor der Veröffentlichung des Opus 21

lichen Versionen[434] bis auf ein bzw. zwei Wiederholungen der jeweils letzten Zeile einer Strophe in Johanna Kinkels Vertonungen gleich geblieben ist, lässt sich eine weitere Korrektur seinerseits ausschließen. Auch Textänderungsvorschläge, die Johanna Kinkel Gottfried Kinkel in Gefangenschaft aufgrund der Aufnahme des Liedtexts in seinen Gedichtband unterbreitet – »Durançe, Provence, Glanze – Es ist wohl zu viel gefordert den 3ten Reim noch rein zu praktiziren?«[435] – bleiben unberücksichtigt. Die Reprise bildet in dieser Hinsicht eine Ausnahme, da sie durch den Inhalt bedingt im dritten Akt bereits im (Text-)Manuskript einen gänzlich anderen Text aufweist.

Neben dem »Provencalischen Lied« scheint auch der Text des fünften Lieds des Opus 21 – das »Abendlied nach der Schlacht« – aus den *Assassinen* zu stammen. Hier ist die Quellenlage allerdings nicht so eindeutig wie im Falle des »Provencalischen Lieds«. In Gottfried Kinkels *Assassinen*-Manuskript[436] beginnt der dritte Akt mit dem »Abendlied nach der Schlacht« als 16. Musikstück.[437] In Johanna Kinkels Manuskript ihrer Komposition verweist der Kommentar »Das Lied nro 17 steht vorn. Seite 113.«[438] auf eine Lied-Skizze, die textlich und musikalisch in großen Teilen mit dem »Abendlied nach der Schlacht« aus ihrem Opus 21 übereinstimmt. Diese auf einem einzelnen Papierbogen erhaltene Liedskizze entspricht im Melodie-Verlauf bis auf wenige Ausnahmen der Opus-Version und auch die skizzierte Begleitung wird größtenteils im Opus umgesetzt. Die auffälligste Änderung liegt in der Transposition von E-Dur in der Skizze nach F-Dur im Opus. Dass diese Liedskizze auf einem separaten Papierbogen unter dem durchgestrichenen Titel »Gesammelte Melodien« erhalten ist,[439] lässt im Hinblick auf ihre Entstehung Fragen aufkommen: Warum ist die Skizze nicht direkt im eigentlichen Manuskript eingefügt? Ist sie vor, während oder nach Johanna Kinkels eigentlichem Arbeitsprozess an den *Assassinen* entstanden? Wurde das Lied erst nach der

komponiert hat. (Vgl. Briefzitat auf S. 172 in dieser Arbeit.) Da jedoch bisher keine konkreten Hinweise vorliegen, die eine solche Datierung nahelegen, gehe ich davon aus, dass auch die Reprise 1843 entstanden ist.

434 Vgl. Kinkel, *Die Assassinen*, S 2686 <1>; vgl. Kinkel, *Gedichte. Sechste Auflage*, S. 337; vgl. Mockel, *Die Assassinen*, SN 95, S. 150–151; vgl. Kinkel/Kinkel, *Sechs Lieder für eine tiefe Stimme mit Pianoforte- Begleitung*, op. 21.

435 Klaus, *Liebe treue Johanna!*, S. 872.

436 Kinkel, *Die Assassinen*, S 2686 <1>.

437 Vgl. ebd., S. 5 u. S. 48.

438 Mockel, *Die Assassinen*, SN 95, S. 209. Die unterschiedliche Zählung ergibt sich daraus, dass Johanna Kinkel zu Beginn des zweiten Akts zwei Lieder einfügt und sich somit die Zählung verschiebt.

439 Ebd., S. 113.

Veröffentlichung des Opus 21 den *Assassinen* zugeordnet? Leider lassen sich in den hier betrachteten Quellen keine Antworten auf diese Fragen finden, und so lässt sich lediglich festhalten, dass das »Abendlied nach der Schlacht« trotz mangelnder Kennzeichnung aus heutiger Sicht auch in den Kontext der *Assassinen* einzuordnen ist. Ferner ist es letztlich ebenso in einer transponierten und ausgearbeiteten Form in das Opus 21 aufgenommen worden.

In der Korrespondenz von Johanna und Gottfried Kinkel lassen sich einige Reflexionen zum generellen Entstehungsprozess der *Assassinen* finden. Johanna Kinkel beschreibt in einem Brief vom 12. Januar 1843 ausführlich die Auswahl des Texts der *Assassinen.*[440] Da diese Ausführungen sehr eindrücklich sind, möchte ich sie hier in voller Länge wiedergeben:

> Noch einmal habe ich das Liederspiel durchgelesen, das mir nächst den Assassinen am besten gefallen hatte. Sein Wert ist mir beim zweiten Lesen noch heller hervorgetreten. Doch hat es manchmal sehr unvollkommene Verse, u. die sehr leichtfertige Weise, wie die Liebe darin behandelt ist, sagt mir und meiner tiefleidenschaftlichen Compositionsweise nicht zu. Du weißt, ich nehme es in diesem Punkte so ernst u. peinlich wie andre Leute mit der Religion, dabei bleibt das Stückchen allerliebst, reizend, köstlich, man könnte sich drein verlieben – wenn die Assassinen nicht wären. Diese habe ich bei nochmaligem Lesen von so grandioser Schönheit gefunden, daß ich nicht länger schwanken kann, sie zu erwählen. Ich bin überzeugt, daß keiner (selbst von den Beteiligten keiner) mich hier einer ungerechten Partheilichkeit beschuldigen wird, obschon ich gestehen muß, daß ich den Verfasser beim ersten Lied erkannt hatte. Ich erkläre das Sujet für das passendste; die Verse haben die meiste Musik in sich; die Schaulust des großen Publikums ist darin vollkommen befriedigt; der Hochgebildete wird am historischen Stoff ein geistiges Interesse finden; alle Gemütreichen werden den Zoll der Tränen zahlen müssen (wie sogar deine vermarmorte Johanna dreimal beim Lesen;) die Zusammenstellung und Einführung der Gesangstücke ist meisterhaft, u. übertrifft alle meine Erwartungen. Einen

440 Die Datierung dieses Briefs ist ungenau. Er ist zwei Mal in dem von Monica Klaus herausgegebenen Briefwechsel enthalten. Brief 75 wird auf den 12. Januar 1841 und Brief 246 auf den 12. Januar 1843 datiert. Durch den nachfolgenden Brief 247, der auch den Entstehungsprozess der *Assassinen* thematisiert und eindeutig auf den 14. Januar 1843 datiert ist, scheint die Angabe 1843 die wahrscheinlichere zu sein. (Vgl. Klaus, *Liebe treue Johanna!*, S. 117/S. 333–334.) Durch einen Brief an Emilie von Henning, in welchem Johanna Kinkel bemerkt, dass die *Assassinen* »im Umriß« fertig, teilweise auch schon »ins Reine geschrieben« und ausgearbeitet sind (Goslich, »Briefe von Johanna Kinkel«, S. 406.), scheint die Datierung auf 1843 weiter gefestigt.

> Moment dachte ich, aus Edelmut sollte man das Werk einem großen berühmten Meister abtreten. Dann sprach aber meine Seele: Nein! Ein Andrer würde unter vielen großen Arbeiten diese vielleicht so mitnehmen. Ich werde alle meine Kräfte dran setzen. Von nun an mag die Unordnung in meine Stube einziehen – doch das spart keine Zeit, sondern stiehlt sie weg. Meinen Küssen will ich die Stunde wegrauben, um sie deinem herrlichen Kinde [zu] weihen, an dem ich mir meinen Anteil noch erobern muß. Nun wirst du schelten u. sagen: So hab ich's prophezeit, so machens die Frauen alle, wenn – – Sei zufrieden, so Gott mir hilft, sollst du mehr Freude an den Assassinen haben, als an Allem, was ich je dir vorgesungen u. gespielt. Gute Nacht, u. bedenke es mit Freude, daß du mir eine der größten Säligkeiten heute geschenkt hast, von der ich mir einen Nachhall über das ganze Leben verspreche. Tausend Dank dir, du Göttersohn![441]

Verschiedene Punkte dieses Briefzitats möchte ich kurz hervorheben. Zunächst scheint Johanna Kinkel verschiedene Textvorlagen für die Komposition eines Liederspiels zur Auswahl gehabt zu haben und in diesem Briefauszug zu begründen, warum sie gerade Gottfried Kinkels Stück ausgewählt hat. Die Auswahl der *Assassinen* scheint dementsprechend kein unreflektierter, durch ihre Liebes- und Künstlergemeinschaft bedingter Automatismus gewesen zu sein. Ebenso bemerkenswert ist Johanna Kinkels selbst benannte Sorgfalt oder Strenge in Bezug auf die Auswahl ihrer Texte. Dieser Aspekt unterstreicht erneut den fehlenden Automatismus und verleiht gleichzeitig dem Manuskript Gottfried Kinkels aus Johanna Kinkels Sicht einen großen Wert. Aufschlussreich ist weiterhin, dass sie – aufgrund des zugesprochenen Werts – darüber nachgedacht hat, die Vertonung einer anderen, namhaften KomponistIn zu überlassen. Dies zeugt zum einen davon, dass Johanna Kinkel sich selbst nicht unbedingt als eine ›große berühmte MeisterIn‹ verstanden hat. Zum anderen ist der Umstand, dass sie sich trotz ihrer Zweifel an ihren kompositorischen Fähigkeiten für die Vertonung der *Assassinen* entschieden hat, ein Indiz dafür, wie wichtig ihr der hohe Grad der Hingabe von Seiten der KomponistIn als Zeichen der Wertschätzung des Texts gewesen ist. Dass Johanna Kinkel die Zeit für die Komposition an ihrem Umgang mit Gottfried Kinkel abspart, verweist auf die ähnlich hohen Prioritäten, welche Kunst und Liebe bei ihr besitzen. Ebenso erwähnenswert ist Johanna Kinkels Einschätzung, dass die *Assassinen* eine große Bedeutung für ihre zukünftige Karriere erlangen können – fraglich bleibt, ob sie dabei an die Künstlergemeinschaft mit Gottfried Kinkel und/oder an den wichtigen Meilenstein einer Komposition in einer gro-

441 Klaus, *Liebe treue Johanna!*, S. 333–334, Herv. im Orig.

ßen Gattung in ihrer Laufbahn als Komponistin gedacht hat. Insgesamt geben diese Ausführungen Johanna Kinkels zu der Vermutung Anlass, dass sie die Auswahl der *Assassinen* gerade nicht auf den Umstand zurückführen wollte, dass sie mit Gottfried Kinkel liiert bzw. verheiratet gewesen ist.

Die Formulierung, dass die *Assassinen* ein »Kind« Gottfried Kinkels seien,[442] an dem sich Johanna Kinkel ihren »Anteil noch erobern muß«, möchte ich als Anregung nutzen, noch einmal die Rollen der beiden Kunstschaffenden innerhalb ihrer Liebesund Künstlergemeinschaft zu reflektieren. Johanna Kinkels Wortwahl verweist auf einen getrennten Schaffensprozess, in dem sie nachzeitig aus einem Werk Gottfried Kinkels durch ihren eigenen Beitrag letztlich ein gemeinsames schaffen möchte. Aufgrund ihrer Ausführungen liegt der Grund für ihre Auswahl jedoch in der Qualität des Werks und nicht in ihrer ehelichen Beziehung zum Autor. Johanna und Gottfried Kinkel schaffen in dieser Auffassung also getrennt, richten ihre Schaffenskraft aber auf das gleiche Objekt. Diese gemeinsame Fokussierung geht jedoch in erster Linie auf Johanna Kinkel zurück. Aus meiner Sicht als Rezipientin kreiert also gerade Johanna Kinkel unabhängig von ihren Beweggründen durch diese Auswahl ihre Liebes- und Künstlergemeinschaft mit Gottfried Kinkel.

Dass die Eheleute einerseits getrennt schaffen, die Präsenz des anderen aber trotzdem eine Auswirkung auf den eigenen Schaffensprozess hat, lässt sich anhand eines Zitats aus einem Brief von Johanna an Gottfried Kinkel zeigen. Im Februar 1843 schreibt sie:

> Ach mir fehlt alle Zuversicht! Haben meine Melodien den Zauber, oder nicht? sind sie grau, oder lebensfrisch? Ich weiß es nicht. Worauf es beruht, daß eine Tonfolge uns entzückt, u. eine ganz ähnliche uns kalt läßt, das

442 Ein Werk als »Kind« zu bezeichnen ist in Anlehnung an Michele Calella ein »humanistischer Topos«, der bereits im 16. Jahrhundert im Bereich des Musikdrucks Anwendung gefunden hat. (Vgl. Calella, *Musikalische Autorschaft*, S. 117–126, hier S. 119.) Aufgrund dieser bereits frühen Verwendung und Etablierung der Kind-Metapher ist fraglich, inwieweit diese Formulierung über eine anzunehmende geläufige Nutzung hinaus eine zusätzliche auf das Geschlecht bezogene Bedeutungsschicht im Hinblick auf das Ehepaar Kinkel besitzt bzw. besessen hat. Da ferner in den verschiedenen Quellen im Kinkel- Nachlass diesbezüglich keine weiteren Hinweise gefunden worden sind, lässt sich kaum einschätzen, für wen – abgesehen von heutigen WissenschaftlerInnen – eine Rezeption, in welcher das *Ehepaar* Kinkel durch einen künstlerischen Schaffensprozess ein *Kind* gebiert, eine Relevanz besessen hat. Um diese Fragen jedoch abseits von Spekulationen beantworten zu können, ist weiterführende Forschung unabdingbar, die sich sowohl eingehender mit der Genese des Topos als auch mit seinen Dimensionen z. B. im 19. Jahrhundert im Bereich der Musik auseinandersetzt.

> ist unergründlich. Was kann ich thun, als es gehen laßen, schreiben, wie ich muß. Sonst war ich ruhig dabei. Gefiels, so war's gut. Gefiels nicht, so wars mir völlig egal. Hier bei den Aßaßinen aber preßts mir das Herz mit Sorge u. Angst. Kein Akkord ist mir gut genug, und was ich hinschreibe, das möcht ich wieder rausstreichen. Ich habe ja Zeit[,] Jahr u. Tag, denke ich dann wieder, u. tröste mich mit dem Vorsatz von Neuem anzufangen, u. zu komponieren, was mir nicht Stand hält.[443]

Während sich Johanna Kinkel in diesem Zitat mit ihren persönlichen Fähigkeiten als Komponistin auseinandersetzt, fügt die Komposition der *Assassinen* ihrem Verständnis als Komponistin einen vergleichsweise hohen Anspruch hinzu. Das kann zum einen darin begründet sein, dass sie das Komponieren in einer größeren Gattung entsprechend mit einem höheren Anspruch verbindet. Zum anderen kann aber auch die Verbindung zu Gottfried Kinkel diesen Anspruch bedingen. In diesem Fall würde er dementsprechend Johanna Kinkels KomponistIn Sein beeinflussen – für ihn bzw. die Vertonung seiner Texte würde sie an sich selbst die höchsten kompositorischen Anforderungen stellen. Es liegt jedoch genauso im Bereich des Möglichen, dass sich diese beiden Motive – die große Gattung und die Vertonung eines Texts von Gottfried Kinkel – an dieser Stelle vermischt haben.

Hält man sich vor Augen, welche Bedeutung Johanna Kinkel den *Assassinen* in dem ausführlich zitierten Brief beimisst, ist es verwunderlich, dass sie die Komposition nie fertig gestellt und entsprechend auch nicht veröffentlicht hat. Es wurden lediglich in der erweiterten Ausgabe der Gedichte Gottfried Kinkels zehn Liedtexte[444] – u. a. auch das »Provencalische Lied« – und in zwei Liederheften Johanna Kinkels – Opus 19 und Opus 21 – insgesamt vier Lieder veröffentlicht.[445] Im Februar 1850, sieben Jahre nach Beginn ihrer Arbeit an den *Assassinen*, bedauert Johanna Kinkel, dass ihre Vertonung noch nicht fertiggestellt sei und gelangt aufgrunddessen zu der Überzeugung, dass zumindest ein anderes Liederspiel von Gottfried Kinkel – *Friedrich der Rothbart in Suza* – durch eine andere KomponistIn vertont werden sollte:

> Sollte man nicht lieber jetzt dies ganze Manuskript einem Componisten anbieten, oder es ohne weiteres in einem Feuilleton drucken, wo sich sofort Componisten genug darüber hermachen würden. Bisher war ich zu

443 Klaus, *Liebe treue Johanna!*, S. 338.

444 Kinkel, *Gedichte. Sechste Auflage*, S. 336–344.

445 Im Opus 19 stammen die beiden Lieder »Durch Karthagos Trümmerhallen« und »Beduinen=Romanze« aus den »Assassinen«. Im Opus 21 sind es das »Provencalische Lied« und das »Abendlied nach der Schlacht«.

> egoistisch dazu; aber da ich nicht einmal zur Vollendung der ›Assassinen‹ gekommen bin, ist's doch wohl Unrecht den Friedr:[ich] in Suza der Composition vorzuenthalten.[446]

Im April 1850 hingegen scheint Johanna Kinkel durchaus bemüht, die *Assassinen* als komplettes Werk doch noch fertigzustellen, wie an ihrer Korrespondenz mit Adolf Strodtmann deutlich wird:

> Hätte ich nur 1 Vierteljahr Zeit, so wären sie [die *Assassinen*, DG] fertig für die Bühne. Es ist nur noch ein kleiner Rest Instrumentation nachzuarbeiten. Publizire ich vorher die Lieder draus, oder gar das ganze Stück, so nimmt ein andrer Componist es vorweg. Ich denke sehr ernstlich dran, es in diesem Sommer zu vollenden, und es auf's Theater zu bringen.[447]

Für mein Autorkonstrukt trägt das letztlich unvollständig gebliebene gemeinsame Liederspiel die Bedeutung, dass Johanna Kinkel durchaus die Idee der Künstlergemeinschaft verfolgt hat, sie aber in dieser großen, bedeutungsträchtigen Gattung – aus Zeitgründen oder Motivationsmangel?[448] – nicht umzusetzen vermochte. Als Forscherin kann ich diese Spuren der Künstlergemeinschaft durch die Auseinandersetzung mit verschiedenen Archivalien trotzdem finden; anderen Autorkonstrukten von Johanna Kinkel mag diese Facette aufgrund der ausgebliebenen Veröffentlichung fehlen. Daher wird für mich die Bedeutung des Opus 21 vor allem für die breite Öffentlichkeit aufgewertet. In diesem Liederheft inszeniert Johanna Kinkel eine Künstlergemeinschaft, die sie durch ein gemeinsames Liederspiel mit Gottfried Kinkel nicht abschließend verwirklichen konnte[449] und erreicht durch die Publikation eine breite

446 Klaus, *Liebe treue Johanna!*, S. 872.

447 Kinkel, *Brief vom 08.04.1850 an Adolf Strodtmann*, S 1218.

448 Am 05. Februar 1854 schreibt Johanna Kinkel an ihren Mann: »Mein Gehirn dagegen ist wahrscheinlich auf ein stilles einsames Arbeiten nach Einem Punkte hin, geschnitten. Als ich in Berlin wohnte, komponierte ich zuweilen den ganzen Tag ohne müde zu werden. In Poppelsdorf schrieb ich ja an Einem Tag eine Novelle, instrumentierte drei Akte des Aßaßinen in kurzer Zeit.« (Klaus, *Liebe treue Johanna!* S. 1333.) Ob dies ein Hinweis darauf ist, dass Johanna Kinkel durch Unterricht, Haushalt und Familie eben diese Art des Arbeitens verwehrt geblieben ist und somit z. B. eine Vollendung der *Assassinen* verhindert wurde, muss leider mangels weiterer Informationen vorerst Spekulation bleiben.

449 Die jüngste Tochter Adelheid von Asten-Kinkel kommentierte die Möglichkeit, die *Assassinen* posthum zu veröffentlichen, wie folgt: »Dieses Werk eignet sich heute nicht mehr zu einer Herausgabe – denn, erstens ist es nur ein Entwurf – zweitens: sind so viele Mitwirkende nötig um das Drama aufzuführen, dass es unendliche Mühe kosten würde sie zusammenzubringen. Aber für Verehrer von

Öffentlichkeit. In einer für KomponistInnen sehr bedeutsamen Gattung kann Johanna Kinkel ihre Künstlergemeinschaft demnach nicht etablieren – in einem Liederheft hingegen schon.[450]

Abschließend stellt sich die Frage, welche Bedeutung die beiden Lieder aus den *Assassinen* im Opus 21 für Johanna Kinkels Autorschaft haben. Da sie die *Assassinen* nie vollendet hat, bot ihr das Liederheft einerseits die Möglichkeit, das »Provencalische Lied« und das »Abendlied nach der Schlacht« doch noch zu publizieren und gleichzeitig anhand dieser Lieder ihre Künstlergemeinschaft mit Gottfried Kinkel zu konstruieren. Durch den Verweis auf die größere, für KomponistInnen wirkmächtigere Gattung[451] im Untertitel des »Provencalischen Lieds« konnte Johanna Kinkel andererseits geschickt und sehr subtil – und vor allem für die Öffentlichkeit wahrnehmbar – auf eine gewichtigere Zusammenarbeit mit Gottfried Kinkel zumindest verweisen.[452]

4.3.2 Ein Vergleich mit dem *Liebesfrühling* und dem *Jahr*

Um die Betrachtungen des Opus 21 abzuschließen, möchte ich dieses Liederheft noch mit zwei weiteren Werken vergleichen, die ebenso als Ergebnis einer Künstlergemeinschaft betrachtet werden können bzw. sollen. Zum einen möchte ich den *Liebesfrühling* von Clara und Robert Schumann und zum anderen *Das Jahr* von Fanny und Wilhelm Hensel dem Opus 21 gegenüberstellen.[453]

Gottfried und Johanna Kinkel ist es eine sehr hübsche & interessante Lectüre. Auch das vierhändige Arrangement der Ouvertüre ist bequem & angenehm zu spielen. (Adelheid von Asten-Kinkel)« (Universitäts- und Landesbibliothek Bonn, *Findbuch*, S. 6.)

450 Das Liederheft muss hier in Bezug auf die anonyme Öffentlichkeit nicht unbedingt hinter einem Liederspiel zurückstehen. Aufgrund der Beliebtheit der Gattung des Lieds kann das Liederheft ein durchaus breites Publikum erreicht haben – freilich wahrscheinlich ein anderes Publikum als das eines Liederspiels. Im Hinblick auf das Prestige für einen Komponisten bleibt die Gattung des Lieds natürlich hinter der des Singspiels bzw. der Oper zurück.

451 Vgl. Citron, *Gender*, S. 124–132.

452 Warum sie – bzw. der Verlag – allerdings das »Abendlied nach der Schlacht« nicht ebenso als aus den *Assassinen* stammend ausgewiesen hat, bleibt fraglich.

453 Ich habe an dieser Stelle bewusst Werke ausgewählt, die im Hinblick auf den gemeinsamen Schaffensprozess aufgrund der verschiedenen Kunstsparten der Beteiligten von Johanna Kinkels op. 21 abweichen, da es mir auf die Erkenntnisse ankam, die anhand der Unterschiede herausgearbeitet werden können. Anders gelagerte, sicherlich aber genauso aufschlussreiche Beobachtungen würde z. B. ein Vergleich mit Josephine Langs Liederheften op. 12, 14 oder 27 liefern, in denen sie die Texte ihres Manns Reinhold Köstlin vertont hat.

Der *Liebesfrühling* ist ein Liederzyklus, den Clara und Robert Schumann auf einen Gedichtzyklus von Friedrich Rückert komponiert haben. Rebecca Grotjahn arbeitet in ihrem Aufsatz »Zyklizität und doppelte Autorschaft im *Liebesfrühling* von Clara und Robert Schumann« heraus, dass Robert Schumann derjenige war, der das Zykluskonzept verfolgt und umgesetzt hat und dementsprechend zwar nicht der alleinige Autor der einzelnen Lieder ist, aber der alleinige Autor des Zyklus.[454] Außerdem konstruiert Robert Schumann Rebecca Grotjahn zufolge in diesem Liederheft die doppelte – im Sinne einer gemeinsamen – Autorschaft von ihm und Clara Schumann, welche letztlich seinen eigenen schöpferischen Anteil an diesem Liederheft verschleiert.[455] Diese Konstruktion bringt zum Ausdruck, dass zumindest Robert Schumann seine Ehe mit Clara Schumann im Sinne Beatrix Borchards sowohl als eine Liebes- sowie auch Künstlergemeinschaft betrachtet hat bzw. sie nach außen so inszenieren wollte.[456]

Aufgrund der vorherigen Ausführungen gehe ich davon aus, dass auch Johanna und Gottfried Kinkel ihre Beziehung bzw. Ehe als Liebes- und Künstlergemeinschaft betrachtet haben. Allerdings scheinen sie aufgrund ihrer unterschiedlichen Sparten bzw. Metiers diese Künstlergemeinschaft anders angelegt zu haben. Robert und Clara Schumann haben beide komponiert und konnten so durch eine fehlende Kennzeichnung die tatsächliche (musikalische) Autorschaft der einzelnen Lieder verbergen. Johanna und Gottfried Kinkel bleibt diese Option kaum, da Johanna Kinkel in erster Linie als Komponistin gedacht wird und Gottfried Kinkel als Dichter. In der Zusammenarbeit im Bereich der Vokalmusik scheint die Rollenverteilung Gottfried Kinkels als Textdichter und Johanna Kinkels als Komponistin mehr oder weniger alternativlos. Diesen Umstand unterstreichend wird im Opus 21 nicht die Strategie der Verschleierung verfolgt, sondern – im Gegenteil – die Strategie der expliziten Kennzeichnung. Ausdrücklich wird zu Beginn eines jeden Lieds die Autorschaft für den Text Gottfried Kinkel und für die Musik Johanna Kinkel zugeschrieben – mit Ausnahme der beiden Lieder, zu denen Johanna Kinkel den Text selbst verfasst hat. Auch eine doppelte Opus-Zahl entfällt aufgrund der verschiedenen Sparten Johanna und Gottfried Kinkels und der damit einhergehenden eindeutigen Nachzeitigkeit der Kompositionen.

In der Korrespondenz Johanna und Gottfried Kinkels findet sich im Oktober 1842 folgender Kommentar Gottfried Kinkels: »Auch wegen unsres jetzigen Verstummens bin ich beruhigt: wir haben nach so ziemlich allen Seiten

454 Grotjahn, »Zyklizität«, S. 82.

455 Ebd., S. 81.

456 Borchard, *Robert Schumann*, S. 240–243.

hin unsre Geschicke ausgesprochen, und um Spielereien à la Liebesfrühling zu drechseln, ist diese Liebe, ist unsre ganze Stellung zu ernst.«[457] Im Vorfeld thematisiert er in diesem Brief ein fertig gestelltes Gedicht-Album, welches er durch ihre Liebesbeziehung inspiriert sieht.[458] Aufgrund dieser Ausrichtung des Albums und aufgrund des Umstands, dass der Schumann'sche *Liebesfrühling* 1841[459] – ein Jahr zuvor – publiziert worden ist, liegt der Bezug zu eben diesem Liederzyklus Clara und Robert Schumanns nahe. Es ist bemerkenswert, dass Gottfried Kinkel den Liederzyklus als »Spielerei« einstuft. Aber was genau betrachtet er als »Spielerei«? Ist es die Idee der Künstlergemeinschaft an sich? Aufgrund der vorherigen Ausführungen scheint diese Einschätzung unwahrscheinlich. Vielleicht war es indes das »Rätselraten« darum, wer nun tatsächlich welches Lied komponiert hat,[460] welches ihn zu der Bezeichnung als »Spielerei« veranlasst hat. Vielleicht hat er die Gattung des Lieds aber auch nicht als bedeutungsvoll genug betrachtet, um ihre Künstlergemeinschaft adäquat zu repräsentieren. Trotz Gottfried Kinkels Ablehnung gegenüber einer solchen »Spielerei« ist es bezeichnend, dass 1850/51 dennoch das Opus 21 publiziert worden ist, welches ähnlich wie der *Liebesfrühling* von einem kunstschaffenden Ehepaar veröffentlicht worden ist. Einerseits mag das an der offensiven Autorschaftskennzeichnung liegen, welche dem »Rätselraten« entgegenwirkt; andererseits daran, dass vor allem Johanna Kinkel als treibende Kraft und mitunter als eigentliche Autorin gelten kann.

Thomas Synofzik führt zu Beginn seines Aufsatzes über »Genderspezifische Editionsprobleme?« im *Liebesfrühling* aus der Sicht Clara Schumanns aus, dass die Frage nach der Urheberschaft der einzelnen Lieder immer wieder gestellt worden ist.[461] Dass diese Frage auch heute noch und durchaus losgelöst vom *Liebesfrühling* und vom Ehepaar Schumann scheinbar über die Maßen fasziniert, zeigt eine Formulierung Anne Reimers' in ihrer Rezension einer Ausstellung mit gemeinsam geschaffenen Werken von Künstlerpaaren in der Londoner Houldsworth Gallery im April 2012: »Die meisten Arbeiten sind visuell und konzeptuell überzeugend, am interessantesten ist allerdings herauszufinden, wer welchen Teil zum Werk beigetragen hat und wie die Idee der Zusammenarbeit interpretiert und verhandelt wurde.«[462] Aber warum ist

457 Klaus, *Liebe treue Johanna!*, S. 319.

458 »Ja, es müßen von Zeit zu Zeit Liebesschicksale kommen, wie die unsre, wenn anders Gedichte wie diese entstehen sollen.« (Ebd.)

459 Vgl. Suche unter dem Stichwort »Liebesfrühling« im Hofmeister-Verzeichnis. (<http://www.hofmeister. rhul.ac.uk/2008/index.html> (Abruf: 18.01.2015).)

460 Vgl. Synofzik, »Genderspezifische Editionsprobleme?«, S. 215–216.

461 Vgl. Ebd.

462 Reimers, »Paartherapeutisches Malen«, S. 55.

gerade *diese* Frage »am interessantesten«? Warum ist es ein so großes Bedürfnis, immer wieder herausfiltern zu wollen, wer tatsächlich welchen Teil eines Werks geschaffen hat? Ich kann diese Frage nach dem Grund für die immer wiederkehrende Suche nach der UrheberIn nicht umfassend beantworten – vor allem nicht, da diese Frage mitunter mehr über diejenige aussagt, die sie stellt, als über diejenigen, die sie betrifft. Die Relevanz der Frage für diese Arbeit liegt darin, dass die Antworten die Dimensionen von Johanna Kinkels KomponistIn Sein ausdifferenzieren können. Dementsprechend kann ich vor dem Hintergrund der in diesem Kapitel thematisierten Künstlergemeinschaft festhalten, dass im Falle Johanna und Gottfried Kinkels einzelne Teilleistungen mehr oder weniger eindeutig zuzuordnen sind – dass eine Verschmelzung zu einer einzigen kunstschaffenden Entität, aber auch ein genuin gemeinsamer Schaffensprozess nicht stattgefunden hat. Trotzdem hat dieses auf ein gemeinsames Objekt bezogene Schaffen und Publizieren eine Bedeutung. Im Falle Johanna Kinkels lese ich ihr Opus 21 als eine Möglichkeit für sie, sich als Teil einer Künstlergemeinschaft zu konstruieren und zu inszenieren: Sie lässt Gottfried Kinkel Teil ihrer Autorschaft, ihres KomponistIn Sein werden.

Schließlich möchte ich noch Fanny und Wilhelm Hensels *Das Jahr. Zwölf Charakterstücke (1841) für das Fortepiano* in diese Betrachtung verschiedener gemeinschaftlicher Werke aufnehmen. Die Reinschrift dieser zwölf Charakterstücke lässt jedes Stück mit einem Aphorismus beginnen.[463] Es folgt auf jeweils andersfarbigem Papier die Komposition, welcher eine Vignette von Wilhelm Hensel vorangestellt ist, so dass Beatrix Borchard von einem »Gesamtkunstwerk en miniature« spricht.[464] Hans-Günter Klein beschreibt, dass Fanny Hensel die zwölf Charakterstücke in Manuskript-Form ihrem Mann Wilhelm Hensel 1841 zu Weihnachten geschenkt hat – ein Hinweis darauf, dass Wilhelm Hensel die Vignetten im Anschluss an Fanny Hensels kompositorische Arbeit hinzugefügt hat.[465] Im darauffolgenden Jahr 1842 ist nach Klein vermutlich die Reinschrift entstanden.[466] Aber nicht nur die eigentliche Komposition scheint der Entstehung der Vignetten vorausgegangen zu sein. Eine Betrachtung des »Aprils« lässt den Schluss zu, dass auch in der Reinschrift zuerst die Kompositionen niedergeschrieben und in einem zweiten Arbeitsschritt die Vignetten hinzugefügt worden sind; die Art und Weise, wie

463 Es handelt sich um »Aphorismen aus Gedichten und Dramen von Goethe, Schiller, Uhland und Eichendorff«. (Vgl. Bartsch, »Fanny Hensel«.)

464 Borchard, »Ich glaub', ich hab' das«, S. IV.

465 Klein, »Auch in künstlerischer Zusammenarbeit vereint«, S. 271.

466 Ebd.

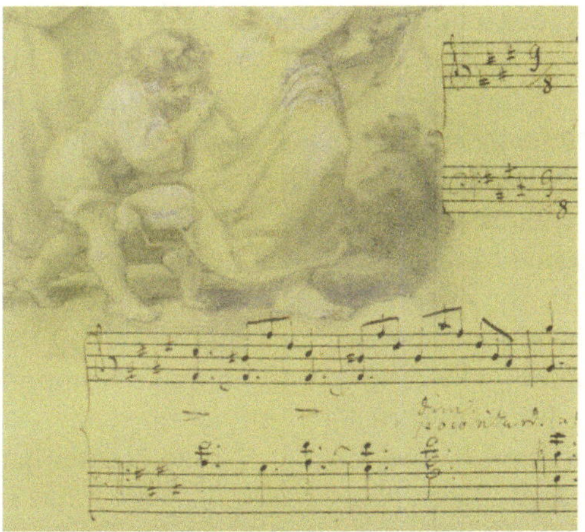

Abb. 27: Ausschnitt aus der Vignette vom »April« des Klavierzyklus *Das Jahr.*

der Balken der Achtelnoten im dargestellten Bildausschnitt (vgl. Abb. 27) die Zeichnung begrenzt, verweist auf diese Reihenfolge im Entstehungsprozess.

Auch in dieser Künstlergemeinschaft ist durch die verschiedenen Kunstsparten Fanny und Wilhelm Hensels die Autorschaft – wenn auch ohne explizite Kennzeichnung – augenscheinlich[467] klar verteilt: Fanny Hensel hat komponiert und Wilhelm Hensel hat gezeichnet. Diese Form der gemeinschaftlichen Arbeit an einem Werk war durchaus üblich für das Ehepaar:

> Der preußische Hofmaler Wilhelm Hensel (1794–1861) hatte eine Vorliebe für kleine gezeichnete Genre-Szenen, und seine Ehefrau Fanny, geb. Mendelssohn Bartholdy (1805–1847), hat oft genug Klavierlieder eigener Komposition in kalligraphischer Manier auf einzelne Bögen notiert, die ihr Mann dann mit einer Vignette versehen hat.[468]

Als konkretes Beispiel für diese Praxis beschreibt Cornelia Bartsch, dass Fanny Hensel ihrer Schwägerin Cécile Jeanrenaud 1836 das Lied »Suleika« mit einer entsprechenden Vignette geschickt hat.[469]

467 Die Klärung, in wie weit Fragen der Autorschaft von Fanny und Wilhelm Hensel vorher, während oder nach dem Schaffensprozess ausgehandelt worden sind, bleibt zukünftiger Forschung überlassen.

468 Klein, »Auch in künstlerischer Zusammenarbeit vereint«, S. 266.

469 Vgl. Bartsch, *Fanny Hensel – Korrespondenzen in Musik.*

Neben dieser Verbindung von Malerei und Musik haben Fanny und Wilhelm Hensel ebenso in dem Format Lyrik und Musik zusammengearbeitet. Die Durchsicht von Fanny Hensels Werkverzeichnis, welches von Renate Hellwig-Unruh zusammgestellt worden ist, ergibt, dass mehr als zehn Texte von Wilhelm Hensel als Lieder, Duette oder Chorsätze von Fanny Hensel vertont wurden; darüber hinaus sind auch noch die Texte mindestens einer Kantate und der dramatischen Szene »Hero und Leander« eindeutig Wilhelm Hensel zuzuschreiben.[470] In der Zusammenarbeit Fanny und Wilhelm Hensels lassen sich dementsprechend – wie bei Johanna und Gottfried Kinkel – verschiedene Fachgebiete festhalten. Allerdings ist die zeitliche Komponente in diesem Fall nicht so eindeutig: Johanna Kinkel hat immer in einem nachfolgenden Prozess die Texte von Gottfried Kinkel vertont. Fanny Hensel hat ebenso nachzeitig Texte ihres Mannes Wilhelm Hensel vertont, jedoch hat er – zumindest mutmaßlich – ebenso im Anschluss an ihre Kompositionen dieselben mit Vignetten versehen.

Ein großer Unterschied zwischen Johanna und Gottfried Kinkels Liederheft und Fanny und Wilhelm Hensels *Das Jahr* besteht in dem Grad der Öffentlichkeit, welchen die beiden Werke erreicht haben. Das Opus 21 wurde durch seine Publikation der breiten, anonymen Öffentlichkeit zugänglich gemacht. *Das Jahr* hingegen wurde nicht von Fanny und Wilhelm Hensel veröffentlicht und ist daher von eher privater Natur.[471] Vielleicht lässt sich auch aufgrund dieses Umstands erklären, dass Johanna und Gottfried Kinkels Autorschaften im Opus 21 klar gekennzeichnet sind und demgegenüber im Hensel'schen *Jahr* keine Zuschreibungen vorgenommen worden sind – Familie und Freunde werden ggf. die Zuordnung selbst vorgenommen haben können. Die anonyme Öffentlichkeit benötigt hingegen die überdeutliche Kennzeichnung, um den gemeinschaftlichen Aspekt wahrnehmen zu können.

470 Vgl. Hellwig-Unruh, »Werkverzeichnis«, S. 168–177.

471 Vgl. Klein, »Auch in künstlerischer Zusammenarbeit vereint«, S. 274. Dass der Druck eines Manuskripts bestehend aus Text und Zeichnung zu dieser Zeit durchaus möglich gewesen wäre, zeigen Robert Reinicks *Lieder eines Malers mit Randzeichnungen seiner Freunde*. In diesemWerk werden Gedichte mit entsprechenden Illustrationen bereits Ende 1837 abgedruckt. (Vgl. Müller, *Kunst & Marketing*, S. 163–166.) Drucktechnische Verfahren im 19. Jahrhundert würden ebenso die Kombination von Illustration und Notenschrift zulassen. Ein Druck der Reinschrift ohne das Original zu beschädigen – was sicherlich zu verhindern gewesen wäre –, wird jedoch erst durch die Fotografie in den 1860er Jahren zuverlässig ermöglicht. Die fehlende Veröffentlichung kann dementsprechend mitunter der noch nicht ausreichend entwickelten Technik geschuldet gewesen sein.

Welche Erkenntnisse können nun aus der Gegenüberstellung des Opus 21 mit dem *Liebesfrühling* und dem *Jahr* gezogen werden? Zunächst bleibt festzuhalten, dass in keinem dieser Werke ein genuin gemeinsamer Schaffensprozess vorliegt – sämtliche Teilleistungen lassen sich auf einzelne Beteiligte und zum Teil verschiedene Schaffenszeitpunkte mehr oder weniger offensichtlich zurückführen. Der für diesen Kontext gewichtigste Unterschied zwischen Opus 21 und dem *Jahr* liegt vor allem darin, dass Opus 21 explizit für die öffentliche Wahrnehmung publiziert worden ist. Der gewichtigste Unterschied zwischen Opus 21 und dem *Liebesfrühling* liegt in der Strategie der Kennzeichnung der Autorschaft: Johanna Kinkel markiert eindeutig die einzelnen Teilleistungen; Robert Schumann hingegen verschleiert genau diesen Aspekt. Die Auswirkungen auf mein Autorkonstrukt lassen sich daher wie folgt zusammenfassen: Johanna Kinkel konstruiert, manifestiert aber auch ihre Liebes- und Künstlergemeinschaft mit Gottfried Kinkel im Opus 21 für alle klar ersichtlich – unabhängig davon, ob diese Gemeinschaft den Entstehungsprozess tatsächlich reflektiert oder nicht.

4.4 (K)eine Paarautorschaft?

Lässt man die Ausführungen dieses Kapitels Revue passieren – von den verschiedenen Konstruktionen des Kahnunglücks über die »Luftschlößer« bis hin zum Opus 21 –, so entsteht der Eindruck, dass Johanna und Gottfried Kinkel – zumindest zu Beginn ihrer Beziehung – aktiv die Idee gemeinsamen Schaffens verfolgt haben. Aufgrund des Umstands, dass Gottfried Kinkel in erster Linie Dichter gewesen ist und Johanna Kinkel sich vorrangig als Komponistin betrachtet hat, sind gemeinsame Schaffensprozesse im eigentlichen Sinne kaum möglich. Lediglich die gemeinsamen *literarischen* Werke wie die Kurzgeschichte »Hinaus in's Meer. (Ein Roman in Luftschlößern.)« oder das Gedicht »Erblick' ich dort am Ufer jene Stelle« könnten Ergebnisse eines tatsächlich gemeinsamen Schaffens sein. Dennoch lässt sich für Johanna Kinkel festhalten, dass sie von den Arbeiten Gottfried Kinkels so inspiriert gewesen sein muss, dass sie dieselben immer wieder zur Vertonung ausgewählt hat. Durch die inhaltliche Thematisierung ihrer Liebes- und Kunstgemeinschaft sowie der teilweise expliziten Kennzeichnung mit beiden Namen[472] entsteht

472 An dieser Stelle ist vielleicht noch von Interesse, dass Johanna Kinkel erst ab ihrem Opus 19, herausgegeben Ende der 1840er Jahre, ihren Namen »Kinkel« verwendete. In den Liederheften, die sie seit ihrer Bekanntschaft mit Gottfried Kinkel unter ihrem Namen »J. Mathieux« herausgab – Opus 15 bis 18 –, hat eine RezipientIn ohne biografisches Hintergrundwissen keine Chance, die Lieder als

der Eindruck, dass Johanna Kinkel bewusst diese Vorstellung des gemeinsamen Schaffens als Liebes- bzw. Ehepaar angestrebt und zumindest teilweise für die breite Öffentlichkeit wahrnehmbar gemacht hat – auch, wenn eine klare Nachzeitigkeit ihrer Kompositionen vorliegt und sie durchaus als die alleinige Autorin derselben zu betrachten ist. In der Rezeption treten Johanna und Gottfried Kinkel durch die Konstruktionen Johanna Kinkels demnach als gemeinsam schaffendes Liebespaar auf.

Welche Bedeutung hat diese Künstlergemeinschaft nun für Johanna Kinkel? Ist diese Gemeinschaft für sie eine Möglichkeit – ein Modell –, um überhaupt als Komponistin tätig zu sein? Vor ihrer Bekanntschaft mit Gottfried Kinkel hatte Johanna Kinkel bereits durchaus erfolgreich Kompositionen veröffentlicht, wie im vorherigen Kapitel dargestellt wurde. Auch während ihrer Ehe mit Gottfried Kinkel hat sie Werke veröffentlicht, die von ihrer Künstlergemeinschaft losgelöst waren. Zu nennen wären in diesem Zusammenhang ihre musikpädagogischen Werke wie die *Anleitung zum Singen* oder ihre *Tonleitern und Solfeggien für die Altstimme*, aber auch immer wieder Lieder in ihren Liederheften, deren Texte nicht von Gottfried Kinkel herrühren. Während Johanna Kinkel zwar am häufigsten Texte ihres Ehemannes vertont, verarbeitet sie darüber hinaus aber auch viele Texte von Johann Wolfgang von Goethe, Emanuel Geibel und Heinrich Heine. Auffällig ist außerdem, dass an zweiter Stelle ihrer favorisierten Textvorlagen Gedichte von ihr selbst stehen. Wie am Beispiel des Lieds »Am Ufer« gezeigt worden ist, bleibt Johanna Kinkel außerdem durchaus alleinige Autorin ihrer Vertonungen von Gottfried Kinkels Texten. Aufgrund dieser Umstände scheint die Künstlergemeinschaft mit Gottfried Kinkel für Johanna Kinkel nicht die einzige Möglichkeit, sondern lediglich eine von mehreren Varianten bzw. Ausprägungen ihrer Autorschaft zu sein. In meinem Autorkonstrukt ist die Künstlergemeinschaft mit Gottfried Kinkel dementsprechend eine Form der Autorschaft, welche Johanna Kinkel nutzt bzw. selbst konstruiert und hervorbringt.[473]

Vertonungen der Texte Gottfried Kinkels durch seine Lebensgefährtin und spätere Ehefrau Johanna Kinkel wahrzunehmen.

473 Fruchtbare Anknüpfungspunkte zukünftiger Forschung sind an dieser Stelle sicherlich die Fragen danach, in welchem Verhältnis eine Paarautorschaft zu dem Beziehungsgefüge von Muse und Genie steht und ob eine Paarautorschaft dieses Beziehungsgefüge aufzubrechen bzw. umzukehren vermag. Betrachtet man den von Johanna und Gottfried Kinkel imaginierten Schaffensprozess im »Luftschloß«, so lässt sich sicherlich eine neue Rollenverteilung in Erwägung ziehen. Die Art und Weise, wie Johanna Kinkel im Opus 21 jedoch ihre Paarautorschaft mit Gottfried Kinkel konstruiert hat, zieht eine neue Rollenverteilung in Zweifel, da hier nicht abschließend zu klären ist, wer bzw. was als Inspirationsquelle

In ihrem Aufsatz zur »(Auto-)Biographie in der musikwissenschaftlichen Genderforschung « formuliert Melanie Unseld Folgendes: »Die Tatsache, dass ein gesellschaftskonformes Lebensmodell für Komponistinnen bis in die Moderne nicht existierte, prägte die Selbstentwürfe der betroffenen Frauen.«[474] Bezieht man diese Idee auf den Fall Johanna Kinkel, so lässt sich festhalten, dass es kein gesellschaftskonformes Lebensmodell für Komponistinnen gegeben haben mag, Johanna Kinkel aber trotzdem diesen Weg für sich gewählt und auch beschritten hat. In Anlehnung an Melanie Unselds Einschätzung scheint es Johanna Kinkel dabei tatsächlich schwer gefallen zu sein, die von ihr erwarteten Tätigkeiten mit ihren musikalischen zu vereinen. Zu differenzieren bleibt, dass Johanna Kinkel nicht ihre musikalischen Fähig- und Fertigkeiten aufgrund ihres Geschlechts in Frage gestellt hat, sondern lediglich die zusätzlich von ihr erwarteten Aufgaben wie z. B. die Führung eines Haushalts, deren Erfüllung durch ihr Geschlecht begründet wurden, als Belastung empfunden hat. Diesen Gedankengang möchte ich mit Hilfe von zwei Briefzitaten kurz ausführen. In einem Brief an Emilie von Henning vom 08. Dezember 1839 begründet Johanna Kinkel, nachdem sie zuvor für ihr Scheidungsverfahren in ihre Heimatstadt Bonn gereist ist, ihre Rückkehr nach Berlin wie folgt:

> Im Februar u. im April muß ich nochmal nach Cölln, und so ungünstig auch die Saison (fürs Stundengeben in Berlin) sey, so werde ich doch wohl keinen Tag länger als nöthig in Bonn ausdauern. Man macht mir zwar allerseits das Herz schwer durch Bitten u. Vorstellungen, aber ich entschuldige mich bei mir selbst über meine Grausamkeit damit: daß es unmöglich blos das Privilegium des Mannes seyn könne, den Beruf den er sich einmal erwählt als das wichtigste anzusehen, u. seiner Kunst oder Wissenschaft die Familien=Rücksichten unterzuordnen. Ich, wenn schon Frau, habe wenig Freude vom häuslichen gehabt, nur Druck u. Tyrannei; mein halbes Leben ist mir verkümmert worden; dem Rest will ich denn der eignen Neigung Preis geben.[475]

In dieser Argumentation wird deutlich, dass es nicht darum geht, ob Frauen schlechter musizieren, unterrichten oder komponieren können als Männer, sondern lediglich um die von Johanna Kinkel als ungerecht empfundene Auf-

gedient haben mag – Gottfried Kinkel oder seine Erzeugnisse. Die Klärung dieser angedeuteten Thematik erfordert aus meiner Sicht indessen weitere Forschung, welche sowohl den Topos der Muse als auch verschiedene Paarautorschaften über die hier besprochenen Fallbeispiele hinaus auslotet.

474 Unseld, »(Auto-)Biographie«, S. 87.

475 Kinkel, *Brief vom 08.12.1839 and Emilie von Henning*, S 2954.

gabenverteilung. Ein Brief an Gottfried Kinkel aus dem Jahr 1854 konturiert diesen Gedanken erneut:

> Leider ist der Pflichtenkreis, in dem ich mich bewege, wie der jeder Hausfrau, ein kleinlicher. Die alte Weltordnung ist ja noch in Kraft, daß das Allerherabziehendste in die Wagschale der Frau geworfen ist. Dagegen giebt es kein Mittel, als eine total andre sociale Einrichtung, wo nicht die Tätigkeiten als männliche u. weibliche Arbeiten verteilt sind, sondern den intellektuellen u. handarbeitende Menschen, die Geschäfte nach angeborner Neigung zugewiesen werden. Jetzt hat eine Frau keine Wahl, wenn sie nicht reich ist, als entweder gute Hausfrau oder eine solche Carikatur zu sein, wie ›the woman, who has a mission‹. Ich darf sagen, daß ich mir alle Mühe gegeben haben, meine kontrastierende Tätigkeit zu vereinigen, aber es ist schwer, dabei leichten Sinnes zu bleiben. Meine häusliche Aufsicht ist wirklich das Minimale, ohne das wir ins Sieb erwerben würden. Der Ausübung meiner Kunst widme ich kaum noch Zeit, nicht einmal soviel, als meine Erwerbstätigkeit indirekt verlangt, denn ich komme schon in Verlegenheit, wenn ich fortgeschrittenen Schülern vorspielen soll.[476]

Auch hier ist wiederum auffällig, dass Johanna Kinkel nicht ihre musikalischen Handlungsweisen an sich in Frage stellt, sondern stattdessen beklagt, dass sie als Frau die zusätzlichen Pflichten des Haushalts übernehmen muss und ihr diese Pflichten die Arbeit im Gebiet der Musik erschweren. Ihre Arbeit als Musikerin sieht sie durch ihr Geschlecht nicht beeinträchtigt.

An dieser Stelle lässt sich die Kritik anbringen, dass es sich bei den hier erwähnten musikalischen Handlungsweisen nicht unbedingt um das Komponieren handeln muss – auch Interpretationen verschiedener Klavierwerke könnten bspw. gemeint sein. In Antwort auf diese Kritik bleibt festzuhalten, dass der Zeitpunkt des ersten Briefs, 1839, in eine in kompositorischer Hinsicht für Johanna Kinkel sehr produktive Zeit fällt und auch der zweite Brief in dem Frühjahr geschrieben worden ist, in dem sie ihr komisches Oratorium für Kinder geschrieben hat.[477] So wird das Komponieren hier zwar nicht explizit erwähnt, aber es scheint als musikalische Handlungsweise auch nicht völlig irrelevant gewesen zu sein. Ein weiteres Indiz, welches untermauert, dass Johanna Kinkel ihre Kompositionsfähigkeit nicht aufgrund ihres Geschlechts in Frage stellt, stammt aus dem Kontext des Schaffensprozesses der *Assassinen* und wurde bereits an anderer Stelle angeführt. Es handelt sich um den

476 Klaus, *Liebe treue Johanna!*, S. 1332.

477 Vgl. Kinkel, *Brief vom 28.04.1854 an Fanny Lewald*, Autographensammlung Johanna Kinkel.

Briefauszug aus einem Brief von Johanna Kinkel an Gottfried Kinkel aus dem Februar 1843:

> Kein Akkord ist mir gut genug, und was ich hinschreibe, das möcht ich wieder rausstreichen. Ich habe ja Zeit[,] Jahr u. Tag, denke ich dann wieder, u. tröste mich mit dem Vorsatz von Neuem anzufangen, u. zu komponieren, was mir nicht Stand hält. Zu meiner Erholung las ich Burckhardts Brief an dich 2 mal durch, u. ergötzte mich daran, daß der auch unruhig ist, u. an sich zweifelt. Dir gehts ja auch nicht beßer.[478]

Gerade weil Johanna Kinkel sich mit ihren *Maikäfer*-Kollegen Gottfried Kinkel und Jakob Burckhardt ohne Einschränkungen vergleicht – alle plagen sich scheinbar mit Selbstzweifeln im Schaffensprozess –, scheint ihr Geschlecht nebensächlich zu sein. Johanna Kinkel scheint daher ihr KomponistInnentum nicht grundsätzlich in Frage zu stellen. Sie kritisiert vielmehr die traditionelle Aufgabenverteilung – sie muss aufgrund ihres Geschlechts und nicht aufgrund ihrer Neigung den Haushalt führen.

Zu Beginn ihrer Publikationstätigkeit mag Johanna Kinkel aus strategischen Gründen versucht haben, ihr Geschlecht zu verschleiern.[479] Ihre ersten Opera veröffentlicht sie unter ihrem Namen »Mathieux« aus erster Ehe und der Verkürzung ihres Vornamens auf »J.«. Aber diese Verkürzung hat durchaus Anlass zur Spekulation geboten, wie folgende Kommentare aus verschiedenen Rezensionen ihrer Liederhefte zeigen: »[S]o glauben wir nicht zu irren, wenn wir hinter dem schweigsamen J, eine Jeanette oder Josephine vermuthen.«[480] oder »Eben ist das achte Heft erschienen, und der Verfasser soll eine Verfasserin sein.«[481] Bereits ab 1839 veröffentlicht Johanna Kinkel jedoch immer wieder auch Opera unter dem Namen »*Johanna* Mathieux«.[482] Ab etwa 1849[483] – sechs Jahre nach ihrer Heirat 1843 mit Gottfried Kinkel – verwendet sie für ihre Kompositionen immer ihren vollen Namen »Johanna Kinkel«. Ihr Geschlecht scheint entsprechend nicht verborgen geblieben zu sein und die Zugehörigkeit zu einer gemeinschaftlichen Autorschaft mit Gottfried Kinkel scheint für sie mitnichten ihre einzige Möglichkeit gewesen zu sein, als Frau zu publizieren.

478 Klaus, *Liebe treue Johanna!*, S. 338.
479 Vgl. Kord, *Sich einen Namen machen*, S. 31–32.
480 Lorenz, »Lieder«, S. 78.
481 Fink, »6 Lieder«, Sp. 525.
482 Vgl. op. 6, op. 11, op. 12 und op. 14.
483 Die Plattennummern und Rezensionszeitpunkte lassen leider nur eine etwaige Schätzung zu. Opus 17 scheint in dem Zeitraum 1847/48 erschienen zu sein, Opus 18 etwa 1842/43 und Opus 19 – das erste Liederheft, welches unter ihrem Namen »Johanna Kinkel« veröffentlicht wurde – etwa 1848/49.

Kehrt man zurück zu der Idee der Paarautorschaft, so scheint diese Idee des gemeinsamen Schaffens mit der PartnerIn – wie die Werke der Ehepaare Schumann, Hensel und Kinkel exemplarisch gezeigt haben – ein mehr oder weniger verbreiteter Topos gewesen zu sein. Fraglich bleibt, wie die verschiedenen Motivationen für diese gemeinsamen Anstrengungen ausgesehen haben. Ist es schlicht unvermeidbar, dass zwei in einer Beziehung lebende KünstlerInnen auf Dauer ihre Schaffenskraft auch einmal gemeinsam erproben wollen? Oder gilt das gemeinsame Schaffen eher als Ausdruck oder Manifestation ihrer Liebe? Oder bietet diese Zusammenarbeit einer der beiden PartnerInnen eine Autorschaft, die sie allein nicht hätte verfolgen können?[484] In Johanna und Gottfried Kinkels Fall erscheint ihre Künstlergemeinschaft jeweils als *eine* Form ihrer Autorschaften, welche als Symbol ihrer Liebe und ihrer Gemeinschaft dient – sowohl für sie selbst als auch für andere.

484 An dieser Stelle lässt sich die Frage aufwerfen, inwieweit die Paarautorschaft ein gerade für Frauen typisches Autorschaftsmodell gewesen ist. Um diese Frage zu beantworten, muss Klarheit darüber geschaffen werden, ob kunstschaffende Frauen – sofern ein kunstschaffender Partner vorhanden gewesen ist – immer eine Paarautorschaft angestrebt und umgesetzt haben. Im Hinblick auf Johanna Kinkel, Fanny Hensel und Clara Schumann scheint sich hier für den Bereich der Musik bereits eine gewisse Tendenz abzuzeichnen. Es ist jedoch auszudifferenzieren, wie aktiv die Komponistinnen in der jeweiligen Etablierung ihrer Paarautorschaft gewesen sind. Johanna Kinkel hat sicherlich gerade im Hinblick auf das Opus 21 aktiv diese Dimension ihres KomponistIn Seins forciert; bei Clara Schumann lassen sich hier z. B. aufgrund Robert Schumanns Autorschaft am *Liebesfrühling* Zweifel anbringen. Um jedoch eine tragfähige Aussage zu dieser Fragestellung machen zu können, sollten indes mehr als diese drei Fallbeispiele miteinander verglichen werden – ein Desiderat zukünftiger Forschung.

5 Johanna Kinkel als Musikpädagogin und Musikwissenschaftlerin – Weitere Facetten einer Komponistin?

In diesem Kapitel möchte ich anhand Johanna Kinkels musikpädagogischer und musikwissenschaftlicher Arbeiten und Ausführungen weitere Facetten meines Autorkonstrukts von ihr ausdifferenzieren. Hierzu ziehe ich vor allem Johanna Kinkels Gesangschule *Anleitung zum Singen*, op. 20, und ihre musiktheoretischen und -historischen Aufsätze und Vorträge heran. Diese Quellen scheinen zunächst in keiner direkten Verbindung zu ihrem KomponistIn Sein zu stehen. Trotzdem möchte ich sie in dieser Arbeit nicht aussparen, da Johanna Kinkel auch im Kontext dieser Erzeugnisse als Schaffende auftritt sowie andere KomponistInnen und ihre Arbeiten reflektiert. Durch die Betrachtung dieser Quellen kann ich dementsprechend die Konturen meines Autorkonstrukts von ihr schärfen und abrunden. Gleichzeitig treten an dieser Stelle aber auch Aspekte zutage, anhand welcher ich die Grenzen meines Autorschaftsansatzes und des KomponistIn Sein ausloten kann.

5.1 *Anleitung zum Singen*, op. 20

Johanna Kinkels *Anleitung zum Singen*, op. 20, ist 1849 bei Schott veröffentlicht worden. In dieser für Kinder gedachten Gesangschule hat sie für jeden Monat des Jahres verschiedene Gesangsübungen und Lieder zusammengestellt. In der Analyse dieser *Anleitung zum Singen* geht es mir darum, aufzuzeigen, wie die unterschiedlichen Schichten der Gesangschule verschiedene Bilder Johanna Kinkels evozieren können und inwieweit sich diese in mein Autorkonstrukt von ihr einfügen lassen. Zunächst widme ich mich daher den verschiedenen Liedern, welche den einzelnen Monaten des Jahres zugeordnet sind, und versuche herauszuarbeiten, wie Johanna Kinkel als implizierte Autorin in die Texte hinein- bzw. aus ihnen herausgelesen werden kann. In einem weiteren Schritt möchte ich das Opus musikalisch sowie in seiner gesamten Konzeption betrachten und schließlich im dritten Schritt vor allem die auf das Opus bezogene (Verlags-)Korrespondenz analysieren.

5.1.1 Johanna Kinkels Präsenz in den Texten der *Anleitung zum Singen*

Verschafft man sich einen Überblick über die insgesamt 26 Lieder der Gesangschule, die einen Text haben und nicht mit Solmisationssilben versehen sind, so fällt auf, dass inhaltlich vor allem verschiedene, allgemein benannte Familienmitglieder wie Geschwister, Eltern, Großeltern oder Tanten aber auch für das Familienleben wichtige Personen, wie z. B. ein Arzt, thematisiert werden. Neben diesen Personen handeln einige Lieder auch von verschiedenen Haustieren oder Tieren im Allgemeinen, wie z. B. das »LIED No. 8. von der Katze Stuppstetz«[485] oder das »LIED No. 21. vom Federvieh«[486]. In Ergänzung zu diesen Personen und Tieren behandeln einige Texte ebenso Situationen, Ereignisse und Gegenstände, die für Kinder als recht reizvoll einzustufen sind: Ausflüge, Geburtstage, die Eisenbahn, aber auch Zahlen.[487] Auf sprachlicher Ebene werden diesen auf die Welt der Kinder bezogenen Themen sinnfreie Silben bzw. Worte hinzugefügt, die Lücken füllen – »dideldum«[488] – oder lautmalerisch u. a. Tiere oder Maschinen nachahmen – z. B. »rukediku«[489] oder »pup pup pup«[490]. Thematik und sprachliche Ausgestaltung weisen dementsprechend insgesamt eine eindeutige Ausrichtung auf die Zielgruppe der Kinder auf.

Zum Inhalt der Texte schreibt Johanna Kinkel selbst im Dezember 1849 an Gottfried Kinkel in seiner Gefangenschaft:

> Heute sagte mir Frau Dr. Velten, ein katholischer Geistlicher habe bei ihr die Kindergesangschule durchblättert, und kopfschüttelnd gemeint: daß dieselben keine gute moralische Einwirkung auf Kinder haben könne, weil die Texte so unfromm seien. Etwas Unschuldigeres, als diese Liedchen kann es doch nicht geben, wie ich mir einbilde. Ich will in jedem Falle den Büchern, die ich senden soll, ein Exemplar mit beilegen, und hoffe daß du in der Erinnerung die Stimmchen der Kinderchen heraushörst. Das Heft ist erst nach deiner Flucht erschienen, und ich habe nicht eher Freude daran, bis du es mit Augen gesehn hast. Wie ich höre, ist es in Sachsen in klein-Kinderschulen eingeführt worden.[491]

485 Kinkel, *Anleitung zum Singen*, op. 20, S. 13.
486 Ebd., S. 30–31.
487 Vgl. Lied 13, Lied 15, Lied 16, Lied 23, Lied 24. (Ebd.)
488 Ebd., S. 35.
489 Ebd., S. 30–31.
490 Ebd., S. 34.
491 Klaus, *Liebe treue Johanna!*, S. 712.

Da in keinem der Lieder ein religiöser Bezug auftaucht, lässt sich fragen, ob dieser Umstand für die Bewertung der Lieder als »unfromm« verantwortlich gewesen ist oder eher Aufforderungen wie z. B. »Machet Spektakel ihr Kinder und lärmet«.[492] Während Religion in den verschiedenen Liedern keine Rolle spielt, ist eine politische Ausrichtung hingegen nicht von der Hand zu weisen. Der Text des »LIED[s] No. 10. von der Bürgerwache« lautet:

> Heut' zieht der Vater auf die Wacht / und schirmt das Vaterland die ganze Nacht. / In fester Hand hält er das Bajonett / derweil die Mutter liegt im warmen Bett. / Jetzt sitz' ich gern noch auf dem Schoos, / doch das wird anders bin ich einmal groß, / dann schwing' ich hoch die Fahne schwarzgoldroth / und für die Freiheit geh' ich in den Tod.[493]

Während die Thematik des Kriegs durchaus keine Besonderheit in der Kinderliteratur des 19. Jahrhunderts darstellt – mit Beginn des 19. Jahrhunderts nehmen »Kriegsvorbereitung, Scharmützel, Schlachten, Heldentaten von Schlagetots [. . .] in den entsprechenden jugendliterarischen Werken einen immer breiteren Raum ein [. . .]«[494] –, politisiert die Formulierung »die Fahne schwarzgoldroth« das Lied in eine eindeutige Richtung. Das Kind möchte in den Krieg ziehen – nicht in irgendeinen, sondern in den Krieg für ein freies und geeintes Deutschland. Diese Politisierung verlässt auf inhaltlicher Ebene den Bereich des kindlichen Horizonts – eine so konkrete politische Vorstellung darüber, wofür es in den Krieg zieht, wird bei einem Kind kaum vorhanden sein. Daher wirft diese fehlende Passung von Sprecherinstanz und Inhalt die Frage auf, auf wen diese Inhalte stattdessen bezogen werden können. In meiner auf die AutorIn ausgerichteten Forschungsperspektive bietet sich für diese Leerstelle Johanna Kinkel an. Dementsprechend entsteht in meiner Rezeption der Eindruck, dass hier gerade ihre individuelle politische Einstellung wahrnehmbar wird. Vor dem Hintergrund der kompletten Gesangschule ist zu berücksichtigen, dass das Lied »von der Bürgerwache« jedoch das einzige mit einer solchen politischen Ausrichtung ist.

Eine weitere, ähnlich gearbeitete Ausnahme stellt noch das »LIED No. 9. von der Lerche« dar.[495] In diesem Lied bittet das Kind die Mutter darum, mit ihm in die Natur zu gehen, damit es den Gesang der Lerche erlernen kann: »O Mutter lass uns gehen / hinaus in's grüne Feld, / da singt die muntre Lerche / am blauen Himmelszelt. / Ich möchte von ihr lernen / die schöne Melodie, /

492 Vgl. Kinkel, *Anleitung zum Singen*, op. 20, S. 17.
493 Ebd., S. 16.
494 Vgl. Pech, »Vom Biedermeiser«, S. 147.
495 Kinkel, *Anleitung zum Singen*, op. 20, S. 14.

die klinget gar so artig, / tirili tirili tirili tirili.«[496] Diese musikpädagogische Eigeninitiative erscheint für ein Kind im Alter von drei bis sieben Jahren eher überraschend und evoziert in meiner Rezeption eine auf das Kind übertragene Perspektive einer Erwachsenen bzw. einer MusikpädagogIn. Dieser versteckte nicht kindgemäße Blickwinkel, der sich bereits im zuvor erwähnten politischen Kommentar gezeigt hat, führt dazu, dass ich diese Ansicht wiederum auf die nahe liegende Instanz Johanna Kinkels beziehe und sie auch an dieser Stelle in der Gesangschule – in diesem Fall in ihrer Rolle als Musikpädagogin – wahrnehme.[497]

Johanna Kinkel lässt sich aber nicht nur auf diese eher subtile Art und Weise in die Texte hineinlesen. Betrachtet man die in den Liedern benannten Personen etwas genauer, scheint sie auch hier hervor. Einige der konkret mit Namen benannten Personen – z. B. »Tante Käthchen«[498], »Dr. Velten«[499], »Tante Antonie«[500] oder »Tante Maria«[501] – lassen sich unmittelbar auf Johanna Kinkels Umfeld beziehen. »Dr. Velten« war beispielsweise der tatsächliche Hausarzt der Familie Kinkel.[502] Auf den engeren Familienkreis bezieht sich vor allem das »LIED No. 18. vom zukünftigen Brudermann«:

> Höret all' ihr braven Kinder! bald kömmt noch ein Kindchen an. Wollt' ein Schwesterchen ihr lieber, oder einen Brudermann, einen lieben Brudermann. / ›Lieber hätt' ich eine Schwester!‹ ruft der kleine Gottfried aus. In dem Korb allein das Hähnchen blieb der Gottfried gern im Haus, drum lasst mir den Bruder draus! / Aber Adelheid und Hannchen schreien beid: ›ein Brüderlein!‹ Kinderchen, hört auf zu zanken; sei's ein Knab', ein Mägdelein, soll es uns willkommen sein.[503]

Die Namen »Gottfried«, »Adelheid« und »Hannchen«[504] sind die faktischen Namen der ersten drei Kinder Johanna und Gottfried Kinkels. Dass das Lied

496 Kinkel, *Anleitung zum Singen*, op. 20, S. 14.

497 Das Singen an sich wird darüber hinaus nur noch kurz in der dritten Strophe des Lieds »von der Hummel.« thematisiert: »Du [die Hummel, DG] singest durch die Nase wie unsre alte Base, so singst du durch die Nase, du kleiner Brummelbär. hm hm hm hm hm.« (Ebd., S. 29.)

498 Ebd., S. 7.

499 Ebd., S. 8.

500 Ebd., S. 20.

501 Ebd., S. 25.

502 Vgl. Klaus, *Liebe treue Johanna!*, S. 1429–30.

503 Kinkel, *Anleitung zum Singen*, op. 20, S. 26.

504 Kosename der Tochter Johanna Kinkel jun. (Vgl. Klaus, *Liebe treue Johanna!*, S. 1432.)

mit »vom Brudermann« und nicht mit »vom Schwesterlein« o. Ä. betitelt ist, verstärkt den Bezug zur Familie Kinkel, da das vierte Kind der Familie tatsächlich ein Junge – Hermann Kinkel – geworden ist.

Diese Vernetzung mit verschiedenen Personen aus ihrem Lebensumfeld lassen Johanna Kinkel für die biografisch vorgebildete RezipientIn in ihrer *Anleitung zum Singen* präsent werden. Gleichzeitig lösen diese konkreten Verweise zumindest in meinem Rezeptionsprozess das Bedürfnis aus, die Liedtexte als tatsächliche Impressionen des Familienlebens der Kinkels zu lesen und somit auch auf die Autorin Johanna Kinkel zu projizieren, womit das Bild von ihr durch familiäre Szenen ergänzt wird. Dass jedoch die Darstellungen in den Liedtexten die Lebenswirklichkeiten nicht unbefangen abbilden können, sondern nur eine Konstruktion für das Opus sind, gebieten nicht nur die bereits dargestellten Autorschaftstheorien, sondern auch kleine Details, wie z. B. der Umstand, dass das Geburtstagslied für den Vater[505] nicht im Monat von Gottfried Kinkels Geburtstag eingefügt worden ist.[506] Ungeachtet dessen erhöht Johanna Kinkel durch die Nennung konkreter Personen ihres Umfelds in den verschiedenen Liedtexten die Wahrnehmbarkeit ihrer selbst im Opus und bietet somit ein Rezeptionsangebot an, durch welches sich informierte RezipientInnen ein Bild von ihr vor allem als Mutter und Familienmitglied kreieren können.

An diesere Stelle möchte ich den offenkundigen Umstand betonen, dass die informierte RezipientIn nicht vorrangig die von Johanna Kinkel intendierte RezipientIn gewesen ist. Informierte RezipientInnen werden zu Johanna Kinkels Lebzeiten vor allem Verwandte und Bekannte gewesen sein – heute sind sie vermutlich insbesondere (Musik-)WissenschaftlerInnen. Diese RezipientInnen gehören jedoch nicht zu Johanna Kinkels angestrebter Zielgruppe, wie sich im weiteren Verlauf dieser Ausführungen noch zeigen wird.[507] Daher sollte berücksichtigt werden, dass die Lesart, die hier dargestellt wird, eine sehr spezifische ist, die sich nicht ohne Einschränkungen übertragen lässt.

Analysiert man die verschiedenen Sprecherinstanzen in den Liedtexten, wird deutlich, dass Johanna Kinkel auch über diese Ebene in der Gesangschule wahrnehmbar ist – allerdings auf eine bisher nicht herausgearbeitete Art und

505 Kinkel, *Anleitung zum Singen*, op. 20, S. 23.

506 Gottfried Kinkels Geburtstag ist im August gewesen und das entsprechende Lied ist für den Monat Juli vorgesehen. Noch eine größere Diskrepanz ist für das Geburtstagslied für die Großmutter festzustellen. (Vgl. ebd., S. 22.) Auch dieses Lied ist für den Juli vorgesehen, während Johanna Kinkels Mutter im April und Gottfried Kinkels Mutter im Februar Geburtstag hatten. (Vgl. Universitäts- und Landesbibliothek Bonn, *Überarbeitung der Stammtafeln*, S. 10 u. S. 14.)

507 Vgl. S. 193 in dieser Arbeit.

Weise. Zu Beginn ist allgemein festzuhalten, dass die Sprecherinstanzen insgesamt plural angelegt sind und in der kompletten *Anleitung zum Singen* nicht stringent durchgehalten werden. Die meisten Lieder sind aus einer kindlichen Perspektive heraus formuliert, was durch die Themen- und Wortwahl oder durch die direkte Ansprache von (Groß-)Mutter bzw. (Groß-)Vater ersichtlich wird. Aber auch diese Kind-Perspektive wird nicht in allen Texten einheitlich umgesetzt. So wechselt im »LIED Nr. 19. vom Haselnüsschen« das auf die SprecherIn verweisende Personalpronomen der ersten Person von »wir« auf »ich«: »Jetzt kömmt das Träubchen bald das Nüsschen auch. Dann gehn wir in den Wald und plündern den Strauch. [. . .] Die Wachtel hat's gesagt du wärst noch hier; jetzt wirst du aufgekracht, das sag' ich dir.«[508] Zu Beginn des Lieds scheint eine Gruppe von Kindern zu sprechen und am Schluss ein einzelnes Kind. Ebenso uneindeutig sind die Bezüge im »Geburtstags=Lied für den Vater«: »Wir waren des Tages schon lange gedenk, und bringen dir Blumen und manches Geschenk; dafür gieb ein Küsschen, du Herzenspapa den Kinderchen allen, und auch der Mama.«[509] Hier wird wieder zu Beginn das Pronomen »Wir« verwendet, welches im Hinblick auf die Zuordnung der SprecherInnen durch den Plural eher vage bleibt. Dadurch, dass am Ende die mutmaßlichen SprecherInnen des »Wir« – die »Kinderchen« und die »Mama« – als Dativobjekt verwendet und somit allograf, in der dritten Person, angesprochen werden, ergibt sich ein gewisser Interpretationsspielraum, in welchem sich je nach Lesart diese plurale Sprecherinstanz auf die Kinder und/oder auf die Mutter beziehen kann. Insgesamt tragen die Lieder, die aus einer kindlichen, aber auch aus einer wechselnden Perspektive formuliert sind, dazu bei, dass die empirische Person Johanna Kinkels nicht unmittelbar mit der SprecherIn bzw. den SprecherInnen gleichgesetzt werden kann und die Wahrnehmung ihrer Person auf inhaltlicher Ebene grundsätzlich abgeschwächt wird.

Einige Liedtexte sind demgegenüber jedoch – wie das bereits erwähnte Lied »vom Brudermann« – mehr oder weniger einheitlich aus der Perspektive der Eltern verfasst; so z. B. auch das »LIED Nr. 11. Vom Spektakel«, welches mit dem Satz »Machet Spektakel ihr Kinder und lärmet.« beginnt und durch die Anrede der Kinder in der dritten Person die Perspektive der Eltern evoziert.[510] Im »LIED Nr. 26. Vom Brummställchen« wird die Perspektive eines Elternteils nicht nur wie im Lied »vom Brudermann« oder »vom Spektakel« durch die Benennung der Kinder in der dritten Person deutlich, sondern auch durch folgende Formulierungen der zweiten Strophe: »Drin sitzen sie [die Kin-

508 Kinkel, *Anleitung zum Singen*, op. 20, S. 28.
509 Ebd., S. 23.
510 Ebd., S. 17.

der, DG] und weinen sehr: ›Mama, ich thu es niemals mehr!‹ So komm heraus mein liebes Kind, die Thränchen wische ab geschwind! Man weiss schon wie die Mütter sind.«[511] Hier wird eine Aussage der Mutter ohne Anführungszeichen im Anschluss an das Bitten der Kinder eingefügt[512] und durch den letzten Satz – möglicherweise im Sinne einer Selbstkritik – bereits kommentiert. Insgesamt wird diese Mutter- bzw. Elternperspektive im gesamten Opus eher indirekt eingenommen, z. B. wie oben ausgeführt durch die Bezeichnung der Kinder in der dritten Person oder durch den inhaltlichen Kontext. Dadurch, dass ein aus der Elternperspektive gesprochenes Ich im gesamten Opus nicht zu finden ist, scheint die Rolle der Mutter eher subtil im Opus 20 eingearbeitet zu sein. Im Hinblick auf Johanna Kinkel lässt sich festhalten, dass sie durchaus in diese eher hintergründig angedeutete Rolle der Mutter hineingelesen werden kann. Als Autorin tritt sie hier auf inhaltlicher Ebene jedoch ebensowenig in Erscheinung wie im Kontext der Lieder, die aus einer kindlichen Perspektive verfasst worden sind.

Insgesamt wirft der Umstand an sich, dass Johanna Kinkel nicht nur die Kindperspektive sondern auch die Elternperspektive verarbeitet, Fragen auf: Da die Mütter in der von Johanna Kinkel im Vorwort (»Vorbericht«) dargelegten Konzeption, welche im nachfolgenden Kapitel noch einmal thematisiert wird, lediglich die Rolle der VermittlerInnen einnehmen sollen und in erster Linie die Kinder und die Entwicklung ihrer Stimmen im Vordergrund stehen, verwundert der hohe Anteil an Texten, die eine Elternperspektive aufweisen. Schließlich sollen die Kinder diese Lieder singen. Ist dieser Umstand darauf zurückzuführen, dass Kinder – zumal im Kleinkindalter – mitunter gerne Erwachsene nachahmen und diese Rolle im Unterricht auf diese Weise einnehmen können? Oder sollen den Müttern als intendierten Vermittlerinnen ebenso Identifizierungsangebote gemacht werden, so dass sie den Unterricht mit den Kindern gewissermaßen dialogisch gestalten können? Oder ist diese Perspektive in Anlehnung an die potenziellen KäuferInnen –– die Eltern bzw. Mütter –– ausgewählt worden? Oder scheint hier letztlich Johanna Kinkels Rollenverständnis als Mutter durch?

Die Frage danach, warum Johanna Kinkel die Elternperspektive einfügt, kann hier aufgrund der in dieser Hinsicht unaussagekräftigen Quellenlage nicht beantwortet werden. Die Fragen jedoch, welche Auswirkungen diese insgesamt unbeständige Sprecherinstanz auf die Rezeption der Gesangschule haben kann und wie die Texte auf die im Vorwort angegebene Zielgruppe

511 Kinkel, *Anleitung zum Singen*, op. 20, S. 37.

512 Vgl. auch noch einmal den Text der letzten Strophe »vom Brudermann« in dieser Arbeit auf S. 188.

der Mütter und Kinder[513] aber auch auf eine Musikwissenschaftlerin wirken können, kann ich zumindest ansatzweise diskutieren. Die zwischen der Eltern- und Kindperspektive wechselnden Sprecherinstanzen bieten beiden Zielgruppen, den Müttern und ihren Kindern, jeweils Identifizierungsangebote. Beiden Gruppen sind die jeweiligen Texte aufgrund ihres thematischen Zuschnitts auf ihre eigenen Handlungsfelder leicht zugänglich. Hält man sich außerdem vor Augen, dass Johanna Kinkel im Vorwort ihrer Gesangschule dazu anhält, die Namen und Orte an die Personen und Umgebung des jeweiligen Kinds anzupassen,[514] scheint sie einen sehr hohen Identifizierungsgrad der Singenden angestrebt zu haben. Auf diese Weise rückt Johanna Kinkel einerseits – im praktischen Umgang der RezipientInnen mit der Gesangschule – als Autorin in ihrem Werk auf den ersten Blick sehr weit in den Hintergrund. Andererseits lässt diese Aufforderung ebenso den Schluss zu, dass die abgedruckten Texte tatsächlich einen engen Bezug zum Familienleben der Kinkels aufweisen, was eine biografische Lesart begünstigt und somit Johanna Kinkel in ihrer Rolle als Mutter wiederum – aus meiner Sicht als Musikwissenschaftlerin – fest im Opus verankert.

Insgesamt ist Johanna Kinkel in den Texten ihrer *Anleitung zum Singen* eher subtil wahrzunehmen: Versteckte politische oder musikpädagogische Andeutungen, Bezüge zu tatsächlichen Personen aus ihrem Umfeld und die eingeschränkte Verwendung einer Elternperspektive ermöglichen es, sie in sehr begrenztem Umfang und mehr oder weniger ausschließlich mit Hilfe von biografischem Vorwissen in die Texte ihrer Gesangschule hineinzulesen. Bei entsprechendem Vorwissen wirken die Texte daher vielleicht als eine Collage des Familienlebens der Kinkels: Mal kommen die Kinder, mal die Eltern bzw. die Mutter zu Wort. Im Vergleich gerade mit den Analysen aus dem vorangegangenen Kapitel ist hier auffällig, dass Johanna Kinkel in den Texten ihrer Gesangschule in keiner Form als Schaffende wahrnehmbar ist. Hier wird in sehr begrenztem Maße lediglich ihre Rolle als Mutter und vielleicht noch als Musikpädagogin und Demokratin evoziert. Eine Konstruktion auf inhaltlicher Ebene als Schaffende bleibt hingegen aus. Vor diesem Hintergrund möchte ich mich nun der Gesangschule als Ganzes zuwenden, um herauszufinden, inwieweit Johanna Kinkel hier möglicherweise als Schaffende auftritt.

513 Vgl. Kinkel, *Anleitung zum Singen*, op. 20, S. 1 und die Ausführungen im folgenden Unterkapitel (Kapitel 5.1.2, S. 193–209).

514 Kinkel, *Anleitung zum Singen*, op. 20, S. 1.

5.1.2 Die Konzeption der *Anleitung zum Singen* – Johanna Kinkel als musikpädagogische Autorin

In die Analyse des gesamten Opus 20 möchte ich mit einer Betrachtung des »Vorberichts« einsteigen. Zu Beginn ist die mehr oder weniger explizite Erweiterung der Zielgruppe der *Anleitung zum Singen* durch den »Vorbericht« hervorhebenswert. Auf der Titelseite der Gesangschule wird die Zielgruppe zunächst durch die Angabe »für Kinder von drei bis sieben Jahren« eingegrenzt. Dass jedoch nicht nur die Kinder Teil der Zielgruppe sind, sondern auch deren Mütter, wird sowohl insgesamt durch die VermittlerInnen-Rolle, die Johanna Kinkel den Müttern im »Vorbericht« zuweist, als auch aus der Schlussformel des »Vorbericht[s]« ersichtlich: »Möge dies Werkchen recht viel Kindern und Müttern eine harmlose Freude machen.«[515] Johanna Kinkels Intention ist dementsprechend gewesen, eine *Anleitung zum Singen* zu verfassen, die explizit für Mütter gedacht gewesen ist, die mit ihren Kindern singen.

Dieser genauen Angabe der Zielgruppe mag natürlich eine marktwirtschaftliche Überlegung zugrunde gelegen haben – die Bedienung eines ermittelten oder vermuteten Bedarfs.[516] Genauso kann dieser Zuschnitt auf die Zielgruppe der Mütter und Kinder aber auch ein Ausdruck für gesellschaftliche Ordnung sein: Da vornehmlich Mütter die Aufgabe der Kindererziehung zu übernehmen hatten,[517] muss auch die musikalische Erziehung in ihren Aufgabenbereich fallen. Über die Funktion hinaus, einen Hinweis auf die gesellschaftliche Ordnung zu geben, lässt sich jedoch diese deutliche Zuweisung der Aufgabenverteilung durch Johanna Kinkel ebenso als eine Form der Festschreibung genau dieser Rolle der Frau als Erzieherin ihrer Kinder lesen.

Interessant ist, dass die Gesangschule aber scheinbar nicht nur – wie das Vorwort suggeriert – im Privaten von Müttern und Kindern eingesetzt worden ist. Johanna Kinkel schreibt diesbezüglich an ihren Ehemann:

> Ein Mädcheninstitut in der Pfalz hat meine Gesangschule eingeführt. Der Vorsteher hat mir einen der schmeichelhaftesten Briefe darüber geschrie-

515 Kinkel, *Anleitung zum Singen*, op. 20, S. 1.

516 Vgl. Kapitel 3.2, S. 99–116 in dieser Arbeit.

517 Vgl. z. B. Borchard, *Robert Schumann*, S. 123: »Bis in die siebziger Jahre des vergangenen Jahrhunderts [19. Jahrhundert, DG] liegt der Prozentsatz der Familien, die es sich leisten können, auf die Ehefrau als häusliche Arbeitskraft zu verzichten, unter 10 % (Weber-Kellermann[, Ingeborg, *Die deutsche Familie. Versuch einer Sozialgeschichte*, Frankfurt am Main 1982]). Das bedeutet, daß auch in bürgerlichen Familien Frauen innerhalb des Hauses zwei wichtige Aufgaben notwendig obliegen, zu deren Erfüllung sie sogar per Gesetz ausdrücklich verpflichtet sind: Haushaltsführung und Erziehung der Kinder.«

ben, den ich je bekommen habe. 80 Kinder singen dort im Chor meine Späße. Er bittet, daß ich dies Werk, daß er aus pädagogischen Gründen grade für kleine Kinder unvergleichlich findet (Vergieb, daß ich es wiederhole) fortführen möchte, bis zum erwachsnen Alter. Zugleich bietet er mir an, meine beiden Mädchen zu erziehen, bis sich meine Lage gebessert hätte.[518]

Auch wenn die erwartete Zielgruppe Johanna Kinkels durch diesen Einsatz erweitert worden ist, so sind Mädchenschulen immer noch Teil der möglichen Mädchenbildung des 19. Jahrhunderts gewesen.[519] Rollenerwartungen im Hinblick auf Geschlecht wurden auch hier nicht durchbrochen. Die Verwendung der Gesangschule in einem »Mädcheninstitut « kann aber zumindest als ein Zeichen für ihren Erfolg bezüglich Methode und Bekanntheitsgrad angesehen werden.

Neben der Präszisierung der Zielgruppe bietet gerade der »Vorbericht« Johanna Kinkel die Möglichkeit, ihre methodischen Überlegungen auszuführen, da auf den nachfolgenden Seiten lediglich Noten mit technischen Übungen und Liedern abgedruckt sind. Ausgangspunkt ihrer Überlegungen ist der kleine Ambitus der Kinderstimme, welchen sie mit den Tönen von *c1* bis *a1* eingrenzt. Töne, die darüber hinaus gehen, sollen nur ausnahmsweise, möglichst leise und auf die Vokale *i* oder *u* gesungen werden. Eine aufrechte Körperhaltung sowie ein weit geöffneter Mund und eine flache Zunge sind dem Kind ebenso beim Singen beizubringen. Die empfohlene tägliche Viertelstunde soll vor allem durch eine intensive Nutzung der technischen Übungen gefüllt werden. Dabei legt Johanna Kinkel sehr viel Wert auf das »Vokalisiren«:[520] Zu Beginn sollen die Übungen auf den Vokal *a* gesungen werden, dann auf *e* und schließlich auf Solmisationssilben. Zu den Liedern an sich gibt sie den Hinweis, dass nicht zu schnell zwischen den einzelnen Liedern hin und her gewechselt werden soll. Insgesamt soll der Lernprozess durch Imitation initiiert werden, da in dem anvisierten Alter das Notenlesen und -lernen vermieden werden soll. Schließlich gibt Johanna Kinkel noch zeitliche Orientierungswerte – im Monat sind eine Übung und zwei Lieder gut zu lernen – und hält dazu an, Namen und Orte an das Umfeld der Kinder anzupassen.[521]

518 Klaus, *Liebe treue Johanna!*, S. 888.
519 Vgl. Albisetti, *Mädchen- und Frauenbildung.*
520 Kinkel, *Anleitung zum Singen*, op. 20, S. 1.
521 Johanna Kinkels methodische Gedanken finden in ihrem Text *An den Gründer der Bildungswerkstätten für die Jugend, in Haus u. Schule* eine Ergänzung. (Vgl. Kinkel, *An den Gründer der Bildungswerkstätten*, S 2389, S. 56–83.) In diesem Text legt sie noch einmal ausführlich die Argumentation des Vorworts der

Da diesen Ausführungen im »Vorbericht« kommentarlos die Übungen und Lieder folgen, stellt sich die Frage, ob Mütter durch diesen »Vorbericht« in die Lage versetzt werden, adäquat mit ihren Kindern Gesangsübungen durchzuführen. Bringt eine Mutter keine bzw. wenige Vorkenntnisse mit, so wird sie evtl. die Übungen und Lieder musikalisch umsetzen können – kompetente Korrekturen im Hinblick auf die Gesangstechnik wird sie aber aufgrund der Hinweise Johanna Kinkels vermutlich nicht machen können.[522] Hat eine Mutter hingegen selbst einige Kenntnisse im Bereich der Musik erworben, so bietet der »Vorbericht« einen guten Überblick bzw. Erinnerung über die Punkte, auf welche die Mutter zu achten hat, und gibt Anregungen, wie sie die einzelnen Übeeinheiten ausgestalten kann. In Bezug auf Johanna Kinkels gesangspädagogisches Verständnis lässt sich festhalten, dass sie Besonderheiten der Kinderstimmbildung – z. B. kleiner Ambitus und Lernen durch Imitation statt durch Notenlesen – berücksichtigt, aber genauso auch bewährte, allgemeine Prinzipien wie die gerade Körperhaltung, der genaue Einsatz der Artikulationswerkzeuge wie der Zunge und das Einüben anhand von Vokalen und Silben anwendet.

Dadurch, dass in der Musikpädagogik des 19. Jahrhunderts eine Hinwendung zum Kind stattgefunden hat,[523] haben sich einige Diskussionspunkte ergeben, zu denen sich auch Johanna Kinkel durch ihren »Vorbericht« positioniert hat. Ein Kriterium, welches diskutiert worden ist, ist das Einstiegsalter für den Gesangsunterricht. Musikpädagogen, die Pestalozzis Ideen auf die

Gesangschule dar und erläutert darüber hinaus, wie ab etwa dem zweiten Lebensjahr Kinder an das Singen herangeführt werden können. Grundsätzliche Idee ist das Prinzip des Vor- und Nachsingens. Es wird von einem Ton – *f1* – ausgegangen, der leise auf dem Vokal *a* gesungen wird. In kleinen Schritten soll das Repertoire der Töne daran anschließend nach oben und unten erweitert werden. (Vgl. ebd., S. 68–69.) In Ergänzung zu diesen Aspekten beklagt Johanna Kinkel außerdem den Umstand, dass Kinder gerade während der Mutation zum Gesangsunterricht geschickt werden und beschreibt, wie viel effektiver ein vorheriger Beginn des Unterrichts sei, welcher überdies eine sehr kurze Pause während des Stimmbruchs ermöglicht. (Vgl. ebd., S. 63–65.) Sie befürwortet darüber hinaus das frühe Singen im Chor ab sieben Jahren (Vgl. ebd., S. 76.) und spricht sich für ein gemeinsames Singen von Volksliedern anstatt von Einzeldarbietungen aus. (Vgl. ebd., S. 80.)

522 Die Formulierung »ein weit geöffneter Mund« könnte beispielsweise eine Mutter dazu verleiten, das Kind dazu anzuhalten, den Mund weiter aufzumachen, als notwendig und sinnvoll. Nina d'Aubigny von Engelbrunner führt diesbezüglich z. B. genauer aus, dass die Mundöffnung elliptisch und nicht rund sein soll. (Vgl. Aubigny, *Briefe an Natalie*, S. 72.) Trotz dieser detallierteren Ausführung bleibt es für Laien schwierig, die richtige Mundöffnung einer SchülerIn zu beurteilen.

523 Schilling-Sandvoß, *Kindgemäßer Musikunterricht*, S. 309.

Musikpädagogik übertragen und ihre Konzepte vorrangig für den schulischen Musikunterricht entwickelt haben, sprachen sich für einen vergleichsweise späten Zeitpunkt aus. Dies stellt Katharina Schilling-Sandvoß in ihrer Arbeit *Kindgemäßer Musikunterricht in den musikpädagogischen Auffassungen des 18. und 19. Jahrhunderts* anhand Bernhard Christoph Natorps *Anleitung zur Unterweisung im Singen*[524] dar: »Natorp hält, wie alle Verfasser von Gesangslehren nach der Methode Pestalozzis, die Schüler erst ab dem Alter von neun oder zehn Jahren für *empfänglich genug*, mit dem Gesangunterricht zu beginnen.«[525] Johanna Kinkel hingegen tritt durch ihre explizit formulierte Zielgruppe der drei- bis siebenjährigen Kinder für einen früheren Beginn ein, und begründet dies in ihrem »Vorbericht« wie folgt:

> Fast alle musikalisch begabten Kinder pflegen schon vor dem dritten Lebensjahre die Melodien die sie zufällig hören nachzusingen. Da nun die meisten Lieder über den natürlichen Umfang der Kinderstimme hinausgehn, so verderben diese Bestrebungen sehr die zarte Kehle. Daher mag wohl das häufig ausgesprochene Vorurtheil rühren, dass das Singen in der Kindheit der Stimme schade. Ein in vernünftigen Grenzen geleitetes Singen schadet durchaus nicht, im Gegentheil, es fördert die Gesundheit der Lungen ganz ebenso, wie ein gelindes Turnen die Kraft des Körpers. Das schädliche Nachsingen ungemässer, besonders allzuhoher Musikstücke, lässt sich nur dadurch verhüten, dass man dem Trieb des Kindes nachgibt indem man ihm Uebungen und Liedchen vorsingt, die seinen Kräften angemessen sind.[526]

Neben diesem grundsätzlichen Gesichtspunkt des Einstiegsalters standen außerdem weitere methodische Aspekte im Mittelpunkt der musikpädagogischen Diskussion im 19. Jahrhundert. Wilfried Gruhn führt aus, dass man sich z. B. in verschiedenen Fachzeitschriften damit auseinandergesetzt hat, ob die Gesangsausbildung anhand von Liedern oder »isolierten musikalischen Elementen« vorgenommen werden sollte.[527] Genauso stand aber auch das Singen nach Gehör oder nach Noten und die Verwendung von Ziffern oder Silben zur Debatte.[528] Darüber hinaus wurde Gruhn zufolge ebenso verhandelt, ob die Lerninhalte aufeinander aufbauen oder sich eher ergänzen sollten.[529]

524 Natorp, *Anleitung*.
525 Schilling-Sandvoß, *Kindgemäßer Musikunterricht*, S. 174, Herv. im Orig.
526 Kinkel, *Anleitung zum Singen*, op. 20, S. 1.
527 Vgl. Gruhn, *Geschichte der Musikerziehung*, S. 52.
528 Vgl. ebd.
529 Vgl. ebd.

Katharina Schilling-Sandvoß stellt in diesem Zusammenhang »[z]wei wesentliche methodische Streitfragen«[530] heraus: »Fördert oder behindert frühes Liedersingen das musikalische Lernen«[531] und »[s]ollen Kinder nach Noten oder nach dem Gehör singen lernen«?[532] In Bezug auf die zweite Frage lässt sich Johanna Kinkels Position recht eindeutig aus folgendem Hinweis im »Vorbericht« entnehmen: »Notenlesen ist dem Kinde nicht zuzumuthen, nur durch Vor= und Mitsingen lehrt man es seine Stückchen.«[533] Die erste Frage, welche das Alter für den Beginn des Liedersingens thematisiert, lässt sich zwar nicht direkt durch den »Vorbericht« beantworten, klärt sich aber dadurch, dass Lieder ein Hauptbestandteil der *Anleitung zum Singen* und die Zielgruppe vorrangig drei- bis siebenjährige Kinder sind. Anhand ihres Opus 20 lässt sich Johanna Kinkels Gesangspädagogik entsprechend in die Debatten ihrer ZeitgenossInnen einordnen: Sie votiert nicht nur im Hinblick auf das Einstiegsalter für einen Gesangsunterricht ab dem dritten Lebensjahr, sondern befürwortet ebenso das frühe Liedersingen und das Einüben nach Gehör. Vor allem anhand des »Vorberichts« wird also ein Bild von Johanna Kinkel als kritische Musikpädagogin ihrer Zeit kreiert.

Um einen detaillierteren Einblick zu erhalten, welche konkreten musik- und gesangspädagogischen Ziele Johanna Kinkel neben denen von ihr im »Vorbericht« formulierten Zielen verfolgt, möchte ich die einzelnen Übungen und Lieder der *Anleitung zum Singen* im Hinblick auf ihre gesangstechnischen und musiktheoretischen Inhalte untersuchen. Zunächst lässt sich festhalten, dass Johanna Kinkel in etwa ihren Anspruch bezüglich des Ambitus eingelöst hat. Dieser bewegt sich von *h* bis *e2*. Nur wenige Noten befinden sich insgesamt überhalb des im »Vorbericht« angegebenen Ambitus von *c1* bis *a1* und werden oft tatsächlich auf die Vokale *i* oder *u* gesungen.[534] In technischer Hinsicht thematisiert Johanna Kinkel in ihren Übungen und Liedern »VORBEREITENDE TRILLER= UEBUNGEN[EN]« in Sechzehntelnoten[535] sowie den als

530 Schilling-Sandvoß, *Kindgemäßer Musikunterricht*, S. 180.

531 Ebd.

532 Ebd., S. 183.

533 Kinkel, Anleitung zum Singen, op. 20, S. 1.

534 Von den insgesamt 158 Tönen (etwa 6 % von insgesamt 2535 Tönen), die nicht dem Ambitus von *c1* bis *a1* entsprechen, werden 66 (ca. 42 %) über *a1* und auf »i«, »u«, »ui« oder »oi« gesungen. Die restlichen ambitusfremden Töne werden auf die verschiedensten Vokale, vor allem aber auf *e* und *o* gesungen. Die häufigste rhythmische Einheit sind Viertel (ca. 42 %), gefolgt von Achteln (ca. 27 %).

535 Kinkel, *Anleitung zum Singen*, op. 20, S. 18.

Achteltriole[536] eingeführten Doppelschlag.[537] Die unterschiedlichen Intervalle von Sekunden bis Septimen werden in ihren Übungen ebenso geschult wie die chromatische Tonleiter. Als Taktarten verwendet sie 4/4, 3/4 und 2/4 sowie 3/8, 6/8 und 9/8. Der 4/4-Takt wird jedoch etwa in der Hälfte der Lieder und Übungen verwendet und die Übungen und Lieder im 3/8, 6/8 und 9/8-Takt machen insgesamt nur 13 % der Stücke aus. Die Tonarten sind hauptsächlich Dur-Tonarten und hier vor allem C-, D- und F-Dur.[538] Die einzige Molltonart, d-Moll, setzt Johanna Kinkel im letzten Lied »vom Brummställchen« ein. Es fällt insgesamt auf, dass sie bevorzugt vor allem einfache Dur-Tonarten in Kombination mit einem 4/4-Takt verwendet. Darüber hinaus möchte sie Grundlagen für das Ausführen von Verzierungen wie Trillern und Doppelschlägen als auch für das Vom-Blatt-Singen durch die Solmisation legen. Diese Ausrichtung der Inhalte der *Anleitung zum Singen* kann als mehr oder weniger eindeutige Vorbereitung auf die Musikkonventionen bzw. die Musiksprache der westlichen Kultur betrachtet werden.

Katharina Schilling-Sandvoß hat in ihrer Arbeit über »kindgemäßen Musikunterricht« vornehmlich den vorschulischen Musikunterricht sowie den Musikunterricht in Volksschulen im 18. und 19. Jahrhundert untersucht.[539] Im Zuge dieser Ausführungen beschreibt sie u. a. die musikalischen Aspekte von Übungen und Liedern, die im 19. Jahrhundert für Kinder gedacht gewesen sind. Die »Sing- und Übungszeile« ist Schilling-Sandvoß zufolge eine verbreitete Übungsform gewesen, die durch Bernhard Christoph Ludwig Natorps *Anleitung zur Unterweisung im Singen*[540] etabliert wurde.[541] Schilling-Sandvoß charakterisiert diese anhand folgender Eigenschaften: Die Sing- und Übungszeile ist je nach Zielsetzung einfach oder kompliziert gestaltet worden; bisweilen wurde sie textiert, wobei einer syllabischen Textverteilung der Vorzug gewährt wurde; die Melodie basiert grundsätzlich auf Sekundschritten, Dreiklängen, Quartsprüngen und mitunter auch auf Chromatik; die Taktarten sind in der Regel gerade und die Notenwerte rangieren von halben bis Achtelnoten, wobei auch punktierte Viertel- sowie Achtelnoten und ganze als auch Sechzehntelnoten Berücksichtigung finden; Modulation liegen selten vor und zweistimmige Übungen werden üblicherweise in Terzen oder Sexten geführt.[542]

536 Kinkel, *Anleitung zum Singen*, op. 20, S. 19.

537 Ebd., S. 28.

538 C-Dur 45 %, F-Dur 21 %, D-Dur 19 %, Es-Dur 6 %, B-/G-/As-Dur jeweils 2 %.

539 Schilling-Sandvoß, *Kindgemäßer Musikunterricht*.

540 Natorp, *Anleitung*.

541 Schilling-Sandvoß, *Kindgemäßer Musikunterricht*, S. 266.

542 Vgl. ebd., S. 227.

Die Unterschiede dieser »Sing- und Übungszeilen« zu Johanna Kinkels Übungen in ihrer *Anleitung zum Singen* liegen vor allem darin, dass Johanna Kinkel keine Texte, sondern Vokale und Solmisationssilben verwendet und dass sie die Übungen durchaus auch zur Übung größerer Intervalle wie Sexten oder Septimen verwendet. Im Hinblick auf die Lieder, die in der Schule verwendet werden sollen, hält Schilling-Sandvoß fest: »Einfach, leicht, gefällig, faßlich, lauten die übergeordneten Merkmale, die Lieder für die Schule haben sollen, um den Forderungen der Natur des Kindes zu entsprechen.«[543] Diese Merkmale werden in den von Schilling-Sandvoß betrachteten Gesangschulen durch die vorrangige Verwendung von Sekunden und Terzen in der Melodie, eine einfache Rhythmik, eine syllabische Textverteilung und einem begrenzten Ambitus eingelöst.[544] Außerdem sind »in den Sammlungen Lieder in Moll [selten, oft gar nicht] enthalten. Begründet wird dies mit deren Fehlen im Volksliederbestand, nicht in ihrer Unangemessenheit oder Schwierigkeit für Kinder.«[545] Auch auf Johanna Kinkels Lieder treffen diese Merkmale überwiegend zu. Durch die musikalische Gestaltung der Gesangschule wird dementsprechend also – genau wie im »Vorbericht« – das Bild einer zeitgemäßen und durchaus kritischen Musikpädagogin evoziert.

Um diese methodischen Inhalte Johanna Kinkels auch mit einem gesangspädagogischen Konzept des 19. Jahrhunderts abzugleichen, welches nicht wie die Quellen in Schilling- Sandvoß' Analysen in erster Linie für den Schulgebrauch[546] ausgearbeitet worden ist, möchte ich ihre Ausführungen mit den

543 Schilling-Sandvoß, *Kindgemäßer Musikunterricht*, S. 251.

544 Ebd.

545 Ebd.

546 Dass ein großer Unterschied zwischen schulischem und privatem Musikunterricht besteht, wird anhand von Wilfried Gruhns Ausführungen ersichtlich, der den Musikunterricht nach Nina d'Aubignys *Briefe[n] an Natalie* mit dem schulischen Musikunterricht vergleicht: »Vergleicht man das umfassende System einer stufenweisen Gesangsbildung und das Kompendium musikalischer Gelehrsamkeit, das bis zu Fragen der Geschmacksbildung bei der Wahl der Musikstücke reicht (31. Brief), mit den trockenen Methodenlehren für die Schule, wird die Kluft deutlich, die sich im 19. Jahrhundert zwischen schulischem Gesangunterricht und der Bildung des Dilettanten [positive Konnotation, DG] auftut. Doch man darf dabei nicht übersehen, daß die Schule den Auftrag hatte, *allen* Schülern eine grundlegende Elementarbildung zu geben. Dies war eine Folge der allgemeinen Schulpflicht, die dann im Laufe des 19. Jahrhunderts auch tatsächlich realisiert wurde. Demgegenüber handelte es sich bei den Dilettanten wie bei den Virtuosen um eine kleine Gruppe einer privilegierten Schicht, die aber für das kulturelle Leben in viel größerem Maße eine führende Rolle übernahm, als es die Schule zu jener Zeit konnte.« (Gruhn, *Geschichte der Musikerziehung*, S. 107, Herv. im Orig.)

Ideen Nina d'Aubignys vergleichen, welche vermutlich an eine vergleichbare Zielgruppe gerichtet gewesen sind. Nina d'Aubigny hat 1803 in ihren *Briefen an Natalie über den Gesang* auf etwa 240 Seiten umfassend ihre Ansichten zum Bereich des Gesangs und seiner Vermittlung festgehalten und veröffentlicht.[547] Dadurch, dass Nina d'Aubigny die Form der »Briefe an« wählt und diese fiktive AdressatIn auch immer wieder direkt in ihren Ausführungen anspricht, entsteht der Eindruck, dass die AdressatInnen dieser Methode nicht in erster Linie die LehrerInnen in Schulen, sondern vielmehr die Frauen bürgerlicher Haushalte gewesen sind – auch wenn diese Form der Adressierung bzw. dieses Brief-Format insgesamt primär den Konventionen weiblicher Autorschaft im 18. und 19. Jahrhundert geschuldet gewesen sein mag.[548]

Allgemein gesehen scheint Nina d'Aubigny eine fundierte, flächendeckende Gesangsausbildung der Bevölkerung Deutschlands vorzuschweben. Um dies zu erreichen, widmet sie einige Passagen ihrer Publikation dem Thema der Kinderstimmbildung,[549] da auch sie der Überzeugung ist, dass die Gesangsausbildung sehr früh beginnen sollte.[550] Wie dieser frühe Unterricht aussehen soll, weicht jedoch von Johanna Kinkels Vorstellungen an verschiedenen Stellen ab:

> In den ersten Kinderjahren von drei bis fünf und sechs Jahren haben Sie [Natalie, DG] schon schöne Fortschritte in musikalischer Rücksicht bewirkt, wenn Sie es möglich machen, daß die Kinder viele gute Töne und keine schlechte zu hören bekommen. Diese Art von Unterricht bemerkt sich in der Zukunft, weil er das Ohr für die schönen Töne empfänglich macht.[551]

Nina d'Aubigny schließt über diese Gehörbildung hinaus das eigentliche Singen der Kinder nicht aus, aber sie legt den Schwerpunkt darauf, dass die Kinder eher im Sinne eines Ausprobierens selbst singen und weniger angeleitet werden sollen.[552] Außerdem legt sie, wie bereits angeklungen, in diesem Alter neben der Gehörbildung einen sehr großen Wert auf eine Vermittlung der Grundlagen der Musiktheorie:

547 Aubigny, *Briefe an Natalie.*
548 Vgl. Becker-Cantarino, *Schriftstellerinnen der Romantik*, S. 171–183.
549 Elsberger gibt hierzu die Briefe 2, 5, 11, 12, 18, 19, 22 an. (Elsberger, *Nina d'Aubigny*, S. 156.)
550 Vgl. Aubigny, *Briefe an Natalie*, S. 19–26.
551 Ebd., S. 60.
552 Vgl. ebd., S. 60–61.

> Diesen Zeitraum muß die gute Mutter benutzen, um den kleinen Geschöpfen auf eine leichte und angenehme Art die ersten Kenntnisse der Musik beizubringen, die später die Erlernung jedes Instruments erleichtern. Sie können durch mannichfaltige Spiele, das Notensystem mit seinen, durch alle verschiedenen Schlüssel, bewirkten Veränderungen, die Noten selbst und ihren Gehalt, den Takt und seine Verschiedenheit kennen lernen.[553]

Eine frühe Heranführung der Kinder an die Musik scheinen sowohl Nina d'Aubigny als auch Johanna Kinkel zu befürworten. Die Art der Unterweisung gestalten die beiden Musikpädagoginnen – mitunter vielleicht durch den zeitlichen Abstand von über 40 Jahren begründet, der zwischen den beiden Publikationen liegt – hingegen durchaus unterschiedlich.

Im Hinblick auf einige grundlegende Aspekte sängerischer Technik verfolgten Johanna Kinkel und Nina d'Aubigny sehr ähnliche Ziele, da sie beide z. B. eine gerade Körperhaltung, eine flache Zungenstellung und das Singen auf einen Vokal – insbesondere *a* – betonen.[554] In Sachen Solmisation deuten sich wiederum Unterschiede an. Nina d'Aubigny lehnt die Solmisation, in denen die Tonstufen einer Tonart mit spezifischen Silben versehen werden, ab:

> Die Italiäner quälen ihre Zöglinge auf eine unbarmherzige Weise durch das sogenannte Solmisiren, um sie im Treffen sicher zu machen. Doch sind unsere bessern Meister einverstanden, daß dies auf leichterm Wege erreicht werden könne. [. . .] Doch von jener Solmisirmethode, wo oft ein Zögling mehrere Jahre hindurch das ut, re, mi, fa, sol, la, welches Guido Aretius im Anfange des eilften Jahrhunderts erfand, in dem sonderbarsten Tonzirkel herum treiben muß, braucht unserm Schüler nichts auferlegt werden, da wir ihm nur das wirklich Nutzenbringende vorbehalten wollen.[555]

Um das »Treffen« der Töne zu schulen, hat Nina d'Aubigny im Vorfeld ihre eigene Methode eingeführt, bei welcher sie u. a. mit Hilfe ihrer Hand Töne auf Zahlen, Notennamen oder den Vokal *a* singen lässt.[556] Um schwierige Stellen zu üben, hält sie zum Singen von Übungsstücken bzw. -stellen – in ihrer Terminologie »Solfeggio« – auf Vokalen bzw. auf einer Silbe an.[557] Johanna Kinkel hingegen setzt neben den Vokalen *a* und *e* auf die Solmisationssilben:

553 Aubigny, *Briefe an Natalie*, S. 61.
554 Ebd., S. 71–74; Kinkel, *Anleitung zum Singen*, op. 20, S. 1.
555 Aubigny, *Briefe an Natalie*, S. 130–131.
556 Ebd., S. 126–130.
557 Ebd., S. 131–132.

> Alle Tonleitern und Uebungen singe man erst auf den Vokal *a*; später wechsle man mit dem Vokal *e* und den gebräuchlichen Sylben ab. Statt des ›*sol*‹ singe man lieber ›*so*‹ damit das l am Ende der Sylbe die Kinder nicht veranlasse die Zunge aufzurichten, welches eine fehlerhafte Gewohnheit werden kann.[558]

Aus der Durchsicht der verschiedenen Übungen geht hervor, dass Johanna Kinkel die Solmisationssilben absolut verwendet – *h* als auch *b* werden beispielsweise in jeder Übung unabhängig von der vorherrschenden Tonart als »si« bezeichnet.[559] Insgesamt lassen die hier herausgearbeiteten Parallelen und Unterschiede zwischen Nina d'Aubignys und Johanna Kinkels musikpädagogischen Ansichten in Bezug auf Kinderstimmbildung erkennen, dass sie sich beide über den Wert und die besondere Ausprägung einer frühen musikalischen Bildung einig sind. Dass diese musikalische Bildung vor allem von Frauen bzw. Müttern im privaten Rahmen geleistet wird, lässt sich aus den AdressatInnen der beiden Werke erschließen. Auch grundlegende technische Aspekte des Gesangs wie Körperhaltung oder Verwendung der Artikulationswerkzeuge lassen Übereinstimmungen erkennen. Die Vermittlung von Musiktheorie hingegen – auch anhand von Solmisation – scheint ein wesentlicher Unterscheidungspunkt zu sein.

Nachdem ich im vorangegangenen Unterkapitel die Texte der Lieder der *Anleitung zum Singen* ausführlicher besprochen habe, möchte ich an dieser Stelle auf die musikalischen Aspekte, vor allem auf die Melodien der Lieder näher eingehen. Im »Vorbericht« ihrer *Anleitung zum Singen* hält Johanna Kinkel fest, dass »[d]ie Melodieen zu den Liedern [. . .] grösstentheils entlehnt [sind], und zu bekannt um sie besonders zu bezeichnen.«[560] In der Rezension der *Anleitung zum Singen* in der *Neuen Zeitschrift für Musik* wird dieser Aspekt ebenso aufgegriffen: »Die Melodien dieser Liedchen sind größtentheils bekannten Opern und Volksliedern entlehnt, wobei Mozart und Weber hervorstechen[.]«[561]

Leider konnte nur ein kleiner Teil der zitierten Melodien tatsächlich relativ eindeutig identifiziert werden. Drei Lieder konnten dem Opern-Genre zugewiesen werden: »LIED No. 6. vom weissen Kätzchen« entspricht »Io so ricco e tu sei bella« aus Donizettis *L' Elisir d'amore*,[562] »LIED No. 11. vom Spekta-

558 Kinkel, *Anleitung zum Singen*, op. 20, S. 1, Herv. im Orig.
559 Vgl. z. B. ebd., S. 27 u. S. 30.
560 Ebd., S. 1.
561 G., »Gesangschulen«, S. 141.
562 Vgl. Kinkel, *Anleitung zum Singen*, op. 20, S. 10.

kel« entspricht »Se vuol ballare« aus Mozarts *Le nozze di Figaro*[563] und »LIED No. 15. Geburtstags=Liedchen für die Grossmama« entspricht »Könnte jeder brave Mann« aus Mozarts *Zauberflöte*.[564] Des Weiteren ist die Melodie des »LIED[s] No. 13. vom Juni« an die Melodie von »Tra ri ro, der Sommer der ist do«, welches auch in einer Version von Carl Maria von Weber veröffentlicht worden ist, angelehnt.[565] Weitere fünf Lieder konnten durch einen Abgleich mit verschiedenen Volksliedsammlungen und Recherchen im *Deutschen Volksliedarchiv* in Freiburg als Volkslieder aus dem 19. Jahrhundert ausfindig gemacht werden.[566]

Wie kann man diese Auswahl der zugrunde gelegten Melodien bewerten bzw. welchen Effekt haben sie im Rezeptionsprozess? Ich lese diese Auswahl vor dem Hintergrund von Miriam Noas Studie *Volkstümlichkeit und Nationbuilding*.[567] Noa arbeitet eine »song cloud« mit 74 Liedern heraus, die in dem Zeitraum von 1806 bis 1870 einen Kanon gebildet haben.[568] Sie differenziert diese »song cloud« weiter aus und erhält insgesamt schließlich 12 Lieder, die den Kern dieses Kanons formen. Für den Kontext dieser Arbeit ist interessant, dass in Noas »songcloud« neben Volksliedern immer wieder auch Melodien von Mozart, Weber und Mendelssohn Eingang gefunden haben. Zu den Melodien Mozarts hält Noa fest: »[. . .] [D]ie ›Hits‹ aus der Zauberflöte, insbesondere dieser [›In diesen heil'gen Hallen‹, DG], finden über einzelne kurze Zeiträume gehäuft Eingang in die Sammlungen.«[569] Somit scheinen auch diese Melodien von – aus heutiger Sicht – kanonisierten Komponisten in ein vom »Volk« breitflächig rezipiertes Liedgut aufgenommen worden zu sein.

Fraglich ist nun, welche Bedeutung es hat, dass Johanna Kinkel in ihrer *Anleitung zum Singen* auf ein ähnlich gelagertes Liedgut – »Volkslieder« sowie Melodien von Mozart und Weber – zurückgreift, wie es Noa im Zuge ihrer Analyse des »Nationbuilding« umrissen hat. Die Gründe für Johanna Kinkels Auswahl können aufgrund der mangelnden Quellenlage leider nicht

563 Vgl. Kinkel, *Anleitung zum Singen*, op. 20, S. 17.

564 Vgl. ebd., S. 22.

565 Vgl. Suchergebnisse zum Suchbegriff »der Sommer der ist do« auf der Internetseite *Deutsches Lied*. (URL: <http://www.deutscheslied.com> (Abruf: 29.01.2015).)

566 Lied No. 3 entspricht der Melodie »Der Schweizer« (vgl. Linder, *Deutsche Weisen*, S. 79.); Lied No. 5 entspricht der Melodie »Das Dreigespann« (vgl. ebd., S. 56–57.); Lied No. 9 entspricht der Melodie »Am Brunnen vor dem Tore«; Lied No. 18 entspricht der Melodie »Abschied« (vgl. ebd., S. 125.); Lied No. 23 enthält Melodie-Teile einer Version von »Laurentia, liebe Laurentia«.

567 Noa, *Volkstümlichkeit*.

568 Ebd., S. 242–246.

569 Ebd., S. 243.

weiter aufgeklärt werden. Ob also lediglich die Popularität einer Melodie ausschlaggebend gewesen ist, oder ob Johanna Kinkel vielleicht sogar Repertoire-Kenntnisse für Kinder bzw. deren Vertrautheit mit einem bestimmten – einem deutschen? – Liedgut verfolgt hat, lässt sich anhand der vorliegenden Quellen nicht ausmachen.[570] Der Eindruck jedoch, dass Johanna Kinkel in ihrer Melodieauswahl auf für das deutsche Nationalgefühl wichtige Musik zurückgreift, lässt sich aus meiner Rezeption nicht wegdenken.

Anhand von zwei Liedern – das »LIED No. 9 von der Lerche«[571] und das »LIED No. 11 vom Spektakel«[572] – möchte ich exemplarisch zeigen, wie Johanna Kinkel die bekannten Melodien für ihre Zwecke umgearbeitet hat. Die Melodie des »LIED[s] No. 9 von der Lerche« (vgl. Abb. 28) lässt sich als die Melodie von »Am Brunnen vor dem Tore« identifizieren. Vergleicht man diese Melodie-Version mit der ersten Strophe aus Schuberts »Lindenbaum« aus der *Winterreise*[573] so lassen sich in Johanna Kinkels Version die Punktierungen im zweiten und sechsten Takt, die Abschlussnote der ersten Phrase in Takt vier und der Schluss auf »tirili« als Unterschiede festhalten. Unterschiede zum Satz Silchers[574] liegen ebenso in den Punktierungen und der Schlusswendung, sowie außerdem in den Triolen, die in den Takten drei und sieben eingefügt worden sind. In Silchers Satz wird darüber hinaus das letzte zweitaktige Motiv wiederholt, was weder in Kinkels Version noch in Schuberts erster Strophe vorliegt. Letztlich erscheinen diese Unterschiede in der Melodieführung aber unerheblich, da das Lied trotzdem eindeutig erkennbar bleibt. Da die Melodien in etwa gleich gestaltet sind, ergibt sich in allen drei Versionen der Ambitus einer Oktave: Bei Schubert liegt durch E-Dur ein Ambitus von *e1* bis *e2* vor, bei Silcher durch F-Dur ein Ambitus von *f1* bis *f2* und bei Kinkel durch D-Dur ein Ambitus von *d1* bis *d2*. Hinter Johanna Kinkels Wahl von D-Dur lässt sich vermuten, dass sie den im »Vorbericht« angegebenen Ambitus nicht über die Maßen überschreiten wollte. Betrachtet man die Harmonik der drei Versionen, so fällt auf, dass grundsätzlich Tonika und Dominante die vor-

570 Die Idee der Repertoire-Bildung beschreibt Katharina Schilling-Sandvoß folgendermaßen: »Ab den 40er Jahren des 19. Jahrhunderts tritt der Materialaspekt in den Vordergrund des Musikunterrichts. Weniger formale musikalische Bildung, als vielmehr die Einprägung eines möglichst großen Liedrepertoires wird zum Unterrichtsziel.« (Schilling-Sandvoß, *Kindgemäßer Musikunterricht*, S. 176.) Ob es sich dabei um originale Liedkompositionen oder auch um bekannte Melodien mit neuem Text handelt, bleibt ungeklärt.

571 Kinkel, *Anleitung zum Singen*, op. 20, S. 14.

572 Ebd., S. 17.

573 Schubert, »Der Lindenbaum«, S. 16–19.

574 Linder, *Deutsche Weisen*, S. 4.

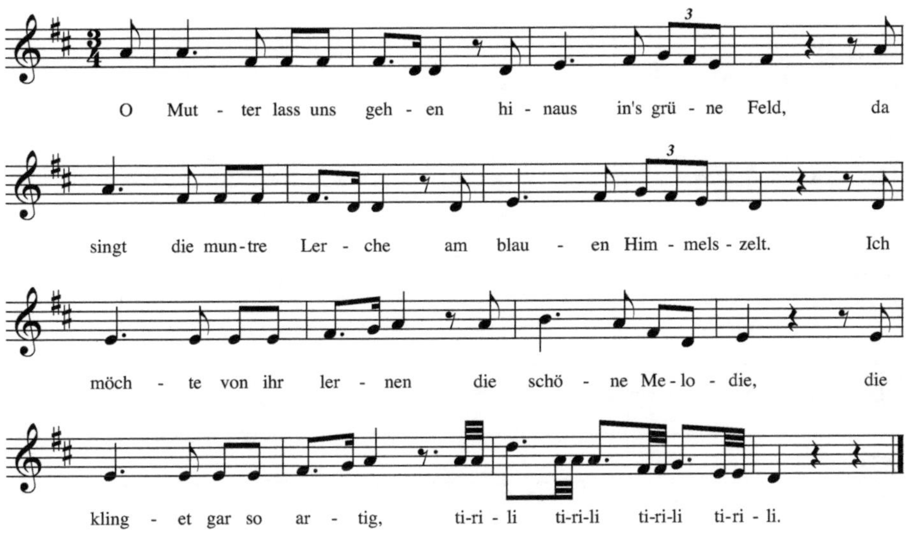

Abb. 28: Melodie des »LIED[s] No. 9. von der Lerche«.

herrschenden Harmonien sind. Schubert benutzt jedoch in Takt neun bis 12[575] außerdem noch die Subdominante und die Doppeldominante. Silcher reduziert in seinem Satz die zusätzliche Harmonik an dieser Stelle auf die Subdominante und Johanna Kinkel verwendet ausschließlich im gesamten Lied nur Tonika und Dominante. Vielleicht liegt der Grund für diese weitere Vereinfachung in der Zielgruppe der ausführenden Mütter begründet, die durch möglichst einfache Begleitungen in die Lage versetzt werden sollten, ihre Kinder am Klavier zu begleiten. Das zweite Lied, welches ich hier besprechen möchte und dessen Melodie eindeutig zuzuordnen ist, ist das bereits erwähnte »LIED No. 11 vom Spektakel«.[576] Die Melodie dieses Lieds (vgl. Abb. 29) stammt aus Mozarts *Le nozze die Figaro*, KV 492, und ist als Cavatina »Se vuol ballare Signor Contino« – einer Arie des Figaro – in der zweiten Szene des ersten Akts zu finden. Die ersten 20 Takte dieser Arie entsprechen bis auf wenige – eher unerhebliche – rhythmische Veränderungen der Melodie von Johanna Kinkels »LIED No. 11«. Lediglich die halben Noten in Takt 12, 16 und 18 sowie die Achtelnoten im vorletzten Takt sind in Mozarts Arie als Viertelnoten notiert.

575 Die Taktzahlen beziehen sich ausschließlich auf die Melodie. Die Einleitung ist nicht eingerechnet worden.

576 Kinkel, *Anleitung zum Singen*, op. 20, S. 17.

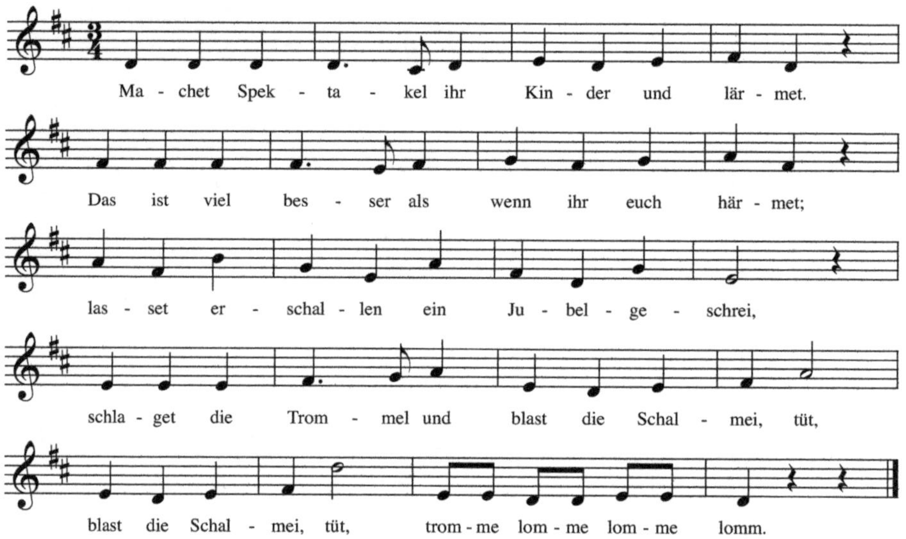

Abb. 29: Melodie des »LIED[s] No. 11. vom Spektakel«.

Auch die harmonische Struktur ist in beiden Versionen sehr einfach gehalten – überwiegend Tonika und Dominante – und weist nur geringfügige Unterschiede auf. Dadurch, dass Johanna Kinkel ihr Lied wiederum in D-Dur gesetzt hat und nicht wie Mozart in F-Dur, ergibt sich der erhöhte Ambitus *d1* bis *d2*, welcher vermutlich abermals an die Beschaffenheit von Kinderstimmen angepasst worden ist.

Welche Erkenntnisse lassen sich aus der Betrachtung dieser zwei Lieder, dieser Vorgehensweise Johanna Kinkels, bekannte Melodien für ihre Gesangschule zu adaptieren und mit einem neuen Text zu versehen, ableiten? Vordergründig scheint sie damit zunächst eine gängige Praxis fortzuschreiben: »Die Unterlegung neuer Texte zu alten Volksweisen oder bekannten volkstümlichen Liedern ist also wesentliches Charakteristikum von für Kinder oder die Schule bestimmten Liedern.«[577] Auf einer weiteren Ebene wird auf diese Weise das Konzept des musikalischen Werks konterkariert und gleichzeitig der Umgang mit Musik, das musikalische Handeln akzentuiert. Johanna Kinkel nutzt nämliche nicht nur die Melodien anderer KomponistInnen und passt sie an ihre Bedürfnisse an, sondern sie hält die NutzerInnen der Gesangschule

577 Schilling-Sandvoß, *Kindgemäßer Musikunterricht*, S. 242.

überdies dazu an, die Lieder durch Veränderungen des Texts an die jeweiligen, individuellen Gegebenheiten anzupassen. In dieser Form hat zwar die melodische Idee der ursprünglichen SchöpferIn weiterhin Bestand, aber die feste Form eines Werks wird durch Johanna Kinkels Weiterverarbeitung sowie die individuellen Umsetzungen der RezipientInnen zunichte gemacht. Diese Handlungsweise Johanna Kinkels hat ergänzend den Effekt, dass sie durch die fehlenden Kennzeichnungen die Melodien von ihren SchöpferInnen loslöst und so das Gefüge von AutorIn und Werk weiter destabilisiert. Aber auch ihre eigene Rolle als Schöpferin, als Schaffende ist im Hinblick auf den Notentext als eher gering einzuschätzen, da sich ihre Änderungen allgemein gesprochen auf eine Vereinfachung und Anpassung an die Zielgruppe beschränken. Verschwindet Johanna Kinkel als Schöpferin – genauso wie die ursprünglichen KomponistInnen – somit hinter den gängigen Melodien? Für manche Rezeptionen mag diese Konsequenz zutreffen; vor allem, wenn man Johanna Kinkel in Anlehnung an Hans-Heino Ewers im Sinne einer »Erziehungsschriftstelle-rIn« begreift, unter welcher Ewers folgendes versteht:

> Sein Metier ist die Übermittlung als solche, nicht unbedingt aber auch die Elaborierung und Autorisierung der zu übermittelnden Botschaften. Deshalb spielt es auch keine Rolle, ob das Übermittelte seine Hervorbringung bzw. seine Erfindung ist; es darf ohne weiteres anderen Werken, d. h. in der Regel Werken anderer entnommen sein. Niemand erwartet von ihm, ein Originalschriftsteller zu sein; was zählt, ist allein das Gelingen der Übermittlung.[578]

Dieses »Gelingen der Übermittlung« mag auch den Entstehungsprozess der *Anleitung zum Singen* bedingt haben. Johanna Kinkel tritt als Autorin hinter dem pädagogischen Anliegen ihrer Gesangschule zurück. Weder die Individualität der AutorIn noch der RezipientIn sind von primärer Bedeutung, sondern der Vermittlungsprozess – der Wissensund Fertigkeitstransfer. Die Figur der AutorIn spielt daher im Hinblick auf die Zielsetzung des Opus 20 eine eher unbedeutende Rolle. Johanna Kinkels Autorschaft ist in Britta Herrmanns literaturwissenschaftlicher Begrifflichkeit dementsprechend als eine »schwache Autorschaft« einzuordnen, in welcher die AutorIn »hinter eine[m] ›selbsttätigen‹ Text zurücktr[itt]«.[579] Dieser Fokus auf der Funktion des (Noten-)Texts statt auf der AutorIn und/oder der RezipientIn wirft die Frage auf, ob Autorschaft an diesem Punkt noch eine adäquate Betrachtungsperspektive liefert. Die Autorschaft wird sicherlich in anderen Rezeptionsprozessen aufgrund der

578 Ewers, »Autorposition«, S. 311.
579 Herrmann, »So könnte dies ja am Ende«, S. 482.

dargestellten Gründe keine bzw. höchsten eine marginale Rolle spielen. In meiner eigenen Rezeption, welche durch meine Autorschaftsperspektive und durch mein Verständnis einer AutorIn als verantwortungstragender, kreativer SchöpferIn – nicht als Genie – geprägt ist, hat das Opus 20 dennoch Relevanz. Johanna Kinkel hat die Übungen kreiert und die Lieder ausgewählt und adaptiert – für diese Arbeitsschritte, für die Gestalt des Opus in sämtlichen Dimensionen – auch der musikalischen – zeichnet sie sich verantwortlich. Daher beeinflusst auch die *Anleitung zum Singen* mein Autorkonstrukt von Johanna Kinkel.

Da ihr schöpferischer Anteil am Opus nur in sehr begrenztem Maße mit dem Begriff der KomponistIn stimmig zu fassen ist, bleibt zu fragen, mit welcher Begrifflichkeit ich Johanna Kinkels Autorschaft an dieser Gesangschule trotzdem beschreiben kann. Während der Begriff der KomponistIn durch die wenigen und eher erfindungsarmen notentextlichen Festlegungen nicht passend erscheint, beschreibt auch der Begriff der KompilatorIn ihre Autorschaft ebensowenig treffend, da sie nicht nur fertige Kompositionen zusammenstellt, sondern die Melodien adaptiert, ihnen vereinfachte Begleitungen hinzufügt und darüber hinaus mit neuen Texten versieht. Sie übernimmt dementsprechend weder die Rolle einer genialen SchöpferIn noch die Rolle einer KompilatorIn. Sie ist letztlich diejenige, die sämtliche Aspekte von einzelnen Noten in Melodie und Begleitung, über Besetzung bis hin zu textlichen wie musikpädagogischen Inhalten festlegt. Da der Begriff der musikpädagogischen AutorIn aus meiner Sicht eher eine theoretische Abhandlung erwarten lässt als eine Gesangschule mit Übungen und Liedern, lässt sich vielleicht daher am Besten von einer »musikpädagogischen KomponistIn« sprechen. Der Zusatz »musikpädagogisch« betont den Aspekt der Vermittlung und den damit einhergehenden, durchaus gerechtfertigten begrenzten kompositorisch-schöpferischen Anteil des Opus, während die Beschreibung als »KomponistIn« genau diesen schöpferischen Aspekt dennoch berücksichtigt. Für meine Arbeit möchte ich dementsprechend die Formulierung »musikpädagogische KomponistIn« verwenden. Inwieweit diese Begrifflichkeit – vor allem in Abgrenzung zur »musikpädagogischen AutorIn« – über diese Arbeit hinaus tragfähig ist, bleibt Gegenstand zukünftiger Forschung.

In der Rückschau lässt sich festhalten, dass ich als Wissenschaftlerin diese *Anleitung zum Singen* nicht nur als ein auf Vermittlung ausgerichtetes Erzeugnis rezipiere, sondern ebenso versuche herauszufiltern, welche Vorstellungen man im Zuge der Rezeption von Johanna Kinkel entwickeln kann. Die Verweiskraft, die durch die Verwendung der Zitate bzw. Melodien entsteht, schafft eine Form der Vernetzung, die Aufschluss geben kann über Johanna Kinkels eigene Repertoire-Kenntnisse, aber auch über ihre Einschätzung des populären Musikgeschmacks. Auch die musikpädagogische Positionierung durch den »Vorbericht« sowie die Beschaffenheit der Übungen und Lieder werfen ein Licht auf Johanna Kinkels Standpunkt innerhalb der Gesangspädagogik. Ihre Ausrichtung auf die Zielgruppe der Mütter und Kinder evoziert darüber hinaus den Eindruck, dass sie diese gesellschaftliche Ordnung nicht hinterfragt, sondern vielmehr festschreibt. Diese nicht unerhebliche Präsenz Johanna Kinkels im Opus, die sich letztlich auch in ihrer Rolle als Schaffende manifestiert, wird durch die Namensnennung in Blockschrift auf der Titelseite unterstrichen. So bietet die *Anleitung zum Singen*, die primär vermittelnden Zwecken dient, dennoch einige Rezeptionsangebote, die ein Bild Johanna Kinkels hervorbringen können – kein Bild einer genialen, aber einer musikpädagogischen Komponistin.

5.1.3 Einflüsse der (Verlags-)Korrespondenz auf mein Autorkonstrukt

Ein differierendes Bild Johanna Kinkels, welches vor allem dem zeitgenössischen Käufer der *Anleitung zum Singen* verborgen geblieben sein wird, ergibt sich aus der Rezeption der Verlagskorrespondenz in Bezug auf die Gesangschule. Zunächst sind einige Briefe Johanna Kinkels an den Verleger Schloß in Köln erhalten, bei dem sie ihre Gesangschule zuerst drucken lassen wollte. Diese Zusammenarbeit kam jedoch nicht zustande, so dass letztlich der Verlag Schott in Mainz das Opus gedruckt hat. Auch einige Briefe von Johanna Kinkel an Schott sind erhalten und geben Aufschluss über die näheren Umstände der Publikation der Gesangschule.

Johanna Kinkel wandte sich im September 1848 zuerst an den Verleger Schloß, da sie – vielleicht im Kontext ihrer vorherigen Zusammenarbeit am Opus 19[580] – eine Vereinbarung getroffen hatten: »Sie haben mir einmal das Versprechen abgenommen, Ihnen anzuzeigen, wenn ich ein Manuskript für die Herausgabe fertig liegen habe.«[581] Nach diesem Verweis beschreibt Johanna Kinkel in ihrem Brief vom 20. September 1848 die Gesangschule und weist darauf hin, dass sie die Übungen und Lieder bereits erfolgreich mit ihren eigenen Kindern eingeübt habe. Neben einer interessanten Referenz auf die *Vogelkantate* – »Die Liedchen bestehen meistens aus Späßen im Styl der bekannten Vogelkantate.«[582] –, welche vermutlich die Erfolgsaussichten ihrer Gesangschule in einem positiven Licht erscheinen lassen sollte, äußert Johanna Kin-

580 Johanna Kinkel korrespondierte im November 1847 mit dem Verleger Schloß bzgl. des Drucks ihres Opus 19, so dass eine erste Kontaktaufnahme im Herbst 1848 in Bezug auf den Druck des Opus 20 durchaus plausibel erscheint. (Vgl. Kinkel, *Brief vom 28.11.1848 an Herrn Schloß*, Nachlass Ernst Crous.)

581 Kinkel, *Brief vom 20.09.1848 an Herrn Schloß*, Nachlass Ernst Crous.

582 Ebd., Nachlass Ernst Crous.

kel ihr Anliegen, dass ihr Opus 20 mit Vignetten gedruckt werden soll: »Mit Illustrationen versehen, würde sie am meisten Glück machen.«[583] Sie beendet ihren Brief an den Verleger mit folgenden Einschätzungen:

> Da noch gar nichts in der Art für kleine Kinder komponiert ist, so viel ich weiß, (die meisten Kinderlieder sind viel zu hoch, u. haben zu trocken [sic] Texte) so kann das Heft vielleicht einen Erfolg haben wie der ›Struwelpeter‹ in seiner Art als Bilderbuch. Geschriebene 34 Seiten hat das Manuskript, wie viel Druckbogen das sind, mögen Sie leicht berechnen. Sobald Sie mir erwiedern ob Sie überhaupt ein illustriertes Werkchen übernehmen können: (es müßte wenigstens bei jedem Hauptliedchen eine Vignette stehn,) so werde ich Ihnen meine Bedingungen schreiben, die für ein so umfangreiches Stück nicht zu hoch sind.[584]

In einem weiteren Brief vom 23. September 1848 thematisiert Johanna Kinkel das Honorar, welches sie für ihre Gesangschule erwartet:

> Sie erwiedern mir, daß Sie auf den Druck meines Manuskripts eingehen wollen, wenn ich meine Bedingungen nicht zu hoch stelle. Da mein Werkchen durchaus keinen künstlerischen Werth hat, so müßte ich mit einer gewissen Scheu mein Honorar fordern, wenn ich nicht aus langer Erfahrung wüßte, daß der Verleger die Sache nur darauf beurtheilt: ›wie sie gehen werden.‹ Von diesem (Verleger=)Standpunkt aus fasse ich also den Muth diese Kindereien die ich da herauszugeben willens bin, bei weitem höher zu taxiren als meine besten andern Compositionen, weil ich voraus sehe daß sie außerordentlich gekauft werden.[585]

An diesen Ausführungen Johanna Kinkels ist vor allem aufschlussreich, dass sie ihrem »Werkchen keinen künstlerischen Werth« beimißt. Diese Formulierung lässt den Schluss zu, dass sie nicht nur »Werke« veröffentlicht sehen wollte, sondern auch Kompositionen bzw. Erzeugnisse, die keinen ästhetischen, sondern einen praktischen, pädagogischen oder finanziellen Wert besitzen. Dieser Punkt wird durch den Umstand pointiert, dass Johanna Kinkel nicht die Qualität oder gar Genialität ihrer Gesangschule, sondern vor allem den Absatz, den Markt – »wie sie gehen werden« – als Anhaltspunkt für die Taxierung heranzieht. Ähnlich wie im Kontext der *Vogelkantate* herausgearbeitet, kommt hier wieder im Hinblick auf das Publizieren eine deutliche

583 Kinkel, *Brief vom 20.09.1848 an Herrn Schloß*, Nachlass Ernst Crous.

584 Ebd.

585 Kinkel, *Brief vom 23.09.1848 an Herrn Schloß*, Nachlass Ernst Crous, Herv. im Orig.

Marktorientierung Johanna Kinkels zum Vorschein, welche gegenüber z. B. musikimmanenten Eigenschaften des Erzeugnisses in diesem Kontext Priorität genießt. Dass Johanna Kinkel die Taxierung ihrer Gesangschule aufgrund ihrer »langen Erfahrung« vornimmt, zeigt, dass sie nicht nur grundsätzlich marktorientiert verhandelt, sondern im Umgang mit Verlegern auf Berufserfahrung zurückgreifen kann und ihr somit die Rolle der Verhandelnden nicht neu gewesen ist.

Der Begründung ihrer Honorarforderung lässt Johanna Kinkel einen Vertragsentwurf folgen, in welchem sie die Details der Publikationsvereinbarung festhält:

> Verlags=Vertrag zwischen Frau Kinkel in Bonn und Hrn. Schloß in Cölln.
>
> 1) Frau Kinkel giebt Hrn. Schloß eine Kindergesangschule (op. 20) als ausschließliches Eigenthum in Verlag, und sendet das Manuskript 2 Tage nach abgeschlossenem Contrakt ein.
>
> 2) Hr. Schloß hat das Recht bis zum 8ten Oktober das Manuskript zurückzuschicken, falls er es nicht für seine Zwecke geeignet findet.
>
> 3) Hr. Schloß verpflichtet sich zu hundert Thaler Gold Honorar welche bis zum 15 November dieses Jahrs gezahlt werden.
>
> 4) Hr. Schloß übernimmt die Herausgabe dieses Werks dem er Vignetten beifügen läßt, bis 1. Dezember d. J.
>
> 5) Die erste Auflage darf 750 Exemplare nicht übersteigen. Sollte eine 2te Auflage gemacht werden, so muß ein neuer Contrakt vorhergehen.
>
> 6) Die Korrektur hat Frau Kinkel zu besorgen.
>
> Abgeschlossen Bonn den 23. Sept. 1848
>
> Johanna Kinkel.[586]

Da Johanna Kinkels Opus 20 letztlich bei Schott erschienen ist, scheint dieser Vertrag nie in Kraft getreten zu sein – die Gründe dafür bleiben aufgrund der derzeitigen Quellenlage leider im Dunkeln. Trotzdem enthält dieser Vertrag Aspekte, die das Autorkonstrukt Johanna Kinkels beeinflussen können. So bringt er ihre Betrachtung der Gesangschule als Eigentum, welches sie in seiner verschriftlichten, später auch gedruckten Form dem Verleger übereignet, klar zum Ausdruck. Dementsprechend fokussiert der Vertragsentwurf neben anderen Aspekten – durchaus naturgemäß – den Gelderwerb. Dadurch, dass

586 Kinkel, *Brief vom 23.09.1848 an Herrn Schloß*, Nachlass Ernst Crous.

Johanna Kinkel die Bestimmungen für eine etwaige zweite Auflage genau festhält und am Gewinn derselben beteiligt werden möchte, wird außerdem deutlich, dass sie das Opus zwar in seiner gedruckten Gestalt als Eigentum des Verlegers betrachtet, aber einen gewissen Besitzanspruch auf eine vom Druck losgelöste Form des Werks weiterhin aufrecht erhält. Auch die Kategorisierung als »Werk« ist an dieser Stelle bemerkenswert, da sie die vorherige Beschreibung als »Werkchen« aufhebt und der *Anleitung zum Singen* einen höheren Status verleiht – vielleicht nicht auf werkimmanenter, aber sicherlich auf marktwirtschaftlicher Ebene. Johanna Kinkel tritt hier also als Autorin eines von ihr selbst als Werk bezeichneten Erzeugnisses auf, für welches sie nicht nur die Verantwortung trägt und einen Eigentumsanspruch entwickelt hat, sondern welches sie – zu ihrem eigenen finanziellen Gewinn – auf den Markt bringen möchte und zu diesem Zweck in Verhandlung mit einem Verleger tritt.

In der erhaltenen Korrespondenz mit Schott aus dem Februar 1849 geht es vor allem um die Festlegung des Honorars. Johanna Kinkel veranschlagt zu Beginn statt der von Schloß geforderten »hundert Thaler Gold« nur die Hälfte, »50 Thl. Gold« und 20 Freiexemplare.[587] In einem späteren Brief schreibt Johanna Kinkel schließlich:

> Ich will das Agio ablassen, und nur 50 Thl. Silber ausbedingen, auch, wenn Sie darauf bestehen, auf eine geringere Zahl [12] Frei=Exemplare herunter zu gehn, doch gebe ich Ihnen Eines zu bedenken: Es fällt mir nicht ein diese Freiexempl: zu verkaufen, sondern dieselben dienen vielmehr Ihrem Interesse. Ich habe Freunde u. Bekannte in den verschiedensten Gegenden. Diesen sende ich jedes Opus das von mir erscheint zum Geschenk, mit der Bitte für Rezension und Verbreitung in ihren Kreisen zu wirken.[588]

Die ersten zwei hier wiedergegebenen Unterstreichungen im Originalbrief Johanna Kinkels aus dem Archiv des Musikverlags Schott sind genauso wie die Zahl 12 nachträglich in rot wahrscheinlich vom Verlag eingetragen worden und legen die Vermutung nahe, dass dieses letzte Angebot Johanna Kinkels von »50 Thl. Silber« und außerdem 12 Freiexemplaren das tatsächliche Honorar für die Gesangschule gewesen sind. Im Anschluss an diese Honorarverhandlung geht Johanna Kinkel in demselben Brief noch auf die Zweifel der Verleger Schott an der »Zweckmäßigkeit«[589] dieser Gesangschule ein und versucht sie

587 Vgl. Kinkel, *Brief vom 08.02.1849 an die Verleger Schott.* Mit freundlicher Genehmigung von SCHOTT MUSIC, Mainz.

588 Kinkel, *Brief vom 13.02.1849 an die Verleger Schott*, Herv. im Orig. Mit freundlicher Genehmigung von SCHOTT MUSIC, Mainz.

589 Ebd.

zu zerstreuen, indem sie u. a. auf den Erfolg mit ihren eigenen Kindern verweist, der nach Bekundung Johanna Kinkels bei anderen Bewunderung ausgelöst und eine Nachfrage geweckt hat. An diesen Honorarverhandlungen wird erneut Johanna Kinkels Marktorientierung deutlich. Sie benutzt nicht nur das anhand ihres Selbstversuchs verifizierte Argument, dass ein Markt vorhanden ist, sondern sorgt auch gezielt durch das Versenden von Freiexemplaren für eine Verbreitung in zumindest ihr bekannten Kreisen. Am Rande sei hier erwähnt, dass in der erhaltenen Korrespondenz mit Schott jeglicher Hinweis fehlt, dass Johanna Kinkel ihr Opus 20 mit Illustrationen drucken lassen wollte – im Briefwechsel mit dem Verleger Schloß findet dieser Aspekt sogar im Vertragsentwurf (unter Punkt vier) Berücksichtigung. Die gedruckte Ausgabe Schotts enthält dementsprechend keine Illustrationen. Inwieweit dieser Umstand mit den Honorarverhandlungen in Zusammenhang steht – eine Ausgabe ohne Illustrationen war sicherlich mit weniger Aufwand zu drucken und entsprechend günstiger –, lässt sich leider nicht beurteilen.

An dieser Stelle möchte ich ein Argument Johanna Kinkels aufgreifen, welches sie sowohl in den Verhandlungen mit Schloß als auch mit Schott angeführt hat. Sie verweist in der Korrespondenz mit beiden Verlagen darauf, dass sie die Übungen und Lieder mit ihren Kindern bereits getestet habe und sie daher durch diese praktische Anwendung im Hinblick auf ihre Zielsetzung, ihren pädagogischen Nutzen bereits erprobt worden seien. Hier steht folglich ihre musikalische Praxis als Legitimation für ihre Publikationstätigkeit ein.

In einer sehr interessanten Quelle aus Johanna Kinkels Londoner Exil ist diese Argumentation umgekehrt worden. Es handelt sich um einen Werbeprospekt,[590] in welchem sie und Gottfried Kinkel für die Saison 1854/55

590 Die Vorgehensweise, einen Prospekt zu verschicken, scheint eine Werbemaßnahme zu sein, die Johanna und Gottfried Kinkel erst im Exil in London ergriffen haben, da sie zu Beginn ihres Exils – 1851 – nur schwer genügend und ausreichend bezahlte Arbeit gefunden haben. (Vgl. z. B. Kinkel, »Musikalische Zustände« oder Asten-Kinkel, »Johanna Kinkel in England«.) In einem Brief vom 29. Mai 1852 an ihren Vater beschreibt Johanna Kinkel etwas ausführlicher die schwierige Aufgabe, in London neue Schüler zu finden und welche Hoffnungen sie daher in das Verschicken von Prospekten setzte: »Bin ich zu ärmlich gekleidet, so zahlt mir niemand einen ordentlichen Preis für meine Stunden, und nehme ich aus Noth Stunden in Masse für geringe Preise an, so zehre ich rasch meine Kräfte auf, und verliere zugleich an der Reputation. Die Engländer im Allgemeinen urtheilen weniger nach den Kenntnissen, da sie zu unmusikalisch sind, als nach der Weise, wie sich ihnen ein Lehrer emphielt. Ich lege dir das erste Exemplar unsres Prospektus hier ein, den wir jetzt herumschicken wollen, und von dem wir uns ein günstiges Resultat versprechen.« (Kinkel, *Brief vom 29.05.1852 an Peter Joseph Mockel*, S 2664 <3>.) Etwa ein Jahr darauf beschreibt Johanna Kinkel den Erfolg des Prospektversands

gemeinsam ihre Unterrichtsangebote bewerben.[591] Dieser Prospekt besteht aus insgesamt vier bedruckten Seiten. Auf den ersten zwei Seiten finden sich Angaben zu den Unterrichtsstunden und Vorlesungen Gottfried Kinkels. Auf der dritten Seite werden unter dem Titel »Mme. Kinkel's Classes and Music Lessons« Johanna Kinkels Unterrichtsangebote aufgelistet. Auf der letzten Seite wird schließlich die gemeinsame Veranstaltung »German Conversazione, for Ladies and Gentlemen privately introduced« beworben.

Johanna Kinkel bietet insgesamt sieben verschiedene Arten der Unterweisung an. Neben ihren Privatstunden »on the PIANOFORTE, in HARMONY and COMPOSITION, and in SINGING«[592] und dem bereits erwähnten Konversationsunterricht bietet sie fünf verschiedene Unterrichtseinheiten als Klassenunterricht an: »BEGINNERS' CLASS IN SINGING, for Ladies.«, »ADVANCED CLASS OF PART SINGING AND SOLFEGGIO, for Ladies.«, »CLASS OF HARMONY AND COMPOSITION, for Ladies.«, »SINGING CLASS FOR CHILDREN under 12 Years of Age.« und »MUSICAL EVENING CLASS, for Ladies engaged in teaching.« Die Klasse für Kinder unter 12 Jahren und die Klasse für Klavierlehrerinnen werden auf dem Prospekt genauer erläutert. Die Beschreibung der »SINGING CLASS FOR CHILDREN« ist hier von Interesse, da nicht nur auf den Nutzen eines frühen Gesangsunterrichts, sondern gleichzeitig auch auf Johanna Kinkels publizierte Gesangschule hingewiesen wird:

> In order that the limited compass of the childish voice may never be exceeded, MME. KINKEL has composed, expressly for the use of her Pupils, a series of Exercises and little Songs, which can in no case strain or fatigue the tender chest and throat. This Composition, used in many German Schools, and highly recommended by musical critics, is sold in London by SCHOTT and Co., 159, Regent Street, or at MME. KINKEL'S house, where the English translation is also to be procured. MME. KINKEL has tried the system in London with great success for four years.[593]

jedoch wie folgt: »Ich habe einmal die Probe gemacht, als ich eine Gesangsklasse in meiner eigenen Wohnung eröffnete. Durch die persönlichen Empfehlungen meiner Freunde wurden mir fünf Schülerinnen zugewendet; tausend gedruckte Prospekte, die ich in alle anständigen Häuser des ganzen Distrikts senden ließ, brachten mir nur eine einzige Schülerin.« (Kinkel, »Musikalische Zustände«, S. 311.) Da der erhaltene Prospekt auf den Jahrgang 1854/55 datiert ist, scheinen Johanna und Gottfried Kinkel trotzdem an dieser Praxis festzuhalten. Warum sie weiterhin Prospekte versenden, muss an dieser Stelle leider ungeklärt bleiben.

591 Kinkel/Kinkel, *Dr. Gottfried Kinkel's Classes*, Cotta$Vertr. 1. 12a.

592 Ebd.

593 Ebd. Als Randnotiz sei hier auf die Verwendung des Verbs »compose« hingewiesen. An dieser Stelle hätte auch beispielsweise das Verb »publish« eingesetzt wer-

Diese Darstellung beschreibt Johanna Kinkel als erfolgreiche Autorin im Bereich der Gesangspädagogik und lässt diese Tätigkeit neben ihrer musikpädagogischen Praxis zu einem Indikator für ihre musikpädagogische Kompetenz werden, wobei die allografe Benennung in der dritten Person eine objektive Beurteilung suggeriert. Die Argumentation wird hier dementsprechend auch umgekehrt verwendet: Die Publikation der Gesangschule indiziert musikpädagogische Kompetenz und muss nicht durch diese legitimiert werden.

Um die Frage zu beantworten, wie verbreitet die Gesangschule letztlich tatsächlich war, möchte ich Auszüge aus verschiedenen Briefen und aus der im September 1849 in der *Neuen Zeitschrift für Musik* erschienenen Rezension betrachten. Zu Beginn möchte ich noch einmal ein in dieser Arbeit bereits angeführtes Zitat aus einem Brief von Johanna Kinkel an ihren Ehemann Gottfried aus dem Februar 1850, etwa ein Jahr nach der Veröffentlichung der *Anleitung zum Singen*, in Erinnerung rufen. In diesem Zitat beschreibt sie, dass ihre Gesangschule in einem »Mädcheninstitut in der Pfalz« eingeführt worden sei und der Leiter eine Fortsetzung wünsche.[594] Neben der individuellen, positiven Meinung des Vorstehers erscheint vor allem der Umstand, dass Johanna Kinkels Gesangschule im gesamten Institut für den Unterricht genutzt wird, als ein Merkmal für deren Erfolg. Gleichzeitig kann diese Rückmeldung durchaus als Grundlage für die Formulierung »used in many German schools« in der Erläuterung des Prospekts gedient haben. Das seinerzeitige Angebot des Vorstehers, Johanna Kinkels Töchter aufzunehmen, lässt sich zudem als ein Zeichen dafür werten, dass das Opus 20 eng mit Johanna Kinkels persönlichen Umständen als Mutter von vier Kindern, deren Ehemann in politischer Gefangenschaft lebt, verknüpft wird.

Diese Verknüpfung der Gesangschule mit Johanna Kinkels privater Situation wird auch in der Rezension in der *Neuen Zeitschrift für Musik* vom 30. September 1849 deutlich. Gleich zu Beginn wird diese Lebenslage für die Öffentlichkeit explizit wahrnehmbar von der RezensentIn[595] hervorgehoben:

> Johanna Kinkel ist die Gattin jenes Märtyrers für die Freiheit, dessen so viel bedauertes Geschick in den Gefängnissen von Rastatt noch unentschieden ist. Die Wittwe des unglücklichen Dichters, denn so darf man sie nennen, wird nun die alleinige Ernährerin ihrer Familie bleiben, welches schon allein ein hinreichender Grund wäre, dieses Werk zu empfehlen.[596]

den können. Diese Wortwahl kann möglicherweise auf Johanna Kinkels eigenes Verständnis von ihrem Schaffensprozess verweisen.

594 Vgl. S. 193 in dieser Arbeit.

595 Im Artikel wird die RezensentIn nur durch das Kürzel C. G. benannt.

596 G., »Gesangschulen«, S. 141.

Nach dieser Einschätzung bewertet die RezensentIn »mit den Augen der unparteilichsten Kritik«[597] sowohl die Methode als auch die Passung der Gesangschule für Kinder sehr positiv und spricht eine klare Kaufempfehlung aus. Dieses Urteil setzt sich aus der Qualität des eigentlichen Werks und dem Argument zusammen, dass durch den Erwerb der Gesangschule der Familie Kinkel geholfen werde. Fraglich ist, inwieweit sich dieser persönliche Aspekt mit der Hervorhebung der Qualität des Opus im Rezeptionsprozess der Rezension die Waage hält. Lässt die RezensentIn durch den Bezug auf das persönliche Schicksal das Opus mitunter in einem negativen Licht erscheinen, da weniger die Qualität des Werks als das Mitgefühl für den Kauf im Vordergrund steht? Für wen wäre eine solche Gewichtung tatsächlich als negativ einzuschätzen? Für Johanna Kinkel? Für ZeitgenossInnen und potenzielle KäuferInnen? Für heutige MusikwissenschaftlerInnen? Letztlich liegt die Antwort auf diese Fragen in der persönlichen Entscheidung, ob man einem Musikstück bzw. einem publizierten Musikdruck ausschließlich aufgrund seiner ihm inhärenten Qualität oder auch aufgrund anderer Kategorien – z. B. seiner sozialen oder finanziellen Funktion – einen Wert zuspricht.

Insgesamt beurteilt Johanna Kinkel die Erstausgabe ihres Opus 20 im Nachhinein als einen finanziellen Misserfolg. Dies zeigt sich, wenn sie am 18. Juli 1851 aus dem Exil in London an ihre Freundin Kathinka Zitz schreibt:

> Am 1. Aug. eröffne ich meine Kindergesangschule; ich habe das bei Schott erschienene Heft ins Englische übersetzen lassen, und hoffe, daß ich von dieser 2ten Ausgabe etwas mehr gewinnen werde, als an der ersten, da große Aussicht vorhanden ist, daß dies Unternehmen in England bedeutend ziehen wird. Als ich das Opus 1849 herausgab, war ich sehr in Not, und schlug es zu jedem Preis los, der sich bot. Ich wünsche sehr, daß die englische Übersetzung den Schaden der Originalausgabe heilen möge. Bei der ehrenhaften Schilderung, die Sie mir von Ihrem alten Freund Schott gemacht haben, ist ja wohl nicht daran zu zweifeln. Oder sind Verleger auf diesem Punkte einer wie der andere?[598]

Bevor ich auf den Aspekt der zweiten, veränderten Auflage eingehe, möchte ich Johanna Kinkels Einschätzung, dass die Erstausgabe ein finanzieller Verlust gewesen sei, aufgreifen. Da der Vertrag zwischen ihr und Schott nicht mehr erhalten ist, lässt sich nicht nachvollziehen, ob sie auch hier eine Klausel einbringen konnte, die den Umgang mit weiteren Auflagen regelt. Es lässt sich daran anschließend auch nicht mehr rekonstruieren, ob das Opus 20 tatsächlich gut

597 G., »Gesangschulen«, S. 141.

598 Leppla, »Johanna und Gottfried Kinkels Briefe«, S. 38.

verkauft worden ist und wie Schott daran verdient haben mag. Einziger Hinweis in diese Richtung ist vielleicht die Adresse auf dem Titelblatt der im Verlagsarchiv vorhandenen Ausgabe der Gesangschule. Die Londoner Niederlassung des Verlags wird darauf mit der Adresse »48 Great Marlborough Street« angegeben, die seit 1908 besteht – diese Information muss dementsprechend 1908 oder später auf der Druckplatte festgehalten worden sein.[599] Außerdem wird der Preis nicht mehr mit »2 fl. 24 kr.«[600] sondern mit »Mk. 2«[601] angegeben. Ob diese Informationen einzig abgeändert worden sind, weil die Platten im Juni 1923 eingeschmolzen wurden[602] und der Verlag noch eine aktualisierte Kopie zurückbehalten wollte, oder ob bis zum Anfang des 20. Jahrhunderts tatsächlich noch Kopien verkauft werden konnten, lässt sich aus den vorliegenden Quellen nicht mehr rekonstruieren. Während die Gewinne oder Verluste Schotts nicht benannt werden können, lässt sich aufgrund der Quellenlage jedoch zumindest festhalten, dass Johanna Kinkel an der Erstausgabe statt der ursprünglichen »hundert Thaler Gold« tatsächlich »50 Thl. Silber« und 12 Freiexemplare verdient hat.

Vor diesem Hintergrund ist eine zweite, ins Englische übersetzte Ausgabe für Johanna Kinkel eine durchaus logische Vorgehensweise, mit der sie ein zusätzliches Einkommen durch ihre Gesangschule erwirtschaften wollte. Aus der Korrespondenz mit Schott aus dem Sommer 1852, welche anlässlich der Publikation des Solfeggien-Hefts, op. 22, geführt wurde,[603] geht u. a. hervor, dass diese zweite Ausgabe als reines Textbuch von Johanna Kinkel selbst – nicht von Schott – herausgegeben worden ist. Erwähnenswert ist jedoch, dass auch Schott bereit gewesen wäre, noch weitere Ausgaben herauszugeben. Diesbezüglich schreibt Johanna Kinkel am 20. Juli 1852 an den Verlag:

> In Erwiedrung auf Ihr geehrtes Schreiben vom 12. ds. bemerke ich, daß eine englische Ausgabe der Kind: Ges: schule für den Schulgebrauch, ohne Begleitung, wie Sie sie beabsichtigen, durchaus ihren Zweck verfehlen würde. Der Unterricht im Singen in den hiesigen Schulen ist sehr mangelhaft, und die Lehrer sind nicht auf der Stufe, selbst eine Begleitung improvisiren zu können. Ihre Hauptverbreitung würde diese Gesangschule in den gebildeten Familien finden, und diese sind überall mit Clavieren

599 Vgl. *A history of Schott Music in London*, URL: <http://www.schott-music.co.uk/shopnav/aboutus/> (Abruf: 22.05.2014).

600 Vgl. Exemplar aus dem Stadtarchiv Bonn.

601 Vgl. Exemplar aus dem Verlagsarchiv von Schott.

602 Vgl. Notiz auf der Titelseite des Exemplars aus dem Verlagsarchiv von Schott.

603 Vgl. Kinkel, *Brief vom 20.07.1852 an die Musikalienhandlung von J. B. Schott's Söhnen*, NL 163/16.

> versehen. Für meine Classes, wie für den Unterricht den die Verfasserin des engl. Textes in einer andern engl. Stadt begonnen hat, reichen für jetzt die Textbücher aus, deren Druckkosten ich selbst bestritten, und erst wiedergewinnen muß. Eine Schul=Ausgabe für Deutschland möchte unter den Umständen die Ihr Brief andeutet, auch besser jetzt unterbleiben, bis vielleicht eine für uns günstigere Wendung der Dinge dem Werkchen eine größere Popularität u. rasche Verbreitung sichert.[604]

Leider konnte der vorausgegangene Brief von Schott an Johanna Kinkel nicht ausfindig gemacht werden, und so müssen diese Formulierungen ausreichen, um die Kommunikation zu rekonstruieren. Ihre ausführlich begründete Ablehnung einer Schulausgabe mit Text und Melodie legt nahe, dass diese Idee zuerst vom Verlag selbst geäußert worden ist. Diese Anfrage Schotts könnte aufgrund eines guten Absatzes oder aufgrund von Käuferanregungen gestellt worden sein. Dass Johanna Kinkel auf dieses Angebot des Verlags nicht eingeht und gleichzeitig auf eine »günstigere Wendung der Dinge« warten möchte, zeugt davon, dass sie eine genaue Vorstellung vom Markt entwickelt hat und diesen – nicht etwa das Werk oder dessen Qualität – als Entscheidungsgrundlage für die mögliche Publikation desselben oder einer (veränderten) Ausgabe zugrunde legte.

Betrachtet man die Verlagskorrespondenz noch einmal rückblickend, so stechen verschiedene Aspekte hervor: Johanna Kinkels sinkende Honorarforderungen, der Verzicht auf Illustrationen und der Wunsch, mit späteren, veränderten Auflagen doch noch einen größeren Gewinn aus dem Opus zu erwirtschaften. Es entsteht der Eindruck, dass vor allem dieses Opus einen finanziellen Gewinn bedeuten sollte. Die erste Veröffentlichung fällt in die Zeit von Gottfried Kinkels Gefangenschaft und korrespondiert mit Johanna Kinkels prekärer finanziellen Situation zu diesem Zeitpunkt. Die spätere Herausgabe der Textbücher scheint den finanziellen Verlust der ersten Auflage mindern zu sollen und kann ebenso vor dem Hintergrund der erneut knappen finanziellen Umstände der Familie Kinkel in den Anfangsjahren ihres Exils in London betrachtet werden. Insgesamt muss man jedoch berücksichtigen, dass diese Facette des Gelderwerbs bei einer Betrachtung der Verlagskorrespondenz, in der es um eine Publikation und dementsprechend auch um den Verkauf geht, durchaus zu erwarten ist. In Bezug auf die Stichworte Autorschaft und Werk lässt sich festhalten, dass Johanna Kinkel keine feste Werkform anstrebt, sondern aus praktischen – vielleicht auch Genre-bedingten – sowie

604 Kinkel, *Brief vom 20.07.1852 an die Musikalienhandlung von J. B. Schott's Söhnen*, NL 163/16.

finanziellen Gründen ein eher als lose zu bezeichnendes Werkverständnis für ihr Opus 20 besitzt. An ihrer Autorschaft dieses losen Werks hält sie jedoch – möglicherweise ebenso aus finanziellen Gründen – durchgängig fest. Nicht nur die Kennzeichnung der Gesangschule mit ihrem Namen, sondern auch ihre konstante Beteiligung an den Vorschlägen und Ideen für weitere Veröffentlichungen und dem daraus potenziell resultierenden finanziellen Gewinn bezeugen diesen Umstand eindrücklich. Letztlich erscheint Johanna Kinkel in dieser Verlagskorrespondenz als erfahrene Publizistin, die zwar Rückschläge einstecken muss, aber trotzdem gezielt und durchaus routiniert mit ihren Verlegern verhandelt.

5.1.4 Eine *Anleitung zum Singen* – verschiedene Bilder Johanna Kinkels

In meiner Rezeption der Gesangschule entstehen durch die verschiedenen Schichten unterschiedliche Bilder von Johanna Kinkel. Die Texte der Lieder evozieren – insgesamt eher zurückhaltend und in Abhängigkeit vom Vorwissen der RezipientIn – ein Bild, in welchem Johanna Kinkel im Kreise ihrer Familie erscheint.[605] Die komplette *Anleitung zum Singen* kreiert zunächst ein Bild von Johanna Kinkel als kritische Musikpädagogin. In Ergänzung dazu führt ihr eher geringer kreativ-schöpferischer Anteil in ihrem Opus 20 dazu, dass ihre Autorschaft als eine schwache Autorschaft erscheint. Vor dem Hintergrund, dass sie aber trotzdem diejenige ist, welche für die gesamte Konzeption und Gestalt der Gesangschule – auch in musikalischer Hinsicht – verantwortlich ist, bezeichne ich sie an dieser Stelle als musikpädagogische KomponistIn, deren Erzeugnis sich nicht in erster Linie durch ein geniales Schöpfertum auszeichnet, sondern durch eine Wissens- und Fertigkeitsvermittlung. Betrachtet man demgegenüber die Verlagskorrespondenz, so öffnet sich jedoch ein Blick auf Johanna Kinkel als erfahrene, wirtschaftlich denkende Autorin, die ihr Erzeugnis als (loses) Werk betrachtet und dieses an VerlegerInnen – und durch diese wiederum auf dem Markt – verkaufen will, um einen finanziellen Gewinn zu erzielen.

Diese Pluralität der Bilder von Johanna Kinkel führt noch einmal vor Augen, dass das methodische Vorgehen und die Blickrichtung das Ergebnis einer Betrachtung entscheidend beeinflussen können und dementsprechend ständig reflektiert werden müssen. So ist z. B. zu berücksichtigen, dass die Verlags-

605 Lediglich kleine Verweise wie im Lied »von der Lerche«, in welchem das Kind ein Lied von der Lerche lernen möchte, oder wie im Lied »von der Bürgerwache« lassen hier die Rolle der Gesangspädagogin bzw. Demokratin aufleuchten.

korrespondenz weder jedem zugänglich ist noch überhaupt von Interesse sein muss. Daher ist das Autorkonstrukt einer Erwerbstätigen eher bei den RezipientInnen zu finden, die größeren Aufwand in der Beschäftigung mit Johanna Kinkel betreiben, um sämtliche schwer zugängliche Quelle aufzuspüren und/oder das Opus nicht nur im Sinne seines Zwecks als Gesangschule rezipieren.

5.2 Musikwissenschaftliche Vorträge und Aufsätze – Ansichten über das Komponieren

Johanna Kinkel hat sich immer wieder in verschiedenen Schriften musiktheoretisch und musikhistorisch mit KomponistInnen und Kompositionen auseinandergesetzt. Diese vorrangig als Aufsätze und Vorträge verfassten Schriften helfen, weitere das Komponieren betreffende Aspekte in Bezug auf Johanna Kinkel offenzulegen. Gerade die vergleichende Betrachtung der Inhalte dieser Schriften mit ihrem eigenen Komponieren liefern Erkenntnisse, die sich in meinem Autorkonstrukt von ihr niedergeschlagen haben. In die Betrachtung dieser Schriften möchte ich mit anekdotischen Ausführungen von Johanna Kinkels Tochter Adelheid von Asten-Kinkel aus dem Jahr 1903 beginnen, welche ihre Übersetzung eines Textes ihrer Mutter über Mendelssohn einleiten und einen Vortrag desselben beschreiben:

> Ich entsinne mich eines Abends, wo wir Kinder in einer Droschke mitgenommen wurden, um einen Vortrag über Mendelssohn, der in einem höheren Erziehungsinstitut stattfand, durch Gesang und Klavierspiel zu illustrieren. Nie werde ich vergessen, wie mein ältester Bruder, damals etwa zwölf Jahre alt, sich mit der Mutter ans Klavier setzte und die Ouvertüre zum ›Sommernachtstraum‹, dieses poetisch musikalische Ideal meiner Kinderjahre, zu Gehör brachte. Ich selbst sang mit Mutter und Schwester einige Kirchenlieder. Wir hatten ein sehr vornehmes Publikum, und in der ersten Reihe saßen ältere Damen, die sich über unser mutiges Auftreten amüsierten. Zu meiner großen Freude hat meine Mutter, wenngleich sie meistens frei sprach, diesen Vortrag aufgeschrieben, und er charakterisiert nicht nur die Kompositionen, sondern auch die persönlichen Vorzüge des hochgebildeten Mannes auf eine so feine und treffende Weise, daß ich es für der Mühe wert halte, ihn ins Deutsche zu übersetzen[.][606]

Einblicke in die Entstehungskontexte dieser Vorträge und Aufsätze können verschiedene Briefauszüge geben. Im Februar 1854 schreibt Johanna an Gottfried Kinkel:

606 Asten-Kinkel, »Johanna Kinkel über Mendelssohn«.

> Eben als ich mich bequem gemacht hatte, und mich hinsetzen wollte dir einen langen Brief zu schreiben, wurde mir (nach 9 Uhr Abends) Mrs. Rich und die nämliche schottische Dame [Miss Stirling, MK] angemeldet, die dir neulich schrieb. [. . .] Sie haben mich doch zuletzt überredet den Artikel über Chopin zu schreiben. Sie wollen warten bis nach der Saison, versprachen eine brillante Renumeration, und Entschädigung, wenn der Artikel nicht angenommen wird. Das ist eine Aufgabe für in Swanage.[607]

Durch diese Beschreibung wird ersichtlich, dass Johanna Kinkel zumindest im Fall des Aufsatzes über Chopin für die Verschriftlichung ihrer Gedanken zunächst einen Anstoß von außen benötigte – nicht zuletzt auch in finanzieller Form. In ihren letzten Lebensjahren scheint ihre musikwissenschaftliche Arbeit hingegen einen anderen, einen erfüllenden und ertragreichen Charakter für sie anzunehmen:

> Vor Beginn der Saison hatte ich Zeit, etwas eifriger als bisher meine Studien in Musikgeschichte wieder aufzunehmen. Ich arbeite zuweilen auf dem British Museum, wo mir die erforderlichen Bücher zu Gebote stehen. Mehrere des Preises wegen in Deutschland schwer zugängliche Werke sind da, die mir eine Menge neuer Aufschlüsse gegeben haben. Ich habe ein Engagement, über Musik Vorträge zu halten, und es scheint, daß mir dies gelingt. Das macht mir Freude, weniger deshalb, weil es ein besseres Geschäft als Stundengeben ist, sondern weil ich in mir die Fähigkeit entdeckt habe, im späteren Alter noch eine ganz neue Lebensthätigkeit zu ergreifen.[608]

Aus ihren Vorträgen scheint Johanna Kinkel für sich selbst einen großen Gewinn zu ziehen. Während sie nach außen ihr berufliches Tätigkeitsfeld durch ihre Rolle als Vortragende bzw. Dozentin erweitert, scheint für sie selbst vor allem der Umstand, dass sie sich auch im fortgeschrittenen Alter noch weiterentwickeln konnte, von großer Bedeutung gewesen zu sein.

Bevor ich nun näher auf die einzelnen Vorträge und Aufsätze eingehe, möchte ich an dieser Stelle darauf hinweisen, dass das Ich in diesen nicht-fiktionalen, eher sachlichen Texten aufgrund der fehlenden Ästhetisierung eine sehr große Nähe zu Johanna Kinkel als Autorin aufweist. Es muss konsequenterweise aus literaturwissenschaftlicher Sicht zwar immer noch zwischen dem Ich und Johanna Kinkel als empirischer Person unterschieden werden, aber letztlich werde ich versuchen, lediglich ihre Art und Weise der Musikgeschichts-

607 Klaus, *Liebe treue Johanna!*, S. 1336.
608 Asten-Kinkel, »Johanna Kinkel in England«, S. 188.

schreibung bzw. ihre Positionierung zu den angesprochenen Themen herauszufiltern, was einen durchaus üblichen Arbeitsgang darstellt. Der Unterschied zwischen der »Ich-ErzählerIn« und Johanna Kinkel liegt letztlich darin, dass auch hier wieder nur einzelne – in diesem Fall musikhistorische und -theoretische – Ansichten Johanna Kinkels von ihr selbst herausgepickt und in konzentrierter, zugespitzter Form auf den Punkt gebracht und dadurch gleichermaßen konstruiert werden.

Insgesamt sind neun Texte erhalten, welche thematisch die Felder Musikgeschichte, Ästhetik, Harmonie, moderne Liederkomponisten, Klavierspiel, und vier verschiedene Komponisten – Mozart, Beethoven, Mendelssohn und Chopin – abdecken. (Vgl. Tab. 2.)

Titel	**Signatur**
Musical History/ Zur Geschichte der Musik	S 2393, 30a/30b
Zur Ästhetik der Musik	S 2394, 31a
2ter Vortr. Harmonie/ Nro II. Lecture on Harmony	S 2394, 31b/S 2394, 31c
Ueber die modernen Liederkomponisten	S 2684 (*Der Maikäfer*, 4. Jahrgang, Nro. 31 u. 32)
Das moderne Klavierspiel	S 2684 (*Der Maikäfer*, 5. Jahrgang, Nro. 4/7/9/12)
Lecture on Mozart	S 2396
Lecture on Beethoven's earliest Sonatas. incl. op. 10.	S 2397
Lecture on Felix Mendelssohn	S 2398
Friedrich Chopin als Componist	S 2399

Tab. 2: Aufsätze und Vorträge Johanna Kinkels im Nachlass der Universitäts- und Landesbibliothek Bonn.

Zu Beginn sei erwähnt, dass Johanna Kinkel immer wieder einzelne Passagen in diesen Aufsätzen und Vorträgen mehrfach benutzte. Eine bearbeitete Version ihres Aufsatzes »Das moderne Klavierspiel«, welcher erstmals im *Maikäfer* von Januar bis März 1844 veröffentlicht wurde,[609] verwendet sie z. B. am Ende ihrer 1852 publizierten, klavierpädagogischen Schrift *Acht Briefe an eine Freundin über Clavier-Unterricht*.[610] Aber auch im Aufsatz über Chopin, geschrieben 1855,[611] finden sich einige Passagen, welche mehr oder minder Tei-

609 Vgl. Brandt-Schwarze u. a., *Der Maikäfer. Band 3*, S. 249–250/S. 271–272/S. 283–285/S. 305–308.

610 Vgl. Kinkel, *Acht Briefe*, S. 64–84.

611 Vgl. Notiz am Anfang des Aufsatzes. (Kinkel, *Friedrich Chopin*, S 2399.)

len aus ihrer »Musical History« bzw. »Zur Geschichte der Musik« gleichen.[612] Monica Klaus nutzt in der Einleitung ihrer Übersetzung des Vortrags über Mozart solche Übereinstimmungen für eine Datierung des Aufsatzes: »Da Johanna Kinkel in diesem Vortrag Ausschnitte aus ihrem Manuskript *Musical History* (geschrieben 1853–1857) verwandte, kann man davon ausgehen, dass sie den Vortrag zwischen 1856 und 1857 hielt.«[613] Dass Johanna Kinkel nicht nur Textteile mehrfach verwendete, sondern auch diese Vorträge scheinbar öfter gehalten hat, wird aus dem Ende des Mendelssohn-Vortrags ersichtlich, welchen Adelheid von Asten-Kinkel wie folgt kommentiert: »Hier geht das Heft, in dem der Vortrag aufgezeichnet ist, zu Ende. In einer Ecke steht: Schluß nach Belieben.«[614]

Der Aufsatz »Ueber die modernen Liederkomponisten« wird hier nicht weiter besprochen, da dieser bereits im dritten Kapitel zur *Vogelkantate* genügend Erwähnung gefunden hat.[615] Auch den Aufsatz »Das moderne Klavierspiel« möchte ich hier unkommentiert lassen, da er in erster Linie eine Besprechung von Klavierkompositionen von Mendelssohn, Chopin, Thalberg, Henselt, Heller, Bennet, Liszt und Beethoven enthält, die für diesen Kontext nicht weiter von Belang sind.[616] Vielmehr möchte ich zunächst die Musikgeschichte und die beiden zusammengehörigen Aufsätze bzw. Vorträge »Zur Ästhetik der Musik« und »2ter Vortr. Harmonie« betrachten. Johanna Kinkels Musikgeschichte[617] beginnt in einem Notizbuch, welches am Anfang den Vermerk

612 Auf den Seiten 212–220 des Chopin-Aufsatzes gibt Johanna Kinkel einen musikhistorischen Abriss, der in Auszügen mit dem Aufsatz *Zur Geschichte der Musik* übereinstimmt. (Vgl. z. B. Kinkel, *Zur Geschichte der Musik*, S. 1 und Asten-Kinkel, »Friedrich Chopin«, S. 215–216.)

613 Bodsch/Klaus, *Johanna Kinkel*, S. 93.

614 Asten-Kinkel, »Johanna Kinkel über Mendelssohn«, S. 100.

615 Vgl. S. 110–111 in dieser Arbeit.

616 Lediglich Johanna Kinkels Beschreibung des Kompositionsstils von Adolph Henselt ist aus diesem Aufsatz erwähnenswert, da sie ihre Perspektive als Komponistin andeutet: »Eine Eigenheit Henselts, die ihm Viele schon nachzuahmen beginnen, sind die fremdartigen, übermäßig mit # u. b versehenen Tonarten, die er wählt, und wodurch (man kann es nicht abläugnen) mancher gewöhnlichere Gedanke origineller scheint, als er wirklich ist. Diese Unart erschwert ohne Noth den Dilettanten manches populäre Stück. Man sollte wirklich überhaupt das heilige desdur, das tragische as u. esmol, das in dunkeln Purpur gehüllte fisdur nicht so für jede Lappalie misbrauchen; dieser Frevel beraubt die genannten Tonarten nach und nach ihres Nimbus, sie werden gewöhnlich wie g u. d und für Geistererscheinungen u. große Affeckte wird den Componisten ihr bequemstes Mittel weggefischt.« (Brandt-Schwarze u. a., *Der Maikäfer. Band 3*, S. 307.)

617 Kinkel, *Musical History*, S 2393, 30a; Kinkel, *Zur Geschichte der Musik*, S 2393, 30b.

»Notizenheft, begonnen 25. Mai 1853. London«[618] aufweist. Insgesamt sind zwei Notizhefte erhalten, die jedoch durch verschiedene Randbemerkungen vermuten lassen, dass diese Musikgeschichte noch umfangreicher gewesen sein muss und hier nur Teile erhalten sind.[619] Johanna Kinkel beginnt ihre Ausführungen mit Überlegungen zur frühen Musiknotation. Sie beschreibt Themengebiete wie die »Neumen«, die »Guidonische Hand« bis hin zur »[s]pätere[n] Linienschrift«.[620] Im Anschluss daran schreitet sie vor allem anhand von Personen, aber auch von Errungenschaften durch die Musikgeschichte. Bemerkenswert ist z. B. ihre Einschätzung der Bedeutung des Notendrucks:

> Durch die Erfindung des Notendrucks zu Anfang des 16ten Jahrhunderts, hörte die Musik auf, ein exklusives Eigenthum der Gelehrten zu sein, und der erfrischende Sturm des Volksgeistes trat mit den Componisten in Wechselwirkung. Von nun an vervielfältigt sich die Zahl der Erfinder, und alle Formen musikalischer Composition entfalten ihre ersten Keime.[621]

Johanna Kinkel ist jedoch durchaus bemüht, über die Beschreibung und Einschätzung von KomponistInnen und Errungenschaften den Bezug zur *Musik*geschichte nicht zu verlieren: »Doch gilt es hier nicht bei großen Namen zu verweilen, sondern die Entwicklung des musikalischen Stoffs, der Ackorde und Intervalle zu verfolgen.«[622] Diese »Entwicklung« vollzieht sie nach ihren eigenen Aussagen vor allem anhand ihrer eigenen Analysen: »Ich habe mir eine klare Anschauung der musikalischen Fortschreitung nur dadurch erleichtert, daß ich mir Kompositionen der bedeutenden Meister verschaffte und diese vergleichend studierte.«[623] Grundsätzlich lässt sich daher zunächst festhalten, dass Johanna Kinkel Musikgeschichte als Kompositionsgeschichte geschrieben hat.

Dass sie mit dieser Vorgehensweise durchaus dem üblichen Umgang mit Musikgeschichte ihrer Zeit entsprochen hat, lässt sich anhand der ihr bekannten Literatur aufzeigen. In einem Brief an ihre Freundin Auguste Heinrich vom 22. April 1851 schreibt sie, dass sie die Schriften Kiesewetters und Forkels kenne: »Außer Kiesewetters Geschichte der Musik ist mir nur die von Forkel bekannt, die nur bis zu J. S. Bachs Zeit reicht.«[624] Johanna Kinkel bezieht sich an dieser Stelle vermutlich auf Kiesewetters *Geschichte der europäischabend-*

618 Kinkel, *Musical History*, S 2393, 30a.
619 Vgl. Kinkel, *Musical History*, S 2393, 30a/b.
620 Kinkel, *Musical History*, S 2393, 30a, S. 5–7.
621 Ebd., S. 1 (»3tes Heft.«).
622 Ebd., S. 3.
623 Asten-Kinkel, »Johanna Kinkel in England«, S. 72.
624 Ebd.

ländischen oder unsrer heutigen Musik und Forkels *Allgemeine Geschichte der Musik*, die beide nach einem entsprechenden kompositionsgeschichtlichen Ansatz geschrieben wurden.[625] Auch wenn diese beiden Autoren sicherlich nicht die einzigen gewesen bzw. geblieben sind, die Johanna Kinkel für ihre eigenen musikgeschichtlichen Betrachtungen herangezogen hat, lässt sich festhalten, dass zumindest diesen drei AutorInnen der Ansatz, Musikgeschichte als Kompositionsgeschichte zu betreiben, gemein gewesen ist.

In den beiden Aufsätzen bzw. Vorträgen »Zur Ästhetik der Musik«[626] und »2ter Vortr. Harmonie«[627] entwickelt Johanna Kinkel ihre ästhetischen Ideen anhand der drei Komponenten Rhythmus, Melodie und Harmonie. In einem nach ihrer Ansicht vollkommenen Kunstwerk sind diese drei Parameter an sich ästhetisch gelungen und stehen darüber hinaus sowohl zueinander als auch zum Inhalt der Komposition »in einem richtigen Verhältniß«.[628] Dem Rhythmus wendet sie sich als erstes zu, da er nach ihrem Verständnis das Bindeglied zu anderen Künsten wie z. B. der Lyrik oder des Tanzes darstellt.[629] Sie legt viel Wert darauf, verschiedene Betonungsschemata herauszuarbeiten und die Verbindung zur Sprache herzustellen. Während im Bereich der Instrumentalmusik gewisse Freiheiten herrschen, vertritt sie in Bezug auf die Vokalmusik mit Nachdruck die Unterordnung des Rhythmus unter das Versmaß.[630] Diese Unterordnung gilt ebenso für die Melodie, welche den Text bzw. den musikalischen Kontext entsprechend abbilden bzw. ausdeuten soll,[631] wozu auch die

625 Vgl. Kiesewetter, *Geschichte* und Forkel, *Allgemeine Geschichte*. Hier sei angemerkt, dass nur die ersten beiden Bände von Forkels Musikgeschichte erschienen sind und seine Ausführungen daher nur bis ins 16. Jahrhundert reichen. Bach wird nicht mehr behandelt. In der Vorrede seiner Monografie *Ueber Johann Sebastian Bachs Leben, Kunst und Kunstwerke* findet sich jedoch eine Anmerkung, die Johanna Kinkels Kommentar erklären könnte: »Da in der Geschichte dieser Kunst [der Musik, DG] Bach mehr als irgend ein anderer Künstler Epoche gemacht hat, so beschloß ich, die zu seinem Leben gesammelten Materialien für den letzten Band des genannten Werks [der *Allgemeinen Geschichte der Musik*, DG] aufzusparen. Die rühmliche Unternehmung der Hoffmeister- und Kühnelschen Musikhandlung in Leipzig, eine vollständige und kritisch-correcte Ausgabe der Seb. Bachischen Werke zu veranstalten, veranlaßte mich, meinen Entschluß zu verändern.«. (Forkel, *Ueber Johann Sebastian Bachs Leben*, S. V.)

626 Kinkel, *Zur Ästhetik der Musik*, S 2394, 31a.

627 Kinkel, *2ter Vortr. Harmonie*, S 2394, 31b.

628 Vgl. Kinkel, *Zur Ästhetik der Musik*, S 2394, 31a, S. VII.

629 Vgl. ebd.

630 Vgl. ebd., S. 4.

631 Vgl. ebd., S. 18–19.

Berücksichtigung der Sprachmelodie des Texts gehört.[632] Neben dieser Passung erwartet Johanna Kinkel von einer »schönen« Melodie, dass sie außerdem die richtige Ausgewogenheit zwischen Tonleiterausschnitten und größeren Intervallen aufweist.[633] Die in dieser Arbeit betrachteten Lieder zeigen, dass sie diese Prinzipien in der Regel in ihren eigenen Liedern auch umgesetzt hat.

Der dritten Komponente, der Harmonie, kommt in Johanna Kinkels Ausführungen eine Sonderrolle zu, die sich u. a. dadurch bemerkbar macht, dass ihr der komplette zweite Vortrag gewidmet wird. In Bezug zum Rhythmus und zur Melodie sticht die Harmonie in ihren Darstellungen dadurch hervor, dass sie als letztes »entdeckt«[634] worden sei und eine große Bedeutung für ihre zeitgenössische Musik gehabt habe. In ihrem Vortrag geht Johanna Kinkel zunächst umfassend auf Pythagoras und das Monochord, die Obertonreihe und die temperierte Stimmung ein. Selbst physikalische Experimente zum Bereich der Akustik streift sie kurz.[635] Im Anschluss geht sie vor allem auf »ruhige« und »bewegende« Akkorde ein und auf den Unterschied von modulierenden und nicht-modulierenden Stücken. Ihren Vortrag beschließt Johanna Kinkel zuletzt mit der Besprechung einer Szene aus Glucks »Orfeus«.[636] Die Besonderheit gerade dieses Aufsatzes über Harmonie liegt meines Erachtens in der Vielfältigkeit der Ansätze, in der Interdisziplinarität, mit welcher Johanna Kinkel dieses Thema für ihr – mutmaßliches – Laien-Publikum aufbereitet. In Bezug auf ihr eigenes Komponieren lässt sich festhalten, dass sie in den meisten Kompositionen, die ich in dieser Arbeit analysiert habe, eine insgesamt eher einfache Harmonik verwendet. Dies korrespondiert in gewisser Hinsicht mit der in diesem Vortrag dargelegten Überzeugung, dass sich Harmonien auf die von der Ober- bzw. Naturtonreihe vorgegebenen Töne beziehen sollen: »Der gute Componist hat diesen innern Organismus [der Naturtonreihe, DG] studirt, und gehorcht dem Naturgesetz; der schlechte Componist stellt es

632 Vgl. Kinkel, *Zur Ästhetik der Musik*, S 2394, 31a, S. 24–27.
633 Vgl. ebd., S. 12–18.
634 Vgl. Kinkel, *2ter Vortr. Harmonie*, S 2394, 31b, S. 4.
635 Interessant ist an dieser Stelle der Unterschied in der deutschen und englischen Version bzgl. der Begründung für die nur kurze Erwähnung dieser Thematik: »Das Speziellere hierüber, gehört in das Gebiet der Akustik, und der physikalischen Experimente, von denen ich nur eine sehr oberflächliche Kenntniß besitze, da ich mich mehr mit ausübender Musik befaßt habe.« (Kinkel, *2ter Vortr. Harmonie*, S 2394, 31b, S. 14.) Im Vergleich dazu heißt es in der englischen Version: »This however is a matter of accoustics and physical experiments, which we only can contemplate superficially. We must leave these questions to learned men, ladies being better fit for performing music.« (Kinkel, *Nro II. Lecture on Harmony*, S 2394, 31c, S. 9.)
636 Kinkel, *2ter Vortr. Harmonie*, S 2394, 31b, S. 30–31.

willkürlich auf den Kopf, verrenkt und verdreht die Harmonie um originell zu scheinen.«[637]

Ingesamt wird durch Johanna Kinkels Vorträge zur Geschichte und Ästhetik der Musik einerseits ihre zeitgemäße Auffassung von Musikgeschichte als Kompositionsgeschichte deutlich. Andererseits lassen sie sich als Verbalisierungen ihrer ästhetischen Grundüberzeugungen lesen, die retrospektiv ihre Kompositionsweise erklären, gleichzeitig aber auch Ergebnis ihrer kompositorischen Praxis gewesen sein können.

Die vier Texte, welche jeweils ausschließlich einem Komponisten gewidmet sind, hat Johanna Kinkel grundsätzlich nach dem Prinzip Biografie und Werk verfasst. Die Gewichtung, wieviel Biografisches und wieviel Werkanalyse in einem Text enthalten sind, variiert durchaus beträchtlich von Text zu Text. Im Vortrag über Mozart macht der biografische Anteil in etwa ein Drittel des Texts aus. Im Anschluss an ihre biografischen Ausführungen stellt Johanna Kinkel in diesem Vortrag anhand der Analyse verschiedener Klaviersonaten die Entwicklung von Haydn über Mozart bis Beethoven dar.[638] Neben dieser kompositorischen Genealogie bespricht sie noch die *Hochzeit des Figaro* und das *Requiem*.[639] Der Vortrag über Beethoven ist ähnlich gestaltet, wobei die biografischen Hinweise noch weniger Platz einnehmen und zudem lediglich die frühen Sonaten – exemplarisch werden op. 2, op. 7 und op. 10 analysiert – Berücksichtigung finden.

Das Verhältnis zwischen Biografischem und Werkanalyse wird vor allem im Vortrag über Mendelssohn umgekehrt.[640] Hier beschreibt Johanna Kinkel sehr ausführlich anhand von Anekdoten und selbsterlebten Vorkommnissen Mendelssohns Leben und Charakter. Sie zeichnet ihn als einen geschmackvollen, gütigen und gebildeten Komponisten. Auch seiner engen Beziehung zu seiner Schwester Fanny Hensel trägt Johanna Kinkel Rechnung, indem sie derselben

637 Kinkel, *2ter Vortr. Harmonie*, S 2394, 31b, S. 7–8.

638 Die verwendete Klaviermusik bezeichnet Johanna Kinkel folgendermaßen: Haydn: »Haydn S. 8 in c-moll etc. Anfang des folgenden Finale«, »S. 7 in F-dur, Andante« (Bodsch/Klaus, *Johanna Kinkel*, S. 97.); Mozart: »aus der C-dur Sonate«, »aus dem Rondo«, »aus der A-dur im 6/8tel Takt«, »Adagio aus der a-moll Sonate« (Ebd.); Beethoven: »Adagio von Beethoven in F-dur«. (Ebd., S. 98.)

639 Ebd., S. 98–102.

640 Johanna Kinkel erwähnt den »Elfenchor« aus dem »Sommernachtstraum« (Asten-Kinkel, »Johanna Kinkel über Mendessohn«, S. 91), »einige Kapricen für Klavier« (»Rondo Capriccioso in E«, »Capriccio (Fis-moll)«, »das dritte Capriccio dieses Genres Nr. 2 aus op. 16« (Asten-Kinkel, »Johanna Kinkel über Mendessohn«, S. 91)), und »Antigone« (ebd., S. 93).

einigen Platz einräumt und die enge Verbundenheit der Geschwister – auch im Kompositionsprozess – darstellt.

Der Aufsatz »Friedrich Chopin als Componist«[641] setzt sich von den anderen drei Texten deutlich ab. Er ist viel länger[642] und ihm fehlen die Eingangsformeln, welche die vorherigen Texte eindeutig als Vorträge und nicht als Aufsätze kennzeichnen.[643] Stattdessen beginnt der Aufsatz mit einer Selbstreflexion, in der Johanna Kinkel die Entwicklung ihrer eigenen musikalischen Ansichten beleuchtet:

> Ich bin in dem orthodoxen Lager erwachsen und hatte das Glück, daß derselbe Mann, der in seiner Jugend den Knaben Beethoven unterrichtete, in seinem späten Greisenalter mein Lehrer ward. Was Wunder, daß mir seit meiner Kindheit der Name Beethoven als musikalicher Gott und Rossini als Antichrist vor der Seele stand. [. . .] Ich warf sie [Mazurken von Chopin, DG] unberücksichtigt beiseite zu den Walzern von Strauß und Lanner, denn wie konnte ein Mensch, der Mazurkas schrieb, anderswohin als in das feindliche Lager gehören?[644]

Nach dieser – durchaus bemerkenswerten – Reflexion ihrer frühen subjektiven, nicht auf Argumenten basierenden Herangehensweise an den Komponisten Chopin, arbeitet Johanna Kinkel schließlich im Verlauf des Aufsatzes das aus ihrer Sicht faszinierende und neue Moment von Chopins Musik heraus: »Er [Chopin, DG] rüttelt eben schon an der noch geheimnisvoll verschlossenen Pforte der Vierteltöne, die dereinst späteren Jahrhunderten das sein werden, was uns jetzt die kleine Sekunde ist und was unsern Vorfahren die Terz war.«[645] Damit legt sie in diesem Text eindeutig den Fokus auf die Werkbetrachtung und deren Kontextualisierung in Geschichte und Gegenwart und blendet das Biografische fast vollständig aus. Es wird deutlich, dass es ge-

641 Kinkel, *Friedrich Chopin*, S 2399; Asten-Kinkel, »Friedrich Chopin«.

642 Dieser Aufsatz hat 195 handgeschriebenen Seiten, während die anderen Aufsätze lediglich 16, 20 und 36 Seiten aufweisen.

643 Vgl. »Heute habe ich das Vergnügen, über Mozart zu sprechen, dem Komponisten, der nicht nur von gelehrten Musikern als der größte Genius seiner Zeit anerkannt wurde, sondern auch den Menschen größtes Vergnügen bereitete.« (Bodsch/Klaus, *Johanna Kinkel*, S. 93), »Ludwig van Beethoven, über den ich heute Abend die Ehre habe zu sprechen, ist ein so ehrwürdiges Genie, dass es ziemlich unmöglich ist, ihm in einem so kurzen Diskurs gerecht zu werden.« (Ebd. S. 103.) oder »Wir beschäftigen uns heute mit einem Komponisten [Mendelssohn, DG], dessen Einfluß noch immer in der musikalischen Welt pulsiert, obwohl er nicht mehr unter den Lebenden weilt.« (Asten-Kinkel, »Johanna Kinkel über Mendessohn«, S. 90).

644 Asten-Kinkel, »Friedrich Chopin«, S. 93.

645 Ebd., S. 220.

rade die innovative Komponierweise ist, die hier als Kriterium für Chopins Bedeutung als Komponist herangezogen wird. Insgesamt lässt sich festhalten, dass Johanna Kinkel durch ihre werkanalytischen, aber auch biografischen Betrachtungen in diesen Texten – auf mehr oder weniger subtile Weise – daran mitgewirkt hat, den jeweils im Fokus stehenden Komponisten als musik- bzw. kompositionsgeschichtlich bedeutend, als genial zu etablieren.[646]

Dass in diesem Kontext die Kategorie des Werks für Johanna Kinkels Reflexionen durchaus von Bedeutung gewesen ist, wird u. a. durch ihre folgende Einschätzung im Hinblick auf Beethovens Verwendung von Opuszahlen deutlich:

> Sie hören von jungen Komponisten heutzutage sehr oft das 100ste Werk oder eine noch weiter fortgeschrittene Nummer. Sie setzen ihr op. 1, 2, 3 etc. über jedes belanglose Thema mit Variationen oder kleine Rondo, wobei die ganze Erfindung aus einer oberflächlichen Melodie von vielleicht 16 Takten besteht und der ganze Rest aus unnützen Fingerübungen. Nun bedenken Sie Beethovens Bescheidenheit, [. . .] drei Sonaten mit solch kunstvollen und vielfältigen Teilen nur als ein Werk zu zählen.[647]

Diese Ausführungen führen vor Augen, dass Johanna Kinkel unter einem Werk – bzw. unter einer Komposition, die diesen Titel verdient – mehr als nur eine beliebige bzw. triviale Aneinanderreihung von Noten verstand. Bemerkenswert ist demgegenüber, dass sie die mit dem Werk oft verknüpfte Kategorie des Œuvres zumindest in einer Hinsicht in aller Offenheit in Frage stellt. Aus ihrem Blickwinkel ist das Œuvre im Sinne eines zielgerichteten, breit angelegtenWerkkorpus, der vor allem auchWerke größerer Gattungen enthält, für die Beurteilung der Bedeutung einer KomponistIn und ihrer Erzeugnisse nicht entscheidend. Dies wird gerade an ihrer Auseinandersetzung mit Chopin offenkundig:

> Um einen königlichen Rang in der musikalischen Welt zu behaupten, scheint es unerläßlich, Opern, Oratorien oder Symphonien geschaffen zu haben. Gewiß würden die Kritiker, die auf diesem Standpunkt stehen, es geradezu lächerlich finden, wollte ein Komponist, der nur Lieder oder Musikstücke für ein einzelnes Instrument geschrieben hätte, eine Stelle neben

646 Vgl. z. B. Johanna Kinkels Formulierung in ihrem Vortrag über Mozart: »Er [Mozarts Sohn Franz Xaver, DG] reiste durch Deutschland, gab Konzerte, wurde später Direktor einer Singakademie und starb 1844. Somit mag unsere gegenwärtige Generation Jemandem ins Auge geschaut haben, der von einem sterbenden Genius angelächelt wurde.« (Bodsch/Klaus, *Johanna Kinkel*, S. 97.)

647 Ebd., S. 107.

> den anerkannten Heroen behaupten. Diese Ansicht läßt sich bestreiten. Es sind Komponisten von mittelmäßigem Talent weit berühmt geworden, weil sie, entweder als Günstlinge eines Regenten, oder durch große Geldmittel oder eine Clique in der Presse getragen, früh Gelegenheit fanden, Opern oder Messen an Orten aufzuführen, von wo aus sie rasch der ganzen Welt bekannt und zugänglich wurden.[648]

Und weiter:

> Warum sollen wir uns denn scheuen, die Bedeutung eines nur für Klavier schreibenden Komponisten wegen der geistigen Schönheit, die ihm zu Gebote stand, höher anzuschlagen als die Wirkung jener, die mit alltäglichen Tonbildern nur einen ungeheuren Rahmen ausfüllen?[649]

Für Johanna Kinkel scheint Chopins Bedeutung und seine Genialität auch ohne Werke in großen Gattungen wie der Oper oder der Sinfonie evident zu sein, womit sie die Kategorie des Œuvres als Merkmal für »große KomponistInnen« in Frage stellt. Dieses Hinterfragen des Œuvres und der damit einhergehenden Bedeutung großer Gattungen lässt Johanna Kinkel in meiner Rezeption zunächst als kritische Musikwissenschaftlerin ihrer Zeit erscheinen – gleichzeitig kann diese Betrachtungsweise aber auch ein Indiz dafür sein, dass die Bedeutung eines Œuvres und großer Gattungen zu diesem Zeitpunkt nicht eindeutig an das Konzept »großer Komponisten« geknüpft gewesen ist.

An dieser Stelle möchte ich einen Gedanken aus Johanna Kinkels klavierpädagogischer Schrift *Acht Briefe an eine Freundin über Clavier-Unterricht* einfügen, der sich an diese Œuvres-Kritik anschließen lässt. Neben methodischen und inhaltlichen Überlegungen zum Klavierunterricht beschreibt sie in dieser im Briefformat verfassten Prosa ebenso ihre Einstellungen dazu, welche Kompetenzen KlavierlehrerInnen mitbringen und was die Ziele des Klavierunterrichts sein sollten. Die Ziele des Klavierunterrichts orientiert Johanna Kinkel konkret und pragmatisch an der SchülerIn selbst. Sie spricht sich dagegen aus, dass das Klavierspiel fester Bestandteil einer jeden Erziehung sein müsse[650] und

648 Asten-Kinkel, »Friedrich Chopin«, S. 95.

649 Ebd., S. 96.

650 »An eine Erwähnung zu Anfang meines vorigen Briefes nochmals anknüpfend, spreche ich es als meine besondere Meinung aus, daß alle nicht von Natur musikalisch organisirten Personen besser das Singen und Spielen bleiben ließen, als uns arme Clavierlehrer zu Märtyrern der Geduld zu machen. Warum gerade die Musik eine so ausschließliche gesellschaftliche Mode geworden ist, begreife ich nicht.« (Kinkel, *Acht Briefe*, S. 37.)

favorisiert gleichzeitig das für den Alltag nützliche gegenüber dem virtuosen Klavierspiel.[651]

Entscheidend für diesen Kontext ist ihr Ziel der informierten DilettantIn. Sie betreibt einigen Aufwand, in ihren *Acht Briefe[n]* zum Ausdruck zu bringen, dass die KlavierschülerIn nicht nur die Grundlagen allein des Klavierspiels lernen soll, sondern auch in anderen Bereichen wie Musiktheorie oder Musikgeschichte durch die KlavierlehrerIn unterwiesen werden sollte. Die Ausbildung in Bereichen wie Theorie und Geschichte soll vor allem dazu dienen, die SchülerIn in die Lage zu versetzen, ein kompetentes Urteil über Musik abgeben zu können:

> Es ist schon viel gewonnen, wenn er [die SchülerIn, DG] einsieht, daß ihm eine Musik darum nicht gefallen hat, weil sie ihm zu hoch war, und daß er im entgegengesetzten Falle sich beschämt bekennen muß, dass er sich am Gemeinen besser ergötzte. Selbsterkenntnis ist auch in diesem speziellen Falle der erste Schritt zur Weiterbildung.[652]

Diese Beurteilungskompetenz soll Johanna Kinkels Meinung nach schließlich in der reflektierten Auseinandersetzung mit etablierten Meistern ihren Höhepunkt finden:

> Wollen wir ein gerechtes Urtheil über einen Meister, so müssen wir die Werke seiner Zeitgenossen und die verbindenden Glieder, die eine Epoche an die andere knüpfen, eben so gründlich studiren, als die Werke, die ausschließlich seinen Namen tragen. Es verschwindet uns dann freilich der Nimbus eines einzelnen Hauptes, aber wir gewinnen dafür ein Ganzes und Allgemeines.[653]

Diese umfassende Bildung hätte letztlich nach Johanna Kinkel den Effekt, dass zeitgenössische KomponistInnen nicht per se abgeurteilt würden, sondern eine ausgereiftere Beurteilung erführen:

> Ein Zuwachs an musicirenden Individuen wäre der Kunstwelt jetzt eigentlich weniger vonnöthen, als eine Vermehrung derjenigen, die Musik wahr-

651 »Ein Dilettant, der es nur so weit gebracht hat, daß er Musik von der Schwierigkeit der leichtern Mozartschen Sonaten bewältigen kann, müßte soviel Generalbaß verstehen, daß er ein Vorspiel oder eine Begleitung zu einem Liedchen improvisiren und in jede Tonart transponiren könnte. Dieß ist eine so kleine Anforderung, und doch, wie viel mehr Werth hätte für Jeden ein solches Können, als das fertigste Spielen eines schweren Clavierconcerts?« (Kinkel, *Acht Briefe*, S. 54–55.)

652 Ebd., S. 35–36.

653 Ebd., S. 49.

> haft zu genießen und zu beurtheilen verstünden. Seit Anbeginn der Musikgeschichte ist man dasselbe Geschwätz von den Dilettanten gewöhnt, daß mit irgend einem Götzen der Gipfel erreicht sei, und daß die Modernen nicht mehr komponiren könnten. Schade, daß durch diese musikalische Kleinstädterei so manches Talent zu Tode gedrückt wird.[654]

An diesem von Johanna Kinkel favorisierten Unterrichtsziel ist hervorhebenswert, dass ihre Einstellung dazu, was Gegenstand einer musikalischen Ausbildung sein sollte, auch der Situation von KomponistInnen zugute kommen soll. Durch die Unterrichtsinhalte werden die SchülerInnen dazu in die Lage versetzt, Kompositionen und deren SchöpferInnen informiert zu bewertet. KomponistInnen und ihre Werke erhalten dementsprechend ein gerechteres, auf musikalischem Sachverstand basierendes Urteil. Der »Nimbus eines einzelnen Hauptes«, aber auch die Kategorie des Œuvres wären als Resultat eines solchen Klavierunterrichts keine ausschlaggebenden Kriterien mehr für die Bewertung einer KomponistIn und ihres Schaffens. Johanna Kinkel verfolgt durch ihre pädagogische Ausrichtung daher das Ziel, ein fachkundiges Publikum für KomponistInnen und ihre Werke zu schaffen, welches gerade neben den ausführenden MusikerInnen für KomponistInnen eine wichtige Zielgruppe darstellt. Mit dieser Forderung beweist sie einen ganzheitlichen, weitsichtigen Blick auf die musikalische Praxis ihrer Zeit.

Im Hinblick auf ihr eigenes KomponistIn Sein ist bemerkenswert, dass sie zu Beginn ihrer Karriere als Komponistin durchaus bemüht war, z. B. eine komische Oper zu schreiben, oder Gottfried Kinkels Liederspiel *Die Assassinen* zu vertonen – also der von ihr bisher vorrangig bedienten Liedgattung Werke größerer Gattungen hinzuzufügen. Wie lassen sich diese Bemühungen mit der zuvor dargestellten Œuvres-Kritik in Beziehung setzen? Ende der 1830er, Anfang der 1840er Jahre war Johanna Kinkel bemüht, sich beruflich durch ihre Kompositionen zu etablieren. Ein Werk in einer großen Gattung zu schreiben hat vielleicht in diesem Zusammenhang für sie bedeutet, sämtliche (handwerklichen) Fähigkeiten als Komponistin unter Beweis zu stellen – sozusagen eine Komposition in einer großen Gattung als Beweis für ihre fachliche Kompetenz.[655] Wenn sie später, in den 1850er Jahren, eine wie oben dargestellte Œuv-

654 Kinkel, *Acht Briefe*, S. 45.

655 Vgl. Axel Beers Einschätzungen zu den Bedeutungsschichten verschiedener Gattungen: »Es ist sehr bezeichnend, welche Kompositionen Beethoven dem Leipziger Bureau de Musique von Franz Anton Hoffmeister und Ambrosius Kühnel anbot, um auf diese Weise erstmals mit einem (auch) außerhalb Wiens tätigen Verlag in Verbindung treten zu können: Ein Klavierkonzert, eine Sinfonie, eine Klaviersonate und ein Septett umfaßte seine Liste, und zudem bekundete er sein Bedau-

res-Kritik formuliert, kann das verschiedene Ursachen haben. Auf der einen Seite kann sie den Plan, sich anhand einer großen Gattung als Komponistin zu etablieren, schlicht aufgegeben haben. Auf der anderen Seite kann sie aber auch die Erfahrung gesammelt haben, dass auch ohne eine Komposition in einer großen Gattung durch die Publikation von Liederheften o. Ä. Geld verdient und der Beruf der KomponistIn ausgeübt werden kann. Das Œuvres scheint dementsprechend weder ein definierendes Kriterium für eine geniale, noch für eine auf den Gelderwerb ausgerichtete, berufliche KomponistIn zu sein.[656]

Insgesamt lässt sich festhalten, dass Johanna Kinkel Musikgeschichte als Kompositionsgeschichte aufgefasst und durch ihre komponistenbezogenen Vorträge und Aufsätze durchaus dem Geniediskurs – öffentlich – das Wort geredet bzw. geschrieben hat. Stellt man ihre Bemühungen zu Beginn ihrer Laufbahn als Komponistin ihren Reflexionen in ihren Vorträgen aus späteren Jahren gegenüber, fällt auf, dass hier verschiedene Modelle von KomponistIn Sein zugrunde liegen.[657] Zunächst scheint es ein geniales KomponistIn Sein zu geben, in welchem sich die KomponistIn vorrangig durch eine äußerst geistreiche und originelle Komponierweise offenbart. Demgegenüber lässt sich eine eher als handwerklich zu bezeichnende KomponistIn positionieren, die durch ein Œuvres ihre kompositorischen Fähigkeiten unter Beweis stellt. Genauso spielt aber auch noch die KomponistIn eine Rolle, welche durch die Veröffentlichung ihrer Kompositionen Geld verdient und/oder z. B. musikpädagogische

ern darüber, daß er seine sechs Streichquartette (op. 18) ›schon verhandelt‹ hätte. Alle diese Werke decken eine bestimmte Anspruchsebene der vom Komponisten aufmerksam beobachteten musikalischen Öffentlichkeit ab – die Quartette, die nach alter Tradition die Fähigkeit des Komponierens an sich unter Beweis stellen, das Klavierkonzert, das für das praktizierte Virtuosentum steht, die Sinfonie als Beweis für die erlangte Meisterschaft im Umgang mit sämtlichen Instrumenten, die Klaviersonate, die sich an die Spieler des beliebtesten Instruments richtet, das Septett, das, ganz unter dem Einfluß der Wiener Serenadenmusik stehend, für den ›Pöbel‹ (von Beethoven sicher gar nicht einmal abwertend gemeint) konzipiert war.« (Beer, *Musik zwischen Komponist, Verlag und Publikum*, S. 380.)

656 Je nach Betrachtungsweise könnte Johanna Kinkels Œuvre-Kritik auch als eine Rechtfertigung für die eigene Beschränkung auf kleinere Gattungen gelesen werden. Da sie jedoch explizit den (Neuigkeits-)Gehalt von Chopins harmonischen Gestaltungen hervorhebt, welche »an der noch geheimnisvoll verschlossenen Pforte der Vierteltöne [rütteln]« (Asten-Kinkel, »Friedrich Chopin«, S., 220.), und sich nicht ausschließlich auf die Kritik der großen Gattungen beschränkt, spielt diese Perspektive in meiner Rezeption keine bzw. nur eine marginale Rolle. Letztlich ist im Kontext dieser Arbeit vielmehr von Bedeutung, dass die Reflexion dieser Umstände dazu geführt hat, dass Johanna Kinkel andere Modelle des KomponistIn Seins sowohl imaginiert als auch gelebt hat.

657 Zu den verschiedenen Modellen des KomponistIn Sein vgl. auch Kapitel 3.3.

Zwecke verfolgt. Diese verschiedenen Formen des KomponistIn Seins müssen sich nicht notwendigerweise gegenseitig ausschließen und können durchaus von einer Person umgesetzt werden. Für Johanna Kinkel lässt sich festhalten, dass sie zu Beginn ihrer Karriere durchaus das handwerkliche KomponistIn Sein angestrebt hat. In späteren Jahren scheint sich jedoch das finanziell, vielleicht aber auch das musikpädagogisch orientierte KomponistIn Sein in den Vordergrund gedrängt zu haben. Für meine Rezeption ist letztlich nebensächlich, ob Johanna Kinkel diese Unterscheidungen bewusst auch selbst vorgenommen und reflektiert hat. Durch ihre Handlungen und Ansichten in verschiedenen zeitlichen und motivationalen Kontexten kann ich als Rezipientin im 21. Jahrhundert diese differierenden Modelle vor dem Hintergrund meiner Fragestellung nach dem KomponistIn Sein dennoch herausarbeiten.

5.3 Ergänzende Facetten meines Autorkonstrukts

Ruft man sich die verschiedenen in diesem Kapitel beleuchteten Quellen noch einmal in Erinnerung, so lässt sich mein bisheriges Autorkonstrukt von Johanna Kinkel durch verschiedene Aspekte erweitern. Zunächst lässt sich anhand der *Anleitung zum Singen* die Facette einer kritischen, musikpädagogischen Komponistin hinzufügen, deren Gesangschule nicht nur durch ihre eigene Praxis inspiriert und erprobt worden ist, sondern gleichzeitig ihre Reflexionen aktueller musikpädagogischer Fragestellungen bezeugt. Johanna Kinkels Autorschaft ist daran anknüpfend weniger durch ästhetische Ansprüche geprägt, als vielmehr von dem Ziel, einen adäquaten Gesangsunterricht für Kinder zu ermöglichen. Darüber hinaus zeigt sich erneut ihre Rolle als wirtschaftlich denkender Autorin, da sie sich im Hinblick auf die Publikation ihres Opus 20 am Markt orientiert hat und der Gelderwerb ein durchaus entscheidendes Motiv gewesen ist. Ihre musikwissenschaftlichen Aufsätze und Vorträge zeigen, dass Johanna Kinkel Musikgeschichte zwar durchaus anhand von »großen Komponisten« als Kompositionsgeschichte schrieb, aber trotzdem sowohl für sich selbst als auch für Laien einen fachkundigen, auf Analysen basierenden Umgang mit KomponistInnen und ihren Werken anstrebte. In diesem Zusammenhang kristallisiert sich heraus, dass ihre Betrachtungen und Handlungsweisen – wohl unreflektiert – wahrscheinlich auf verschiedenen Modellen des KomponistIn Sein basiert haben. Hier möchte ich mit dem Hinweis schließen, dass sämtliche Quellen in diesem Kapitel aus ihrem letztem Lebensjahrzehnt stammen. In diesem Zeitraum scheinen die anhand der Musikpädagogik und Musikwissenschaft herausgearbeiteten Facetten meines Autorkonstrukts von Johanna Kinkel gegenüber den Facetten in den vorangegangenen Kapiteln Vorrang zu genießen.

6 Johanna Kinkel als deutsche Komponistin – Lieder vom Rhein, der Politik und der Nation

In diesem Kapitel möchte ich die nationale Dimension meines Autorkonstrukts von Johanna Kinkel ausloten. Inwieweit erscheint sie – loslgelöst von ihrer deutschen Staatsangehörigkeit – in ihren Erzeugnissen als deutsche Komponistin? Um diese Frage zu klären, möchte ich ihre Rhein(wein)lieder, ihre Lieder mit politischem Bezug aber auch ihr populär gewordenes Lied »Des Lehnmanns Abschied« untersuchen.

6.1 Der Rhein als Inspirationsquelle

»Auch auf den Rhein freue ich mich sehr, ich habe seinen Anblick noch nie so lange missen müssen, u. so ein Strom, in den man zeitlebens aus dem Fenster hineinschauen konnte, ist einem wie ein Freund, der alles weiß, was man je gedacht.«[658] Diese Zeilen schreibt Johanna Kinkel im Herbst 1837 an Maximiliane von Arnim, als sie mit der Familie von Henning nach Ringleben gereist ist, um der Cholera-Epidemie in Berlin zu entgehen. Sie bezieht sich dabei auf einen geplanten Abstecher nach Mainz, bei dem sie ihre Eltern wiedersehen und gleichzeitig an den Rhein fahren wollte. Vor dem Hintergrund dieser großen persönlichen Verbundenheit verwundert es nicht, dass der Rhein auch in Johanna Kinkels Erzeugnissen immer wieder eine Rolle spielt – ob als atmosphärischer Hintergrund für eine (Liebes-)Szene oder metaphorisch als Protagonist.[659] Mit dieser häufigen Referenz scheint sie sich in eine Tradition einzureihen, welche den Rhein in künstlerischen Erzeugnissen vereinnahmt. Dabei trägt der Rhein in verschiedenen Kontexten und Zeiten durchaus unterschiedliche Bedeutungen. Waltraud Linder-Beroud hat den Symbolgehalt des Rheins in verschiedenen Bereichen der Liedgattung betrachtet und hält dazu fest:

> Der Rhein ist aber nicht nur der meistbesungene, sondern zugleich auch der geschichtsträchtigste Strom Europas und als solcher ein Kristallisationspunkt kollektiver Vorstellungen und Gefühle — ein Symbol. Sein zeichenhafter Gehalt im Lied ist bemerkenswert: in der Volksballade er-

658 Kaufmann, *Noch einmal auf Johanna Kinkels Spuren*, S. 267.
659 Vgl. Kapitel 4, S. 121–184 in dieser Arbeit.

> scheint er als Jenseitsstrom oder als Vorbote eines drohenden Unglücks (ähnlich im Kinderlied und im Soldatenlied), im Trinklied der Dichter- und Freundschaftsbünde um 1800 als Vater der Reben, im patriotischen Lied der Befreiungskriege und der deutschen Einheitsbewegung des 19. Jahrhunderts als Nationalsymbol, im Stimmungsschlager des 20. Jahrhunderts als weinseliger Duzvater, vor allem aber ist er das Symbol der Romantik, verkörpert in der Lorelei.[660]

Bevor ich im folgenden Unterkapitel auf den Rhein in seiner nationalen Symbolik ausführlicher eingehe, möchte ich an dieser Stelle den Rhein als Inspirationsquelle und in seiner Bedeutung für das Rhein(wein)lied aufgreifen und herausarbeiten, wie er von Johanna Kinkel in verschiedene Gedichte und Lieder eingearbeitet worden ist.

Seit dem beginnenden 19. Jahrhundert lässt sich eine auffällige Häufung der Kunst mit und über den Rhein feststellen. Heute steht dafür der Begriff ›Rheinromantik‹ ein. Als ein Entwicklungsstrang für diese intensive Beschäftigung mit dem Rhein gilt der Tourismus u. a. in Form der englischen »grand tour«.[661] Die Rheinreise von Achim von Arnim und Clemens Brentano[662] im Juni 1802 und die daran anschließende Sammlung *Des Knaben Wunderhorn* werden darüber hinaus als zündender Moment vor allem für die deutsche Beschäftigung mit dem Rhein betrachtet.[663] Heinz Rölleke arbeitet hierzu heraus, dass *Des Knaben Wunderhorn* weniger eine Sammlung als vielmehr eine Kreation von Achim von Arnim und Clemens Brentano ist. In dieser Kreation deutscher Lieder wird der Rhein oft explizit benannt[664] und mitunter aktiv neu in die Texte eingearbeitet.[665] Durch die häufig auftretenden Verweise auf

660 Linder-Beroud, »Immer hör' vom Rhein ich singen. . . «, S. 267–268.

661 Vgl. Cepl-Kaufmann/Johanning, *Mythos Rhein*, S. 108–132; Linder-Beroud, »Immer hör' vom Rhein ich singen. . . «, S. 270–271.

662 Cecelia Porter betrachtet nicht die Rheinreise Arnims und Brentanos als Ausgangspunkt der Rheinromantik, sondern Treffen verschiedener Dichter und Literaten – darunter auch Arnim und Brentano – an der Ruine des Heidelberger Schlosses: »From 1805 a circle of poets and other literary figures assembled at the ruined Heidelberg castle. This gathering marked the opening phase of Rhine Romanticism.« (Porter, *The Rhine*, S. 35.)

663 Vgl. Rölleke, »Rheinromantik«, S. 21; Plonien, »Germany's River«, S. 81–82.

664 »Ich bringe ein paar Belege, wo der Rhein genannt wird, der übrigens in genau 5,7 Prozent aller Gedichte wörtlich berufen wird. Das ist eine ganze Menge, das sind fünfundvierzig Stellen in dem Buch.« (Rölleke, »Rheinromantik«, S. 30.)

665 Vgl. ebd., S. 30–35.

den Rhein befördern Arnim und Brentano daher nach Ansicht Röllekes die Rheinromantik entscheidend.[666]

Betrachtet man die Gedichte und Lieder Johanna Kinkels, in denen sie den Rhein explizit benennt, so fällt zunächst auf, dass diese Texte hauptsächlich im Zeitraum von 1837 bis 1846 entstanden sind.[667] Dieses Zeitfenster ist bemerkenswert, da es eine intensive Schaffensphase Johanna Kinkels vor allem im Hinblick auf Lieder und Gedichte repräsentiert, gleichzeitig aber auch ihre Bekanntschaft, Heirat und Familiengründung mit Gottfried Kinkel in diesen Zeitraum fällt. Inhaltlich kristallisieren sich in diesen Liedern und Gedichten drei Kategorien heraus: Johanna Kinkel verarbeitet Historisches, bedient das Rheinweinlied und thematisiert (Kahn-)Fahrten auf dem Rhein.

Berücksichtigt man den Umstand, dass Johanna Kinkel über 70 Lieder veröffentlicht hat und zehn[668] davon eine explizite Nennung des Rheins beinhalten

666 An dieser Stelle möchte ich noch ergänzend anmerken, dass einige Wissenschaftler gerade das *Wunderhorn* auch im Kontext des Nationbuilding lesen. Miriam Noa bezieht sich auf die Argumentationen von Ulfert Ricklefs und Günter Häntzschel (Ricklefs, »Das ›Wunderhorn‹«; Häntzschel, »Des Knaben Wunderhorn«), wenn sie den Texten des *Wunderhorns* über die Rettung und Erneuerung der Sprache hinaus ein »identitätsstiftendes« und »kultureinigendes« Programm zuspricht, welches sich exemplarisch daran zeige, dass jeweils eine Ausgabe für Nord- und Süddeutschland zugunsten einer gesamtdeutschen Ausgabe verworfen worden ist. (Noa, *Volkstümlichkeit*, S. 169.) Inwieweit diese Lesart Arnims und Brentanos Intention widerspiegelt, lässt sich aufgrund des eher vagen Programms des *Wunderhorns* und der Uneinigkeit Arnims und Brentanos in der Ausrichtung der Anthologie (Vgl. Rölleke, »Des Knaben Wunderhorn«, S. 13–15) in Frage stellen. Noa zieht im Hinblick auf die *Rezeptions*wirkung jedoch trotz des verlegerischen Misserfolgs und den eher in gehobenen Kreisen verwendeten Vertonungen der Texte ein versöhnliches Fazit: »Ein vernichtendes Urteil also für das gesamte *Wunderhorn*-Projekt? Mitnichten. Denn einerseits war es der ›Startschuss‹ für ein neues Interesse am – freilich stark mystifizierten – ›Volk‹ und dessen angeblichem kulturellen Schaffen, andererseits lieferte die Zusammenstellung einer derart breit angelegten Anthologie die Basis für eine Masse kostengünstiger, nun wirklich in allen Schichten des Volkes verbreiteter Sammlungen und Liederbücher, die in den folgenden Jahren und im Laufe des gesamten 19. Jahrhunderts publiziert werden sollten.« (Noa, *Volkstümlichkeit*, S. 171.)

667 Eine erste Erwähnung findet der Rhein in der *Landparthie* (Kinkel, *Die Landparthie*, Cod. Mus. II. Reihe 20 111c.) und zuletzt wird er in dem Gedicht »Die Herren von Trarbach« benannt. (Brandt-Schwarze u. a., *Der Maikäfer. Band* 4, S. 404.)

668 Das Lied »Die beiden Brüder« ist zwar 1839 in der Sammlung *Rhein-Sagen und Lieder* veröffentlicht worden, aber Johanna Kinkels Vertonung des Heine-Texts enthält keine explizite Nennung des Rheins. Daher ist es in dieser Zählung nicht berücksichtigt worden. (Vgl. *Hofmeister XIX*, URL: <http://www.hofmeister.rhul.ac.uk> (Suchbegriff: »Johanna Mathieux«) und Mathieux, »Die beiden Brüder«.)

Titel	Textautor	Publikation
»Berg und Burgen schau'n«	Heinrich Heine	*Rhein-Sagen und Lieder*
»Kölln« (»Im Rhein, im heiligen Strome«)	Heinrich Heine	*Rhein-Sagen und Lieder*
»Der Deutsche Rhein« (»Sie sollen ihn nicht haben, den freien deutschen Rhein«)	Nicolaus Becker	eigenständig (Bonn: J. Bach)
»Loreleï«	Heinrich Heine	Opus 7
»Rheinsage«	Emanuel Geibel	Opus 8
»Sommerabend«	Wolfgang Müller von Königswinter	Opus 12
»Die Gefangenen«	Johanna Kinkel	Opus 16
»Nächtliche Fahrt«	Johanna Kinkel	Opus 16
»Rheinfahrt«	Sebastian Longard	Opus 16
»Seelige Nacht«	Johanna Kinkel	Opus 18

Tab. 3: *Veröffentlichte* (Klavier-)Lieder mit expliziter Nennung des Rheins.

(vgl. Tab. 3), so lässt sich dies als eine erwähnenswerte inhaltlich-thematische Präferenz einstufen. In Bezug auf die AutorInnen der Texte dieser zehn Lieder ist auffällig, dass Heinrich Heine und Johanna Kinkel selbst jeweils mit drei Texten vertreten sind. Die zeitgenössischen Dichter Nicolaus Becker, Emanuel Geibel, Wolfgang Müller von Königswinter und Sebastian Longard sind hingegen jeweils nur einmal vertreten. Interessanterweise lässt sich bei allen zuletzt genannten Autoren eine persönliche Bekanntschaft mit Johanna Kinkel nachweisen – ein Indiz, welches neben der geografischen Verortung einen biografischen Hintergrund der Rhein-Lieder Johanna Kinkels suggeriert.

Ihre Rheinweinlieder – Loblieder auf den vom Rhein stammenden Wein – lassen sich exemplarisch mit ihrer Vertonung von Emanuel Geibels »Rheinsage« in ihrem Opus 8 und mit ihrem Gedicht »Die Herren Weinhändler von Trarbach« illustrieren. Geibels »Rheinsage« handelt davon, dass der Geist Karls des Großen nachts die Weinreben am Rhein segnet: »Bei Rüdisheim da funkelt / der Mond in's Wasser hinein / und baut eine gold'ne Brücke / wohl über den grünen Rhein. / Der Kaiser geht hinüber / und schreitet langsam fort, / und segnet längs dem Strome / die Reben an jedem Ort.«[669] Interes-

669 Mathieux, *Sechs Gedichte*, op. 8, S. 8–9.

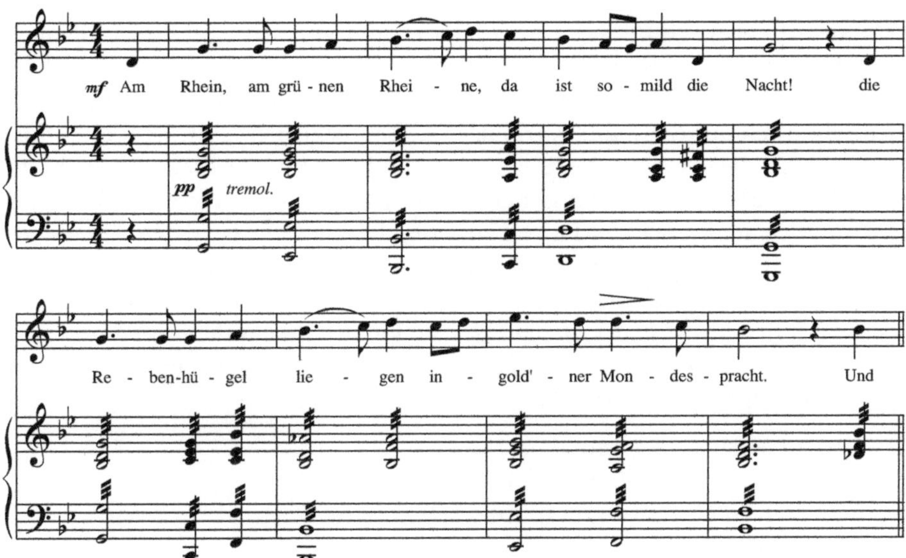

Abb. 30: »Rheinsage«, T. 1–8.

sant ist an diesem Text, dass nicht nur die Topoi Rhein und Wein gewürdigt werden, sondern gleichzeitig in einen positiven Zusammenhang mit Karl dem Großen gebracht werden, der in der Geschichte Deutschlands eine bedeutende Rolle gespielt hat.[670] Diese Verknüpfung kommentiert Cecelia Porter mit folgenden Worten: »But above all, as the object of their national zeal they [die Dichter, DG] favored past military heroes, immortalized in their associations with the Rhine.«[671]

Johanna Kinkels Vertonung dieses Gedichts ist ingesamt eher schlicht (vgl. Abb. 30). Zunächst ist das Lied mit unbedeutenden Abweichungen nach dem Muster AA'BA" gestaltet. Die Melodie in den A-Teilen besteht hauptsächlich aus Tonleiterausschnitten und im Teil B aus Akkordbrechungen und erstreckt sich insgesamt über einen Ambitus von *des1* bis *es2*. Diese melodische Gestaltung sichert ein leichtes Verständnis und eine einfache Ausführung. Während die Harmonik der Klavierbegleitung eher einfach gehalten ist und kei-

670 Hagen Schulze schätzt die Verdienste Karls des Großen u. a. so ein: »Da war [...] Karl der Große, der die römische Kaiserkrone erwarb und das Reich der Römer zu einem deutschen machte.« (Schulze, *Kleine deutsche Geschichte*, S. 7.)

671 Porter, *The Rhine*, S. 98–99.

ner genaueren Beschreibung bedarf,[672] ist demgegenüber hervorhebenswert, dass sie überwiegend in Halben- und Viertelnoten notiert ist, die als Tremolo ausgeführt werden sollen. Diese Begleitung erweckt im Zusammenspiel mit dem Text den Eindruck einer gewissen Ernsthaftigkeit bzw. Erhabenheit, die sich inhaltlich auf die Figur Karls des Großen beziehen lässt. In diesem Lied werden also die Aspekte der Einfachheit und der Ehrwürdigkeit sowohl auf inhaltlicher als auch musikalischer Ebene miteinander verbunden. Über den Rhein, aber auch über die Figur Karls des Großen wird darüber hinaus die Idee des Nationalen, des Deutschen in das Lied eingeschrieben.

Johanna Kinkels Gedicht »Die Herren von Trarbach«[673] beleuchtet das Rheinweinlied aus einem anderen Blickwinkel. In diesem nicht vertonten Text setzt sie sich durch einen vergleichenden Bezug zum Moselwein vor allem mit der kommerziellen Seite des Rheinweinlieds auseinander:

Zu Trarbach an der Mosel, ja Mosel
Da saßen versammelt bei Weine und Piesport
Viel Herren Gevattern, und Einer sprach dies Wort:
›Ein Moselkind müssen wir haben, ja haben!‹

›Am Rhein, am Rhein‹ so singt man, ja singt man,
Als gäb es kein Zeltingen, Braunenberg, Trarbach,
Und Unserem steht Asmanshäuser fürwahr nach;
O wenn es die Sänger nur wüßten, ja wüßten.

Im Keller tief zu Trarbach, ja Trarbach;
Da läge manch Fäßchen und wäre verkauft nicht,
Ja! Hätten wir klüglich es Rheinwein getauft nicht.
Das Rheinlied hole der Kuckuck, ja Kuckuck.

Die Herrn von Trarbach sprachen, ja sprachen:
›Wir wollen ein Fuder vom köstlichsten Weißen
Dem Sänger des trefflichsten Liedes verheißen
Das preiset die Moseler Trauben, ja Trauben.‹

Sie setzten's in die Zeitung, ja Zeitung.
Da schauten die Sänger das Fuder im Traume,
Die goldene Blume im perlenden Schaume –
Begeisterung faßte sie mächtig, ja mächtig.

672 Erwähnenswert ist vielleicht lediglich die Ausweichung nach Ges-Dur im B-Teil während die A-Teile in g-Moll gesetzt sind.

673 Brandt-Schwarze u. a., *Der Maikäfer. Band 4*, S. 404.

Sie stimmten ihre Harpfen, ja Harpfen,
Und räusperten sich und begannen ein Vorspiel
Und suchten den Ton der den Leuten in's Ohr fiel –
Den Trarbacher Herren ward's schwüle, ja schwüle.

Und abermals sie schrieben, ja schrieben:
›Es freut uns euch also zu sehen beflissen,
Doch kriegt Ihr das Fuder nicht ehe wir wissen,
Ob wirklich Ihr sanget ein Volkslied, ja Volkslied.

Drum wartet ein paar Jährchen, ja Jährchen,
Bis Orgeln und Harfenmamsellen es bringen,
Und Enkel und Ururenkel es singen,
Dann hat sich erprobt das Volkslied, ja Volkslied.‹

Die Sänger drauf zur Antwort, ja Antwort:
›Ein Liedchen gesungen von trockenen Lippen,
Wird trockener noch als Sankt Nikolas Rippen;
Das merkt Euch, Ihr Trarbacher Füchse, ja Füchse.‹

Unschuld'ger Moselwein du! Ja, Wein du!
Zwar Du bist unschuldig, das wissen wir Zecher,
Doch wie soll ein Lied dir erklingen zum Becher.
Ade nun Ihr Trarbacher Filze, ja Filze.[674]

Verschiedene Punkte sind in diesem Gedicht hervorhebenswert. Zunächst verweist dieser Text eindeutig auf die große Popularität des Rheinweins sowie des Rheinweinlieds. Darüber hinaus wird anhand der Intention der Weinhändler die damit verbundene wirtschaftliche Facette des Rheinweinlieds herausgearbeitet, also dessen sehr effektive Werbewirksamkeit für den Rheinwein.

Unabhängig von den wirtschaftlichen Faktoren impliziert das Gedicht, dass die Rheinweinlieder durchaus einen volksliedhaften Status erlangt haben. Der Prozess der Entstehung eines Volkslieds wird anhand verschiedener Merkmale angedeutet. Sowohl die weite Verbreitung – »Bis Orgeln und Harfenmamsellen es bringen« – als auch die Popularität über verschiedene Generationen hinweg – »Und Enkel und Ururenkel es singen« – werden als maßgebliche Bausteine einer solchen Entwicklung benannt. Über das, was ein Lied zu einem Volkslied macht, wurde und wird in der Forschung viel diskutiert. Dementsprechend gibt es viele Ansätze, ein Volkslied zu definieren, auf die ich auch im Verlauf

674 Brandt-Schwarze u. a., *Der Maikäfer. Band* 4, S. 404–406.

dieses Kapitels noch etwas ausführlicher eingehen werde.[675] An dieser Stelle möchte ich zunächst jedoch lediglich den im Gedicht angedeuteten Prozess der Volksliedwerdung mit Gedanken Heinz Röllekes zur Definition des Volkslieds in Beziehung setzen.

Rölleke splittet die Definition in drei Bereiche auf: Das Volkslied ist *aus* dem Volk heraus entstanden, handelt *von* ihm und ist *für* das Volk gemacht.[676] Die Entstehung, so wie sie in »Die Herren von Trarbach« dargestellt ist, deckt durch den (Kompositions-)Auftrag den Aspekt des *aus* ab. Die geografisch und zeitlich gewünschte Verbreitung kann für das *für* einstehen. Das *von* scheint jedoch der zum Misserfolg führende Faktor zu sein, da das Motiv des Werbezwecks offenbart, dass der Wein als solcher noch keine weite Verbreitung gefunden hat und somit der Verzehr noch keine typisierte Handlung geworden ist, die in einem Lied besungen werden kann. Betrachtet man wiederum das Rheinweinlied vor diesem Hintergrund des *aus*, *von* und *für*, so stellt sich die Situation folgendermaßen dar: Das Rheinweinlied geht durch verschiedene deutschstämmige oder in Deutschland lebende Komponisten *aus* dem Volk hervor,[677] beschreibt den weitverbreiteten Genuss des Rheinweins (*von*) und ergänzt somit den gemeinsamen, geselligen Genuss desselben durch Gesang (*für*).

Direkt im Anschluss an »Die Herren von Trarbach« hat Johanna Kinkel im *Maikäfer* ein »Bruchstück eines Mosellieds«[678] angefügt:

> Am Moselstrand
> hat Gottes Hand
> gepflanzt ein Paradies,
> so schön fürwahr
> als jenes war
> woraus er Adam wies.
> Die Blumen spiegeln sich im Strom
> die Berge hoch zum Himmelsdom
> heben die Häupter empor.
> Im Sonnenglanz
> der Städte Kranz

675 Vgl. S. 287–288 und S. 300–302 in diesem Kapitel.

676 Rölleke, »Rheinromantik«, S. 29–30.

677 An dieser Stelle möchte ich anmerken, dass KomponistInnen eher einer ganz bestimmten Bevölkerungsschicht – dem Bürgertum – angehören und mitunter andere Schichten nicht durch sie repräsentiert werden. Da mein Verständnis vom Begriff Volk jedoch sehr weit ist und weder ausschließlich untere oder obere Schichten einbezieht, erscheint mir diese Zuordnung trotzdem passend.

678 Brandt-Schwarze u. a., *Der Maikäfer. Band* 4, S. 406.

am Moselstrande ruht.
Aus Äuglein braun die Mädchen schau'n
dich an so frohgemuth.
In Ehren Städt' und Burg und Au,
das Mädchen und die schöne Frau,
Aber die Perle der Wein.[679]

Aus welcher Motivation heraus dieses »Bruchstück« angefügt worden ist, lässt sich nicht genau klären. Ungeachtet dessen bündelt Johanna Kinkel hier durch ihre Übertragung auf die Mosel die wichtigsten inhaltlichen Aspekte des (Rhein-)Weinlieds auf kurzem Raum – den Fluss, die Landschaft, die Frauen, die Bauwerke und vor allem den Wein. Entscheidend für den Kontext dieser Arbeit ist jedoch, dass sie hier aus der Perspektive der zuvor thematisierten »SängerIn« schreibt und so möglicherweise dieses Rollenverständnis als »SängerIn« eines Rheinweinlieds für sich ausdeutet. Während die Vertonung von Emanuel Geibels »Rheinsage« als tatsächliches Rheinweinlied von Johanna Kinkels Beteiligung an diesem Phänomen, an dieser – überspitzt ausgedrückt – kompositorischen Modeerscheinung zeugt, geben ihr »Die Herren von Trarbach« und das »Bruchstück eines Mosellieds« den Raum, den Umgang mit dieser kompositorischen Mode aus der Sicht einer »SängerIn« kritisch zu betrachten.

Ein Text, der nicht dem Rheinwein huldigt, sondern einen Ausflug auf dem Rhein thematisiert, ist der Text, der unter dem Titel »Maikäferbrief an Burkhard. geschrieben am dritten Mai 1842.«[680] im *Maikäfer* vom 05. April 1842[681] veröffentlicht wurde.[682] In diesem »Brief« verwenden die *Maikäfer*-Mitglieder Johanna Kinkel, Gottfried Kinkel, Willibald Beyschlag und Andreas

679 Brandt-Schwarze u. a., *Der Maikäfer. Band* 4, S. 406.
680 Brandt u. a., *Der Maikäfer. Band* 2, S. 123.
681 Die Datumsangaben erscheinen zunächst irreführend. Aufgrund der Beschreibungen der Aktivitäten der *Maikäfer*-Mitglieder in den Briefen Johanna Kinkels an Willibald Beyschlag (Pahnke, »Briefe von Johanna Kinkel«) und aufgrund folgenden Zitats aus einem Brief von Johanna Kinkel an Gottfried Kinkel vom 06. Mai 1842: »An Burckhardt kann ich nicht mehr schreiben, bis ich wieder komme, laß mich verschieben. Bis dahin bist du wol fertig mit deinem Briefe, dann teile ich dir den meinigen mit, und wir schicken das ganze Paquetchen ab. Verpacken und Besorgen erbiete ich mich.« (Klaus, *Liebe treue Johanna!*, S. 289–290, Herv. im Orig.) lässt sich ein Szenario annehmen, in welchem der »Maikäferbrief« Anfang Mai verfasst und auch verschickt wurde, und schließlich zu einem anderen Zeitpunkt verwendet worden ist, um die Seiten des *Maikäfers* zu füllen.
682 Ein weiteres Beispiel hierfür wäre Johanna Kinkels Operette *Die Landparthie.* (Kinkel, *Die Landparthie*, Cod. Mus. II. Reihe 20 111c.)

Simons verschiedene Gedichtformen, um den in Berlin studierenden Jacob Burckhardt[683] über die Ereignisse in Bonn zu informieren. Johanna Kinkel beginnt mit der Zeile »Lass' dir erzählen, o Freund, von jüngst genossener Buchtfahrt[.]«[684] und beschreibt im Anschluss eine Fahrt der *Maikäfer*-Mitglieder auf dem Rhein.

Dieser Text fällt vor allem durch seine komplexen Sprecherinstanzen und die damit in Verbindung stehenden eingearbeiteten Charaktere auf. Mit »Directrix«, »Urmau«, »Balder« und »Andreas« werden nicht nur die einzelnen Passagen des Briefs überschrieben, um die jeweilige Urheberschaft zu klären, sondern diese o. ä. Namen finden – vor allem im ersten Abschnitt von Johanna Kinkel – auch Eingang in die eigentliche lyrische Darstellung. Diese Vorgehensweise lässt das Gedicht zu einer Ästhetisierung von Ereignissen bzw. Erlebnissen werden, die nur in sehr geringem Maße abstrahiert worden sind. Eine entsprechende biografische Rezeption wirft erneut die Frage nach dem Verhältnis der im Gedicht erwähnten Charaktere zu den benannten UrheberInnen auf, die allerdings hier nicht weiter verfolgt werden soll. Vielmehr interessiert an dieser Stelle, wie sich dieses Gedicht als Ergebnis eines kreativen Schaffensprozesses einordnen lassen kann. Welche Motivation steckt hinter diesem Schaffensprozess und welche Auswirkungen hat er auf mein Autorkonstrukt von Johanna Kinkel?

Eine mögliche Lesart des Gedichts könnte sein, dass die *Maikäfer*-Mitglieder ihre poetischen Fähigkeiten anhand der Ästhetisierung ihres Ausflugs auf dem Rhein schulen wollten. Diese Betrachtungsweise entspricht durchaus der Ausrichtung des *Maikäfers*, der gerade auch der Erprobung dienen sollte:

> »Unser Verein«, so läßt sich einmal die Direktrix [Johanna Kinkel, DG] über den Zweck der ganzen Veranstaltung [des *Maikäfers*, DG] vernehmen, »ist besonders mit Berücksichtigung solcher Kräfte gestiftet, welche noch nicht für die Oeffentlichkeit arbeiten. Darum hat sich unser Urteil von vornherein auf einen milderen Standpunkt zu stellen. Wenn wir in einem Mitgliede einen vollendeten Dichter voraussetzen, so würde manche Leistung das Prädikat ›erbärmlich‹ bekommen, die wir jetzt ganz lobenswert finden. Alles ›Werdende‹ – bedarf des Wohlwollens, der liebevollen Schonung.«[685]

683 Der Schweizer Kunst- und Kulturhistoriker Jacob Burckhardt (1818–1897) war ebenfalls ein Mitglied des sogenannten »Maikäferbundes«. (Vgl. Brandt-Schwarze, *Der Maikäfer. Kommentar*, S. 56–60.)

684 Brandt u. a., *Der Maikäfer. Band* 2, S. 123.

685 Pahnke, »Briefe von Johanna Kinkel«, S. 78. Leider konnten die Originalquelle und somit genauere Kontexte und Datierungshilfen bisher nicht eruiert werden.

Vor dem Hintergrund dieser Lesart bietet der Rhein Johanna Kinkel Anlässe, ihre poetischen Fähigkeiten im Kreise der *Maikäfer*-Mitglieder zu erproben und zu verbessern. Berücksichtigt man den Adressaten dieses Gedichts, das *Maikäfer*-Mitglied Jacob Burckhardt, lässt sich das Gedicht und der Topos des Rheins nicht nur als Möglichkeit der Erprobung poetischer Fähigkeiten interpretieren, sondern gleichzeitig als selbstvergewissernde Konstruktion der *Maikäfer*-Mitglieder, in welcher sie den *Maikäfer* als Plattform für Kunstschaffende imaginieren.

Johanna Kinkels Lied »Die Rheinfahrt« aus ihrem Opus 16 bezieht sich nicht auf einen gemeinschaftlichen Ausflug der *Maikäfer*-Mitglieder, sondern thematisiert – ohne biografische Verweise – eine Kahnfahrt eines Liebespaars auf dem Rhein. Der Text ist von Sebastian Longard verfasst und im *Maikäfer* vom 18. August 1840 veröffentlicht worden.[686] Zunächst lässt sich festhalten, dass zwei thematische Bereiche miteinander verknüpft werden – die Rheinfahrt eines Liebespaars und die metaphorische Liebesbeziehung zwischen Mond und Rhein:

Die Rheinfahrt vom 24. August 1840.[687]

Die Nacht kommt still gezogen
Mit ihrem dunklen Haar,
Es kommt ihr nachgeflogen
Der Träume bunte Schaar.

Ich steure mit meiner Süßen
In die stille Fluth hinein,
Die Abendwinde grüßen
Stillflüsternd im blauen Rhein;

Die Weidenbäume schwanken
Am Strand in stiller Ruh',
Und raunen duft'ge Gedanken
der spielenden Woge zu;

Am Himmel die Sternlein gaukeln,
Wie glänzendes Edelgestein,
Die träumenden Wellen schaukeln
Den leuchtenden Wiederschein.

686 Vgl. Brandt u. a., *Der Maikäfer. Band 1*, S. 84.
687 Ebd.

Da steigt in seinem Glanze
Der bleiche Mond herauf
Hinter dem Bergeskranze
Im heimlich stillem Lauf.

Hei! wie er schwelgt und leuchtet
In seinem Zauberschein
Und glühende Liebe beichtet
Dem frischen, blauen Rhein!

Ein treuer Buhle, grüßt er
So recht aus vollem Muth,
Und sanfterröthend küßt er
Die spiegelhelle Fluth.

Wir aber, von Lust durchdrungen,
Schaukeln im Wellenschaum,
Und halten uns lieb umschlungen,
Und träumen seligen Traum.

Vergleicht man diese ursprüngliche Textversion von Sebastian Longard mit dem Liedtext, den Johanna Kinkel in ihrer Vertonung verwendet, fallen zunächst kleinere Veränderungen auf. So ist im Liederheft z. B. in der zweiten Strophe »in die blaue Fluth« statt »in die stille Fluth« oder zu Beginn der sechsten Strophe »Hui« statt »Hei« abgedruckt. Substanzieller sind die Änderungen, die Johanna Kinkel in der letzten Strophe vornimmt. Sie behält zwar die Motive bei, ändert aber deren Reihenfolge und die für das Reimschema relevanten Worte: »Wir aber im Traum erflossen, / schaukeln in seeliger Lust; / und halten uns liebumschlossen, / und lehnen Brust an Brust.«[688] Die Betrachtung der Vertonung dieses Texts liefert ähnliche Ergebnisse wie die Analyse der Vertonung von Emanuel Geibels »Rheinsage« im Opus 8: Das Lied weist eine Melodie hauptsächlich bestehend aus Akkordtönen etwa in der Form AA'BA, eine einfache Harmonik in F-Dur mit Ausweichung zur Mediante Des-Dur im B-Teil und in der Klavierbegleitung Grundtöne im Bass mit darüberliegenden Akkordbrechungen in Achteltriolen in der rechten Hand auf (vgl. Abb. 31). Diese beschriebene Liedstrophe umfasst den Text von jeweils zwei Strophen des Gedichts und wird nach einem siebentaktigen Zwischenspiel wiederholt.

688 Mathieux, *Sechs Lieder für eine Singstimme mit Begleitung des Pianoforte*, op. 16, S. 9–10.

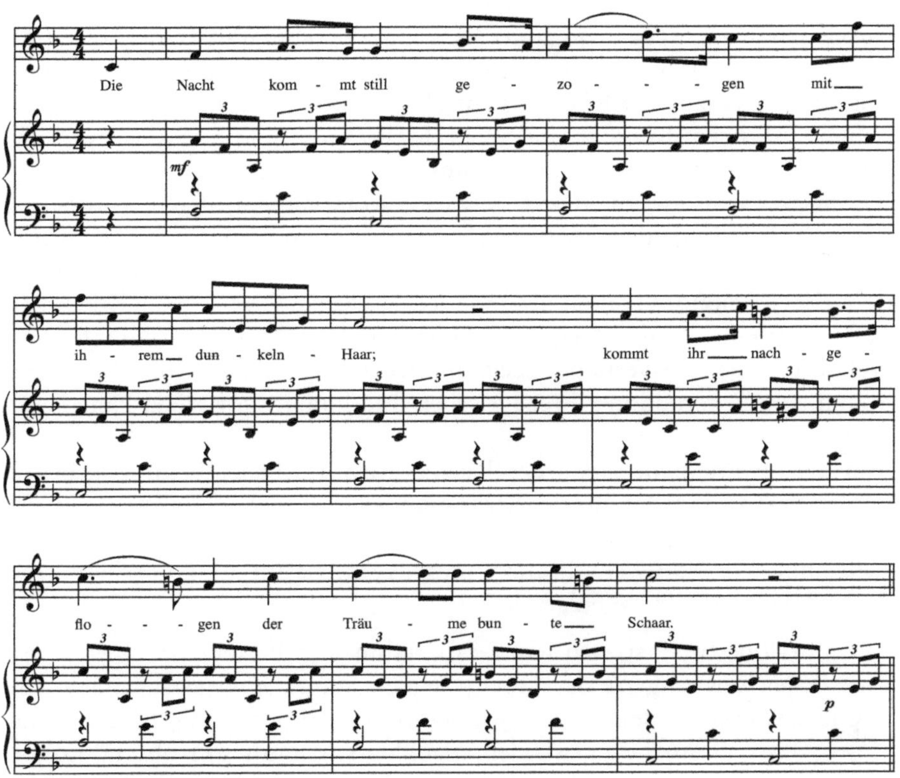

Abb. 31: »Rheinfahrt«, T. 1–8.

Wie kann man mit diesen Analyse-Ergebnissen umgehen? Vertont Johanna Kinkel hier schlicht einen weiteren Text mit Bezug zum Rhein nach einem festen Schema – 16-taktige, einfache Melodie mit harmonischem Höhepunkt im B-Teil zu einer standardisierten Begleitung und mit einer Wiederholung nach einem Zwischenspiel? Komponiert sie einfach ein weiteres, der Mode entsprechendes Rheinlied? Dies ist eine Lesart des Lieds, welche sicherlich in vielen Rezeptionsprozessen im Vordergrund steht bzw. gestanden hat. Berücksichtigt man allerdings die Information, dass Johanna Kinkel den Textdichter kannte und sie beide Mitglieder des *Maikäfers* waren, ändert sich meine Lesart im Hinblick auf Johanna Kinkels KomponistIn Sein. Ich interpretiere das Lied als Folge der gemeinsamen Aktivitäten der *Maikäfer*-Mitglieder: Sie haben gemeinsame Ausflüge unternommen, haben sich vom Rhein inspirieren lassen, haben sich über Kunst ausgetauscht und letztlich sich gegenseitig zum Kunstschaffen angespornt. Johanna Kinkel hat in diesem Fall einen Text eines *Maikäfer*-Mitglieds weiterverarbeitet und zur Grundlage ihrer Komposition gemacht. Das gerade der Rhein als entscheidendes Motiv verarbeitet wird, ist für mich in diesem Kontext eine geografische Verortung dieses Vereins bzw. dieser kunstschaffenden Gruppe. Johanna Kinkel erscheint in meiner Rezeption entsprechend als am Rhein ansässige Komponistin, deren Kunstschaffen durch die Mitglieder des *Maikäfers* und ihre landschaftliche Umgebung geprägt ist. Sie ist folglich nicht unbedingt nur eine Komponistin, die allein an ihrem Klavier sitzt und empfindsame Lieder schreibt – sie ist eine Komponistin, die durch ihre Mitgliedschaft im künstlerischen Verein des *Maikäfers* und durch ihre Nähe und Verbundenheit zum Rhein Anregungen zum Komponieren und zur Weiterbildung ihrer lyrischen und kompositorischen Fähigkeiten erhält.

Um die inspirierende Rolle des Rheins kurz deutlicher herauszuarbeiten, möchte ich ein Briefzitat aus der Korrespondenz zwischen Johanna und Gottfried Kinkel anführen. Am 02. Juli 1840 berichtet Johanna Kinkel von einem Ausflug mit dem *Maikäfer*-Mitglied Andreas Simons auf den Godesberg. Über den Rückweg schreibt sie Folgendes:

> Vom G[odesberg] stiegen wir herab, nahmen in Plittersdorf einen Kahn, u. ließen uns singend der untergehenden Sonne entgegenschaukeln. Bei Caßel vorbei werden immer Ihre [Gottfried Kinkels, DG] Lieder gesungen, das ist feste Sitte geworden. Nachher war mir's so froh und mild in der Seele, ich wußte mich wieder vor Behagen nicht zu lassen, und mußte improvisieren. Ich sang einen Hymnus an den Rhein; A.[ndreas Simons, MK] rettete ihn schnell auf ein Blättchen Papier; aber da ich ihn heute durchlese, gefällt er mir nicht mehr. Blaue Wellen, Abendgold, grüne Ufer u. leicht hingesungene Melodieen, das gehört Alles zu sammen [sic], um so flüchtige Gedichte für den Augenblick erfreulich erscheinen zu lassen; in der nüchternen Stube zerspringt dergleichen wie regenbogige Seifenblasen, die den Boden berühren.[689]

Durch diese Darstellung Johanna Kinkels wird deutlich, welche Inspirationskraft der Rhein auf ihr künstlerisches Schaffen ausgeübt hat. Allerdings zeigt dieses Zitat auch, dass sie zwischen einem Schaffen »für den Augenblick« und einem Schaffen, dass über den Moment hinaus seine Wirkung nicht einbüßt und einer späteren Durchsicht Stand hält, unterscheidet.

689 Klaus, *Liebe treue Johanna!*, S. 48, Herv. im Orig.

Johanna Kinkels Veröffentlichung von ihrer Vertonung der »Rheinfahrt« von Sebastian Longard in einem ihrer Liederhefte weist darauf hin, dass dieses Lied für sie über den Augenblick hinaus Bestand hatte. Ferner zeugt die Veröffentlichung davon, dass sich diese vielleicht als halb-öffentlich zu bezeichnende Form des Kunstschaffens in einem Kreis von anderen KünstlerInnen auf Johanna Kinkels öffentliche Präsenz als Komponistin ausgewirkt hat. Diese Verbindungen zum Rhein und zum *Maikäfer* sind vielleicht nicht für jede RezipientIn wahrnehmbar,[690] aber sie runden dennoch in meiner Rezeption das Bild von Johanna Kinkel als rheinischer Komponistin ab.

Dieses Zusammenwirken von Menschen, die gemeinsam am Rhein leben, durch diesen inspiriert werden und Kunst schaffen, findet nicht nur im *Maikäfer* bzw. Johanna Kinkels Rheinliedern, sondern auch in der Veröffentlichung *Vom Rhein. Leben, Kunst und Dichtung. Jahrgang 1847* eine bezeichnende Manifestation.[691] Unter der Herausgeberschaft von Gottfried Kinkel finden sich in diesem Band »Erzählungen«, »Kunst und Literatur«, »Episches und Idyllisches« sowie »Lyrische Gedichte«. Außerdem werden drei Bilder der Düsseldorfer Malerschule abgedruckt und besprochen. Johanna Kinkel ist mit ihrer Erzählung »Lebenslauf eines Johannisfünkchens« vertreten. Inhaltlich bezieht sich diese Erzählung zwar nicht auf den Rhein, aber dafür wird ihr Name im Inhaltsverzeichnis mit dem Zusatz »in Bonn« versehen. Solche Ortsangaben lassen sich bei fast allen anderen Autoren ebenso finden und beschränken sich überwiegend auf Städte am Rhein, wobei Ausnahmen wie Dresden oder Herford vorhanden sind. In diesem Band wirkt der Rhein insgesamt als zusammenführendes Element, da hier sowohl Künstler *aus* der Rheinregion als auch Kunst *über* den Rhein gebündelt werden. Der Rhein fungiert also als ein kunststiftendes Element. Das Detail, dass Bilder der Düsseldorfer Malerschuler enthalten sind, wirft die Frage auf, warum keine Komposition von Johanna Kinkel in diesem Band enthalten ist. Drucktechnische Verfahren hätten sich bestimmt finden lassen und der Vielfalt des Bands hätte eine Komposition sicherlich auch entsprochen. Da aber bisher keine weiteren Quellen gefunden werden konnten, die über die Zusammenstellung dieses Bands Auskunft geben, muss dieser Punkt derzeit ungeklärt bleiben.

Der Rhein ist für Johanna Kinkel nicht nur »wie ein Freund« – er beeinflusst ihr KomponistIn Sein. Er findet immer wieder in ihren Gedichten und Liedern

690 Der Kommentar zu diesem Lied in der Rezension vom 13. Juli 1842 in der *Allgemeinen Musikalischen Zeitung* mag diese Einschätzung belegen: »No. 5. Möchte wegen eines hübschen Gesanges viele Freunde finden.« (N. N., »J. Matthieux: Sechs Lieder«, Sp. 560.)

691 Kinkel, *Vom Rhein.*

Erwähnung und ist für ihr Schaffen eine ständige Inspirationsquelle. Auch im Kreise der *Maikäfer*-Mitglieder ist er ein verbindendes Motiv und regt dadurch auch Johanna Kinkel zum Komponieren und zur Weiterentwicklung ihrer künstlerischen Fähigkeiten an. Der Rhein lässt sich aus ihrem KomponistIn Sein nicht wegdenken. Daher scheint auch die Bezeichnung als rheinische Komponistin[692] oder – um mit Leopold Kaufmanns Worten zu sprechen – als »Lerche des Rheinlands«[693] durchaus gerechtfertigt.

6.2 Politisch motivierte Lieder

Durch zwei Lieder wird meinem Autorkonstrukt von Johanna Kinkel eine politische Dimension hinzugefügt. Diese zwei Lieder möchte ich daher im Folgenden kontextualisieren und auf ihre heutige Wirkung im Rezeptionsprozess hin untersuchen. Es handelt sich um ihre Vertonung des Gedichts »Sie sollen ihn nicht haben, den freien deutschen Rhein« von Nikolaus Becker und um ihr komplett selbst verfasstes »Demokratenlied«.

Diesen Ausführungen liegt der Gedanke zugrunde, dass auch das Konzept der Nation als eine Konstruktion aufzufassen ist. Sabine Mecking hält dazu in Rückbezug auf Eric Hobsbawm, Terrence Ranger und Benedict Anderson fest:

> Die historische Forschung hat in den letzten Jahrzehnten intensiv zum Nationalismus und zur Entstehung der Nationalstaaten gearbeitet. Zentral war die Frage, warum der Nationalstaat zum leitenden politischen Ordnungsmodell aufstieg und wie sich das Gefühl nationaler Zugehörigkeit in unterschiedlichen Bevölkerungsgruppen verbreiteten. Längst hat sich in der Fachliteratur dabei die Konstruktion der Nation als ›erfundene Tradition‹ und ›imaginierte Gemeinschaft‹ durchgesetzt.[694]

Welche Spuren die benannten Lieder evtl. in Konstruktions- und Rezeptionsprozessen anderer ZeitgenossInnen Johanna Kinkels hinterlassen haben, kann ich aufgrund der derzeitigen Quellenlage kaum beurteilen. Es lässt sich jedoch fragen, wie Johanna Kinkel durch ihre Kompositionen aus heutiger Sicht ihr eigenes Verständnis einer deutschen Nation konstruiert hat und wie diese Konstruktionen wiederum meinen Rezeptionsprozess beeinflussen.

692 Dieses Autorkonstrukt der rheinischen Komponistin knüpft an das Bild der rheinischen Frohnatur an, welches durch die *Vogelkantate* oder z. B. die *Landparthie* kreiert wird. (Vgl. z. B. Kapitel 3 in dieser Arbeit.)

693 Kaufmann, »Rheinische Liederschau«, S. 157.

694 Mecking, »Gelebte Empathie«, S. 102.

6.2.1 »Sie sollen ihn nicht haben, den freien deutschen Rhein«

Nikolaus Beckers Gedicht »Sie sollen ihn nicht haben, den freien deutschen Rhein« hat im 19. Jahrhundert allem Anschein nach für Furore gesorgt. Es ist im Kontext der Rheinkrise 1840 entstanden, die durch Frankreichs Forderung, den Rhein als natürliche Grenze zwischen Deutschland und Frankreich wieder zu etablieren, initiiert worden ist. Da diese Grenzverschiebung in Bezug auf das Elsass aus der Sicht der damaligen deutschen Bevölkerung als unakzeptabler Landverlust interpretiert worden ist, entwickelte sich

> vom Rheinland ausgehend, eine das ganze Land erfassende Stimmungskampagne, die fast alle Bevölkerungskreise erreichte und die integrierende Kraft des Nationalgedankens erwies. Das Rheinlied Nikolaus Beckers ›Sie sollen ihn nicht haben / Den freien deutschen Rhein‹ wurde fast von einem Tag zum anderen zur inoffiziellen deutschen Nationalhymne[.][695]

Beckers Gedicht thematisiert inhaltlich die Vorzüge des Rheins – seine Landschaft und Natur, die anliegende Architektur, seinen Wein und die darauf gesungenen Lieder – und die Verteidigungsbereitschaft der Deutschen für den Fluss. Lorie A. Vanchena erläutert, dass Nikolaus Becker sein Gedicht als Reaktion auf einen Zeitungsartikel über die Rheinkrise in der *Augsburger Allgemeinen* geschrieben haben soll.[696] Sein Gedicht wurde zuerst in der *Trierischen Zeitung* vom 18. September 1840 veröffentlicht[697] und bereits einen Monat später mit einer Widmung an Alphonse de Lamartine abermals in der *Kölnischen Zeitung* abgedruckt.[698] Das Gedicht stand damit am Beginn eines Schlagabtauschs zwischen Deutschland und Frankreich in Politik und Presse, in welchem sich die Reaktionen in Deutschland durch ihre Heftigkeit stark von denen in Frankreich unterschieden.[699] Letztlich folgten auf diese zum Teil heftigen Auseinandersetzungen jedoch keine militärischen Aktionen, was Waltraud Linder-Beroud dazu veranlasst, diese Episode als »Dichterschlacht« zu bezeichnen.[700]

695 Schulze, *Staat und Nation*, S. 207–208.
696 Vanchena, »The Rhine Crisis«, S. 244.
697 Ebd., S. 243.
698 Suckow, »Der Rhein«, S. 54.
699 Vgl. hierzu die Karikatur »Der freie deutsche Rhein« aus dem *Rheinischen Bildarchiv* (URL: <http: //www.kulturelles-erbe-koeln.de/documents/obj/05734612> (Abruf: 21.09.2017).) und die entsprechende Kommentierung in Linder-Beroud, »Immer hör' vom Rhein ich singen . . . «, S. 281–282.
700 Vgl. Linder-Beroud, »Immer hör' vom Rhein ich singen . . . «, S. 278.

Dirk Suckow widmet sich in seinem Aufsatz »Der Rhein als politischer Mythos in Deutschland und Frankreich«[701] der politischen Symbolhaftigkeit des Rheins. Er schätzt die Idee des Rheins als »frontière naturelle«[702] zwischen Deutschland und Frankreich bereits seit etwa 1790 als bedeutsam ein. Waltraud Linder-Beroud weist darüber hinaus darauf hin, dass der Topos »frontière naturelle« auch schon in den Zeiten Caesars eine Rolle gespielt habe.[703] Das Besondere an der Rheinkrise und Beckers Gedicht liegt also nicht darin, den Rhein und seine Symbolkraft für politische und nationale Motive zu instrumentalisieren. Vielmehr liegt die Signifikanz in der Massenwirkung dieser nationalen Stimmung: »The outbursts of German nationalism in 1840–41 were unprecedented, both in their impassioned tone and in their broad social base. Nationalism became a nationalistic mass phenomenon in 1840.«[704]

Nikolaus Beckers Rheinlied führt diese Massenwirkung durch seine mediale Verbreitung eindrucksvoll vor Augen.[705] Hagen Schulze vermerkt, dass jede deutsche Zeitung das Gedicht innerhalb eines Monats abgedruckt habe,[706] während Lorie A. Vanchena festhält, dass die Schätzungen der Anzahl der Vertonungen von 30 bis zu 200 reichen.[707] Der Erfolg des Gedichts war so

701 Suckow, »Der Rhein«.

702 Vgl. ebd., S. 50–54.

703 Vgl. Linder-Beroud, »Immer hör' vom Rhein ich singen . . . «, S. 277.

704 Vanchena, *Political Poetry*, S. 46; vgl. hierzu auch: »Mit der Rheinkrise von 1840 erwies sich der Massennationalismus das erste Mal als selbständige politische Kraft, die Nationalidee als das legitimitätsstiftende Prinzip *par excellence.*« (Schulze, *Staat und Nation*, S. 207, Herv. im Orig.)

705 Zur Bedeutung der Presse und der Lieder etwas ausführlicher noch einmal Venchena: »The discussion was not limited to journalistic articles. Poets took up the cause of the Rhine crisis as well. Starting in the fall of 1840, the flood of *Rheinlieder* written, published, and sung attested to the strong anti-French and nationalist patriotism present in the German states both during and after the Rhine conflict. Both Schulze and Veit-Brause explain these Rhine songs as a psychological phenomenon reflecting the nationalist sentiment that had built up by 1840. The Rhine crisis gave Germans an opportunity to vent their nationalist emotions and break through reactionary restrictions. To a large degree, the press initially carried this literary demonstration of nationalism. But it soon became a genuine popular movement, a significant and effective voice among those shaping German political consciousness. The *Rheinlieder* thus played a role in what Habermas refers to as the ›Strukturwandel der Öffentlichkeit,‹ the politicization of the national political consciousness.« (Vanchena, *Political Poetry*, S. 47, Herv. im Orig.)

706 Vgl. Schulze, *Der Weg*, S. 81.

707 »The total number [of musical arrangements, DG] cited in the literature varies from 30 to over 200.« (Vanchena, *Political Poetry*, S. 50.); ebenso Schulze: »[E]in wahrer Rheinlied-Rausch vereinte gehobene wie niedere Stände, man sang das

groß, dass Becker von Friedrich Wilhelm I. ein Honorar von 1000 Talern zugesprochen bekam und König Ludwig von Bayern ihm einen Ehrenpokal zukommen ließ.[708] Vanchena belegt anhand verschiedener Beispiele, dass auch nach der Rheinkrise Beckers Verse immer wieder zitiert oder variiert worden sind und so davon auszugehen ist, dass ein großer Teil der Bevölkerung eine Referenz darauf auch im weiteren Verlauf des 19. Jahrhunderts noch zuordnen konnte:

> Throughout the remainder of the nineteenth century, poets quoted or varied Becker's verses to convey political opinions with the degree of rhetorical and emotional effectiveness achieved by the poem in 1840. They built upon a poetic tradition, extending the legacy of ›Der deutsche Rhein‹ beyond the historical moment for which it had been written.[709]

Allein aufgrund dieses Bekanntheitsgrads des Becker'schen Rheinlieds erscheint es nicht verwunderlich, dass auch Johanna Kinkel diesen Text vertont und im Selbstverlag veröffentlicht hat. Allerdings bestand zudem eine persönliche Bekanntschaft zwischen ihr und Becker, welche die Entscheidung durchaus beeinflusst haben kann. Spuren dieser Verbindung finden sich im *Maikäfer*. Ulrike Brandt-Schwarze führt diesbezüglich im Kommentar der Jahrgänge 1840 und 1841 aus:

> Dank seiner [Nikolaus Beckers, DG] verwandtschaftlichen Beziehungen zu Bonn – er war auch der Onkel von Johannas Freundin Angela Oppenhoff – hielt er sich öfters in Bonn auf. Vielleicht war er über Weihnachten 1840 bei seinen Bonner Verwandten und wurde bei dieser Gelegenheit zu einem der ›Maikäferabende‹ eingeladen. In der ersten Wochennummer des zweiten Jahrgangs der ›Maikäferzeitschrift‹ vom 5. Januar 1841 findet sich ein Gelegenheitsgedicht mit dem Titel ›Humoristische Bitte‹ aus seiner Feder. Nach Strodtmanns Angaben wurde er aber erst auf dem Stiftungsfest am 29. Juni 1841 in Abwesenheit zum Ehrenmitglied ernannt.[710]

Wie präsent Nikolaus Becker im Kreise des *Maikäfers* gewesen ist und wie sehr er auch dort mit seinem Rheinlied in Verbindung gebracht wurde, lässt

Lied auf der Straße wie im Salon, von Köln bis Königsberg, von Hamburg bis Stuttgart. Die Zahl der Vertonungen war Legion, Wettbewerbe erbrachten Hunderte von Einsendungen, die großen Komponisten des Jahrzehnts, von Robert Schumann über Konradin Kreutzer bis Heinrich Marschner, waren sich nicht zu schade, die Becker-Hymne in Töne zu setzen.« (Schulze, *Der Weg*, S. 81–82.)

708 Vgl. Vanchena, »The Rhine Crisis«, S. 244.

709 Ebd., S. 251.

710 Brandt-Schwarze, *Der Maikäfer. Kommentar*, S. 64–65.

sich an folgender Anekdote festmachen, welche im Briefwechsel Johanna und Gottfried Kinkels enthalten ist. Johanna Kinkel berichtet, wie Jacob Burckhardt und sie eine Erzählung einer Magd als ein »Al:[exandre] Dumas'sche[s] Verbrechen=Stück« umdenken und einen der Charaktere wie folgt skizzieren: »Der Bäcker Niklas ist der Tyrann im Drama. Verlangt die Mutter für ihre Kinder den Weck, so singt er: Sie sollen ihn nicht haben.«[711]

In ihrer Vertonung des Becker'schen Rheinlieds[712] hat Johanna Kinkel die Strophenstruktur des Gedichts beibehalten. Es gibt zwei verschiedene, sich abwechselnde Strophentypen; ein Typ beginnt mit den Zeilen »Sie sollen ihn nicht haben, / den freien deutschen Rhein« und der andere mit den Worten »So lang«:

Sie sollen ihn nicht haben
den freien deutschen Rhein;
ob sie wie gier'ge Raben
sich heiser danach schrein!

So lang er ruhig wallend
sein grünes Kleid noch trägt,
So lang ein Ruder schallend
an seine Wogen schlägt,
so lang ein Ruder schallend
an seine Wogen schlägt.

Sie sollen ihn nicht haben
den freien deutschen Rhein;
so lang sich Herzen laben
an seinem Feuerwein.

So lang an seinem Strome
noch fest die Felsen stehn,
so lang sich hohe Dome
in seinem Spiegel sehn;
so lang sich hohe Dome
in seinem Spiegel sehn.

711 Klaus, *Liebe treue Johanna!*, S. 238.
712 Mathieux, »Der Deutsche Rhein«.

Sie sollen ihn nicht haben
den freien deutschen Rhein;
so lang dort kühne Knaben
um sanfte Mädchen frei'n.

So lang die Flossen hebet
ein Fisch aus seinem Grund,
so lang ein Lied noch lebet
in seiner Sänger Mund;
so lang ein Lied noch lebet,
in seiner Sänger Mund.

Sie sollen ihn nicht haben
den freien deutschen Rhein;
bis seine Flut begraben
des letzten Mann's Gebein.

Die einzige Änderung, die Johanna Kinkel gegenüber dem Gedicht vorgenommen hat, ist die Wiederholung der letzten zwei Zeilen in den Strophen, die mit »So lang« beginnen. Das Gedicht sowie die Vertonung beginnen mit dem Strophentyp »Sie sollen ihn nicht haben, / den freien deutschen Rhein« und weisen insgesamt sieben Strophen auf. Für jeden Strophentyp hat Johanna Kinkel eine Melodie mit Begleitung geschrieben, die sie dem Text gemäß alternierend einsetzt (vgl. Abb. 32). Die Melodie bewegt sich insgesamt in einem Ambitus von *c1* bis *d2* und ist hauptsächlich syllabisch gestaltet, wobei einige Silben vor allem in Achtelverbindungen über zwei Noten gesungen werden.[713] Die Klavierbegleitung doppelt nicht die Melodiestimme und unterlegt diese stattdessen mit Hilfe von verschiedenen standardisierten Begleitschemata mit einfachen Harmonien.[714] Als Tempoangabe für das gesamte Lied hat Johanna Kinkel ein Allegro gewählt.

Die Mittel, durch die ihre Autorschaft in der Vertonung wahrnehmbar wird, sind sehr beschränkt: Sie variiert den Text nur leicht durch die Wiederholung einer Zeile und sie deutet weder durch die Form noch durch die Harmonien[715] in der Klavierbegleitung den Text entscheidend aus. Lediglich die Melodie an sich verweist auf eine größere kreative Leistung Johanna Kinkels. Vergleicht

713 Eine Ausnahme bildet eine Verzierung zum Schluss, bei der eine Silbe über mehrer Töne gesungen wird.

714 Die Klavierbegleitung besteht aus akkordeigenen Achtel- und Viertelnoten bzw. Akkordbrechungen in (teilweise punktierten) Achtelnoten über einem Basston, der in der linken Hand gespielt wird.

715 Das auffälligste Merkmal ist noch der Beginn auf einem Dominantseptakkord.

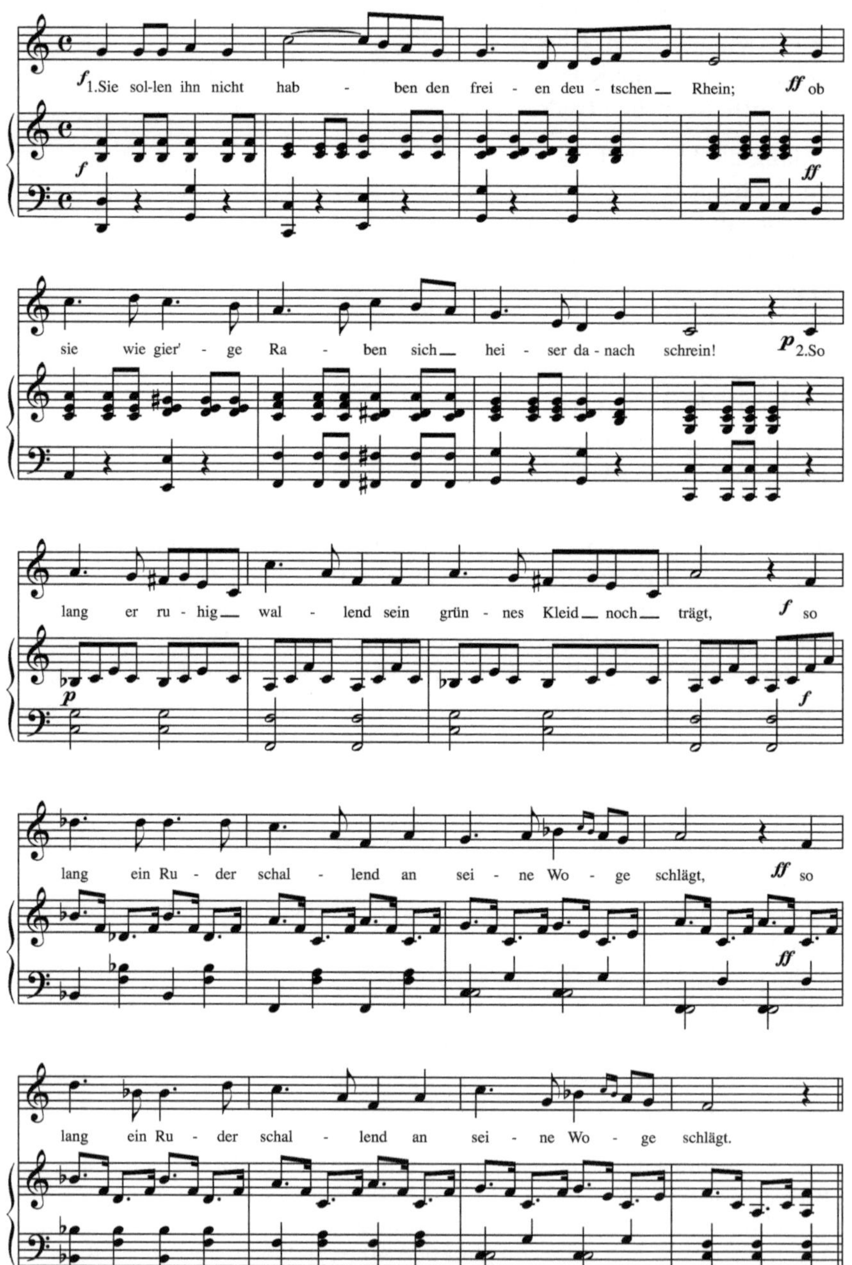

Abb. 32: »Der deutsche Rhein«, erste und zweite Strophe.

man diese Vertonung z. B. mit Robert Schumanns Komposition,[716] so lässt sich festhalten, dass seine Position als Autor viel stärker wahrzunehmen ist als die Johanna Kinkels. Auch er behält zunächst die Strophenfrom bei. Nach jeweils zwei Strophen fügt er jedoch die Zeile »Sie sollen ihn nicht haben, / den freien deutschen Rhein« zweimal von einem Chor gesungen sozusagen als Refrain ein. Die Begleitung im Klavier ist zu Beginn eine Dopplung der Melodie in Oktaven. Nach vier Takten verändert Schumann sie zu einer mehr oder weniger homofonen und einfachen akkordischen Begleitung, welche er auch im Chorsatz beibehält. Durch den Wechsel zwischen Sologesang und einem bestätigenden Chorsatz sowie durch den Wechsel von in Oktaven gegriffener Melodiedopplung hin zu einer akkordischen Begleitung fügt Schumann neben seiner Melodie, die besonders durch Quarten und Tonleiterausschnitte geprägt ist, dem Text entscheidende Ausdeutungen hinzu und ist so als Autor des Lieds klar erkennbar. Schumanns Vertonung rückt insgesamt den gemeinschaftsbildenden Aspekt – vom Solosänger zum Chor und von Melodiedopplung zur Harmonie – viel stärker in den Vordergrund als Johanna Kinkels Vertonung, welche sich – im Hinblick auf schöpferischen Zugewinn – nur durch ihre Melodie auszeichnet. Wie lässt sich vor diesem Hintergrund ihre Vertonung einordnen? »Der deutsche Rhein« besticht nicht durch seine kompositionstechnischen Merkmale; auch eine große Verbreitung in der Bevölkerung lässt sich nicht feststellen. Dennoch kann es als ein Puzzleteil der nationalen Massenbewegung gelesen werden, in welcher auch Johanna Kinkel sich selbst und ihre kompositorische Arbeit politisiert und dadurch wiederum nationale Identifikations- und Konstruktionsangebote für sich und andere bereitgestellt hat.

Mit ihrer Vertonung ist sie Teil eines Prozesses, der Menschen – u. a. durch Musik – an der Idee und Formung der Nation teilhaben lässt. Sabine Mecking arbeitet in ihrem Aufsatz »Gelebte Empathie und donnerndes Pathos. Gesang und Nation im 19. Jahrhundert« in Bezug auf diesen Prozess heraus, dass öffentliches Singen im 19. Jahrhundert ein Medium gewesen ist, durch welches Menschen politische Ideen für sich konkretisieren und gleichzeitig festigen konnten:

> Der Aufbau von Nationalstaaten war eng mit kulturellen Prozessen der Versinnbildlichung und Versinnlichung der Nation verbunden. Die Nation, die im alltäglichen Leben nicht direkt evident war, musste immer wieder neu vergegenwärtigt werden. Dies konnte über leidenschaftlich gesungene Lieder oder auch über musikalische Rituale erfolgen. Im ge-

716 Vgl. Willison Lemke, »Robert Schumann«, S. 182–184.

meinschaftsstiftenden Gesang blieb das Vaterland nicht abstrakt, sondern wurde konkret emotional erlebt.[717]

Ein gemeinschaftliches, öffentliches Singen von Johanna Kinkels »Der deutsche Rhein« kann nicht belegt werden. Dennoch kann dieses Lied als die Konkretisierung ihrer nationalen und politischen Überzeugungen gelesen werden, welche sie durch ihre Publikation einer breiten Öffentlichkeit zugänglich gemacht hat. Dieses letzte Detail der Veröffentlichung ist entscheidend, da beispielsweise die zeitgenössischen RezipientInnen diese Überzeugungen einerseits auf Johanna Kinkel beziehen, genauso aber auch andererseits als ihre eigene annehmen konnten. Durch das Lied »Der deutsche Rhein« entsteht daher in meiner Rezeption ein Autorkonstrukt, in welchem Johanna Kinkel durch ihr künstlerisches Schaffen politisch die Nationenbildung für sich und die Menschen ihres Umfelds auf ein persönlich wahrnehmbares Maß herunterbricht, erfahrbar macht und gleichzeitig Teilhabe daran ermöglicht. Fokussiert man zum Abschluss noch einmal die Rolle des Rheins in diesem Prozess, so wird deutlich, dass er eben nicht nur ein romantisches Symbol ist, sondern eben auch eine politische, überregionale bzw. nationale Symbolkraft entwickelt hat. Ganz konkret wird der Fluss – in seiner Gänze – im Kontext der Rheinkrise als territoriales Eigentum der Deutschen betrachtet. Auf einer Meta-Ebene dient er auf genau diese Weise als Symbol – vielleicht sogar als Instrument – für die deutsche Nationenbildung.

6.2.2 »Demokratenlied«

Nicht nur die Rheinkrise von 1840 hat Johanna Kinkel veranlasst, ein politisch gefärbtes Lied zu schreiben und zu veröffentlichen. Auch die Demokratie-Bewegung 1848/49 hat sie zur Komposition eines politischen Lieds motiviert, zu ihrem »Demokratenlied«, für welches sie sowohl den Text als auch die Musik geschrieben hat. Der Text des Lieds wurde am 06. Dezember 1848 in der *Bonner Zeitung* mit den Initialen »J. K.« und zwei als Motto vorangestellten Zeilen aus der »Marseillaise« veröffentlicht.[718] Am gleichen Tag hat Gottfried Kinkel das »Demokratenlied« in einer Sitzung des demokratischen Vereins vorgetragen.[719] 1849 wurde es schließlich bei Sulzbach gedruckt.[720]

717 Mecking, »Gelebte Empathie«, S. 125.
718 Vgl. K., »Demokratenlied«.
719 Vgl. Willison Lemke, »Robert Schumann«, S. 192 und K., »Demokratenlied«.
720 Kinkel, »Demokratenlied« und Klaus, *Liebe treue Johanna!*, S. 1396.

Inhaltlich geht es um den Konflikt zwischen den Anhängern der beiden Staatsformen der Monarchie und der Demokratie, wobei das Verhalten der Vertreter der Monarchie angeprangert wird und die Anhänger der Demokratie ihr Widerstandsvermögen beschwören. Die Demokraten bilden in der ersten Person Plural die Sprecherinstanz des Texts und werden als ein Kollektiv dargestellt, welches sich im angesprochenen Konflikt im Recht wähnt, wie der Text des Refrains deutlich zeigt: »Schaut ob Ihr unser Recht und unsre Wehr zerbrecht. / Heran, heran heran Demokratie, dran auf die rothe Monarchie!«[721] Die Gegenseite der Monarchie-Anhänger wird durch eine sehr aggressive Sprache charakterisiert – »Wer trägt des Blutes Zeichen am Gewande, / wem sprüht der Bürgerhass aus gift'gem Blick.«[722] – und verwerflicher Handlungsweisen beschuldigt: »Droht nur dem freien Mann mit Kerkermauern, / wenn tückisch Ihr die Waffen erst geraubt; / erfüllt der Mütter Herz mit Todesschauern, / begehrt als Geißel unsrer Kinder Haupt.«[723] Bezieht man den Text biografisch auf die AutorIn, so wird diese zu einem Teil des Kollektivs und Emotionalität sowie (Un)Rechtsempfinden werden gleichsam auf sie übertragen. In der Rezeption kann Johanna Kinkel dementsprechend als aufgebrachte Demokratin erscheinen, die den Monarchie-Vertretern mit Widerstand und Durchhaltevermögen entgegentritt. Inwieweit dieses Lied für Johanna Kinkel selbst einen performativen Charakter gehabt haben mag – im Sinne eines Ventils für ihre Emotionen oder einer Aufforderung an sich selbst, im Kampf für die Demokratie weiter auszudauern –, muss leider ungeklärt bleiben.

Auch wenn die Musik ohne Text eine derartig konkrete Interpretation nicht zuließe, unterstützt sie in Kombination mit dem Text deutlich dessen Aussage. Das Lied soll in den Strophen »Lebhaft« und im Refrain »Rascher« gesungen werden. Dieses »Rascher« wird außerdem durch den Wechsel vom 4/4-Takt in der Strophe zum 2/4-Takt im Refrain verstärkt. Der 2/4-Takt wirkt zusammen mit dem schnelleren Tempo und den nun durchgängigen Viertelnoten und den häufiger vorkommenden Achteln in der Klavierbegleitung drängender und evoziert ebenso durch seine Betonungsstruktur einen Marschcharakter. Diese Tempo- und Taktartgestaltung deutet den Inhalt des Texts insofern aus, als dass die Dringlichkeit des Konflikts und der Durchhalte- bzw. Kampfeswille der Demokraten unterstrichen wird.

Die Melodie orientiert sich stark an den Akkordtönen und weist vor allem in der Strophe häufig Tonleiterausschnitte auf. Durch die häufige Verwendung von großen und kleinen Punktierungen und die Verteilung von betonten

721 Klaus, *Liebe treue Johanna!*, S. 1395–1396.
722 Ebd., S. 1395.
723 Ebd., S. 1396.

Silben auf schwere Taktzeiten wird das zurgundeliegende jambische Metrum des Texts aufgegriffen. Die Klavierbegleitung bezieht sich rhythmisch und in der Oberstimme der rechten Hand oft auf die Melodie, sodass die Melodie zwar nicht komplett mitgespielt wird, trotzdem aber viele Melodietöne auch in der Klavierbegleitung vorhanden sind. Die zweite Hälfte des Refrains (vgl. T. 17–25 in Abb. 33) zeichnet sich gegenüber der skizzierten Melodieführung dadurch aus, dass sie auf die Text-Passage »Heran, heran heran« Punktierungen mit aufwärtsgeführten Quarten verbindet, was wiederum den drängenden Charakter des Textinhalts unterstreicht.

Musik und Text gehen Hand in Hand und drücken den emotionalisierten Kampfeswillen des im Text sprechenden Kollektivs für die Demokratie in Deutschland aus. Gleichzeitig bleibt das Lied sehr eingängig. Die bereits erwähnte Melodieführung und Klavierbegleitung in Kombination mit einem Ambitus in der Singstimme von *d1* bis *e2* und einer grundsätzlich homofonen[724] Klavierbegleitung in vergleichsweise leicht nachvollziehbaren Harmonien[725] sorgen für diese leichte Verständlichkeit. Dieser Aspekt der Eingängigkeit bekommt vor dem Hintergrund, dass das Lied eine politische Aussage enthält, eine besondere Bedeutung. Ich lese diesen Aspekt vor allem als der Zielgruppe bzw. der Intention des Lieds – welche ich aus dem Text ableite – geschuldet: Das »Demokratenlied« soll für sämtliche Anhänger der Bewegung verständlich sein und so durch dessen Gesang ein Gemeinschaftsgefühl unter ihnen erwecken, welches motiviert, weiterhin für die gesetzten Ziele einzutreten.

Dass das »Demokratenlied« unabhängig von seiner Intention tatsächlich zu einem gewissen Grad unter den Anhängern der Demokratie-Bewegung verbreitet gewesen ist, zeigt sich an einer Anekdote von Gottfried Kinkel. Nachdem er zusammen mit Carl Schurz im Mai 1849 begonnen hatte, an verschiedenen Orten für die Demokratie-Bewegung zu kämpfen,[726] schreibt er im Juni an Johanna Kinkel:

> Vorgestern, in Rockenhausen, finde ich im Gasthof die Wirthstochter mit Lesen eines handschriftlichen Büchleins beschäftigt. Ich frage sie, was das ist. Gedichte, sagte sie: ein Freischärler hats dagelassen. Wollen sehen, sagt ich, da find ich am Ende auch meinen Namen. Ich schlage ein paar Blätter

724 Zu vernachlässigende Ausnahmen finden sich im Refrain, in welchem in der ersten Hälfte in der rechten Hand teilweise die Akkorde in Achteln über einer Viertelnote im Bass gespielt werden oder der Basston nur auf der ersten Zählzeit gespielt wird und die Viertelnoten auf Zählzeit zwei nur in der rechten Hand angeschlagen werden.

725 Neben D-Dur spielen die Dominante sowie die verschiedenen Medianten eine Rolle.

726 Klaus, *Liebe treue Johanna!*, S. 1401.

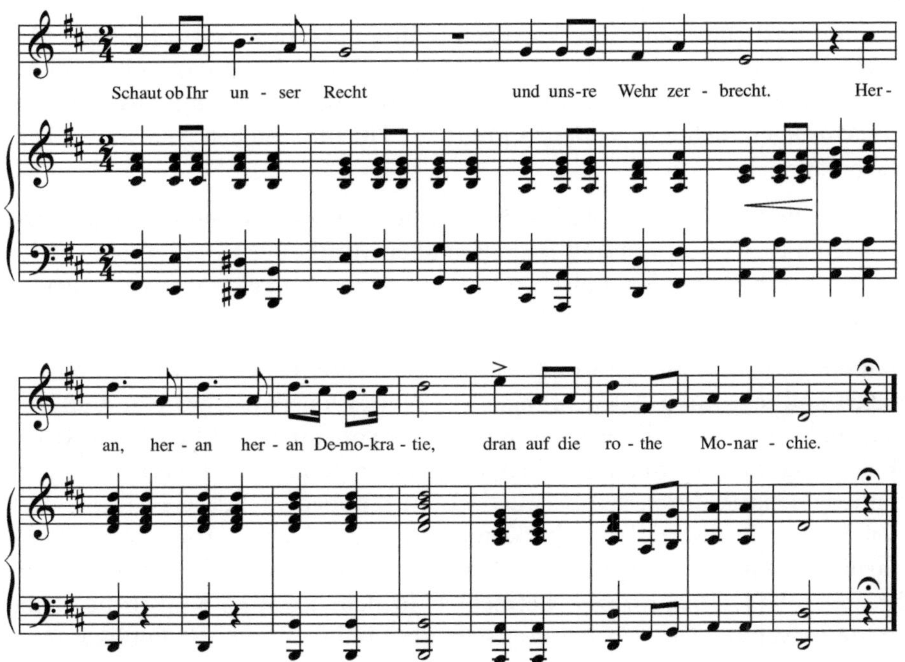

Abb. 33: »Demokratenlied«, Refrain, T. 9–25.

> um, da stehts: ›Demokratenlied von der Frau Professor Kinkel.‹ Das ist mein Weib, sagte ich dem Mädchen, die ich aber erst mit Vorweis meiner Karte bezeugen mußte.[727]

Das Lied hatte also zumindest bei diesem unbekannten Freischärler eine so große Bedeutung, dass er es der Mühe wert erachtete, es handschriftlich in sein »Büchlein« einzutragen.[728]

Wie lässt sich dieses Lied musikhistorisch einordnen – vor allem wenn man berücksichtigt, dass Carl Dahlhaus 1978 der Revolution von 1848 eine für

727 Klaus, *Liebe treue Johanna!*, S. 546–547.

728 Als Randbemerkung möchte ich kurz auf den Aspekt des Namens eingehen. Gottfried Kinkel sucht seinen eigenen Namen in dem »Büchlein« und findet ihn letztlich als Anrede für seine Gattin. Diese Form der Namensnutzung wertet deren Rolle als selbstständige Autorin nicht unbedingt ab, da sie als Person eindeutig durch diesen Namen bezeichnet wird, aber sie lässt Gottfried Kinkel an der Autorschaft teilhaben – nicht durch seinen eigenen kreativen Beitrag, sondern schlicht durch seine Rolle als Ehemann.

die Musikgeschichte marginale Bedeutung zuschreibt?[729] Nina Noeske setzt sich mit Carl Dahlhaus' Überlegungen in ihrem Aufsatz »Virtuosität als Massenphänomen. Das Jahr 1848 in der Musikpublizistik« auseinander und hält zunächst fest, dass die Relevanz der Revolution davon abhängt, »was man als der Musikgeschichte zugehörig begreift«.[730] Für ihre eigenen Analysen geht sie davon aus,

> dass nicht zuletzt die Wahrnehmung der am Musikleben Beteiligten bzw. deren Rezeption von und Reflexion über Musik, auch wenn diese von keiner geschichtsphilosophischen Einsicht zeugen und eher ›wie nebenbei‹ angestellt werden, von musikhistorischer Bedeutung sind.[731]

Noeske setzt demzufolge Kompositionsgeschichte nicht mit Musikgeschichte gleich und legt ihren Betrachtungen ein breites musikalisches Handlungsfeld zugrunde, wodurch die Revolution in dem von ihr gewählten Kontext eine Bedeutung für die Musikgeschichte erhält.[732] Johanna Kinkels »Demokratenlied« schafft durch seine ästhetisch eher unbedeutende Gestaltung nicht den Sprung in die traditionelle Kompositionsgeschichte. Aber wenn man es darüber hinaus in Anlehnung an Noeskes Perspektive als das Produkt eines kreativen Schaffensprozesses betrachtet, in dem Johanna Kinkel die Demokratie-Bewegung für sich konkretisiert und andere durch die Publikation an dieser Konkretisierung teilhaben lässt,[733] entwickelt dieses Lied eine nicht unerhebliche Relevanz. Auch im Hinblick auf ihr KomponistIn Sein bezeugt das »Demokratenlied«, dass sie ihre Kompositionstätigkeit nicht zuletzt für politische Zwecke eingesetzt hat und sie dementsprechend als eine politische, eine revolutionäre Komponistin betrachtet werden kann.

729 Dahlhaus, »Über die musikgeschichtliche Bedeutung«.

730 Noeske, »Virtuosität«, S. 125.

731 Ebd.

732 Auch Martin Geck spricht der Revolution von 1848/49 eine musikgeschichtliche Bedeutung zu, die er in Veränderungen belegt sieht, »welche vor allem die Organisation des Musiklebens einschließlich des Bemühens um wertvolle Konzertprogramme, die Verbesserung der Musikerziehung und künstlerischen Ausbildung, die Gründung von Berufsverbänden usw. betreffen.« (Geck, »Realismus«, Sp. 95.) Darüber hinaus führt er ein kritisches »neues Interesse an Volkslied und Volksmusik« ebenso auf die Revolution zurück. (Geck, »Realismus«, Sp. 95.) Diese Einschätzungen Gecks sind Teil einer Debatte, die um den Realismus-Begriff vor allem von ihm und Carl Dahlhaus u. a. anhand der Bedeutung der Revolution 1848/49 für die Musikgeschichte geführt worden ist. (Vgl. hierzu auch Dahlhaus, »Musikalischer Realismus« und Geck, *Zwischen Romantik und Restauration.*)

733 Vgl. noch einmal Mecking, »Gelebte Emphatie«.

6.2.3 Zusammenfassung

Was habe ich bisher in diesem Kapitel untersucht? Johanna Kinkels verschiedene Rhein-(wein)lieder, ihre Vertonung des Becker'schen »Sie sollen ihn nicht haben, den freien deutschen Rhein« und ihr »Demokratenlied«. Wie setzt sich aufgrund dieser Betrachtungen mein Bild Johanna Kinkels als deutscher Komponistin zusammen? Zunächst vertont sie häufig Texte mit einer expliziten Nennung des Rheins, die oft von ihr selbst oder von Freunden und Bekannten verfasst worden sind, die wie sie selbst am Rhein gewohnt oder sich eine Zeit lang dort aufgehalten haben. Vor allem in ihren eigenen Texten verarbeitet sie außerdem persönliche Erlebnisse wie z. B. Ausflüge auf dem Rhein. Auch das diesem Kontext zugehörige Rheinweinlied bedient und reflektiert sie. Durch ihre Becker-Vertonung politisiert sie sich anhand des Rheins, indem sie dem politischen Besitzanspruch der Deutschen auf den Rhein das Wort redet. Diese Politisierung schlägt mit ihrem »Demokratenlied« eine neue Richtung ein, da sie sich durch dieses Lied deutlich sichtbar als Komponistin für die Demokratie engagiert. Aus ihrer regionalen Verbundenheit zum Rhein(land), welche ihr Impulse liefert, sich als Dichterin und Komponistin zu betätigen, wird durch die Politisierung eine nationale Ausrichtung, mit welcher sie sich außenpolitisch von Frankreich distanziert und innenpolitisch im Lager der Demokratie positioniert. Auch wenn diese für die Nationenbildung wichtige Politisierung in ihren Erzeugnissen vornehmlich nur durch zwei Lieder wahrnehmbar ist,[734] stellt sie eine wichtige Facette meines Autorkonstrukts von Johanna Kinkel dar; nicht zuletzt, da andere Quellen und biografische Informationen – die Komponistin hat beispielsweise die letzten zehn Jahre ihres Lebens im *politischen* Exil gelebt – diese Facette weiter mit Bedeutung ausfüllen. Die in ihren Liedern erkennbare regionale Verbundenheit sowie politische Dimension sind Ausdruck dafür, dass sie an Deutschland an sich und wie in Deutschland gelebt wurde, sehr interessiert war und sich dieses Bewusstsein auch auf ihre Kompositionstätigkeit ausgewirkt hat. Der Einsegungstext Gottfried Kinkels zu ihrem Begräbnis unterstreicht diese Verbundenheit: »Wir legen dein Angesicht gen Süden, denn Deine Seele hing an deinem sonnigen Vaterland, du Tochter des grünen Rheins!«[735]

734 Im Hinblick auf Vollständigkeit möchte ich an dieser Stelle noch auf das »LIED No. 10. von der Bürgerwache« in Johanna Kinkels *Anleitung zum Singen* verweisen, in welchem durch die Benennung der Farben der Flagge ebenso eine politische Positionierung wahrzunehmen ist. (Vgl. S. 187 in dieser Arbeit.)

735 Klaus, *Liebe treue Johanna!*, S. 1377.

6.3 Über das Deutsche in der Musik – Johanna Kinkels Schriften zum Musikwesen in England

In diesem Unterkapitel möchte ich mich in erster Linie den erhaltenen, zum Teil unveröffentlichten Schriften Johanna Kinkels widmen, in denen sie ihre Ansichten über die Musikszene Londons festgehalten hat. Allerdings geht es mir hier nicht darum, durch ihre Beobachtungen und Kritik das Londoner Musikleben zu analysieren oder zu rekonstruieren – auch wenn das einen sehr faszinierenden Gegenstand der Betrachtung abgeben würde. Denn auf sehr amüsante Art und Weise beschreibt Johanna Kinkel z. B., wie ein Hutverbot in öffentlichen Konzerten dazu führt, dass die Frauen vor der Vorstellung ihre Hüte fortwerfen;[736] wie »references« – und nicht unbedingt die tatsächlichen Fähigkeiten – die Chancen einer MusikpädagogIn bestimmen, SchülerInnen anzuwerben, und diese Praxis ihre Überhöhung darin findet, dass InstrumentallehrerInnen anderen InstrumentallehrerInnen per Zeitungsannonce SchülerInnen anbieten und »verkaufen«;[737] und wie englische Verleger Lieder, die in Deutschland erfolgreich sind, abschreiben lassen und in England mit übersetzten Texten sowie geänderten Verfasserangaben und Widmungen neu veröffentlichen[738] oder Sängerinnen bezahlen, Lieder so lange zu singen, bis sie sich gut verkaufen. Diese Liste der bemerkenswerten Beobachtungen ließe sich noch lang fortführen.[739] Ich möchte aber stattdessen herausarbeiten, welches Bild des deutschen Musiklebens und auch einer vermeintlichen deutschen Kompositionsweise in Johanna Kinkels Betrachtungen zum Vorschein kommt. Durch ihre vergleichende Perspektive beschreibt sie nicht nur ihren Blick auf die Zustände in London, sondern es werden ebenso ihre Auffassungen zum Musikwesen in Deutschland – teilweise explizit – fassbar.

Ein Punkt, den Johanna Kinkel herausarbeitet, betrifft die Musizierpraxis in England. Ihren Ausführungen zufolge bemühen sich die EngländerInnen um Aufführungen und Konzerte nur aufgrund ihres Stolzes und nicht aufgrund eines genuinen Interesses an Musik. Dies leitet sie u. a. daraus ab, dass die EngländerInnen generell nicht selbst musizieren, sondern – durchaus mit beachtlichem Aufwand – MusikerInnen engagieren, um »große« und »berühmte«

736 Vgl. Kinkel, *Briefe aus London*, S 2390, S. 15–16.
737 Vgl. ebd., S. 22–25.
738 Vgl. ebd., S. 51–52.
739 An dieser Stelle möchte ich kurz darauf hinweisen, dass Johanna Kinkel auch positive Beobachtungen in London gemacht hat. So befürwortet sie bspw. die Praxis, dass der Dirigent dem Orchester zugewandt ist (Vgl. Kinkel, *Briefe aus London*, S 2390, S. 17.) genauso wie die »musterhafte Erziehung« der Töchter. (Vgl. Kinkel, *Briefe aus London*, S 2389, S. 1–55.)

Musik aufführen zu lassen, die sie jedoch – wie Johanna Kinkel meint – nicht verstehen bzw. zu schätzen wüssten.[740] Dementsprechend klassifiziert sie das Musikwesen in England als ein Luxusgut:

> Die Kunst wird als ein höchster Luxus betrachtet, den ein reiches Land zur Befriedigung seines Hochmuths schicklicherweise nicht entbehren darf. Man bezahlt mit schwerem Gelde Sänger und Spieler in Privatgesellschaften, denen kaum jemand zuhört. Lautes Reden, Tassenklappern und Musik tönt alles durcheinander.[741]

In Deutschland gestaltet sich die Situation ihrer Einschätzung nach grundlegend anders. Hier basiere der Umgang mit Musik auf »Neigung« oder »Begeisterung« und genösse eine weite Verbreitung: »Ist doch in unserm Deutschland kein noch so vergessener Winkel, wo nicht ein armer musikalischer Schulmeister, aus seinem Enthusiasmus für die Musik, sie zu pflegen u. zu verbreiten versuchte.«[742] Neben diesem Aspekt geht sie außerdem darauf ein, dass die EngländerInnen »kein künstlerisches Unterscheidungsvermögen« besäßen.[743] Sie illustriert dies u. a. anhand der englischen Architektur und an folgendem Beispiel: »Wo ein deutsches Auge 2 Stoffe auffallend widersprechend sieht, behauptet die englische Arbeiterin, kein Mensch werde einen Unterschied zwischen einem gelblichen und einem bläulichen Grau wahrnehmen.«[744] Diese differenzierte Wahrnehmung attribuiert Johanna Kinkel den Deutschen auch für das Gehör und die Wahrnehmung von Musik. Im Hinblick auf die Verarbeitung von Musik ist sie überzeugt, dass die Deutschen – neben anderen Europäern – Musik nicht oberflächlich wahrnähmen, sondern eine emotionale Tiefe im Umgang mit ihr vorherrsche:

> Der Engländer, der auf seinen ewigen Kreuz= und Querreisen durch Deutschland und Italien Groß und Klein singen und musizieren hört, welcher in kontinentalen Conzerten Zeuge der tiefen Gemüthsbewegung ist, die so beglückend von der Musik ausgeht, fühlt es als einen Mangel daß ihm diese eine fremde Welt ist.[745]

Diese tiefe Empfindung führt nach Johanna Kinkels Meinung dazu, dass in Deutschland eine emotionale Interpretation von Musik dominiere. Sie vertieft

740 Vgl. Kinkel, *Briefe aus London*, S 2389, S. 16.
741 Ebd.
742 Ebd.
743 Ebd., S. 20–21.
744 Ebd., S. 21.
745 Ebd., S. 17.

diesen Gedanken anhand von Beschreibungen des englischen und deutschen Chorwesens:

> Der gemischte Chor nimmt in England einen ganz eigenthümlichen Charakter durch die Leidenschaftlosigkeit, mit der Sopran u. Alt singen. Diese lassen sich nie zu einem Enthusiasmus hinreißen, wie wir ihn bei heimischen Singvereinen von den beseelten Lippen unserer deutschen Mädchen gewohnt sind. Diese vergessen sich selbst über dem Kunstwerk, und werden bei muthigen oder kraftvollen Stellen jezuweilen in ein herzhaftes Fortissimo auf Kosten der äußeren Grazie hineingerissen. Die Engländerin hingegen vergißt beim Singen nie die persönliche Erscheinung. Ein weites Öffnen des Mundes und gar laute scharfe Töne sind nicht lady-like und dem Inbegriff dessen was ›lady-like‹ ist, müssen alle andren Ansprüche schweigen. Der englische Sopran legt sich daher immer wie ein besänftigendes Oel über den wilden Wogendrang der Instrumente, während er in unserm Vaterlande dem blendend wiedergespiegelten Sonnenlichte gleicht.[746]

In Bezug auf die Interpretation und Rezeption von Musik vertritt Johanna Kinkel durch ihre Schriften folglich die Auffassung, dass Musik in Deutschland in sämtlichen Regionen gepflegt, durch feinere Sinne wahrgenommen und schließlich tiefer empfunden werde.

Es ist aber nicht nur das Musizieren und Wahrnehmen von Musik, welches nach Johanna Kinkel in Deutschland anders betrieben werde als in anderen Ländern. Auch das Komponieren habe in Deutschland nach ihrer Ansicht eine ganz besondere Charakteristik. Sie schreibt den Werken deutscher KomponistInnen – allen voran denen des »musikalischen Pabst[s]«[747] Beethoven – eine hohe Komplexität zu, welche dem englischen Publikum ihrer Meinung nach in der Regel jedoch verschlossen bleibt: »Die Zuhörer machen sich weiß, daß sie sich an Beethoven ergötzt hätten, aber nur sehr Wenige sind im Stande der komplizierten Harmonie eines deutschen Componisten zu folgen.«[748]

Folgt man ihren Ausführungen in ihrem Vortrag über Harmonie – den sie aller Wahrscheinlichkeit nach auch im Londoner Exil geschrieben hat –, so ist sie anscheinend der Meinung, dass sich die »komplizierten Harmonien« dadurch erklären lassen, dass deutsche KomponistInnen gerade zu deren Weiterentwicklung beigetragen hätten. Nachdem sie in ihrem Vortrag die ver-

746 Kinkel, *Briefe aus London*, S 2389, S. 38.
747 Ebd., S. 26.
748 Ebd., S. 19.

schiedenen Entwicklungsstadien der Harmonie beschrieben hat, benennt sie die Leistung der deutschen KomponistInnen auf diesem Gebiet wie folgt:

> Die Entwicklung der Harmonie, zum höchsten Reichthum, und wieder zur subtilsten Feinheit blieb dem deutschen, diesem tiefphilosophischen Geiste vorbehalten. Von Bach, Händel, durch Gluck, Haydn, Mozart hindurch bis zu Beethoven und seinen Zeitgenossen und klassischen Nachfolgern schreitet die Ausbildung der Harmonie zu immer feinern Nuançen vorwärts.[749]

Diese Darstellung Johanna Kinkels zeichnet sich dadurch aus, dass sie inhaltlich an die Diskussion um das Deutsche in der Musik, um ein spezifisch deutsches Komponieren anschließt. Diese Frage nach den »deutschen Besonderheiten des Komponierens« lässt sich nach Pamela Potter »mindestens bis zum Ende des Dreißigjährigen Krieges zurückverfolgen.«[750] Die Antwort auf diese Frage scheint allerdings nach wie vor eher schwierig zu finden zu sein:

> Selbst nach dem legendären Niedergang der italienischen Musik und dem Aufstieg deutscher – oder wenigstens deutschsprachiger – Komponisten in die Hegemonieposition von Europas Musikgiganten im neunzehnten Jahrhundert blieb doch ein unterscheidungsfähiges Deutschtum in der Musik ungreifbar, vor allem, weil sich die Empfänglichkeit der deutschen Komponisten für ausländische kompositorische Praktiken fortsetzte.[751]

Auch Celia Applegate hält fest, dass das Deutsche in der Musik nicht benannt werden kann: »No one could say precisely what Germanness in music actually was, neither music theorist Johann Joachim Quantz in the eighteenth century nor Theodor Adorno in the twentieth nor anyone in between.«[752]

Bernd Sponheuer widmet sich ebenso der Frage nach dem Deutschen in der Musik und zeigt anhand von zwei konstruierten Idealtypen deutscher Musik verschiedene Argumetationslinien auf. Auf der einen Seite steht ein ausschließender Idealtypus, welcher die Eigenheiten deutscher Musik gegenüber anderer Musik betont. Auf der anderen Seite steht ein universaler Idealtypus, welcher deutsche Musik als ein Konglomerat versteht, in dem sich sämtliche Musik vermischt und sich jeder Mensch unabhängig von seiner kulturellen Zugehörigkeit wiederfindet. Zum ausschließenden Idealtypus schreibt Sponheuer:

749 Kinkel, *2ter Vortr. Harmonie*, S 2394, 31b, S. 23.
750 Potter, *Die deutscheste der Künste*, S. 252.
751 Ebd., S. 253.
752 Applegate, »Saving music«, S. 218.

> The first ideal type of the German in music focuses on the specifically German, which differs from non-German in its ›depth, hard work and thoroughness‹ (*Tiefsinn, Arbeit, Gründlichkeit*). It is exclusive, denying to the non-German any of the qualities claimed to be German, and it can be applied to various epochs and musical genres. A chain of binary opposites arises, all revolving around sensuality (*Sinnlichkeit*) versus intellect (*Geist*).[753]

Johanna Kinkels Ausführungen scheinen in die Argumentationslinie dieses ausschließenden Idealtypus zu fallen – wobei das abgrenzende Merkmale deutscher Musik nach ihrer Auffassung wohl vor allem in der »tiefphilosophischen« Verfeinerung der Harmonie zu suchen ist.

Applegate führt in ihrem Aufsatz »How German Is It? Nationalism and the Idea of Serious Music in the Early Nineteenth Century« die enge Verbindung von »serious music« und dem Prozess des »nation-building« aus.[754] Anhand der konkreten Person Carl Friedrich Zelters zeigt Applegate auf, wie ernste Musik und nationaler Charakter zusammenarbeiten:

> Thus serious music, as Zelter understood it, cultivated it, and promoted it to the educated elite of his country, was German indeed. It served as a key definer of national character, that was in Zelter's time emerging out of a confusion of folk and elite traditions into that ›unity of taste and judgment‹ which is the marker of a cultural nation.[755]

Die Besonderheit der Person Zelters würdigt Applegate folgendermaßen: »His [Zelters, DG] originality lay simply in his perception that music could and should be at the center of national culture, not for its folksiness or its entertainment value or its aristocratic tones but for its seriousness.«[756] Dadurch, dass Johanna Kinkel den »tiefphilosophischen Geist« und die Weiterentwicklung der Harmonie als »das Deutsche« in der Musik auffasst, schreibt sie diese Idee der deutschen »serious music« grundsätzlich fort – auch sie verbindet ernste, »tiefphilosophische« Musik direkt mit dem Aspekt des Nationalen, des Deutschen.

Es ist aber nicht nur die »tiefphilosophische«, ernste Komposition, die für Johanna Kinkel die deutsche Nationalität verkörpert. Auch das Lied hat für sie eine nationale Funktion:

753 Sponheuer, »Reconstructing Ideal Types«, S. 40, Herv. im Orig.
754 Applegate, »How German Is It?«.
755 Ebd., S. 295.
756 Ebd., S. 296.

> Wo spräche sich auch lebendiger das Vaterlandsgefühl aus, das die Deutschen in der Fremde zusammenbindet, als in den geliebten Klängen des deutschen Liedes? Und ist nicht der philosophische Geist Deutschlands auch in den höheren Gebilden unserer Tonkunst unverkennbar lebendig, und der echte nationelle Zug, der sie von allen anderen Compositionen scharf unterscheidet![757]

Dieses Zitat lenkt das Augenmerk darauf, dass es aus Johanna Kinkels Sicht verschiedene Formen der deutschen Musik geben kann: Sowohl die Gattung des Lieds als auch »höhere Gebilde« können nationale Bedeutung tragen.[758] Allerdings scheinen die beiden Bereiche Lied und »höhere Gebilde« verschiedene Arten nationaler Symbolik zu evozieren. Lieder sind – aus Johanna Kinkels Perspektive – in der Lage, in Rückbezug auf das »Vaterland« ein Gemeinschaftsgefühl innerhalb einer Gruppe von deutschstämmigen Menschen herzustellen. Der »philosophische Geist [...] in den höheren Gebilden unserer Tonkunst« scheint hingegen Kompositionen voneinander zu trennen, zu unterscheiden und diese wiederum über andere zu erheben und auf diese Weise eine eher abgrenzende Wirkung zu besitzen.

Welche für diese Arbeit relevanten Erkenntnisse stecken in diesen Ausführungen zum Deutschen in der Musik? Zunächst ist festzuhalten, dass es hier darum ging, Johanna Kinkels Sicht auf die deutsche Musikszene und die deutsche Musik darzustellen. Daran schloß sich die – immer noch schwer zu beantwortende – Frage an, was deutsche Musik ist bzw. was eine deutsche Komponierweise ausmacht. Für Johanna Kinkel scheint das entscheidende Charakteristikum für deutsche Musik und ihre – ebenfalls deutsche – Interpretation im »Tiefphilosophischen« gelegen zu haben. Ob sie nach ihren eigenen Maßstäben deutsche Musik geschrieben hat, lässt sich in Ermangelung von Quellen nur schwer beurteilen. Ihr Anspruch mag es mitunter gewesen sein. Vor dem Hintergrund der Ergebnisse der vorangegangenen Unterkapitel lässt sich aus heutiger Perspektive das Deutsche in Johanna Kinkels Kompositionen vor allem anhand der in ihren Liedern verarbeiteten Themen festmachen – nicht aber in ihrer »tiefphilosophischen« Kompositionstechnik. Mit dieser Interpretation schließe ich mich der im nachfolgenden Kapitel noch einmal aufgegriffenen Argumentation Barbara Eichners an, die in ihrer Monogra-

757 Kinkel, *Briefe aus London*, S 2390, S. 33.

758 Wie sich ein Lied von einer Beethoven-Sinfonie im Hinblick auf die jeweilige nationale Symbolkraft der Musikstücke unterscheidet, muss sicherlich auch dahingehend differenziert werden, wie sie jeweils auf Deutsche und Nicht-Deutsche wirken.

fie *History in Mighty Sounds* herausgearbeitet hat, dass es eben nicht unbedingt eine besondere Kompositionstechnik ist, die eine Kompositon »deutsch« werden lässt, sondern vielmehr Bezüge zu historisch bedeutsamen Ereignissen und Figuren.[759] Auch Sabine Mecking verfolgt den Ansatz, dass sich »[d]ie als ›deutsch‹ interpretierte Musik [. . .] weniger durch die Art der Komposition als vielmehr durch eine Vermittlung von ›nationalen‹ Werten durch den Rezeptionsprozess aus[zeichnet].«[760] In Anbetracht dieser Erklärungsansätze führen gerade Johanna Kinkels große Verbundenheit zum deutschen Musikwesen, aber auch ihre Themenauswahl in meiner Rezeption zu der Wahrnehmung einer national ausgerichteten, deutschen Komponistin.

6.4 »Weh, dass wir scheiden müssen« – Der Weg eines Lieds bis ins 20. Jahrhundert

In diesem Unterkapitel möchte ich das letzte Lied in Johanna Kinkels Opus 21, »Des Lehnsmanns Abschied« betrachten, welches – meist unter den Titeln »Ritters Abschied« und »Weh, dass wir scheiden müssen« – bis zur Mitte des 20. Jahrhunderts sehr verbreitet gewesen ist. Dabei soll wieder der Aspekt des Nationalen besonders im Fokus stehen.

6.4.1 Entstehungskontexte – Über die Bedeutung des Barbarossa-Mythos

»Des Lehnsmanns Abschied« ist das letzte Lied in Johanna Kinkels Opus 21 und basiert auf einem Text aus Gottfried Kinkels Liederspiel »Friedrich Barbarossa in Suza«:[761]

> Weh dass wir scheiden müssen, lass dich noch einmal küssen,
> ich muss an Kaisers Seiten ins falsche Welschland reiten,
> fahr' wohl, fahr' wohl mein armes Lieb,
> fahr' wohl, fahr' wohl, mein armes, armes Lieb!
>
> Ich werd' auf Maienauen dich niemals wieder schauen.
> Der Feinde grimme Schaaren sie kommen angefahren,
> fahr' wohl, fahr' wohl mein armes Lieb,
> fahr' wohl, fahr' wohl, mein armes, armes Lieb!

759 Vgl. Eichner, *History*, S. 5.
760 Mecking, »Gelebte Empathie«, S. 105.
761 Dies ist die Titelangabe aus dem Opus 21; in den Manuskripten Gottfried Kinkels lautet der Titel »Friedrich der Rothbart in Suza.«

Ich denk' an dich mit Sehnen, gedenk' an mich mit Thränen.
Wann meine Augen brechen, will ich zuletzt noch sprechen,
fahr' wohl, fahr' wohl mein armes Lieb,
fahr' wohl, fahr' wohl, mein armes, armes Lieb![762]

Drei verschiedene Text-Manuskripte des Liederspiels sind im Nachlass Gottfried und Johanna Kinkels in der Universitäts- und Landesbibliothek Bonn erhalten.[763] Eines der Manuskripte lässt sich anhand folgender Notiz, die auf die Titelseite geschrieben wurde, eindeutig datieren: »Friedrich der Rothbart in Suza. Anno 1168. Historisches Schauspiel in 3 Aufzügen. Untertitel: Die Eintagsfliege. Thema mir von Andren gegeben am 5. Juli 1841 nachts 11 uhr. Geschrieben 6. Juli, und eodem 8 1/2 uhr im M[ai]k[äfer] vorgelesen. 7. Juli 41.«[764] Die beiden anderen Quellen können zwar nicht datiert, aber zumindest als Überarbeitungen dieses ersten Manuskripts identifiziert werden. Eine substanzielle Überarbeitung[765] hat zur Quelle mit der Signatur S 2687 <6> geführt und zwischen dieser zweiten Version und dem Text mit der Signatur S 2370 liegen nur noch marginale Änderungen wie Namensänderungen oder Kürzung bzw. Veränderung verschiedener Textpassagen vor.[766] Der Text »Weh dass wir scheiden müssen« ist in der ersten Manuskript-Version aus dem Juli 1841 noch nicht enthalten. Er wurde in die erste Überarbeitung – S 2687 <6> – eingefügt und weder in S 2370 noch im Opus 21 textlich entscheidend verändert. Lediglich Interpunktion und Orthografie unterscheiden sich geringfügig.

762 Kinkel, *Sechs Lieder für eine tiefe Stimme mit Pianoforte-Begleitung*, op. 21, S. 11.

763 Kinkel, *Friedrich der Rothbart in Suza*, S 2687 <5>; Kinkel, *Friedrich der Rothbart in Suza, oder Vasallentreue*, S 2687 <6>; Kinkel, *Friedrich der Rothbart in Suza, oder Vasallentreue*, S 2370.

764 Kinkel, *Friedrich der Rothbart in Suza*, S 2687 <5>.

765 13 Szenen wurden hinzugefügt, welche vor allem dem Zweck dienen, die einzelnen Charaktere weiter auszudeuten. Ebenso ist die Anzahl der Musikstücke von sechs auf 17 erhöht worden. Als Randbemerkung sei kurz festgehalten, dass die Anzahl der angegebenen sechs Musikstücke in der Urversion am Text nicht eindeutig nachgewiesen werden konnten.

766 Dass S 2370 die letzte Version des Texts ist, lässt sich daran belegen, dass die Namensänderungen und Kürzungen in S 2687 <6> noch mit Durchstreichungen und Randnotizen eingefügt und diese in S 2370 bereits in den Text eingearbeitet worden sind. Vgl. z. B. S 2687 <6>, S. 5: Diese Textstreichung wurde in S 2370, S. 4–5 bereits ausgelassen. Ebenso S 2687 <6>, S. 21: Die Namen Pettano und Cappaggio werden zu Pazziano und Babluzio umgeändert, welche in S 2370 als Pazziano und letztlich Babbelagio eingegangen sind.

Wann und in welchem Kontext die beiden Überarbeitungen des ursprünglichen Texts entstanden sind, lässt sich leider derzeit nicht abschließend klären. Ein möglicher Anlass kann aus einem Brief von Felix Mendelssohn Bartholdy vom 02. April 1843 an Gottfried Kinkel abgeleitet werden. Mendelssohn dankt Gottfried Kinkel in diesem Brief für die Übersendung des Liederspiels, welches ihm sehr gefallen hat:

> Es hat mir mehr zugesagt, ud. enthielt mehr ächt musikalische, ud. zugleich dramatische Elemente, als die meisten Sachen die ich in dieser Art jemals sah. Gerade der Gegensatz von deutsch ud. Italiänisch, ud. gerade diese musikalisch=lyrischen Gegensätze, die daraus entstehen, ud. doch immer dramatisch bleiben – das wär so, was ich mir immer gewünscht habe. Und vor allem der Actschluß, wo der Kaiser fortreitet! Und so vieles, ud. fast Alles drin![767]

Aufgrund dieser positiven Bewertung hoffte Mendelssohn auf ein Libretto von Gottfried Kinkel für eine Vertonung. Es ist denkbar, dass dieser die Überarbeitungen des Liederspiels im Kontext dieser Kommunikation vorgenommen hat.

Inhaltlich bezieht sich das Liederspiel auf Friedrich Barbarossas historisch belegbare Flucht von Italien nach Deutschland, nachdem 1167 seine Truppen in Rom durch eine Seuche stark dezimiert worden waren. Im Liederspiel wollen Friedrich, der inkognito reist, und sein Ritter Hartmann von Siebeneich in der Lombardei den alten deutschen Landsknecht Pfeiffer treffen, der sie über die Alpen führen soll. Nach ihrem Zusammentreffen mit ihm wollen Friedrich und Hartmann auf dessen Anraten in der Stadt Suza übernachten. Durch Cecco, der sich mit seiner Verlobten Anastasia am selben Ort getroffen und den Ausführungen aus einem Versteck heraus zugehört hat, erfahren die Ratsherren von Suza und der Mailänder Arialdo Monti von Friedrichs Aufenthalt in der Stadt und planen auf Arialdos Drängen hin, diesen für ihre eigene Freiheit und Republik umzubringen. Durch eine List – Hartmann und Friedrich tauschen die Rollen – kann Friedrich jedoch entkommen. Hartmann bleibt indes zurück und ist bereit für Friedrich zu sterben. Da Arialdo und Cecco – beeindruckt von Hartmanns Treue – diesen jedoch nicht anstelle Friedrichs umbringen und Friedrich wiederum früh genug seinem Ritter mit eigenen Truppen zu Hilfe kommt, kann sämtliches Blutvergießen vermieden werden.

Durch die Erweiterungen in der zweiten und dritten Version des Liederspiels wird der Aspekt der Treue[768] bzw. Loyalität in den verschiedensten Varianten

767 Mendelssohn, *Brief vom 02.04.1843 an Gottfried Kinkel*, S 2662, 1.

768 Abgesehen von dem Motiv der Treue bietet das Liederspiel auch im Hinblick darauf, wie Deutsche und Italiener sich gegenseitig sehen, einige interessante Pas-

– Anastasia gegenüber ihrem Verlobten Cecco, aber auch gegenüber ihrem deutschen Vaterland (väterlicherseits), Arialdo und Cecco gegenüber den gleichgesinnten Anhängern der Republik, die Suzaner sowie Hartmann und Pfeiffer gegenüber ihrem Kaiser Friedrich, usw. – weiter ausgebaut. Durch den hinzugefügten Untertitel Vasallentreue und den Ausgang der Handlung wird der Treue Hartmanns gegenüber Kaiser Friedrich die größte Bedeutung eingeräumt. Genau dieser Aspekt wird inhaltlich durch das Lied »Weh dass wir scheiden müssen« vertieft, da es in einer Szene eingefügt wird, in welcher Hartmann sich bewaffnet und für den Kampf gegen Arialdo, Cecco und die Suzaner rüstet. Er schließt gedanklich mit seiner Geliebten in Deutschland ab und empfindet den Kampf und den daraus resultierenden, sicheren Tod für seinen Kaiser als eine würdige Aufgabe mit höchster Priorität.

Die hier fokussierte Treue[769] wird im Liederspiel als eine deutsche Tugend konstruiert. Auf der einen Seite ist es vor allem die Treue deutscher Figuren, welche für Friedrichs Entkommen und letztlich seinen Triumph verantwortlich

sagen. So beklagt Cecco gegenüber Anastasia in Bezug auf die Herrschaft der Deutschen in Italien: »Trägt es der Löwe, wenn der Bär ihn beherrschen will? Weißt du nichts von den alten Geschichten, wie einst Italien der ganzen Welt gebot, wie hier zuerst die Apostel und alle Heiligen wandelten? Wo wart ihr damals? Roh und wild bracht ihr aus euren Morästen hervor; wir gaben euch Alles, was wir hatten. Es war euch nicht genug, ihr wolltet herrschen über uns — dann freilich, unsere Ölwälder mochten euch beßer gefallen, als eure Sümpfe drüben über dem Gebirg und diesen großen Seen.« Anastasia antwortet darauf: »Du machst einem ein schönes Bild von Deutschland. Ich bin nur froh, daß ich einmal da gewesen bin, in den schönen Städten am Rhein und an den lieblichen Ufern des Neckar.« (Kinkel, *Friedrich der Rothbart in Suza, oder Vasallentreue*, S 2370, S. 3.) An diesem Dialog ist nicht nur der Bezug zu den jeweiligen Landschaften, sondern auch die Unterscheidung in unzivilisierte Deutsche und kultivierte Italiener hervorhebenswert.

769 Barbara Eichner stellt dar, dass in Heinrich Dorns Oper *Die Nibelungen* ganz ähnliche Motive herausgestellt worden sind. Durch eine veränderte Handlung – ähnlich dem hier analysierten Liederspiel – wird der Aspekt der Treue und somit eine »deutsche Tugend« in den Mittelpunkt gestellt: »[Heinrich Dorn's] move [to make Brunhild and Günther a genuinely loving couple] elevates the concept of *Treue* – variously translatable as loyalty, truth or constancy – to the conceptual centre of the opera. The work thus celebrates a character trait particularly important to the identity of nineteenth-century Germans, as has been suggested above with regard to the political applications of the idea of *Nibelungentreue* from the German Empire to the Third Reich. In fact, *Treue* can even be traced back to the first utterances of a proto-national consciousness in the age of Humanism, when German constancy was invoked as the antidote to ›welsche Tücke‹, the perfidy of the ›others‹.« (Eichner, *History*, S. 54–55, Herv. im Orig.)

sind. Neben Hartmanns Aufopferung ist in diesem Zusammenhang besonders die Rolle Anastasias zu nennen, die durch ihre italienische Mutter und ihren deutschen Vater im Hinblick auf Loyalität zwischen den beiden Nationen steht. Sie entscheidet sich dazu, den Kaiser zu warnen – »Mir ist, als ob mein Blut in meinen Adern sich schiede; was von meiner Mutter aus Welschland ist, unterliegt, und das treue deutsche Blut meines Vaters wallt mächtig über.«[770] – und so die Handlung entscheidend zu Gunsten Friedrichs zu beeinflussen. Als Kontrast dazu werden vor allem die Ratsherren von Suza, allen voran ihr Podestà Pazziano, als sehr leicht beeinflussbar und wankelmütig dargestellt. Auf der anderen Seite bietet auch die Figur Kaiser Friedrichs Anlässe, Treue als eine deutsche Tugend zu lesen. So besingt Friedrich in der dritten Szene des ersten Aufzugs z. B. das deutsche Volk und seine Tugenden: »Von der Elbe bis zum Rhein, / von dem Rhein bis Ungerland / mag der Völker erstes sein / die ich in der Welt erkannt. / Kraft und reine Minne, / Treue unverzagt, / Muth, der Alles wagt – / Deutschland hält sie stets im Sinne.«[771] Vor diesem Hintergrund der verschiedenen Ausdeutungen des Motivs der Treue kann das Lied »Weh dass wir scheiden müssen« als Symbol dafür gelesen werden, was und wieviel für Treue und Loyalität geopfert werden kann. Hartmann gibt seine Geliebte in seiner deutschen Heimat auf, um in der italienischen Fremde für den deutschen Kaiser zu sterben.

Über den eigentlichen Inhalt des Liederspiels hinaus ist es bemerkenswert, dass Gottfried Kinkel mit dem Sujet »Friedrich Barbarossas« ein für das 19. Jahrhundert signifikantes Thema vorgeschlagen wurde.[772] Kaiser Friedrich Barbarossa wurde zwar immer wieder in der Geschichtsschreibung thematisiert, aber gerade im 19. Jahrhundert fand ein Prozess statt, der ihn – auch durch die Auseinandersetzung mit seiner Figur in den Künsten – zum Mythos, zu einer (nationalen) Sagenfigur werden ließ, die im Kyffhäuser schläft und ihre Wiederkehr abwartet. František Graus hat die Beschäftigungen mit Friedrich Barbarossa vom Mittelalter bis in die Neuzeit verfolgt und hält diesbezüglich fest: »Auch in der Neuzeit gab es noch keine nationale Kaiser- oder Kyffhäusertradition; die ist erst ein legitimes Kind der Romantik.«[773] Stefanie Berg ergänzt in diesem Zusammenhang die Inhalte, mit welchen die Figur Friedrich Barbarossas im 19. Jahrhundert verknüpft wurde: Vor dem Hintergrund Napoleons und den Auswirkungen seiner Kriege und Politik – die deutsche Staatsnation und der Kaiser gehen verloren – wurde Friedrich Barbarossa

770 Kinkel, *Friedrich der Rothbart in Suza, oder Vasallentreue*, S 2370, S. 18.
771 Ebd., S. 10.
772 Vgl. Kinkel, *Friedrich der Rothbart in Suza*, S 2687 <5>.
773 Graus, *Lebendige Vergangenheit*, S. 344.

»in der Romantik zur Verkörperung nationaler Macht- und Einheitsgedanken und zur Symbolfigur deutscher Hoffnungen auf eine Wiedererlangung vergangener Reichsherrlichkeit.«[774]

Die Popularisierung des Mythos Friedrich Barbarossas im 19. Jahrhundert wird u. a. Friedrich Rückerts Gedicht »Barbarossa« zugeschrieben:

> Während für die weitere Verbreitung auf dem Gebiet der Geschichte in den folgenden Jahrzehnten Friedrich Raumers sechsbändiges Werk ›Geschichte der Hohenstaufen und ihrer Zeit‹ grundlegend wird, ist dies im Bereich der Sage Rückerts Gedicht und die Sagensammlungen der Gebrüder Grimm und Johann Gustav Büschings.[775]

In dem benannten Gedicht Rückerts werden wichtige Eckpunkte des Mythos gefestigt: z. B. der rote Bart des Kaisers (»Sein Bart ist nicht von Flachse, / Er ist von Feuersglut[.]«), die Raben (»Und wenn die alten Raben / Noch fliegen immerdar, / So muß ich auch noch schlafen / Verzaubert hundert Jahr.«) oder die essenzielle Idee der Wiederkehr der Person sowie der Herrlichkeit des Reichs (»Er hat hinabgenommen / Des Reiches Herrlichkeit, / Und wird einst wiederkommen, / Mit ihr, zu seiner Zeit.«).[776]

Die besondere Wirkkraft dieses sehr erfolgreichen Gedichts sieht Hartmut Boockmann vor allem in der Reduzierung und nationalen Funktionalisierung der Sage um Friedrich Barbarossa:

> In unserem Zusammenhang muß nur deutlich werden, daß Friedrich Rückert dem 19. Jahrhundert nur einen kleinen Rest der Friedrich-Sage überliefert hat – genau jenen Rest, der es erlaubte, aus einer eschatologischen Figur, aus einer Gestalt der Heilsgeschichte, einen Traumkaiser für die deutsche Nation zu machen, einen Kaiser nicht für die Endzeit, sondern bloß, um die Brüder Grimm noch einmal zu zitieren, für eine bessere Zeit – aber nicht für alle Menschen, nicht für alle Christen, sondern nur exklusiv für die deutsche Nation, einen Kaiser für das zweite Reich, für einen deutschen Nationalstaat.[777]

In ihrer zweibändigen Monografie *Friedrich Barbarossa im Kyffhäuser. Bilder eines nationalen Mythos im 19. Jahrhundert* analysiert Camilla Kaul verschiedenste Medien – von Dramen und Lyrik über Karikaturen, Bilder und Grafi-

774 Berg, *Heldenbilder*, S. 38.

775 Kaul, *Friedrich Barbarossa*, S. 756; vgl. auch Berg, *Heldenbilder*, S. 42 und Boockmann, »Ghibellinen«, S. 133–134.

776 Rückert, *Kranz der Zeit*, S. 270–271.

777 Boockmann, »Ghibellinen«, S. 136.

ken bis hin zu Denkmälern und Festspielen – im Hinblick auf ihre Verarbeitung des Barbarossa-Mythos.[778] Für den Beginn des 19. Jahrhunderts kommt sie zu dem Schluss, dass der Mythos zwar politisiert worden ist, jedoch einer konkreten Zukunftsperspektive ermangelte:

> Die Gestalt Friedrich Barbarossas hatte damit – wie gerade die literarische Rezeption, aber eben auch die Fresken in Heltdorf zeigen – eine Politisierung in dem Sinne erfahren, daß der schlafende Kaiser auf die nationale Einheit und die Erinnerung an die mittelalterliche Kaiserzeit sowie auf die Wiedererrichtung alter Reichsherrlichkeit bezogen wurde. Darüber hinaus fehlen jedoch konkretere politische Vorstellungen über die Umsetzung dieser Träume von ›Kaiser und Reich‹. Im Gegenteil wird nur ein unbestimmtes Sehnen laut, das durch die Erlebnisse der Freiheitskriege entfacht und zu hohen Erwartungen aufgebaut, dann aber durch die Beschlüsse des Wiener Kongresses gänzlich enttäuscht worden war.[779]

Für die Zeit des Vormärzes und der Revolution 1848/49 hält Kaul fest, dass der Mythos auf der einen Seite vielfältiger, auf der anderen Seite aber auch fassbarer geworden ist. Der Grad der Politisierung variiert genauso wie die konkrete Ausrichtung der politischen Inanspruchnahme, welcher lediglich der »sehnsuchtsvolle Einheitsgedanke«[780] als Gemeinsamkeit zurgunde liegt. Die Inhalte und Intentionen des Mythos in diesem Zeitraum beschreibt Kaul wie folgt:

> Hier reicht die Spannbreite von den nahezu unpolitischen Gedichtillustrationen bis zur hochpolitischen Inanspruchnahme bei Nationalfesten. Die Nuancen dazwischen sind vielfältig. Die mit der Gestalt von Barbarossa verbundenen Intentionen reichen von dem Wunsch nach einem Kaiser an der Spitze des zu gründenden Nationalstaates [. . .] bis zur Ablehnung einer Monarchie und zu dem Wunsch nach Demokratie [. . .]. Besonders auffällig ist daran, daß die Person eines mittelalterlichen Kaisers in manchen Fällen von der Würde seines Herrscheramtes völlig getrennt und in einen ganz anderen als den monarchischen Zusammenhang gestellt werden kann, wenn auch die Mehrzahl der Beispiele eine politische Instrumentalisierung durch konservative Kräfte andeutet.[781]

778 Kaul, *Friedrich Barbarossa.*
779 Ebd., S. 132.
780 Vgl. ebd., S. 278.
781 Ebd., S. 277.

Liest man Gottfried Kinkels *Friedrich der Rothbart in Suza* vor dem Hintergrund der verschiedenen, eben dargestellten Dimensionen des Mythos, so entsteht der Eindruck, dass durch die Figur des Kaisers und die anderen deutschen Figuren sowie deren Ansichten über Deutschland eine feste Einheit eines deutschen Volks kreiert wird. Diese Einheit manifestiert sich vor allem in der Tugend der Treue.[782] So stechen Kaiser Friedrich und die Treue zu ihm als nationale, deutsche Motive hervor – ein interessanter Eindruck, wenn man sich vor Augen hält, dass das Liederspiel im Sommer 1841 zu einer Zeit entstanden ist, in welcher der deutsche Bund seit 1806 kein gemeinsames Staatsoberhaupt mehr gehabt hat.[783]

Abschließend bleibt die Frage zu klären, welche Bedeutung das Liederspiel und der Barbarossa-Mythos für das Lied »Des Lehnsmanns Abschied« im Opus 21 haben. Durch den Inhalt des Texts – ein Truppenangehöriger nimmt Abschied von seiner Geliebten, um in Italien im Kampf für den Kaiser zu sterben – wird zunächst der Aspekt der Treue auch ohne das Liederspiel im Lied wahrnehmbar: Der Sprecher bringt durch sein Leben das ultimative Opfer. Die Signifikanz dieses geopferten Lebens wird durch die Geliebte und das Heimatland, von denen er Abschied nimmt, ausgedrückt. Betrachtet man »Des Lehnmanns Abschied« entsprechend als eigenständiges Lied im Opus 21, wird auf semantischer Ebene das gleiche Motiv wie im Liederspiel – wenn auch in stark reduzierter Form – transportiert: grenzenlose Treue für einen deutschen Kaiser, der für ein deutsches Reich steht. Dass mit diesem deutschen Kaiser tatsächlich Friedrich Barbarossa gemeint ist, wird nicht durch den Text – einziger Hinweis ist in diesem Kontext die Formulierung »an Kaisers Seiten« – sondern lediglich durch die Notiz im Untertitel des Lieds »aus dem Liederspiel, Friedrich Barbarossa in Suza«[784] ersichtlich. Da das Liederspiel als gesamter Text jedoch nicht veröffentlicht worden ist, sind direkte Einflüsse desselben auf den Rezeptionsprozess des Lieds unwahrscheinlich bzw. auf eine sehr kleine

782 Ein ebenso einigender Faktor sind neben dem Motiv der Treue sicherlich die zu Antagonisten stilisierten Italiener.

783 Hier möchte ich noch anmerken, dass Kaul darauf hinweist, dass in der Lyrik die Sage des Kaisers vorherrschte und im Drama eher auf die Historie Bezug genommen wurde: »Während die Lyriker ihre Aussage durch die Rezeption der Kaisersage mit Hilfe des zwar romantisch-verklärten, aber vaterländischeren Themas unmittelbarer formulieren, begründen die Dramatiker ihre politisch durchaus gleichgelagerte Zielsetzung aus der Historie und der vorbildhaften Zeit mittelalterlichen Kaisertums.« (Kaul, *Friedrich Barbarossa*, S. 131.) Auf Gottfried Kinkels Liederspiel trifft diese Beobachtung ebenso zu.

784 Vgl. Kinkel/Kinkel, *Sechs Lieder für eine tiefe Stimme mit Pianoforte-Begleitung*, op. 21, S. 11.

Gruppe beschränkt – z. B. persönliche Bekannte der Familie Kinkel und/oder heutige WissenschaftlerInnen. Der Barbarossa- Mythos – und nicht das Liederspiel – bildet dementsprechend den Hintergrund, vor dem das Lied in der anonymen Öffentlichkeit mit großer Wahrscheinlichkeit rezipiert worden ist. Es ist anzunehmen, dass durch die Präsenz des Mythos zumindest im 19. Jahrhundert die entsprechende Notiz ausgereicht hat, um bei den RezipientInnen die variierenden Assoziationen hervorzurufen, die mit Friedrich Barbarossa verknüpft worden sind.

Dieser Bezug zum Barbarossa-Mythos entfaltet aber nicht nur für die Rezeption des Lieds eine nennenswerte Relevanz. Auch für mein Autorkonstrukt von Johanna Kinkel ergeben sich aus dieser Verbindung Konsequenzen, die sich mit Hilfe von Barbara Eichners Ausführungen konkretisieren lassen. Eichner argumentiert, dass u. a. der Mythos Barbarossas eine solche Verbreitung in Deutschland erfahren habe, dass eine Referenz auf diesen in einer Komposition abseits von jeglichen musikalischen Merkmalen als Teilnahme der KomponistIn an der Verhandlung einer nationalen Identität gewertet werden könne:

> Contemporary responses from critics or other listeners show that the national relevance of Arminius, Barbarossa or Valkyries was recognised without the presence of additional musical markers. Therefore a composer's decision to select a subject drawn from national myth or history (or the strange grey area in between) can be regarded as an expression of intent to place a piece of music within the discourse about national identity.[785]

Durch diese von Eichner explizierte Rückkopplung der Thematik zur KomponistIn lese ich Johanna Kinkels Entscheidung für dieses Lied und dessen Kennzeichnung – auch unabhängig davon, dass hier nicht ihre Vertonung des kompletten Liederspiels im Fokus steht – durch den Bezug zum Barbarossa-Mythos als Akt der Konstruktion nationaler Identität. Johanna Kinkel erscheint in meiner Rezeption entsprechend an dieser Stelle als eine KomponistIn, die einen Beitrag zur Verhandlung »des Deutschen« leistet.

Diese national gefärbte Facette, die sich vor allem in der Figur Barbarossas bündelt, muss jedoch im Rezeptionsprozess keine prominente Rolle spielen. In meiner eigenen Rezeption ist dieser Aspekt vor allem bei der Betrachtung des kompletten Liederhefts von dem Aspekt des gemeinsamen Kunstschaffens des Ehepaar Kinkels zunächst überlagert worden. Erst durch die Auseinandersetzung mit der Textquelle haben sich diese nationalen Verweise für mich herauskristallisiert. Es ist möglich, dass in der Mitte des 19. Jahrhunderts, als das Liederheft veröffentlicht wurde, ein kleiner Verweis im Untertitel des Lieds

785 Eichner, *History*, S. 32.

und der grundsätzliche, inhaltliche Tenor ausgereicht haben, eine nationale Lesarten des Lieds aber auch der KomponistIn zu initiieren. Aus meiner heutigen Sicht sind für eine solche Perspektive eingehendere Recherchen notwendig.

6.4.2 »Weh, dass wir scheiden müssen« – oder die Entstehung eines Volkslieds?

Nachdem ich im vorangegangenen Kapitel auf die näheren Entstehungs- und Erstveröffentlichungskontexte eingegangen bin, möchte ich in diesem Unterkapitel die verschiedenen Erscheinungsformen des Lieds genauer betrachten, die es vor allem nach Johanna Kinkels Tod angenommen hat. Dazu möchte ich – grundsätzlich in chronologischer Form – verschiedene Quellen betrachten, in denen das Lied »Weh, dass wir scheiden müssen« abgedruckt, vertont oder auf sonstige Weise verarbeitet worden ist. Hierbei sollen die Fragen im Hintergrund mitlaufen, ob bzw. wie das Lied zum (deutschen) Volkslied gemacht worden ist und welche Implikationen die verschiedenen Quellen auf die Rezeption von Johanna Kinkel als Autorin haben können.

Nach der Veröffentlichung im Opus 21 im Winter 1850/51[786] tritt das Lied »Des Lehnsmanns Abschied« in meiner Recherche das nächste Mal 1872 in Erscheinung. Das Online-Verzeichnis *Hofmeister XIX*[787] listet unter der Sucheingabe »Weh, dass wir scheiden müssen« insgesamt 31 Ergebnisse auf, wovon der älteste Eintrag auf Juni 1872 datiert wird: »Volkslieder, zwei, f. Mchor. No. 1. Ritter's Abschied (Weh, dass wir scheiden müssen). Part. u. St . 8. 7 1/2 ngr. No. 2. Mutterseelenallein. Part. u. St . 8. 12 1/2 ngr. Leipzig, Schuberth & Co. Juni 1872.«[788] In der Staatsbibliothek zu Berlin ist ein Druck von Schuberth & Co. mit dem Titel »Ritters Abschied« erhalten, der diesem Eintrag im *Hofmeister*-Verzeichnis entsprechen könnte.[789] Die Plattennummer 4964 lässt sich nach einem Abgleich mit den Daten Otto Erich Deutschs[790]

786 Zur Datierung des Opus 21 vgl. S. 160 in dieser Arbeit.

787 *Hofmeister XIX*, URL: <http://www.hofmeister.rhul.ac.uk/2008/index.html> (Abruf: 09.02.2015).

788 *Hofmeister XIX*, Juni 1872, S. 133, URL: <http://www.hofmeister.rhul.ac.uk/2008/content/monatshefte/1872_06/133.html> (Abruf: 12.02.2015).

789 Vgl. Kinkel, Ritters Abschied und Staatsbibliothek zu Berlin, Signatur DMS O. 14 366, URL: <http://musikipac.staatsbibliothek-berlin.de/ipac_musik/catalog/main?cn=S&lin=S3330956&rin=S3340048&ro=1&css=11&cop=:osy> (Abruf: 08.05.2015).

790 Vgl. Deutsch, Musikverlagsnummern, S. 24.

und dem *Musikverlagswiki*[791] dem Jahr 1872 zuordnen. In diesem Druck wird eine Melodie für Männerchor gesetzt, deren Text zwar der ersten Strophe und dem Refrain aus »Des Lehnsmanns Abschied« bis auf wenige Unterschiede entspricht,[792] aber deren Melodie deutlich von der Version aus Johanna Kinkels Opus 21 abweicht. Die Melodie im Opus (vgl. Abb. 34) ist durchgängig im 4/4-Takt geschrieben und hat – in B-Dur – einen Ambitus von *b* bis *d2*. Sie setzt sich vor allem aus Akkordtönen und Tonleiterausschnitten zusammen, wobei im Refrain insbesondere die sich wiederholende Doppelpunktierung auffällt.

Vergleicht man diese Opus-Melodie mit der Melodie aus der Version von Schuberth & Co., welche später die weiter verbreitete Melodie-Version sein wird und hier im Folgenden auch als »zweite Melodie« bezeichnet wird (vgl. Abb. 35), so kann man gewisse Stellen, wie z. B. den Refrain, durchaus als Reminiszenzen an die Opus-Version auffassen. Trotzdem kreieren die beiden Versionen signifikant abweichende Höreindrücke. In der Strophe der Opus-Melodie sorgen dafür vor allem die Tonhöhen in der Melodieführung und die Umspielungen sowie Verzierungen, welche sich mehr oder weniger deutlich von der zweiten Melodie unterscheiden. Im Refrain der zweiten Version ist gerade der Taktwechsel zum 3/4-Takt für eine von der Opus-Melodie abweichende Wahrnehmung ausschlaggebend.[793] Insgesamt bleiben die musikalischen Bezüge der beiden Versionen untereinander eher vage. Inwieweit Johanna Kinkel tatsächlich als Komponistin auch dieser zweiten Melodie- Variante gelten kann, die in gedruckter Form erstmals 1872 – nach ihrem Tod – erscheint, bleibt fraglich, da keine anderen Veröffentlichungen, Manuskripte oder sonstige Quellen bisher ihre Autorschaft an dieser zweiten Melodie-Version bestätigen.

791 Musikverlagswiki, URL: <http://www.musikdrucke.htwk-leipzig.de/wordpress/?p=447> (Abruf: 04.02.2015).

792 Der komplette Text lautet: »Weh' das wir scheiden müssen / lass mich noch einmal küssen. / Ich muss an Kaisers Seiten / ins Falsche Welschland reiten. / Fahr' wohl, fahr' wohl mein armes Lieb, / fahr' wohl, fahr' wohl mein armes Lieb.« Die einzige hervorhebenswerte Veränderung liegt in der Wendung »lass mich noch einmal küssen«, welche in der Opus-Version »lass dich noch einmal küssen« lautet.

793 Harmonisch weist der Refrain die größten Übereinstimmungen auf, da hier nur im dritten Takt in der zweiten Version eine Subdominante statt der Dominante verwendet wird und im fünften und sechsten Takt die Abschlusskadenz anders eingeleitet wird. In der Strophe sind die Unterschiede größer. Am signifikantesten ist Johanna Kinkels Ausweichung zur Mediante d-Moll in den Takten vor dem Refrain. In der zweiten Version wird an dieser Stelle die Dominante verwendet.

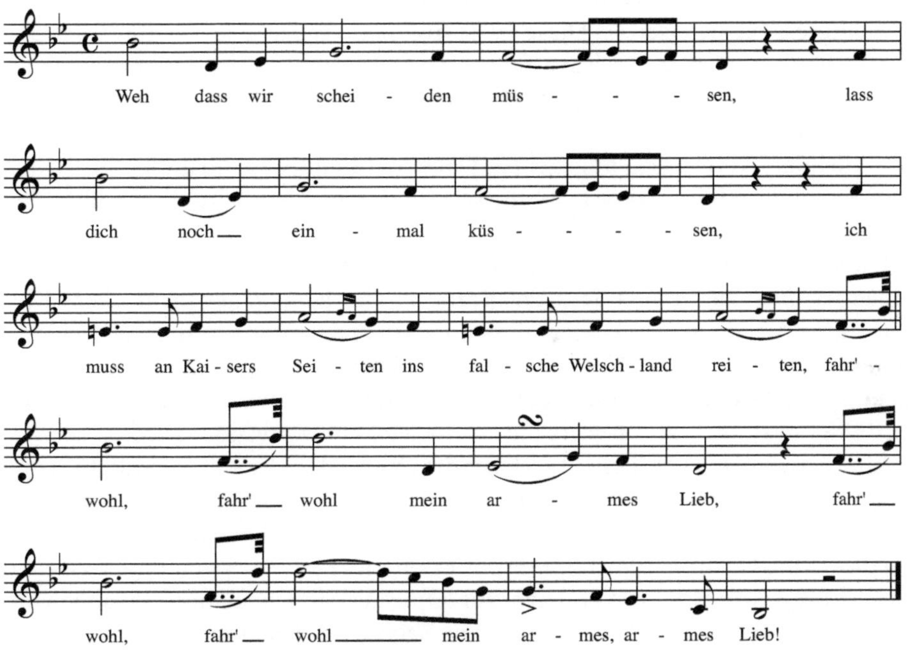

Abb. 34: Melodie von »Des Lehnsmanns Abschied« im Opus 21.

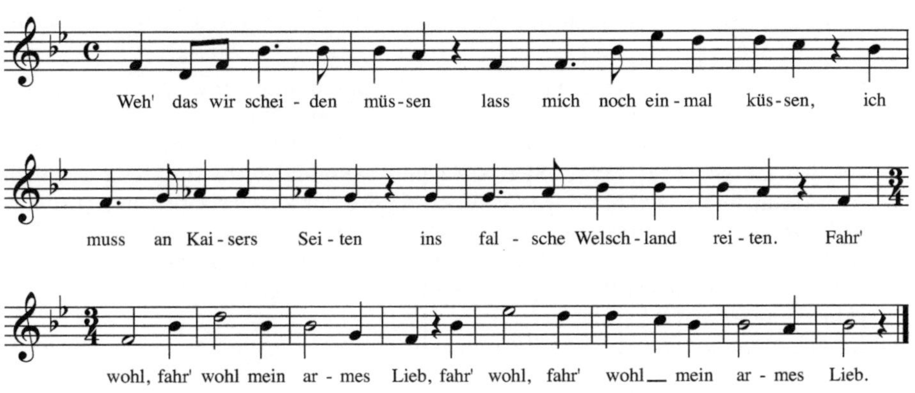

Abb. 35: Zweite Melodie-Version aus »Ritters Abschied« (Schuberth & Co.); zur besseren Vergleichbarkeit nach B-Dur (Orig.: Es-Dur) transponiert.

Für das gleiche Jahr lässt sich ebenso eine Version des Lieds in der Library of Congress nachweisen.[794] Diese in Boston herausgegebene Version trägt den Titel »How can I bear to leave thee. Soldier's, Knight's, or Chieftain's Farewell« und ist für vierstimmigen, gemischten bzw. Männer-Chor mit Klavierbegleitung arrangiert.[795] Auf der Titelseite (vgl. Abb. 36) wird Johanna Kinkel als (alleinige) Verfasserin angegeben. Darüber hinaus wird ausschließlich noch der Name des Übersetzers L. C. Elson auf der zweiten Seite direkt über den Noten abgedruckt.

Diese amerikanische Version ist in zweierlei Hinsicht bemerkenswert. Zum einen wird im englischen Text der Bezug zu der Figur eines (deutschen) Kaisers aufgelöst, da die Zeile »ich muss an Kaisers Seiten ins falsche Welschland reiten« mit der in dieser Hinsicht neutralen Formulierung »And then whate'er befalls me, I go where honor calls me.«[796] übersetzt wird. Zum anderen ist auffällig, dass auch hier bereits die zweite Melodie verwendet wird.

Eine der wenigen Quellen, in welcher die Opus-Melodie von Melodieführung über Verzierungen bis hin zur Tonart erhalten geblieben ist, ist der *Lieder-Schatz für das deutsche Heer* von 1892.[797] Textlich sind neben Änderungen in Orthografie, Grammatik und Interpunktion nur zwei Passagen in der zweiten und dritten Strophe im Vergleich zur Opus-Version nennenswert abgewandelt. In der zweiten Strophe heißt es zu Beginn »auf diesen Auen« statt »auf Maienauen« und in der dritten Strophe wird aus der Wendung »gedenk' an mich mit Thränen« »ich denk an dich mit Thränen«.[798] Die Verfasserangaben sind sehr präzise festgehalten: »Des Lehnsmanns Abschied. Gedicht von Gottfried Kinkel, geb. 1815, comp. Von Johanna Kinkel, geb. 1810 †1858.«[799] Dass eine solch genaue Überlieferung – sowohl im Hinblick auf die Komposition

794 In der Library of Congress kann man in der Sammlung *Music for the Nation: American Sheet Music, Ca. 1870 to 1885* insgesamt fünf verschiedene Versionen des Lieds unter den Titeln »Soldier's Farewell« oder »The Knight's Farewell« aus den Jahren 1872, 1873, 1882, 1884 und 1885 finden. Es sind hauptsächlich Arrangements für vierstimmige (Männer-)Chöre mit Klavierbegleitung. (*Library of Congress*, URL: <http://www.loc.gov/item/sm1873.11903/>; <http://www.loc.gov/item/sm1882. 05063/>; <http://www.loc.gov/item/sm1884.09325/>; <http://www.loc.gov/item/sm1885.03831/>; <http://www.loc.gov/item/sm1872.06164/> (Abruf: 04.02.2015).)

795 Kinkel, *How can I bear*, URL: <http://www.loc.gov/item/sm1872.06164/> (Abruf: 04.02.2015).

796 Kinkel, *How can I bear*, URL: <http://www.loc.gov/resource/sm1872.06164.0#seq-2> (Abruf: 04.02.2015).

797 Ströbel, *Lieder-Schatz*, S. 165–166.

798 Ebd., S. 166.

799 Ebd., S. 165.

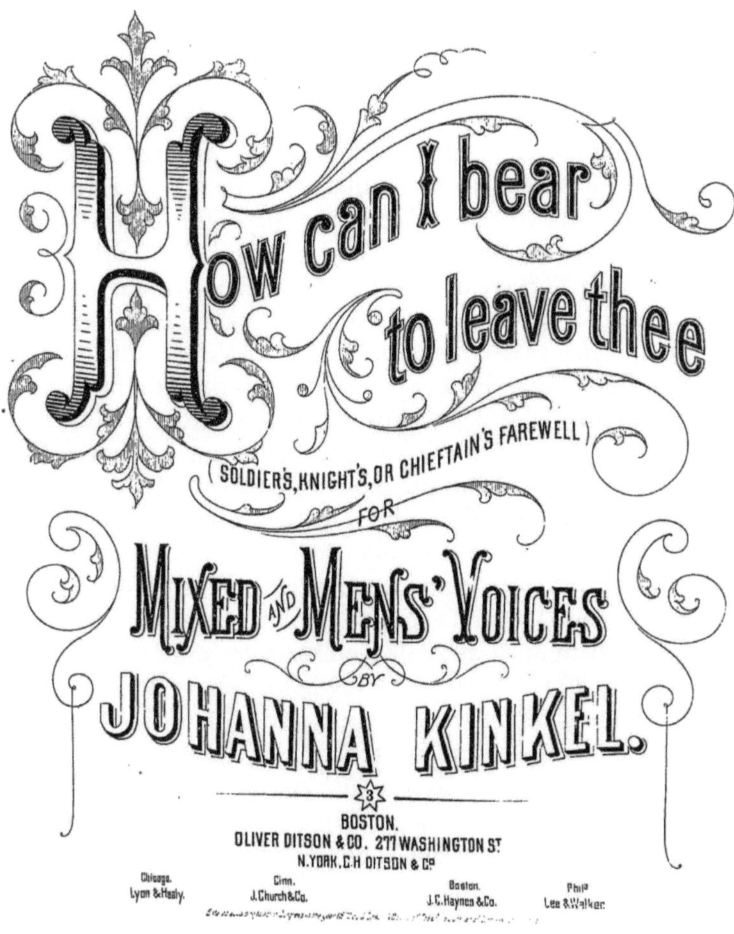

Abb. 36: Titelillustration von »How can I bear to leave thee«.

als auch auf die Autorschaft – mitnichten immer vorausgesetzt werden kann, zeigt sich an den zuvor angeführten Versionen. Diese ersten Beispiele zeigen, dass das Lied »Weh, dass wir scheiden müssen« nach Johanna Kinkels Tod eine durchaus weite Verbreitung erfahren hat. Auch wenn sich in diesem Zuge bereits Tendenzen offenbaren, dass das Lied nicht immer in seiner ursprünglichen, von Johanna Kinkel autorisierten Form verwendet worden ist, wird es trotzdem grundsätzlich mit ihrem Namen in Verbindung gebracht.

Daran anschließend stellt sich die Frage, ob der Grund für diese weitläufige Verbreitung darin zu suchen ist, dass das Lied als Volkslied rezipiert worden ist. Interessanterweise ist sowohl im Opus 21 als auch in Gottfried Kinkels Gedichtband,[800] in welchem der Text 1851[801] losgelöst vom Liederspiel veröffentlicht wurde, unter dem Titel in Klammern der Zusatz »Volkslied« beigefügt worden. Zwar ist es aus dem inhaltlichen Kontext des Liederspiels heraus sinnvoll, das Lied nicht als eine »Neuschöpfung« des Ritters Hartmann zu werten,[802] sondern als ein bereits vorhandenes Volkslied, auf welches Hartmann als emotionale Vorbereitung auf seinen Tod zurückgreift, aber es lässt sich dennoch davon ausgehen, dass Gottfried Kinkel dieses Lied für das Liederspiel tatsächlich neu geschaffen hat. Neben der Veröffentlichung des reinen Texts in seinem Gedichtband lässt vor allem folgender Kommentar aus einem Brief an Johanna Kinkel aus dem Februar 1850, in welchem er die Neuauflage seiner Gedichte mit ihr abstimmt, die Kategorisierung im Sinne eines bereits vorher existierenden Texts kaum denkbar erscheinen: »Wollen wir nicht die Lieder aus den Assassinen und Friedrich in Suza hinzunehmen? Lyrisch sind es mit meine artigsten Sachen und man macht so die Leute auf die Stücke neugierig.«[803] Vor dem Hintergrund der Textgenese lassen sich also vor allem textimmanente Gründe für die Bezeichnung als Volkslied anführen.

Ob das Lied letztlich auch als Volkslied rezipiert worden ist, lässt sich mit Hilfe des *Deutschen Liederhorts* von Ludwig Erk klären.[804] In der ersten Ausgabe dieser Sammlung deutscher Volkslieder von 1856 ist »Des Lehnsmanns Abschied« nicht enthalten. Fünf Jahre nach der ersten Veröffentlichung des Lieds sind wohl ein zu kurzer Zeitraum, um eine Popularität zu erreichen, welche eine Erwähnung rechtfertigen würde. In der Überarbeitung des *Deutschen Liederhorts* von 1893/94 von Franz Magnus Böhme ist das Lied aber schließlich unter dem Titel »Fahr wohl, mein theures Lieb!« aufgenommen worden.[805]

800 Kinkel, *Gedichte. Dritte vermehrte Auflage*, S. 420.

801 Wahrscheinlich ist der Text auch bereits in der zweiten Auflage der Gedichte von 1850 enthalten, da die Seitenzahlen und sonstigen Angaben mit der dritten Auflage übereinstimmen. Da ich aber keine Gelegenheit hatte, diese Annahme in einer zweiten Auflage tatsächlich zu überprüfen, beziehe ich mich hier auf die dritte Auflage.

802 Da Hartmann seine Geliebte nicht direkt ansprechen oder küssen kann und er bereits im Welschland ist, kann das Lied nicht in dem Augenblick, in dem er es im Liederspiel singt, entstehen, sondern muss ihm im Vorfeld bereits bekannt gewesen sein. In der Logik des Liederspiels muss es ein vorher komponiertes Lied oder eben ein Volkslied sein.

803 Klaus, *Liebe treue Johanna!*, S. 850.

804 Erk, *Deutscher Liederhort.*

805 Erk/Böhme, *Deutscher Liederhort*, S. 274.

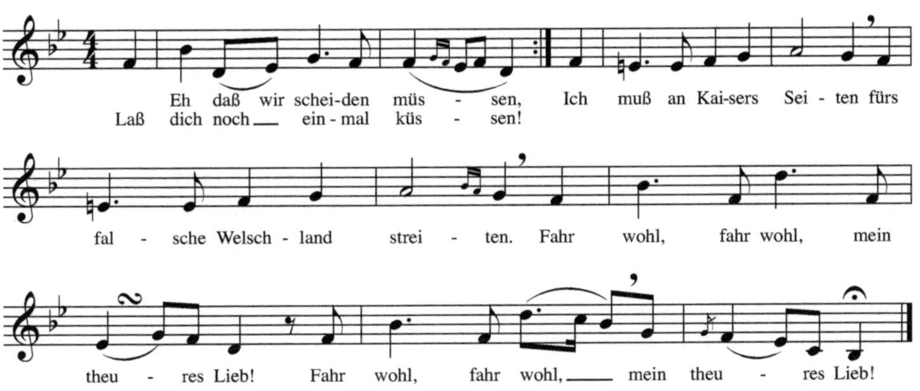

Abb. 37: Melodie von »Fahr wohl, mein theures Lieb!« aus dem *Deutschen Liederhort* (Erk/Böhme); zur besseren Vergleichbarkeit nach B-Dur (Orig.: C-Dur) transponiert.

Der Eintrag in dieser überarbeiteten Sammlung enthält einige Informationen, welche den Weg der Überlieferung vor dem Hintergrund der bisher betrachteten Quellen stark verzerrt darstellen. Direkt ins Auge fällt der Titel: »Fahr wohl, mein theures Lieb!«. Die bis dahin gängigen Titel waren »Des Lehnsmanns Abschied« oder »Ritters Abschied«. Auch die erste Liedzeile »Weh, dass wir scheiden müssen« wurde schon als Titel für das Lied verwendet. Der Beginn des Refrains scheint entsprehend eine neue Titelgebung zu sein. Die Autorschaftsangabe »Mel. durch alte Corps-Studenten erhalten« verschleiert den Bezug zu Johanna Kinkel. Diese Loslösung von ihr als Autorin gewinnt noch an Zugkraft, wenn man den angefügten Kommentar zur Entstehung in die Überlegungen einbezieht: »Das Lied, welches offenbar aus der Zeit der Franzosenkriege 1793–1815 stammt, hat sich durch alte Bonner Corpsstudenten, die es lange an ihren Kneipenabenden sangen, traditionell erhalten.«[806]

Die wiedergegebene Melodie (vgl. Abb. 37) entspricht bis auf wenige Abweichungen der Opus-Melodie, wobei vor allem zu Beginn und im Refrain eine rhythmische Reduktion vorgenommen worden ist. Die Herkunft dieser Melodie-Version wird wie folgt kommentiert: »Aufgeschrieben ist die Melodie 1878; zweifelhaft ließ der Vorsänger ob 3/4= oder 4/4=Takt gemeint sei; ich zog den 4/4=Takt vor.«[807]

806 Erk/Böhme, *Deutscher Liederhort*, S. 274.
807 Ebd.

Textlich lassen sich größere Unterschiede zur Opus-Version feststellen. Zu Beginn wird »Eh« statt »Weh« angegeben, was sich vor allem im Hinblick auf den (optischen) Wiedererkennungswert des (notierten) Liedanfangs auswirkt. Weitere nennenswerte Unterschiede sind die Vertauschung der zweiten und dritten Strophe und folgende geänderte Formulierungen: »fürs falsche Welschland streiten« statt »ins falsche Welschland reiten«, »Ich werd mit meinen Augen« statt »Ich werd' auf Maienauen« und »Die blauen Himmelsfahnen Sie kommen all zu sagen« statt »Der Feinde grimme Schaaren sie kommen angefahren«.[808] Im Refrain heißt es außerdem »theures Lieb« statt »armes Lieb«. Die abgedruckte Textversion sowie weitere Varianten werden im anschließenden Kommentar thematisiert:

> Den Text gebe ich nach der Fassung vom Niederrhein: Zurmühlen Nr. 32 (aus Viersen). Mündlich der Text auch aus dem Elsaß (Oberhof im Kr. Zabern) 1884 von C. Mündel niedergeschrieben und aus Liederheften, die vor 1860 geschrieben waren. Varianten der Elsaßer Lesart: 1, 1. Weh, daß wir scheiden müssen, laßt uns noch einmal küssen. 1, 4 durchs falsche Welschland streiten. 1, 5 Fahr wohl, mein süßes Lieb! ›Armes Lieb‹ sang der Burschenschafter. - Str. 3: Ich werd auf grünen Auen dich einstmal wiederschauen. Des Feindes große Schaaren, sie kommen angefahren. Fahr wohl etc.[809]

Kurz nach der Herausgabe der überarbeiteten Neuauflage des *Deutschen Liederhorts* hat Franz Magnus Böhme 1895 eine weitere Sammlung publiziert: *Volksthümliche Lieder der Deutschen im 18. und 19. Jahrhundert.*[810] In dieser Sammlung ist das hier untersuchte Lied unter dem Titel »Ritters Abschied« enthalten. Die Melodie ist bis auf zwei Details im Refrain wie die zweite Melodie-Version von 1872 gestaltet und der Text unterscheidet sich nur in Orthografie und Interpunktion von der Opus-Version.[811] Die Autorschaft wird wie folgt von Böhme angegeben: »Rheinländische Volksweise (wohl v. Johanna Kinkel um 1845?)«.[812] Unter dem Lied ist noch ein Kommentar zur Entstehung hinzugefügt:

808 Vgl. Erk/Böhme, *Deutscher Liederhort*, S. 274.

809 Ebd.

810 Böhme, *Volksthümliche Lieder.*

811 Im vierten Takt des Refrains wird der Rhythmus bei Böhme als Halbe- und Viertelnote statt einer Viertelnote, Viertelpause und einer weiteren Viertelnote notiert. Böhme gibt außerdem die Viertelnote auf Zählzeit drei als Terz an und nicht wie in der zweiten Melodie-Version als Grundton.

812 Vgl. Böhme, *Volksthümliche Lieder*, S. 369.

> Gedicht und wahrscheinlich auch die Musik von Johanna Kinkel. Der am Rhein und Elsaß sehr zersungene Text (s. Liederhort III. Nr. 1410) stammt von diesem ab und ist kein Kriegers Abschied von 1794, sondern freie Dichtung. Die von Bonner Studenten gesungene Weise ist sehr abweichend von der Notation hier.[813]

Die Angaben in dieser Sammlung von Böhme sind in verschiedener Hinsicht bemerkenswert. Zunächst wird die Entstehung des Texts entgegen anderer Darstellungen als »freie Dichtung« angegeben, was im Hinblick auf Gottfried Kinkels Liederspiel *Friedrich der Rothbart in Suza* zutreffender anmutet als der Ursprung im Kontext der »Franzosenkriege 1793–1815«. Als Melodie wird zwar nicht die Opus-Melodie angeführt, sondern eine Abwandlung der zweiten Melodie, aber immerhin wird auf eine weitere, sich parallel im Umlauf befindende Melodie hingewiesen. Die Formulierung »Der am Rhein und Elsaß sehr zersungene Text« kann darüber hinaus als Hinweis auf die Verbreitung bzw. Popularität des Lieds betrachtet werden. Insgesamt ist es erstaunlich, dass Böhme mehr oder weniger direkt im Anschluss an den *Deutschen Liederhort* eine Sammlung veröffentlicht hat, in welcher die Angaben zum hier besprochenen Lied so deutlich differieren und diese beiden Sammlungseinträge im Vorfeld keinen Abgleich erfahren haben. In Rückbezug auf die Ausgangsfrage lässt sich indes die Aufnahme von »Weh, dass wir scheiden müssen« in diese Sammlungen zunächst als Indiz für dessen Status als Volkslied interpretieren.

Ich muss an dieser Stelle anschließen, dass der Begriff des Volkslieds kein eindeutiger ist. Wolfgang Schepping stellt in seinem Aufsatz »Lied- und Musikforschung« von 2001 verschiedenste Definitionsansätze vor und unterscheidet dabei grundsätzlich zwischen subjekt- und objektorientierten Perspektiven.[814] In den Bereich der »objektorientierten Bestimmungsansätze« fällt auch der »essentialistisch-normative Ansatz«, in welchem das Volkslied normativ anhand der verschiedenen Kriterien Oralität, Popularität, Variabilität, Anonymität, Dignität und Anciennität beschrieben wird.[815] Greift man die ersten vier Kriterien heraus, so fällt auf, dass sie bereits in der zweiten Hälfte des 19. Jahrhunderts auf »Weh, dass wir scheiden müssen« mehr oder weniger zutreffen. Die Mündlichkeit wird u. a. durch die Sammlungen von Erk und Böhme festgehalten bzw. vielmehr produziert, da sie als Quelle »Vorsänger« angeben. Die Popularität wird durch die Aufnahme in die verschiedenen Sammlungen ebenfalls unterstrichen, während die verschiedenen Melodiesowie Text-Versionen

813 Böhme, *Volksthümliche Lieder*, S. 369.
814 Schepping, »Lied- und Musikforschung«.
815 Vgl. ebd., S. 592–598.

Variabilität bezeugen. Die Anonymität in Bezug auf die Autorschaft scheint sich zwar nicht durchzusetzen, da oftmals der Name »J[ohanna] Kinkel« noch genannt wird, aber Unsicherheiten oder Ungenauigkeiten lassen sich allemal festhalten.

Nils Grosch weist in seinem Aufsatz »Über das Alter der Populären Musik und die Erfindung des ›Volkslieds‹«[816] darauf hin, dass das Konzept des Volkslieds insgesamt eine Erfindung bzw. Konstruktion ist, die sich bis auf Herder zurückführen lässt. Er bezieht sich dabei – ähnlich wie Mecking in Bezug auf das Konzept der Nation – auf Eric Hobsbawms und Terence Rangers »invented tradition«.[817] Auch die Arbeiten Erks und Böhmes betrachtet Grosch als Teil dieses Konstruktionsprozesses des »Volkslieds«.[818] Einen für diesen Kontext entscheidenden Aspekt der Konstruktion des »Volkslieds« sieht Grosch darin, dass die Idee des Sammelns von Volksliedern nicht am Ende, sondern am Anfang dieses Prozesses steht:

> Tatsächlich steht also nicht die Suche nach alt-überlieferten Volksliedern am E n d e von deren Überlieferung, quasi kurz vor deren Absterben im kollektiven Gedächtnis, sondern umgekehrt steht diese Denkfigur am A n f a n g der Konstruktion des Volksliedgedankens, gehört diesem gewissermaßen vom ersten Tage her an.[819]

Die Aufnahme des Lieds »Weh, dass wir scheiden müssen« in die Sammlungen Erks und Böhmes kann vor diesem Hintergrund als eine Konstruktion gewertet werden, welche das Lied zu einem Volkslied werden lässt.

Unter dem Titel »How Can I Bear To Leave Thee! Soldier's Farewell.«[820] ist in der British Library eine Komposition von 1906 erhalten, in welcher nur noch der Refrain und der Titel einen musikalischen und textlichen Bezug zu den bereits beschriebenen Varianten des Lieds haben. Der Text der beiden Strophen ist aus einer heterodiegetischen – einer draufschauenden – Perspektive erzählt und fokussiert vor allem die Frau, von welcher ein Soldat Abschied nimmt.[821] Nachdem er sie verlassen hat, hört sie die erste Strophe und den

816 Grosch, »Über das Alter«.

817 Ebd., S. 60.

818 Ebd., S. 66–69.

819 Ebd., S. 63, Herv. im Orig.

820 Keiser, *How Can I Bear.*

821 Kompletter Text der ersten Strophe: »The bugle sounded clear, / The parting hour was near, / Her soldier lad must go; / He kissed her goodbye / Then, with a sigh / He marched to meet the foe. / Long did she stand / Waving her hand, / Her eyes were dimmed with tears; While on the air, 'Mid her despair, These last parting words she hears[.]«

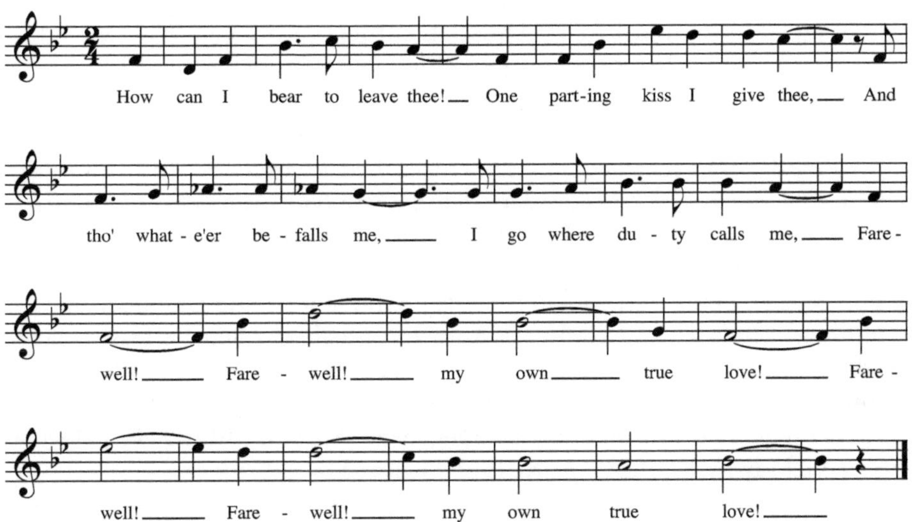

Abb. 38: Melodie des Refrains von »How Can I Bear To Leave Thee!« (Keiser).

Refrain des Lieds »How can I bear to leave thee!«[822] im Radio. In der zweiten Strophe ist der Krieg vorbei und die Frau muss damit umgehen, dass ihr Partner gestorben ist und nicht wiederkehren wird. Diese Situation wird wieder durch das als Refrain fungierende »How can I bear to leave thee« kommentiert.[823] Auf inhaltlicher Ebene ist zunächst festzuhalten, dass grundsätzlich die traditionelle Rollenverteilung – der Mann zieht in den Krieg, die Frau bleibt zurück – festgeschrieben wird. Dabei steht jedoch nicht, wie in den bisher besprochenen Quellen, die Sicht des Mannes, sondern die Sicht der Frau auf die Abschiedsszene im Fokus. Der Bezug zum Medium des Radios grenzt darüber hinaus einerseits die zeitlichen Umstände ein und verweist andererseits – die Radiotechnik wurde zu Beginn des 20. Jahrhunderts so weiterentwickelt, dass

822 Kompletter Text: »How can I bear to leave thee! / One parting kiss I give thee, / And tho' whate'er befalls me, / I go where duty calls me, / Farewell! Farewell! my own true love! / Farewell! Farewell! my own true love!«

823 Kompletter Text der zweiten Strophe: »The fighting now is done, / The battle proudly won, / The boys march home again. / She's there in the crowd / That cheers so loud / But looks for him in vain. / Under the skies / At rest, he lies, / Her heart is bowed with woe; / But still she hears / Amid her tears, / A voice singing soft and low[.]«

eine stabile und flächendeckende Nutzung möglich wurde[824] – auf eine große Aktualität der Komposition. Im Hinblick auf das Lied »Weh, dass wir scheiden müssen« zeugt diese Einbettung von einer großen Popularität des Lieds, welches auf diese Weise gleichzeitig einen aktuellen Zeitbezug erfahren hat.

Musikalisch gesehen ist vor allem interessant, in welcher Form die Melodie von »Weh, dass wir scheiden müssen« eingearbeitet worden ist. Insgesamt liegt hier wieder die zweite Version der Melodie vor (vgl. Abb. 38), allerdings in einer komplett auf einen 2/4-Takt rhythmisierten Variante.

Nach dem Titelblatt zu urteilen ist dieses Lied Teil der Sammlung *Favorite Home Songs*. Unter diesem Titel werden sämtliche Kompositionen, die zur Sammlung gehören, mit Titel und AutorIn aufgelistet. Die Verfasserangabe zu »HOW CAN I BEAR TO LEAVE THEE. SOLDIER'S FAREWELL« lautet »Keiser-Kinkel«. Direkt über den Noten auf der zweiten Seite wird diese Verfasserangabe ausführlicher wiedergegeben: »Story by FELIX FEIST« und »Verse Melody by ROBERT A. KEISER. Chorus by J. Kinkel«.

Insgesamt betrachtet wird das Lied »Weh, dass wir scheiden müssen« hier – mit Rückbezug auf die Autorin »J. Kinkel« – sowohl musikalisch als auch textlich-inhaltlich gewissermaßen verschachtelt in den Kontext eines anderen Lieds eingearbeitet. Dadurch wird zum einen ein bestimmter Grad an Verbreitung und zum anderen ein aktiv musikalisches sowie inhaltlich schöpferisches Umgehen mit dem Lied belegt – beides Indizien dafür, dass das Lied auch 50 Jahre nach seiner Veröffentlichung und sogar auf einem anderen Kontinent eine nicht unbedeutende Aussagekraft und Aktualität besessen hat.

Die Aktualität dieser Komposition lässt sich noch deutlicher herausarbeiten, wenn man sie mit einer instrumentalen Komposition aus dem Bereich der Unterhaltungsmusik in Beziehung setzt, die Melanie Unseld in ihrem Aufsatz »Begleitmusik für die Transformation zum Helden« bespricht: Johann Theimers »Deutschland über alles! Patriotisches Tongemälde mit Schlachtenmusik«.[825] Dieses »Tongemälde« zeichnet nach Unseld durch die verschiedenen Abschnitte der Kriegserklärung, des Soldatenabschieds, der »Fahrt zur Front«, des »Soldat[en] an der Front«, der »Schlacht« und schließlich des »Sieg[s] und [der] Siegesfeier« die Transformation des zivilen Mannes zum Kriegshelden nach.[826] In die sinfonische Komposition werden zur Darstellung dieser verschiedenen Stationen bekannte Melodien eingearbeitet. In dem von Melanie Unseld als »Abschied des Soldaten« benannten Abschnitt wird neben dem Lied »Muß i

824 Vgl. hierzu z. B. das Kapitel zur Technik des Radios in Kleinsteuber, *Radio*, S. 82–111.

825 Unseld, »Begleitmusik«.

826 Vgl. ebd., S. 39–40.

denn zum Städtle hinaus« auch Johanna Kinkels »Weh, daß wir scheiden müssen« verwendet.[827]

Unselds Kommentar zum Soldatenabschied wirft auf die zuvor besprochene Quelle ein besonderes Licht. Unseld hält fest, dass der Soldatenabschied in diesem Kontext ein Narrativ ist, welches u. a. eine feste patriarchalische Rollenaufteilung für Mann und Frau beinhaltet:

> Die zurückbleibende Frau wird als in ihrer natürlichen Umgebung und Bestimmung imaginiert – in der pastoralen Gestimmtheit ist kein Platz für Diskussionen um Frauenwahlrecht und Emanzipation – während die aufbrechenden Männer das Ideal der Heimat repräsentieren, und ihre Rolle als patriarchales Haupt der Familie einnehmen, in der der Mann zugleich das Bindeglied zur Nation darstellt, im Sinne des Fichteschen Ideals des Ehemanns und Hausvaters, der einerseits als patriarchales Oberhaupt fungiert, andererseits als Untertan im Staate.[828]

Diese Rollenverteilung findet sich grundsätzlich im Text des Lieds »Weh, dass wir scheiden müssen« mehr oder weniger klar umrissen wieder. Melanie Unseld sieht in den Formulierungen »Ich werd auf Maienauen / dich niemals wieder schauen« und »Ich denk an dich mit Sehnen, / gedenk an mich mit Tränen / wenn meine Augen brechen / will ich zuletzt noch sprechen / Fahr wohl, fahr wohl, mein armes Lieb.« die Aspekte der Heimat als »pastoral angedeuteten Raum« und der »in ewiger Treue zurückbleibenden Frau« hinzugefügt. Während der Aspekt der Heimat in der amerikanischen Version keine Berücksichtigung erfährt, wird die Treue der Frau im grundlegenden Abschiedstopos bzw. -narrativ umso stärker hervorgehoben. Durch die Fokussierung der Perspektive der Frau wird Rezipient*innen* eine große Identifikationsmöglichkeit angeboten. Die Frau tritt hier nicht nur in der angesprochenen, zweiten Person oder der »über sie sprechenden«, dritten Person auf, sondern in der ersten Person – der subjektiven Ich-Form. Auf diese Weise dient die »Keiser-Kinkel«-Version nicht nur der Transformation des Mannes zum Helden, sondern auch der Festschreibung der Rolle der Frau zur zurückbleibenden, (ab)wartenden und letztlich verwitweten Frau. Diese Rollen sind gerade für die erste Hälfte des 20. Jahrhunderts gängig – auf beiden Seiten des Atlantiks – und bezeugen die Inanspruchnahme des Lieds für die Konkretisierung aktueller Lebensmuster.

Melanie Unselds Einschätzung, dass Johanna Kinkels »Weh, dass wir scheiden müssen« eines der »populärsten Soldatenlieder« gewesen ist,[829] wird durch

827 Unseld, »Begleitmusik«, S. 39.
828 Ebd., S. 48.
829 Vgl. ebd., S. 42.

den Umstand untermauert, dass das Lied zu Beginn des 20. Jahrhunderts auf verschiedensten Bildpostkarten abgedruckt wurde. Die Form der Einbindung des Lieds auf diesen Bildpostkarten reicht von einer kurzen textlichen Referenz des Titels »Weh das wir scheiden müssen« bis hin zu einem Melodieausschnitt inklusive Verfasserangabe. Sabine Giesbrecht erklärt diese Inanspruchname von Liedern auf Postkarten wie folgt: »Bekannte musikalische Beispiele versprechen einen relativ sicheren Absatz, daher gehören zum Bildkartenrepertoire vor allem gängige Weisen, Hymnen, beliebte Volks- und Soldatenlieder sowie klassische und romantische Kunstlieder.«[830] Die Popularität auf Seiten der RezipientInnen lässt sich nach Giesbrecht wiederum so begründen: »Die Attraktivität von Liedpostkarten resultiert aus dem Unterhaltungs- und Wiedererkennungswert der zitierten Melodien.«[831] Im Folgenden möchte ich kurz drei verschiedene Postkarten ansprechen, die alle eine Referenz auf »Weh, dass wird scheiden müssen« enthalten, aus unterschiedlichen Kontexten stammen und verschiedenen Zwecken gedient haben.[832]

Die erste Postkarte ist eine Bildpostkarte des Deutschen Schulvereins. Dieser Schutzverein wurde 1880 in Österreich gegründet[833] und setzte sich das Ziel, »Schulen und Kindergärten im Bereich der Sprachgrenzen zu errichten, zu erhalten und zu fördern«.[834] Übergeordnetes Ziel war »ein Bewußtseinswandel hin zur Wahrung deutscher Identität in den deutschen Bevölkerungsgruppen« innerhalb Österreich-Ungarns.[835] Die gesellschaftliche Bedeutung des Vereins macht Frank Grobe daran fest, dass »[t]rotz großer Mitgliederschwankungen [. . .] die Zahl der Mitglieder bis 1914 auf rund 200.000 an[gestiegen ist]« und »bis dahin ›152 Schulgebäude errichtet, 411 Bauunterstützungen gegeben und 160 Kindergärten erhalten‹« worden sind.[836] Laurent Dedryvère beschreibt, dass neben der deutschen Sprache und ihren verschiedenen Dialekten auch deutsche Volkslieder für den Deutschen Schulverein von großer Bedeutung

830 Giesbrecht, »Liedpostkarten«, S. 56.

831 Ebd., S. 57.

832 Auf ein weiteres Exemplar verweist Melanie Unseld in ihrem Aufsatz »Begleitmusik für die Transformation zum Helden«. (Vgl. Unseld, »Begleitmusik«, S. 145.) Unter dem Titel »Des Sohnes Abschied« wird die erste Strophe textlich zusammen mit einem Bild dargestellt, auf welchem augenscheinlich eine Mutter und ihr Sohn sich umarmen. (Einsehbar in der Sammlung Sabine Giesbrechts unter: URL: <http://www.bildpostkarten.uni-osnabrueck.de/displayimage.php?pos=-2396> (Abruf: 08.05.2015).)

833 Vgl. Hamann, *Hitlers Wien*, S. 343.

834 Grobe, *Zirkel und Zahnrad*, S. 322.

835 Ebd.

836 Ebd., S. 323.

gewesen sind. So gab der »Musikwissenschaftler Josef Pommer, der zur Leitung des Schulvereins gehörte«, nicht nur Zeitschriften und Bücher über das deutsche Volkslied heraus, sondern veröffentlichte 1883 ebenso ein »Liederbuch für die Deutschen in Österreich«.[837] Darüber hinaus wurden Volksliedabende und 1895 sogar anlässlich der Hauptversammlung des Vereins ein »Deutsches Liederfest« abgehalten.[838]

Der Verkauf von Postkarten lässt sich nach Rudolf Jaworski in die Vereinsarbeit als effektive Maßnahme zur Beschaffung von Geldmitteln einordnen:

> Um die Vereinskassen aufzubessern, sind außerdem verschiedene Kleinartikel wie z. B. Zündhölzer, Bleistifte, Tinten, Seifen u. ä. m. vertrieben und eben vor allem Bildpostkarten in großen Mengen angeboten worden, so dass der Verkauf und Erlös solcher Artikel gerade für größere Organisationen zu einem echten Wirtschaftsfaktor werden konnte.[839]

Die Postkarten wurden u. a. in kompletten Serien herausgegeben. In der Serie »Deutsche Lieder« ist die hier im Fokus stehende Postkarte (vgl. Abb. 39) als Nummer drei erschienen.[840]

Im Hinblick auf die Datierung der Postkarte lässt sich aufgrund verschiedener handschriftlicher Hinweise, aufgeklebter Marken und des teilweise lesbaren Poststempels vermuten, dass diese Karte 1909 gelaufen ist. In der Sammlung Sabine Giesbrechts sind noch zwei weitere Exemplare dieser Karte erhalten, die am 24. Februar 1914[841] und am 12. April 1941[842] gelaufen sind. In Bezug auf »Weh, dass wir scheiden müssen« ist zunächst bemerkenswert, dass nicht nur die ersten Textzeilen auf der Karte abgedruckt wurden, sondern die komplette erste Strophe sowie der Refrain und die ersten vier Takte der (zweiten) Melodie. Neben dieser ausführlichen Referenz auf das Lied fällt ebenso die Autorschaftsangabe »Johanna Kinkel« ins Auge.

837 Dedryvère, »Regionale und nationale Identität«, S. 49–50.
838 Vgl. ebd., S. 50.
839 Jaworski, »Nationale Botschaften«, S. 144.
840 Die auf der Rückseite abgedruckten Informationen lauten: »Verlag des deutschen Schulvereins, Wien I. Bräunerstr. 9. Deutsche Lieder Nr. 3. Kunstdruckerei von Josef Eberle, Wien, VII.«
841 *Historische Bildpostkarten. Universität Osnabrück. Sammlung Prof. Dr. S. Giesbrecht*, URL: <http://www.bildpostkarten.uni-osnabrueck.de/displayimage.php?pos=-10945> (Abruf: 08.05.2015).
842 *Historische Bildpostkarten. Universität Osnabrück. Sammlung Prof. Dr. S. Giesbrecht*, URL: <http://www.bildpostkarten.uni-osnabrueck.de/displayimage.php?pos=-11704> (Abruf: 08.05.2015).

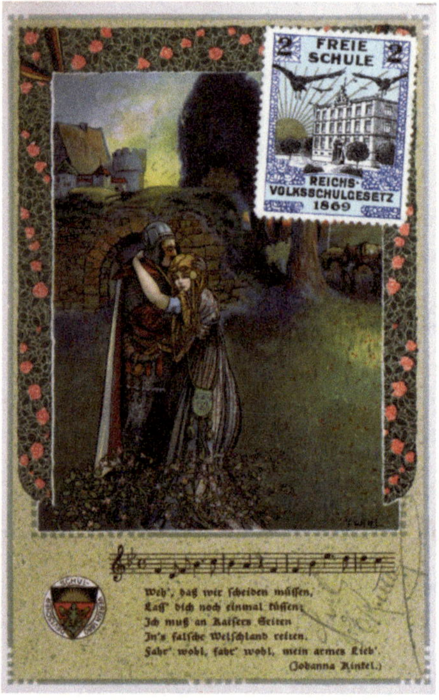

Abb. 39: Postkarte 1, wahrscheinlich 1909 gelaufen, Privatbesitz Daniela Glahn.

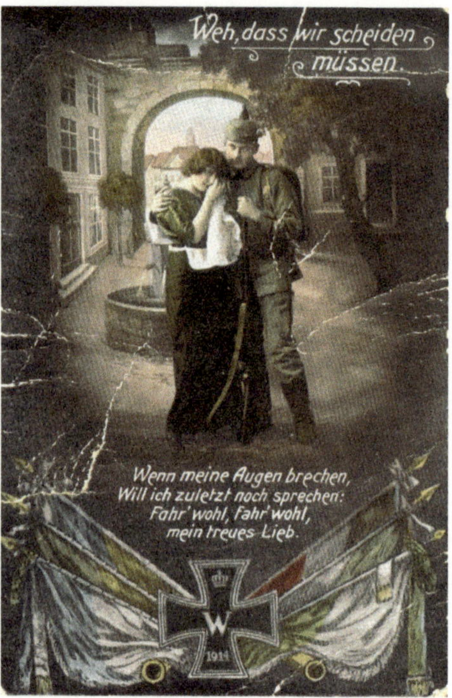

Abb. 40: Postkarte 2, gelaufen am 31.01.1916, Privatbesitz Daniela Glahn.

Die grundsätzliche Verwendung von »Weh, dass wir scheiden müssen« auf einer Postkarte des Deutschen Schulvereins sowie die Aufnahme in die Serie »Deutsche Lieder« sind weitere Indizien für die Popularität, gleichzeitig aber auch für den volksliedhaften Status des Lieds. Dieser Status wird durch die Funktionalisierung des Lieds innerhalb der Postkartenserie des Schulvereins nicht nur repräsentiert, sondern gleichzeitig weiter konstruiert bzw. festgeschrieben. Außerdem ist zu berücksichtigen, dass sich an dieser Stelle zwei verschiedene Konstruktionsprozesse gegenseitig bedingen: »Weh, dass wir scheiden müssen« wird durch den Deutschen Schulverein zum (deutschen) Volkslied konstruiert und die Mitglieder des Deutschen Schulvereins konstruieren u. a. über dieses Volkslied ihr Deutschtum. Die explizite Nennung von Johanna Kinkel als Autorin lässt sie bzw. ihr Autorkonstrukt Teil dieser Prozesse der nationalen Bedeutungszuschreibungen werden.

Die Abbildung auf der Postkarte über dem Liedausschnitt zeigt einen Ritter und eine Frau, die sich umarmen. Durch die Liedreferenz wird diese Geste als Abschied interpretierbar. Interessant ist, dass es an dieser Stelle ein Ritter – kein Soldat – ist, der sich verabschiedet, um in den Krieg zu ziehen. Durch diese Visualisierung ließe sich eine Verknüpfung zwischen dem Lied und seinem ursprünglichen Kontext aus Gottfried Kinkels Liederspiel herstellen. Die Verwendung der Figur des Ritters kann aber auch schlicht durch den immanenten Verweis auf frühere Jahrhunderte als Symbol für das Narrativ des in den Krieg ziehendes Mannes gelesen werden. Auf der zweiten Postkarte (vgl. Abb. 40) – gelaufen am 31. Januar 1916 – wird im Gegensatz dazu die Figur des Ritters durch die Figur eines Soldaten ersetzt. Diese Umbesetzung bewirkt eine Aktualisierung, die sich mit Hilfe weiterer Einzelheiten auf den zeitlichen Rahmen des Ersten Weltkriegs beziehen lässt. Die Uniform – insbesondere die Pickelhaube – des Soldaten und das Eiserne Kreuz, welches auf 1914 datiert ist, stecken diesen zeitlichen Rahmen ab.

Im Gegensatz zur ersten Postkarte ist auf dieser zweiten Karte kein Melodieausschnitt und auch keine Verfasserangabe abgedruckt. Oben rechts steht lediglich der Titel und unten in der Mitte die zweite Texthälfte der dritten Strophe sowie der Refrain. Die Textänderung im Refrain von »armes Lieb« zu »treues Lieb« kann in Bezug auf das Motiv der Treue bzw. der treu auf ihren in den Krieg gezogenen Mann wartenden Frau[843] neben den visuellen Referenzen als ein Verweis auf einen – noch herauszuarbeitenden – propagandistischen Hintergrund der Karte gelesen werden.

Sabine Giesbrecht hat sich mit dem Thema »Liedpostkarten als Propagandamedium im Ersten Weltkrieg«[844] auseinandergesetzt und beschreibt Propaganda zunächst wie folgt:

> Die Kriegspropaganda hat viele Gesichter, und ihre Aufgaben sind vielfältig. Sie muss Optimismus verbreiten, um jeden Preis die Idee der gefährdeten nationalen Einheit in den Köpfen der Bevölkerung verankern und zur Einschärfung von Feindbildern beitragen. Wo immer es im Zusammenhang von Liedern möglich ist, verbreitet man Siegesstimmung, in deren Windschatten jedoch zugleich auf Verluste eingestimmt wird.[845]

Die Aufgabe der zweiten, hier besprochenen Postkarte scheint angesichts dessen vor der Folie einer festen Rollenzuschreibung die Vorbereitung auf Verlust

843 Vgl. das von Melanie Unseld herausgearbeitete Narrativ des Soldatenabschieds auf S. 291 in dieser Arbeit.

844 Giesbrecht, »Liedpostkarten«.

845 Ebd., S. 61.

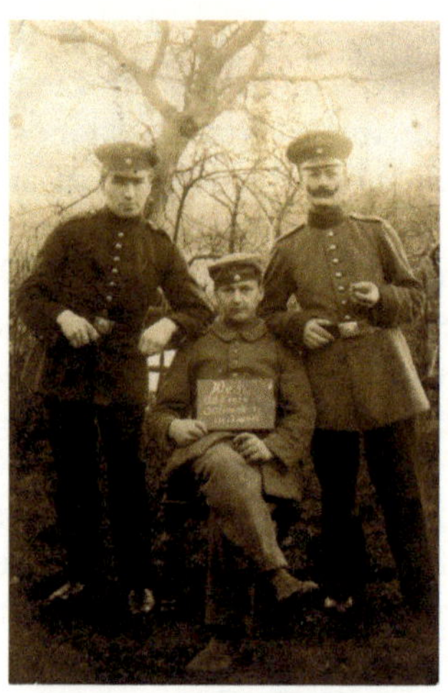

Abb. 41: Postkarte 3, gelaufen am 13.03.1916, Privatbesitz Daniela Glahn.

zu sein. Damit erfüllt diese zweite Postkarte die von Giesbrecht formulierten Ziele der propagandistischen Bildpostkarten im ErstenWelkrieg, welche darin bestanden, den »Krieg als allgegenwärtige Erscheinung im Bewusstsein der deutschen Bevölkerung zu verankern und damit an die Pflicht zur Verteidigung von Heim und Herd zu erinnern.«[846]

Die dritte und letzte Postkarte (vgl. Abb. 41) unterscheidet sich von den vorangegangenen Karten dadurch, dass sie nicht grafisch illustriert wurde, sondern eine Fotografie[847] aus einem Reservelazarett in Dresden[848] abbildet. Zwei stehende Soldaten flankieren einen sitzenden, der ein Schild mit der Aufschrift »Weh das wir scheiden müssen« hält. Dadurch, dass hier keine Fotomodelle in einer Studiokulisse, sondern aller Wahrscheinlichkeit nach reale Soldaten aus dem Lazarett in Dresden abgebildet sind, lässt sich vermuten, dass die intendierte Wirkung dieser Karte für die EmpfängerIn eine verhältnismäßig persönliche gewesen ist. Auch in diesem relativ persönlichen Rahmen scheint also das Lied »Weh, dass wir scheiden müssen« für die an dieser Kommunikation Beteiligten eine Bedeutung besessen zu haben.

846 Giesbrecht, »Liedpostkarten«, S. 95–96.
847 Zu den verschiedenen Produktionsarten usw. vgl. Brocks, *Die bunte Welt*, S. 29–51.
848 Poststempel: »Reservelazarett II Dresden«.

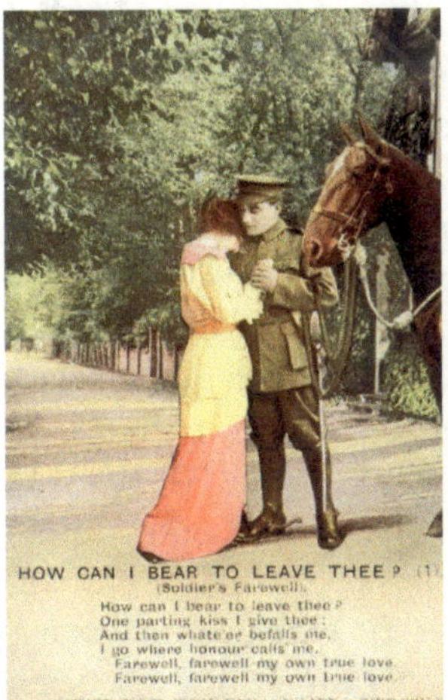

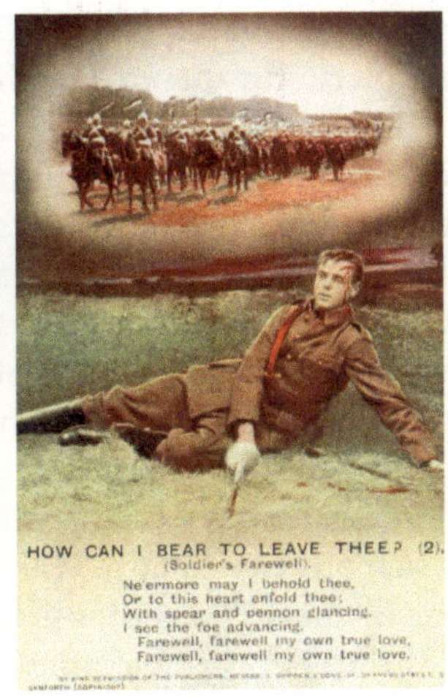

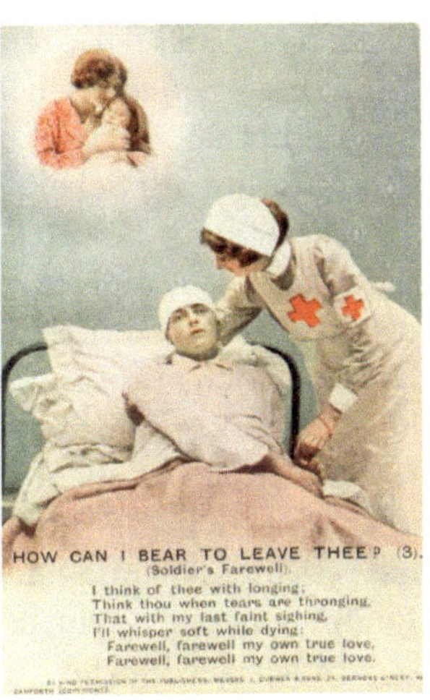

Abb. 42: Englische Postkarten, nicht gelaufen, Privatbesitz Daniela Glahn.

Insgesamt konturiert die Verwendung des Lieds »Weh, dass wir scheiden müssen« auf den hier vorgestellten Postkarten drei verschiedene Facetten: Erstens wurde das Lied als »Deutsches Lied« aufgefasst bzw. konstruiert, zweitens wurde es u. a. propagandistisch mit nationalem bzw. militärischem Hintergrund verwendet und drittens hatte es – zumindest mutmaßlich – innerhalb dieses Kontexts des Kriegs eine persönliche Bedeutung in der Kommunikation zwischen Soldaten und ihren Familien. Dass die im zweiten und dritten Punkt angesprochene Form der Vereinnahmung des Lieds kein allein deutsches Phänomen gewesen ist, lässt sich daran zeigen, dass auch in England eine Postkartenserie mit insgesamt drei Karten herausgegeben worden ist, auf denen jeweils eine der drei Strophen des Lieds mit dem Refrain und einem passenden Bild abgedruckt wurde (vgl. Abb. 42).[849]

Das Lied »Weh, dass wir scheiden müssen« hat auch über das Medium der Liedpostkarte hinaus zu Beginn des 20. Jahrhunderts Eingang in die zeitgenössischen (neuen) Medien gefunden. So lässt sich z. B. ein Kurzfilm mit dem Titel »Weh, daß wir scheiden müssen« (4 min.) aus dem Jahr 1910 nachweisen.[850] Leider muss es bei dieser Quelle jedoch bei der bloßen Nennung

849 Vgl. Bamforth & Co.; Series 4795/1–3.

850 Vgl. *Friedrich-Wilhelm-Murnau-Stiftung*, URL: <http://www.fwm-stiftung.de/movie/21355> (Abruf: 05.02.2015).

bleiben, da dieser Kurzfilm als verschollen gilt.[851] Daneben lassen sich einige Tonaufnahmen auf Schellackplatte für diesen Titel finden. Die Deutsche Nationalbibliothek verzeichnet insgesamt 29 Einträge zu »Weh, dass wir scheiden müssen« auf Schellackplatte.[852] Drei dieser Einträge weisen die Besetzung »Orchester mit Gesang« auf.[853] Die restlichen Aufnahmen wurden von verschiedenen Gesangsensembles, vornehmlich von Quartetten eingesungen.[854] In der Regel werden für diese Aufnahmen keine Jahreszahlen angegeben und so lassen sie sich aufgrund des Mediums der Schellackplatte lediglich auf die erste Hälfte des 20. Jahrhunderts datieren. Elf der 29 Einträge sind mit einer Verfasserangabe versehen. Dabei reicht die Palette von »Kinkel« und »J. Kinkel« über »Joh. Kinkel« und »Johann Kinkel« bis hin zu »Johanna Kinkel«. Eine interessante Angabe findet sich auf einer Platte von Jumbo-Record: »Text von Johanna Kinkel – Musik von Silcher«.[855] Da dies bisher die einzige Quellen ist, in welcher der für das 19. Jahrhundert bedeutsame Liederkomponist Friedrich Silcher in die Verfasserangaben aufgenommen wurde, lässt sich diese Angabe durchaus anzweifeln.

851 Diese Information basiert auf einer Anfrage an die Friedrich-Wilhelm-Murnau-Stiftung, welche die Rechte des Films besitzt.

852 Vgl. *Deutsche Nationalbibliothek, Bibliothekskatalog*, URL: <http://d-nb.info/381882152>, <http://d-nb.info/382248740>, <http://d-nb.info/38236533X>, <http://d-nb.info/1042033595>, <http://d-nb.info/380920247>, <http://d-nb.info/381055981>, <http://d-nb.info/1043035222>, <http://d-nb.info/381004643>, <http://d-nb.info/381737489>, <http://d-nb.info/381828964>, <http://d-nb.info/38172462X>, <http://d-nb.info/381748049>, <http://d-nb.info/382004698>, <http://dnb.info/382110293>, <http://d-nb.info/382126246>, <http://d-nb.info/382151542>, <http://dnb.info/382086384>, <http://d-nb.info/382431502>, <http://d-nb.info/38236659X>, <http://dnb.info/382575156>, <http://d-nb.info/382666534>, <http://d-nb.info/1027082858>, <http://dnb.info/1027562361>, <http://d-nb.info/1027993387>, <http://d-nb.info/1028249888>, <http://dnb.info/1066278121>,<http://d-nb.info/381881784>,<http://d-nb.info/1025834542>, <http://dnb.info/382020944> (Abruf: 11.02.2015).

853 Vgl. *Deutsche Nationalbibliothek, Bibliothekskatalog*, URL: <http://d-nb.info/382248740>, <http://dnb.info/38236533X>, <http://d-nb.info/1025834542> (Abruf: 11.02.2015).

854 Einige Ensembles werden ausdrücklich angegeben: Sieber-Männer-Quartett, Deutsches Volkslieder- Quartett, C. Rost'sches Solo-Quartett, Doppelquartett der Kgl. Hofoper, Quartettverein des Sophienchors Berlin, Pöttingers Schwed. Damensextett, Soloquartett des Männergesangvereins »Melodia«, Königsberg i. Pr., Musikkorps der Garde-Pioniere und Nebe-Quartett.

855 *Deutsche Nationalbibliothek, Bibliothekskatalog*, URL: <http://d-nb.info/381882152> (Abruf: 05.02.2015).

Eine dieser Aufnahmen ist vom Nebe-Quartett im November 1921 bei Vox produziert worden.[856] Auf dem Etikett der Platte sind neben der Interpretenangabe der Titel »Weh, daß wir scheiden müssen« und die Verfasserangabe »Joh. Kinkel« zu finden. In musikalischer Hinsicht ist festzuhalten, dass bis auf einige wenige kadenzierende Floskeln ein homofoner Satz der zweiten Melodie-Version vorliegt. Im Hinblick auf das Tempo singt das Quartett sehr frei, wobei es gerade in den Strophen durch die Tempi inhaltliche Aspekte ausdeutet – wie z. B. ein schnelleres Tempo für die Zeile »Der Feinde grimme Scharen sind kommen angefahren«. Textlich gibt es nur zwei nennenswerte Unterschiede zur Opus-Version: In der ersten Strophe wird »an Freundes Seiten« statt »an Kaisers Seiten« gesungen – sicherlich aufgrund der veränderten politischen Situation – und im Refrain heißt es »teures Lieb«. In Ergänzung zu dieser Aufnahme möchte ich noch erwähnen, dass nicht nur deutschsprachige Versionen des Lieds aufgenommen worden sind. So wird z. B. eine Aufnahme vom *Zonophone Concert Quartette* unter der Angabe »The Soldier's Farewell (Kinkel)« im *Zonophone Record Catalogue* der Jahre 1913/14 aufgelistet.[857] Insgesamt lässt sich festhalten, dass das Lied »Weh, dass wir scheiden müssen« im Bereich der Tonaufnahmen der ersten Hälfte des 20. Jahrhunderts gerade für kleine Gesangsensembles eine weite – durchaus internationale – Verbreitung erreicht hat, wobei die Autorschaft Johanna Kinkels grundsätzlich – mitunter ungenau – angegeben wurde. Das näher ausgeführte Beispiel legt die Vermutung nahe, dass in diesem Kontext eher die zweite Melodie verwendet wurde. Diese Berücksichtigung in den neuen Medien legt erneut eine vergleichsweise große Popularität des Lieds nahe.

Um die Betrachtung der verschiedenen Erscheinungsformen des Lieds »Weh, dass wir scheiden müssen« abzuschließen, möchte ich noch auf einige wenige Quellen verweisen, welche die fortdauernde Popularität – zumindest für bestimmte Personengruppen – bis heute belegen. In *Das goldene Buch der Lautenlieder* ist 1937 eine Version des Lieds mit der zweiten Melodie und einer Textänderung in der ersten Strophe zu »ich muß an Freundes Seiten für Recht und Treue streiten« abgedruckt.[858] Gut zwanzig Jahre später ist das Lied erneut in der Sammlung *Wanderlust* mit der zweiten Melodie zu finden.[859]

856 Vgl. Angaben auf der sich im Privatbesitz (DG) befindlichen Platte (Bestell-Nr. 4000; Matriz.-Nr. 110 3/4) mit der Vox-Label-Diskografie des *Lindström Project*, URL: <http://discography.phonomuseum.at/voxcat.htm> (Abruf: 05.02.2015), S. 1.

857 N. N., *Zonophone Record Catalogue. Season 1913–14*, S. 55.

858 Klaass/Wölki, *Das goldene Buch*, S. 122.

859 Seifert, »Wanderlust«, S. 14. Textlich wurde hier die zweite Strophe gekürzt und in der ersten Strophe die gleichen Formulierungen wie in *Das goldene Buch der Lautenlieder* verwendet.

Ganz aktuell ist das Lied in *The Big Book of German Songs* enthalten, einer für den amerikanischen Markt herausgegebenen Sammlung von 2009.[860] Darüber hinaus lassen sich im Katalog der Deutschen Nationalbibliothek für die Zeitspanne von 1966 bis 1987 vier Schallplatten nachweisen, auf denen das Lied als Beitrag zu deutschen (Volks-)Lied-Sammlungen aufgenommen wurde.[861] Zwei CDs im Bestand der British Library beinhalten jeweils eine (englische) Version des Lieds mit der zweiten Melodie: *Welsh Choral Favourites* von 1991 und *In Bright Array Assembled. International Festival of Male Choirs* von 1994.[862] Die erstgenannte CD fällt insofern auf, da es sich hier um Chorlieder handelt, die in Wales sehr beliebt sein sollen. Außerdem wurde 2008 auf *youtube.com* eine nicht ganz ernst gemeinte, von vier Niederländern auf deutsch gesungene Version hochgeladen.[863]

Rückblickend wird anhand der hier besprochenen Quellen deutlich, dass sowohl die in Deutschland als auch international bekannt gewordene Version des Lieds in der Regel auf der zweiten Melodie basiert. Die Urheberschaft für diese Melodie konnte bisher nicht abschließend geklärt werden.[864] Trotzdem wird das Lied in der Regel in irgendeiner Form mit Johanna Kinkel als Autorin in Verbindung gebracht – auch, wenn diese Autorschaftszuschreibung im Kontext der zweiten Melodie berechtigterweise in Frage gestellt werden kann, da der Text von Gottfried Kinkel stammt und die Urheberschaft der zweiten Melodie ungeklärt ist. Der Umstand, dass Johanna Kinkel mal als Texterin, mal als Komponistin und darüber hinaus auch in der männlichen Form Johann angegeben wird, zeugt davon, dass ihr Status als Autorin insgesamt ein eher schwerer fassbarer ist. Es bleibt die Frage zu beantworten, ob das Lied »Weh, dass wir scheiden müssen« im 20. Jahrhundert mit einer der vielen Ausdeutungen des Volksliedbegriffs beschrieben werden kann. Betrachtet man die Postkarte des Deutschen Schulvereins, aber auch die Einträge in den Volks-

860 N. N., *The Big Book of German Songs*.

861 Vgl. *Deutsche Nationalbibliothek, Bibliothekskatalog*, URL: <http://d-nb.info/351975225>, <http://d-nb.info/353610755>, <http://d-nb.info/353469238>, <http://d-nb.info/353738115> (Abruf: 11.02.2015).

862 *Welsh Choral Favourites*, CD EMI Records 1991/1997 und *In Bright Array Assembled. International Festival of Male Choirs*, CD Polyphonic Reproductions Ltd. 1994.

863 Vgl. *Weh dass wir scheiden müssen*, URL: <http://www.youtube.com/watch?v=v96ohPHSu3w> (Abruf: 05.02.2015).

864 Einen weiteren Ansatz für Nachforschungen im Hinblick auf die Urheberschaft der zweiten Melodie-Version bietet der Name Otto Plötz, der in verschiedenen Quellen ebenfalls – streckenweise in Ergänzung zu (Johanna) Kinkel – genannt wird. (Vgl. z. B. N.N., *100 Lieder*, S. 200–201.)

Quelle	Jahr	Melodie-Version	Verfasserangabe
Ritters Abschied. (Leipzig: Schuberth & Co.)	1872	2. Melodie	»Johanna Kinkel«
How can I bear to leave thee. Soldier's, Knight's, or Chieftain's Farewell. (Boston: Ditson & Co.)	1872	2. Melodie	»Johanna Kinkel«
Lieder-Schatz für das deutsche Heer. (München: Selbstverlag von Ströbel)	1892	Opus-Melodie	»Gedicht von Gottfried Kinkel [...] comp. von Johanna Kinkel [...]«
Deutscher Liederhort. Auswahl der vorzüglicheren Deutschen Volkslieder, nach Wort und Weise aus der Vorzeit und Gegenwart gesammelt und erläutert von Ludwig Erk. Dritter Band. (Leipzig: Breitkopf und Härtel)	1893/1894	ca. Opus-Melodie	»Mel. durch alte Corps-Studenten erhalten«
Volksthümliche Lieder der Deutschen im 18. und 19. Jahrhundert. (Leipzig: Breitkopf und Härtel)	1895	2. Melodie	»Rheinländische Volksweise (wohl v. Johanna Kinkel um 1845?)«
How Can I Bear To Leave Thee! (New York: Century Music Publishing Company)	1906	ca. 2. Melodie	»Story by FELIX FEIST.«; »Verse Melody by ROBERT A. KEISER. Chorus by J. Kinkel.«
Das goldene Buch der Lautenlieder. (Berlin: Globus Verlag)	1937	2. Melodie	»(J. Kinkel.) J. Kinkel.«

Tab. 4: Übersicht der besprochenen Musikdrucke vor 1950.

liedsammlungen Erks und Böhmes, so entsteht der Eindruck, dass aktiv an der Konstruktion des Lieds zum deutschen Volkslied mitgewirkt worden ist. Diesem nationalen Blick auf das Lied stehen vor allem die englischsprachigen Versionen gegenüber. Da diese Versionen seit den 1870er Jahren fortwährend neben den deutschsprachigen Versionen Verbreitung gefunden haben, lässt sich mit einem objektorientierten Ansatz zumindest die Idee eines deutschen Volkslieds kaum aufrecht erhalten. Im Hinblick auf subjektorientierte Ansätze lässt sich für die hier besprochenen Quellen festhalten, dass diese darüber, wie die Menschen das Lied im Alltag selbst musiziert oder hörend rezipiert haben, höchstens implizit Auskunft geben.[865] Für einen großen Teil der beschriebenen Quellen scheint der Volkslied-Begriff dementsprechend nicht passend zu sein.

865 Zu subjektorientierten Sichtweisen des Volksliedbegriffs vgl. z. B. Schepping, »Lied- und Musikforschung «, S. 588–591.

Wie lässt sich aber das Lied in den Quellen fassen, die den Volksliedstatus nicht begünstigen bzw. konstruieren?

Eine mögliche Anwort auf diese Frage lässt sich bei Nils Grosch finden, der sich mit der Nähe der beiden Begriffe des Volkslieds und des populären Lieds auseinandergesetzt hat. Zum einen legt er – wie bereits angedeutet – die Konstruktion des Volksliedbegriffs offen und zum anderen hebt er die medialen sowie kommunikativen und kulturellen Dimensionen des populären Lieds hervor.[866] Befragt man die Quellen im Hinblick auf ihre Qualität als Medium, so fällt auf, dass ein nicht unbedeutender Teil der Quellen – Postkarten sowie Bild- und Tonaufnahmen – alte und neue Massenmedien des beginnenden 20. Jahrhunderts sind, die in entsprechender Menge auf den Markt gebracht und von einer breiten Masse erworben bzw. rezipiert werden konnten. Dieser Aspekt des Massenmediums ist für Nils Grosch ein entscheidender Faktor in der Abgrenzung des populären Lieds vom Volkslied.[867] Führt man sich vor allem noch einmal die Postkarten vor Augen, die nur eine textliche Referenz auf das anderweitig gehörte oder gesungene Lied beinhalten und somit als stark reduzierter, symbolischer Verweis funktionieren, scheint der Aspekt des Massenmediums – wofür die Bildpostkarte zu Beginn des 20. Jahrhunderts ein Paradebeispiel ist – gegenüber dem wie auch immer definierten Volksliedbegriff in der breiten Rezeption die Oberhand gewonnen zu haben. Dieser Blickwinkel lässt »Weh, dass wir scheiden müssen« sowohl in der deutschsprachigen als auch in der englischsprachigen Variante entsprechend zu einem populären Lied werden.

Die Analyse »kommunikativer und kultureller Praktiken«[868] ist, wie bereits angedeutet, an Stelle einer Werkbetrachtung eine wichtige Vorgehensweise in der Forschung zur populären Musik. Diese vor allem kommunikativen Praktiken erfüllt das Lied in seiner Verwendung in Deutschland beispielsweise im Kontext des Ersten Weltkriegs: Es kommuniziert das Narrativ des (Soldaten-)Abschieds und die Notwendigkeit desselben zur Verteidigung des Vaterlands. Dadurch, dass gerade im Kontext des Ersten Weltkriegs das Kämpfen für ein deutsches Vaterland – und nicht etwa für die Religion o. Ä. – durch die verschiedenen Quellen evoziert wird, ist es möglich, dass das Lied in seiner kommunikativen Dimension im Rezeptionsprozess mit einem deutsch-nationalen Gedanken aufgeladen worden ist.

Allerdings ist zu berücksichtigen, dass die verschiedenen Quellen in unterschiedlichem Maße den deutsch-nationalen Bezug herstellen. Bei Tonaufnah-

866 Grosch, »Über das Alter«.
867 Vgl. ebd., S. 70–76.
868 Vgl. ebd., S. 70.

men z. B. mag höchstens die Formulierung »An Kaisers Seiten« auf einen solchen Kontext verweisen. Die zweite Bildpostkarte hingegen kommuniziert diesen Aspekt durch die grafische Gestaltung mehr oder weniger alternativlos. Durch die große massenmediale Verbreitung sämtlicher Quellen lässt sich jedoch davon ausgehen, dass sich diese verschiedenen Erscheinungsformen und Botschaften gegenseitig bedingt haben.[869] Des Weiteren ist mitzudenken, dass diese deutsch-nationale Funktionalisierung durch geringfügige Textänderungen sehr einfach getilgt und umgedeutet werden konnte – wie die verschiedenen englischsprachigen Quellen eindrucksvoll demonstrieren.[870] Letztlich erscheint das Lied »Weh, dass wir scheiden müssen« – abseits der Volksliedsammlungen Erks und Böhmes sowie der Postkarten des Deutschen Schulvereins – in der ersten Hälfte des 20. Jahrhunderts eher als populäres Lied denn als Volkslied. Unabhängig von dieser Kategorisierung stellt es durch sein Narrativ und die in den verschiedenen grafischen Quellen verwendete Symbolik einen Bezug zur deutschen Nation her.

Schließlich möchte ich auf die Frage zurückkommen, ob Johanna Kinkel unabhängig von ihrer Staatsbürgerschaft im Kontext dieses Lieds als deutsche Komponistin wahrnehmbar ist. Die bereits seit 1872 belegten englischsprachigen Versionen arbeiten u. a. durch die Textübersetzungen und ihren fehlenden Bezug zum Mythos Barbarossa genauso gegen die Einordnung als deutsche Komponistin wie Johanna Kinkels an sich schwache Autorposition, da sie in

869 Vgl. hierzu Nils Groschs Ausführung zum »Vaterländischen Lied«: »Entscheidend für das Ausloten der Wirkung der Liedgattung in ihrer medialen Funktion erweist sich hier, sie nicht primär als literarischen oder musikalischen Text sondern vielmehr als Mediendispositiv zu verstehen. Das bedeutet vor allem, dass es bei der Beschreibung performativer Praktiken des Liedes nicht mit ›Singen‹, mit dem Liederbuch, der Liedflugschrift oder einer anderen monomedialen Kommunikationsform allein getan ist, sondern dass verschiedene Kommunikationsstrategien in einen vernetzten Wirkungsund Rückkoppelungskonnex eintraten, der die wesentliche Voraussetzung für eine massenmediale Implantierung des Liedes und der durch dieses transportierten patriotischen Symbole und Emotionen darstellt.« (Grosch, »Das ›Vaterländische Lied‹«, S. 37.)

870 Carl Dahlhaus beobachtete im Kontext des Volkslieds im 19. Jahrhundert, dass eine nationale Vereinnahmung mitnichten den tatsächlich Umgang mit einem Volkslied wiederspiegeln musste: »Die geschichtliche Wirklichkeit des Volkslieds wurde, ohne daß man sich dessen bewußt war, in nationalem Geist verzerrt. Das Faktum, daß Volkslieder – statt einer Nation, verstanden als Sprachgemeinschaft, anzugehören – nicht selten entweder berufsständische oder regionale oder sogar (wegen der Verbeitung durch fahrende Spielleute) internationale Züge tragen, wurde unterdrückt und der Idee geopfert, daß sich im Volkslied eine Nation musikalisch ausdrücke und in ihrer einfachen seelischen Substanz darstelle.« (Dahlhaus, *Die Musik*, S. 91.)

der Rezeption aufgrund dessen wahrscheinlich kaum mitgedacht wird. Andere Facetten, wie z. B. die Konstruktionen Erks und Böhmes, aber auch des Deutschen Schulvereins, lassen Johanna Kinkel demgegenüber zu einer deutschen Komponistin werden: Sie wird durch diese teilweise explizit in den Kanon der deutschen Volkslieder-KomponistInnen aufgenommen und ist somit Teil eines Diskurses, der einen Beitrag zu einer nationalen, einer deutschen Identität leistet.

Fokussiert man hingegen die Quellen, die das Lied »Weh, dass wir scheiden müssen« massenmedial aufbereiten sowie verbreiten und in denen Johanna Kinkels Position als Komponistin kaum wahrnehmbar ist, so stellt sich die Frage, ob dieses Lied überhaupt Auswirkungen auf Rezeptionsprozesse und entsprechende Autorkonstrukte von Johanna Kinkel hat. Wenn sie in der Wahrnehmung der verschiedenen Erscheinungsformen des Lieds keine bzw. nur eine marginale Rolle spielt, wie lässt sich dann ein Einfluss auf das Autorkonstrukt annehmen? Rezipiert man lediglich z. B. die Postkarten oder eine Tonaufnahme aus den 1920er Jahren – unabhängig von den Anlässen bzw. Umständen –, so hat diese Rezeption keine entscheidenden Auswirkungen auf ein Autorkonstrukt Johanna Kinkels. Schaut man jedoch andersherum – so wie ich in dieser Arbeit – und sucht nach jeglichen Quellen, die mit Johanna Kinkel zu tun haben, so fällt dieses Lied und seine Popularität am Ende des 19. Jahrhunderts und zu Beginn des 20. Jahrhunderts sofort ins Auge. Es kann sich z. B. die Idee herausbilden, dass Johanna Kinkel nach ihrem Tod in musikalisch-kompositorischer Hinsicht eine größere Würdigung erfahren hat als zu ihren Lebzeiten. Diese Sicht korrigiert sich erst wieder, wenn man die Quellen nebeneinander rezipiert und genau hinterfragt, welche Rolle Johanna Kinkel als Autorin für diese Quellen überhaupt noch spielt. Ihr Name entfaltet in erster Instanz in meiner Auseinandersetzng mit dem Lied seine volle Wirkmacht und muss auch hier erst durch genaue Betrachtungen wieder relativiert werden. Zu Beginn meiner Rezeption erschien Johanna Kinkel aufgrund des Lieds »Weh, dass wir scheiden müssen« als populär gewordene, deutsche (Volks-) Liederkomponistin. Am Ende dieses Kapitels kann ich diese Sicht jedoch dahingehend ausdifferenzieren, dass sie einerseits durch ihre Vereinnahmung in den Volksliedddiskurs als deutsche Volksliedkomponistin konstruiert wurde und andererseits die massenmediale Verwendung ihres Lieds zu einer Funktionalisierung desselben geführt hat, in welcher sie als Autorin keine bzw. nur eine marginale Rolle spielte.

In Antwort auf die Frage, ob Johanna Kinkel sich also als eine deutsche Komponistin darstellt, lässt sich festhalten, dass sie durch die Bezüge zum Mythos Barbarossas ein für die Nationswerdung signifikantes Thema ausgewählt hat und somit – auch wenn der nationale Aspekt nicht der ausschlaggebende Grund für die Wahl des Texts gewesen sein mag – einen kleinen Beitrag zu eben diesem Prozess geleistet hat. Nach ihrem Tod kann sie anhand des Lieds zunächst als deutsche Volksliedkomponistin konstruiert werden, bevor sie als Autorin im Prozess der Popularisierung an Bedeutung verliert. »Weh, dass wir scheiden müssen« bietet also Rezeptionsangebote an, um Johanna Kinkels Autorkonstrukt um die Facette einer deutschen Komponistin zu erweitern.

6.5 Das Bild einer deutschen Komponistin

Um dieses Kapitel abzuschließen, möchte ich noch einmal zusammenfassen, auf welche Weise ich meinem Autorkonstrukt von Johanna Kinkel die Dimension der deutschen Komponistin hinzugefügt habe. Dafür ist es wichtig, in aller Deutlichkeit offen zu legen, was ich unter einer deutschen Komponistin verstehe. Betrachtet man eine besonders deutsche Komponierweise – was auch immer das sein mag – als entscheidendes Kriterium, so lässt sich Johanna Kinkel nicht als deutsche Komponistin einordnen. Der Umstand jedoch, dass sie in ihren Erzeugnissen wichtige Topoi ihrer Zeit aufgreift, in denen die deutsche nationale Identität verhandelt wird, legt demgegenüber eine solche Kategorisierung durchaus nahe. So schreibt sie sich z. B. durch ihre Rhein-Lieder in die Rheinromantik ein und verortet sich gleichzeitig über dieses Kunstschaffen an einem für die deutsche Nation signifikanten geografischen Ort. Sie positioniert sich politisch – sowohl außenpolitisch in Abgrenzung zu Frankreich durch ihre Vertonung »Der Deutsche Rhein« als auch innenpolitisch als Fürsprecherin der Demokratie-Bewegung durch ihr »Demokratenlied«. Durch die Vertonung von »Des Lehnsmanns Abschied« wählt sie nicht nur einen Text ihres Ehemannes, sondern auch einen Text, der über den Mythos Barbarossa einen nationalen Hintergrund hat. Schließlich wird sie nach ihrem Tod in den konstruierten Kanon deutscher VolksliedkomponistInnen aufgenommen. Zu ihren Lebzeiten konkretisierte Johanna Kinkel durch ihre Kompositionen ihre Vorstellungen von Deutschland. Nach ihrem Tod wird sie zu einer deutschen Volksliedkomponistin konstruiert bzw. ihr Lied für deutsch-nationale Zwecke funktionalisiert. Vor diesem Hintergrund erscheint Johanna Kinkel über ihren Geburts- und Wohnort Bonn hinaus in meiner Rezeption als eine deutsche Komponistin.

7 Schluss

Zum Abschluss möchte ich zusammenfassen, was für ein Bild von Johanna Kinkel in dieser Arbeit entstanden ist. Dadurch, dass ich sämtliche Quellen überwiegend unabhängig von ihren sonstigen Inhalten oder Kontexten daraufhin befragt habe, was sie über Johanna Kinkels Komponieren aussagen können – über die Motivationen und Bedingungen – und welche Eindrücke sie in meiner Rezeption hinterlassen haben, ist das Bild einer sich durch große Vielfalt auszeichnenden Komponistin entstanden.

Die Motivationen für Johanna Kinkels Kompositionen sind einerseits in ihrem alltäglichen Leben zu suchen – in den Menschen, mit denen sie sich umgeben hat, genauso aber auch in konkreten Anlässen wie Karnevalsfeiern oder politischen Ereignissen. Ihre Mitgliedschaft im *Maikäfer* und ihr enger Bezug zum Kunstschaffen ihres Ehemanns Gottfried betonen andererseits, dass ebenso ein genuines Verständnis als Künstlerin, als Komponistin immer wieder ihr Komponieren bedingt hat. Ihre musikpädagogischen Werke verweisen demgegenüber darauf, dass auch ihre berufliche Tätigkeit als Gesangs- und Klavierpädagogin Einfluss auf ihr kreatives, in diesem Fall auf die Vermittlung ausgerichtetes Schaffen genommen hat. Aufgrund dieser engen Verflechtungen von Johanna Kinkels Lebenswelt und ihrem kompositorischen Schaffen sowie dem Umstand, dass sie sich durch die Formen und Inhalte ihrer Kompositionen zu verschiedensten musikästhetischen, -praktischen, -pädagogischen und -theoretischen Debatten ihrer Zeit positionieren lässt, lese ich ihre Kompositionen auch immer wieder als Formen der Identitätskonstruktion – eine Identitätskonstruktion, die ich auf Johanna Kinkels Rolle als Komponistin bzw. Autorin und nicht auf ihre individuelle Persönlichkeit beziehe.

Löst man sich von der eigentlichen Frage nach der Motivation für eine Komposition und wendet sich stattdessen dem Publikationsprozess zu, hat sich in dieser Arbeit herauskristallisiert, dass in Johanna Kinkels Fall das Publizieren auf einem beruflichen, marktorientierten Verständnis basiert hat; gerade ihr Versuch, sich anhand der Komik von Konkurrenz auf dem Markt abzusetzen, illustriert diesen Umstand eindrücklich. Daran anschließend lässt sich festhalten, dass Johanna Kinkel mit den Publikationen ihrer Kompositionen maßgeblich zwei Ziele verfolgt hat: den Gelderwerb, aber auch den Entwurf und die Erhaltung einer öffentlichen Präsenz als Komponistin – als Autorin.

Insgesamt entsteht in meiner Rezeption ein facettenreiches Bild Johanna Kinkels als Komponistin: ihr Komponieren erhält durch die beständige Publikation eine berufliche Komponente – durch den Schulterschluss mit ihrem Ehemann aber ebenso ein ästhetisches und pa(a)rtnerschaftliches Element. Ihr musikpädagogisches Komponieren erweitert das Spektrum ihres Schaffens durch den Aspekt der Vermittlung, während einige Kompositionen den Prozess der Nationswerdung Deutschlands konkretisieren. Letztlich erscheint sie daher als eine marktorientierte, pa(a)rtnerschaftliche, musikpädagogische und deutsche Komponistin, die in bisherige stereotype Muster wie der empfindsamen Liederkomponistin nicht einzuordnen ist und entsprechend neue Inhalte für Vorstellungen über das Komponistin Sein im 19. Jahrhundert anbietet.

Methodisch ging es mir darum, individuelle Lesarten bzw. Rezeptionsweisen, die zu einer bestimmten Auffassung von einer AutorIn führen, zu beleuchten. Als theoretischer Rahmen hat mir dafür Sandra Heinens Konzept des »Autorkonstrukts« gedient. Dieses aus der Literaturwissenschaft stammende Denkmodell hat es mir ermöglicht, Erzeugnisse und Lebenswirklichkeiten Johanna Kinkels zusammenzuführen und ihr KomponistIn Sein genauer zu konturieren. Daher begreife ich das in dieser Arbeit erstellte Bild von Johanna Kinkel als mein individuelles Autorkonstrukt von ihr. Ein grundlegend anderes wissenschaftliches Arbeiten an den Quellen ist nicht notwendigerweise die Konsequenz dieses Ansatzes. Die entscheidende Differenz liegt vielmehr in der Herangehensweise der WissenschaftlerInnen und in dem Ergebnis. WissenschaftlerInnen fokussieren durch diese Vorgehensweise ihre eigene Subjektivität und können daher z. B. nur schwer einen Objektivitätsanspruch aufrecht erhalten. Das Ergebnis ist somit ein Konstrukt, das nicht nur verschiedenste Quellen von oder über die betrachtete AutorIn im Zusammenhang mit ihren Werken beleuchtet, sondern vor allem auch die zeitlichen, räumlichen und diskursiven Kontexte der ForscherIn. Gleichzeitig legt man sich durch diesen Ansatz innerhalb der Autorschaftsthematik zwar auf die Perspektive fest, Musikgeschichte als Kompositionsgeschichte zu schreiben, nicht aber auf die Betrachtung von »großen KomponistInnen «. Es geht nicht in erster Linie um Œuvre- oder Heroisierungsprozesse, sondern um die Rezeption: Wie entsteht ein Bild einer AutorIn? Es ist belanglos, ob es um eine Sinfonie geht oder um eine Gesangschule. Beide Erzeugnisse senden über die Gattungswahl, über textliche Inhalte, über klangliche Realisationen, über die Gestalt in gedruckter Form oder über die Verlagskorrespondenz Informationen an die RezipientIn, welche diese verarbeitet und mit der AutorIn in Verbindung bringt. Welchen Stellenwert die AutorIn in diesem Prozess tatsächlich einnimmt, hängt dabei zu einem nicht geringen Anteil vom Interesse und Vorwissen der RezipientIn an der und über die AutorIn ab. Komponieren tritt so viel mehr als eine kulturelle Handlung denn als geniales Schaffen in den Fokus der Betrachtung.

Abschließend lässt sich die Frage aufwerfen, wie eine optimale mediale Aufbereitung dieser Konstrukte aussehen könnte. Die Buch-Form birgt nach meiner Einschätzung drei Schwachpunkte: Erstens ist man an die Linearität von Sprache und Gattung gebunden, zweitens lassen sich manche Quellen nur schwerlich oder gar nicht in das Medium des Buchs einbinden und drittens ist fraglich, wie zugänglich die verschiedenen Konstrukte für andere ForscherInnen sind. Vor diesem Hintergrund scheint ein internetbasiertes Medium eine geschickte Lösung zu sein. Es könnte z. B. statt eines Buchs eine der *Carl-Mariavon-Weber-Gesamtausgabe* ähnliche Plattform erstellt werden,[871] auf welcher sämtliche Erzeugnisse der AutorIn, aber auch deren (musikalische) Interpretationen sowie Informationen über verbundene Personen, Orte und Ereignisse elektronisch verfügbar gemacht werden können. Darüber hinaus könnte diese Plattform jedoch auch als Publikationsorgan für sämtliche Sekundärliteratur fungieren, so dass die neu enstehenden Autorkonstrukte direkt miteinander in Beziehung gesetzt werden könnten. Durch Verlinkungen kann man zum einen der Linearität eines Buchs entgehen und verschiedenste Quellentypen einbinden und zum anderen ließen sich so Forschungsergebnisse verschiedenster WissenschaftlerInnen direkt an einem Ort bündeln, was wiederum den Diskussionscharakter von Wissenschaft durch das Gegenüberstellen verschiedener Konstrukte betonen würde. Es entstünde eine personenbezogene Forschungsplattform, die durch das Internet weltweit zugänglich wäre.

Einige Aspekte wären allerdings auch an einer solchen medialen Form zu problematisieren bzw. zu reflektieren. Die Subjektivität der ErstellerIn bzw. -Innen wäre noch subtiler wahrzunehmen als in einem Buch und müsste – in welcher Form auch immer – thematisiert werden. Da Forschung auch immer wieder als Qualifizierungsinstrument dient, wäre außerdem zu klären, ob sich solche Formate institutionalisieren ließen und wie z. B. Bewertungskriterien festgelegt werden könnten. Darüber hinaus wäre zu entscheiden, ob die für eine solche Plattform erforderliche technische Kompetenz von den ForscherInnen selbst einzubringen wäre, oder ob man diese z. B. durch interdisziplinäre Zusammenarbeit mit technisch orientierten Instituten abdeckt. Schließlich müsste eine Balance zwischen sowie Vernetzung zu anderen Forschungsansätzen hergestellt werden. Personenbezogene Projekte müssten gleichrangig neben anderen Ansätzen – wie der Alltagsgeschichte, der Musikästhetik oder der Musikpsychologie – stehen, die durch ähnliche Plattformen repräsentiert

871 Vgl. *Carl-Maria-von-Weber-Gesamtausgabe*, URL: <http://www.weber-gesamtausgabe.de/de/Index> (Abruf: 26.11.2014).

und – wenn möglich – an entsprechenden Stellen verlinkt werden. An diesem Punkt lässt sich überdies hinterfragen, ob es Forschungsgebiete gibt, welche die Dimensionen solcher Plattformen sprengten – zu Johanna Kinkel ließe sich eine solche Plattform sicherlich erstellen; zu Beethoven auch? Oder ist diese Skepsis lediglich der Unvertrautheit mit einer solchen Form der Wissensspeicherung geschuldet?[872]

Das hier von mir erstellte Autorkonstrukt ist durch meine Rezeption von verschiedenen Erzeugnissen Johanna Kinkels und Autorkonstrukten Dritter entstanden und bildet meine Sicht auf Johanna Kinkel als Komponistin ab. Als Wissenschaftlerin übernehme ich mit diesem Autorkonstrukt die Verantwortung, Rezeptionsprozesse anderer zu beeinflussen. Diese Verantwortung bringt es mit sich, dass ich möglichst offen und nachvollziehbar arbeite. Letztlich bleibt es jedoch in den Händen meiner RezipientInnen, wie sie mit dieser Arbeit umgehen: Ob sie sie ablehnen, ob sie sie als »objektive« Darstellung betrachten oder ob sie sie tatsächlich als Anstoß für die eigene Forschung und die Erstellung von eigenen, vielleicht abweichenden oder gar konträren (Autor-)Konstrukten annehmen.

872 An dieser Stelle möchte ich anmerken, dass bereits Schritte in Richtung einer auf digitalen Medien basierenden Forschung über Beethoven unternommen werden. Das Projekt »Beethovens Werkstatt« ist eine Internetplattform, welche die beiden Forschungsgebiete der genetischen Textkritik und der digitalen Musikedition zusammenführt. Im Vergleich zur gesamten musikwissenschaftlichen Aufarbeitung Beethovens stellt dieses Projekt zwar nur einen kleinen Ausschnitt dar, aber es beleuchtet eindrücklich den Schaffensprozess Beethovens durch die interaktive Darstellung verschiedener Schichten und Lesarten seiner Kompositionsmanuskripte. (Vgl. *Beethovens Werkstatt*, URL: <http://beethovenswerkstatt. de/> (Abruf: 09.07.2015).)

8 Quellen- und Literaturverzeichnis

8.1 Archivalien

Arnim, Bettina von, *Brief vom 06.06.1844 an Johanna Kinkel*, D-Ff, Hs-17805.

Kinkel, Gottfried, *Die Assassinen. Romantisches Schauspiel mit Gesang in drei Aufzügen*, D-BNu, S 2686 <1>.

Kinkel, Gottfried, *Friedrich der Rothbart in Suza*, D-NBu, S 2687 <5>.

Kinkel, Gottfried, *Friedrich der Rothbart in Suza, oder Vasallentreue*, D-NBu, S 2687 <6>.

Kinkel, Gottfried, *Friedrich der Rothbart in Suza, oder Vasallentreue*, D-NBu, S 2370.

Kinkel, Gottfried und Johanna Kinkel, *Diarium*, D-BNu, S 2678 <6>.

Kinkel, Gottfried und Johanna Kinkel, *Dr. Gottfried Kinkel's Classes, Lectures and Lessons. Mme. Kinkel's Classes and Music Lessons. German Conversazione*, D-MB, Cotta$Vertr. 1. 12a.

Kinkel, Johanna, *2ter Vortr. Harmonie*, D-NBu, S 2394, 31b.

Kinkel, Johanna, *An den Gründer der Bildungswerkstätten für die Jugend, in Haus u. Schule*, D-NBu, S 2389, S. 56–83.

Kinkel, Johanna, *Brief an Adolf Strodtmann*, D-BNu, S 1218.

Kinkel, Johanna, *Briefe aus London*, D-NBu, S 2389, S. 1–55.

Kinkel, Johanna, *Briefe aus London*, D-NBu, S 2390.

Kinkel, Johanna, *Brief vom 02.01.1839 an die Musikverleger B. Bote u. G. Bock*, D-B, Mus. ep. Kinkel, J. 2.

Kinkel, Johanna, *Brief vom 16.11.1839 an Ferdinand Mendheim*, D-B, Mus. ep. Kinkel, J. 5.

Kinkel, Johanna, *Brief vom 08.12.1839 an Emilie von Henning*, D-NBu, S 2954.

Kinkel, Johanna, *Brief vom 10.11.1842 an Ferdinand Mendheim*, D-B, Mus. ep. Kinkel, J. 10.

Kinkel, Johanna, *Brief vom 20.09.1848 an Herrn Schloß*, D-KNu, Nachlass Ernst Crous.

Kinkel, Johanna, *Brief vom 23.09.1848 an Herrn Schloß*, D-KNu, Nachlass Ernst Crous.

Kinkel, Johanna, *Brief vom 28.11.1848 an Herrn Schloß*, D-KNu, Nachlass Ernst Crous.

Kinkel, Johanna, *Brief vom 08.02.1849 an die Verleger Schott*, D-MZsch.

Kinkel, Johanna, *Brief vom 13.02.1849 an die Verleger Schott*, D-MZsch.

Kinkel, Johanna, *Brief vom 08.04.1850 an Adolf Strodtmann*, D-BNu, S 1218.

Kinkel, Johanna, *Brief vom 31.03.1851 an Peter Joseph Mockel*, D-BNu, S 2664 <3>.

Kinkel, Johanna, *Brief vom 29.05.1852 an Peter Joseph Mockel*, D-BNu, S 2664 <3>.

Kinkel, Johanna, *Brief vom 26.06.1852 an Peter Joseph Mockel*, D-BNu, S 2664 <3>.

Kinkel, Johanna, *Brief vom 20.07.1852 an die Musikalienhandlung von J. B. Schott's Söhnen*, D-MZsa, NL 163/16.

Kinkel, Johanna, *Brief vom 28.04.1854 an Fanny Lewald*, D-BNu, Autographensammlung Johanna Kinkel.

Kinkel, Johanna, *Brief vom 24.07.1856 an die Musikalienhandlung von J. B. Schott's Söhnen*, D-MZsch.

Kinkel, Johanna, *Frau Mathieu[x]*, Handzeichnung, D-NBu, S 2954.

Kinkel, Johanna, *Friedrich Chopin als Komponist*, D-NBu, S 2399.

Kinkel, Johanna, *Lecture on Felix Mendelssohn*, D-NBu, S 2398.

Kinkel, Johanna, *Lecture on Beethoven's earliest Sonatas. incl. op. 10*, D-NBu, S 2397.

Kinkel, Johanna, *Lecture on Mozart*, D-NBu, S 2396.

Kinkel, Johanna, *Musical History*, D-NBu, S 2393, 30a.

Kinkel, Johanna, *Nro II. Lecture on Harmony*, D-NBu, S 2394, 31c.

Kinkel, Johanna, *Otto, der Schütz. Liederspiel in einem Aufzug*, D-BNu, S 2401.

Kinkel, Johanna, *Savigny u. Themis oder Die Olympier in Berlin. Opera seria in einem Akt*, D-MÜu, N. Savigny 1,025.

Kinkel, Johanna, *Zur Ästhetik der Musik*, D-NBu, S 2394, 31a.

Kinkel, Johanna, *Zur Geschichte der Musik*, D-NBu, S 2393, 30b.

Mendelssohn, Felix, *Brief vom 02.04.1843 an Gottfried Kinkel*, D-NBu, S 2662, 1.

Mockel, Johanna, *Der Liebling der Grazien und der Musen*, D-BNsa, SN 98/190.

Mozart, Wolfgang Amadeus, *Brief vom 26.09.1781 an seinen Vater, Digitale Mozart Edition*, URL: <http://dme.mozarteum.at/DME/briefe/letter.php?mid=1195\&cat=3> (Abruf: 05.02.2015).

N. N., *Der Maikäfer. Zeitschrift für Nicht-Philister*, D-BNu, S 2684.

8.2 Musikalien

8.2.1 Autografe

Hensel, Fanny, *Das Jahr. Zwölf Charakterstücke für Fortepiano*, D-B, MA Ms. 155.

Kinkel, Johanna, *Chor der strickenden Damen*, D-Sl, Cod. Mus. II. Reihe 20 111c.

Kinkel, Johanna, *Die Landparthie; komische Operette nebst einem Intermezzo, der Brautschatz*, D-Sl, Cod. Mus. II. Reihe 20 111c.

Kinkel, Johanna, *Otto der Schütz*, D-Sl, Cod. Mus. II. Reihe 20 111a–b.

Mockel, Johanna, *Die Assassinen*, D-BNsa, SN 95.

8.2.2 Publikationen

Keiser, Robert A., »How Can I Bear To Leave Thee! Soldier's Farewell«, New York: Century Music Publishing Company, 1906.

Kinkel, Johanna, *Anleitung zum Singen. Übungen und Liedchen für Kinder von drei bis sieben Jahren*, op. 20, Mainz: Schott, PN 10161.

Kinkel, Johanna, »Demokratenlied«, Bonn: Sulzbach, 1849.

Kinkel, Johanna, *Die Vogelkantate*, Stuttgart: Carus, 2008.

Kinkel, Johanna, »How can I bear to leave thee. Soldier's, Knight's, or Chieftain's Farewell«, Boston: Oliver Ditson & Co., 1872.

Kinkel, Johanna, »Ritters Abschied«, Leipzig: J. Schuberth & Co., PN 4964.

Kinkel, Johanna und Gottfried Kinkel, *Sechs Lieder für eine tiefe Stimme mit Pianoforte-Begleitung*, op. 21, Mainz: Schott, PN 10936.

Klaass, Robert und Konrad Wölki, *Das goldene Buch der Lautenlieder*, Berlin: Globus Verlag, 1937.

Linder, August, *Deutsche Weisen*, Stuttgart: Albert Auer's Musikverlag, 1900.

Mathieu, Jean Baptiste, *Die Vogel-Kantate*, Stuttgart-Hohenheim: Hänssler Verlag, 1966.

Mathieux, Johanna, »Die beiden Brüder«, in: Rhein-Sagen und Lieder, 1. Band, 3. Heft, Bonn: Dunst, PN 143, S. 2–7.

Mathieux, J., »Der Deutsche Rhein. Volkslied gedichtet von Nic: Becker«, Bonn: J. Bach.

Mathieux, Johanna, *Die Vogel-Kantate. Musikalischer Scherz für fünf Singstimmen mit Klavierbegleitung*, op. 1, Berlin: Trautwein, PN 619.

Mathieux, Johanna, *Drei Duetten für Sopran und Alt, Texte von C. [sic] Heine mit Begleitung des Pianoforte*, op. 11, Berlin: Trautwein, PN 658.

Mathieux, Johanna, *Drei Duetten für weibliche Stimmen, Texte von Goethe und C. W. Müller aus Düsseldorf mit Begleitung des Pianoforte*, op. 12, Berlin: Trautwein, PN 713.

Mathieux, Johanna, »Evening Song«, in: Gems of German Song. Book 6, London: J. J. Ewer & Co, S. 8–9.

Mathieux, Johanna, *Hymnus in coena domini. Text aus dem 7. Jahrhundert, für vier Singstimmen (mit Chor)*, op. 14, Selbstverlag.

Mathieux, Johanna, *Sechs Gedichte von Emanuel Geibel für eine Singstimme mit Begleitung des Pianoforte*, op. 8, Berlin: Trautwein, PN 609.

Mathieux, Johanna, *Sechs Lieder für eine Singstimme mit Begleitung des Pianoforte*, op. 16, Leipzig: Hofmeister, PN 2646.

Mathieux, Johanna, *Sechs Lieder für eine Singstimme mit Piano*, op. 18. Berlin: Schlesinger, PN S. 2801.

Mathieux, Johanna, *Sechs Lieder mit Begleitung des Pianoforte*, op. 6, Leipzig: Kistner, PN 1233.

Mozart, Wolfgang Amadeus, *Der Schauspieldirektor. Komödie mit Musik in einem Akt*, KV 486, Klavierauszug, Frankfurt: C. F. Peters, PN 6776.

MOZART, Wolfgang Amadeus, *Die Entführung aus dem Serail*, KV 384, in: *Neue Ausgabe sämtlicher Werke. Serie II: Bühnenwerke. Werkgruppe 5: Opern und Singspiele. Band 12: Die Entführung aus dem Serail*, hrsg. von Gerhard Croll, Kassel u. a. 1982.

N. N., *100 Lieder zur Laute oder Guitarre. Tongers Taschen-Album Band 60*, Köln.

N. N., *Gems of German Song. Book 6*, London: J. J. Ewer & Co.

N. N., *The Big Book Of German Songs*, Milwaukee: Hal Leonard Corporation, 2009.

NATORP, Bernhard Christoph Ludwig, *Anleitung zur Unterweisung im Singen für Lehrer in Volksschulen: erster und zweiter Cursus*, Essen: 1813/1820.

SCHUBERT, Franz, »Der Lindenbaum«, in: *Franz Schubert's Werke. Erste kritisch durchgesehene Gesammtausgabe. Serie XX. Lieder und Gesänge. Neunter Band*, Leipzig: Breitkopf & Härtel, PN F.S. 878, S. 16–19.

SEIFERT, Werner, *Wanderlust. Eine Sammlung deutscher Lieder*, Berlin: Apollo-Verlag Paul Lincke.

STRÖBEL, Friedrich Ritter von, *Lieder-Schatz für das deutsche Heer*, München: Selbstverlag von Ströbel, 1892.

8.3 Sekundärliteratur

A., »III. Ueber die Oper«, in: *Die Muse. Monatschrift für Freunde der Poesie und der mit ihr verschwisterten Künste. 3. Bd., 2. Heft*, hrsg. von Friedrich Kind, Leipzig 1821, S. 37–76.

ALBISETTI, James C., *Mädchen- und Frauenbildung im 19. Jahrhundert*, Bad Heilbrunn 2007.

ANTOR, Heinz, Art. »Rezeptionsästhetik«, in: *Metzler-Lexikon. Literatur- und Kulturtheorie*, hrsg. von Ansgar Nünning, Stuttgart 2004 [1998], S. 571–572.

APPEL, Bernhard, *Robert Schumanns Humoreske für Klavier op. 20. Zum musikalischen Humor in der ersten Hälfte des 19. Jahrhunderts unter besonderer Berücksichtigung des Formproblems*, Saarbrücken 1981.

APPLEGATE, Celia, »How German Is It? Nationalism and the Idea of Serious Music in the Early Nineteenth Century«, in: *19th-Century Music*, 21/3 (1998), S. 274–296.

APPLEGATE, Celia, »Saving Music. Enduring Experiences of Culture«, in: *History and Memory*, 17/1 (2005), S. 217–237.

ARBURG, Hans-Georg, »Einleitung«, in: *Virtuosität. Kult und Krise der Artistik in Literatur und Kunst der Moderne*, hrsg. von Hans-Georg Arburg, Göttingen 2006, S. 7–15.

ASTEN-KINKEL, Adelheid von, »Friedrich Chopin als Komponist. Von Johanna Kinkel«, in: *Deutsche Revue: eine Monatsschrift*, 27/1 (1902), S. 93–106/S. 209–233/S. 338–360.

ASTEN-KINKEL, Adelheid von, »Johanna Kinkel in England«, in: *Deutsche Revue: eine Monatsschrift*, 21/1 (1896), S. 65–80/S. 178–192.

ASTEN-KINKEL, Adelheid von, »Johanna Kinkel über Mendelssohn«, in: *Deutsche Revue: eine Monatsschrift*, 28/1 (1903), S. 89–100.

Asten-Kinkel, Adelheid von, »Johanna Kinkels Glaubensbekenntnis«, in: *Deutsche Revue: eine Monatsschrift*, 27/4 (1902), S. 45–66.

Aubigny, Nina von Engelbrunner de, *Briefe an Natalie über den Gesang, als Beförderung der häuslichen Glückseligkeit und des geselligen Vergnügens*, Leipzig 1803.

Ayaydin, Melanie, Art. »Johanna Kinkel«, in: *MUGI – Musik und Gender im Internet*, URL: <http://mugi.hfmt-hamburg.de/Artikel/Johanna_Kinkel> (Abruf: 05.02.2015).

Bachmaier, Helmut, *Texte zur Theorie der Komik*, Stuttgart 2005.

Bal, Mieke, »Notes on Narrative Embedding«, in: *Poetics Today*, 2/2 (1981), S. 41–59.

Bamberg, Michael, »Positioning Between Structure and Performance«, in: *Journal of Narrative and Life History*, 7/1–4 (1997), S. 335–342.

Barthes, Roland, »Der Tod des Autors«, in: *Texte zur Theorie der Autorschaft*, hrsg. von Fotis Jannidis u. a., Stuttgart 2000, S. 185–193.

Bartsch, Cornelia, Art. »Fanny Hensel«, in: *MUGI – Musik und Gender im Internet*, URL: <http://mugi.hfmt-hamburg.de/Artikel/Fanny_Hensel> (Abruf: 05.02.2015).

Bartsch, Cornelia, *Fanny Hensel – Korrespondenzen in Musik*, URL: <http://mugi.hfmthamburg. de/Hensel_Korrespondenzen/index.html> (Abruf: 28.03.2014).

Bartsch, Cornelia, »Virtuosität und Travestie. Frauen als Virtuosinnen«, in: *Musikalische Virtuosität*, hrsg. von Heinz von Loesch, Mainz 2004, S. 77–90.

Battersby, Christine, *Gender and genius: towards a feminist aesthetics*, London 1989.

Bauer, Hans H., Frank Huber und Carmen-Maria Albrecht, »Meilensteine erfolgreicher Markenführung – Ein Leitfaden für eine kritische Diskussion über die eigene Marke«, in: *Erfolgsfaktoren der Markenführung. Know-how aus Forschung und Management*, hrsg. von Hans H. Bauer, Frank Huber und Carmen-Maria Albrecht, München 2008, S. 1–13.

Bayerdörfer, Hans-Peter, »Homo ridens – Kulturträger – Theatermacher«, in: *Befremdendes Lachen: Komik auf der heutigen Bühne im japanisch-deutschen Vergleich*, hrsg. von Hans-Peter Bayerdörfer und Stanca Scholz-Cionca, München 2005, S. 17–38.

Becker-Cantarino, Barbara, *Schriftstellerinnen der Romantik: Epoche, Werke, Wirkung*, München 2000.

Beer, Axel, *Musik zwischen Komponist, Verlag und Publikum. Die Rahmenbedingungen des Musikschaffens in Deutschland im ersten Drittel des 19. Jahrhunderts*, Tutzing 2000.

Bein, Thomas, Rüdiger Nutt-Kofoth und Bodo Plachta, *Autor – Autorisation – Authentizität*, Tübingen 2004.

Berg, Stefanie Barbara, *Heldenbilder und Gegensätze. Friedrich Barbarossa und Heinrich der Löwe im Urteil des 19. und 20. Jahrhunderts*, Münster/Hamburg 1994.

Bergson, Henri, *Das Lachen. Ein Essay über die Bedeutung des Komischen*, Darmstadt 1988 [*Le rire*, 1900].

Betzwieser, Thomas, »Vorwort«, in: *Giambattiasta Casti. Antonio Salieri. Prima la musica e poi le parole. Divertimento teatrale in un atto. Operetta a quattro voci*, hrsg. von Thomas Betzwieser, Adrian La Salvia und Christine Siegert, Kassel 2013, S. XXVIII–XLIX.

Beyschlag, Willibald, *Aus meinem Leben. Erinnerungen und Erfahrungen der jüngeren Jahre*, Halle a. S. 1896.

Bodsch, Ingrid und Monica Klaus, *Johanna Kinkel. Eine Auswahl aus ihrem literarischen Werk*, Bonn 2010.

Böhme, Franz Magnus, *Volksthümliche Lieder der Deutschen im 18. und 19. Jahrhundert*, Leipzig 1895.

Boockmann, Hartmut, »Ghibellinen oder Welfen, Italien- oder Ostpolitik. Wünsche des deutschen 19. Jahrhunderts an das Mittelalter«, in: *Das Mittelalter. Ansichten, Stereotypen und Mythen zweier Völker im neunzehnten Jahrhundert: Deutschland und Italien*, hrsg. von Reinhard Elze und Pierangelo Schiera, Bologna/Berlin 1988.

Booth, Wayne C., »Der implizite Autor«, in: *Texte zur Theorie der Autorschaft*, hrsg. von Fotis Jannidis u. a., Stuttgart 2000, S. 138–152.

Borchard, Beatrix, »Frau/Mutter/Künstlerin. Bilder – Musen – Reflexionen. Zum Künstlerinnenbild des 19. Jahrhunderts«, in: *Bruckner-Symposion. Künstler-Bilder*, hrsg. von Uwe Harten u. a., Linz/Wien 2000, S. 103–116.

Borchard, Beatrix, »›Ich glaub', ich hab' das‹. Der Klavierzyklus *Das Jahr* – Geschichte einer Entdeckung«, in: *Das Jahr. Zwölf Charakterstücke (1841) für das Fortepiano. Illustrierte Reinschrift mit Zeichnungen von Wilhelm Hensel. Faksimile nach dem Autograph aus dem Besitz des Mendelssohn-Archivs der Staatsbibliothek zu Berlin*, von Fanny Hensel, Kassel 2000, S. III-VI.

Borchard, Beatrix, »Mit Schere und Klebstoff. Montage als wissenschaftliches Verfahren in der Biographik«, in: *Musik und Biographie. Festschrift für Rainer Cadenbach*, hrsg. von Cordula Heymann-Wentzel und Johannes Laas, Würzburg 2004, S. 30–45.

Borchard, Beatrix, *Robert Schumann und Clara Wieck. Bedingungen künstlerischer Arbeit in der ersten Hälfte des 19. Jahrhunderts*, Weinheim/Basel 1985.

Borchard, Beatrix, *Stimme und Geige. Amalie und Joseph Joachim. Biographie und Interpretationsgeschichte*, Wien 2005.

Bork, Camilla, Art. »Virtuosität«, in: *Lexikon Musik und Gender*, hrsg. von Annette Kreutziger-Herr und Melanie Unseld, Kassel 2010, S. 510–511.

Brandt, Ulrike u. a., *Der Maikäfer. Zeitschrift für Nichtphilister. Band 1. Jahrgang 1840 und 1841*, Bonn 1982.

Brandt, Ulrike u. a., *Der Maikäfer. Zeitschrift für Nichtphilister. Band 2. Jahrgang 1842 und 1843/1. Halbjahr*, Bonn 1983.

Brandt-Schwarze, Ulrike u. a., *Der Maikäfer. Zeitschrift für Nichtphilister. Band 3. Jahrgang 1843/2. Halbjahr und 1844*, Bonn 1984.

Brandt-Schwarze, Ulrike u. a., *Der Maikäfer. Zeitschrift für Nichtphilister. Band 4. Jahrgang 1845 und 1846*, Bonn 1985.

BRANDT-SCHWARZE, Ulrike, *Der Maikäfer. Zeitschrift für Nichtphilister. Jahrgang I (1840) und Jahrgang II (1841). Kommentar*, Bonn 1991.

BRÖCKER, Marianne, »Johanna Kinkels schriftstellerische und musikpädagogische Tätigkeit«, in: *Bonner Geschichtsblätter*, 29 (1977), S. 37–48.

BROCKMEIER, Jens und Donal Carbaugh, »Introduction«, in: *Narrative and Identity*, hrsg. von Jens Brockmeier und Donal Carbaugh, Amsterdam/Philadelphia 2001, S. 1–22.

BROCKS, Christine, *Die bunte Welt des Krieges. Bildpostkarten aus dem Ersten Weltkrieg 1914–1918*, Essen 2008.

BRUNNER, Helwig, *Der Nachtigallengesang in der europäischen Kunstmusik. Wesen, Möglichkeiten und Grenzen der musikalischen Umsetzung eines natürlichen Klangereignisses*, Graz 1994.

BUNDESMINISTERIUM der Justiz und für Verbraucherschutz, *Gesetz über Urheberrecht und verwandte Schutzrechte (Urheberrechtsgesetz), Bundesrepublik Deutschland, zuletzt geändert am 05.12.2014*, URL: <http://www.gesetze-im-internet.de/bundesrecht/urhg/gesamt.pdf> (Abruf: 05.02.2015).

BUTLER, Judith, »Performative Acts and Gender Constitution: An Essay in Phenomenology and Feminist Theory«, in: *Theatre Journal*, 40/4 (1988), S. 519–531.

CALELLA, Michele, *Musikalische Autorschaft. Der Komponist zwischen Mittelalter und Neuzeit*, Kassel u. a. 2014.

CALELLA, Michele, »Names of the past: Musical authorship and historical consciousness at the end of the Middle Ages«, in: *The past in the present: Papers read at the IMS Intercongressional Symposium and the 10th Meeting of the Cantus Planus, Budapest & Visegrád, 2000*, hrsg. von László Dobszay, Budapest 2003, S. 119–130.

CALELLA, Michele, »Patronage, Ruhm und Zensur. Bemerkungen zur musikalischen Autorschaft im 15. Jahrhundert«, in: *Autorschaft. Ikonen – Stile – Institutionen*, hrsg. von Christel Meier und Martina Wagner-Egelhaaf, Berlin 2011, S. 145–162.

CALELLA, Michele, »*Praestantissimi artifices*: Musikalische Autorschaft in der Druckkultur der deutschsprachigen Länder (ca. 1507–1550)«, in: *NiveauNischeNimbus: die Anfänge des Musikdrucks nördlich der Alpen*, hrsg. von Birgit Lodes, Tutzing 2010, S. 113–133.

CEPL-KAUFMANN, Gertrude und Antje Johanning, *Mythos Rhein. Kulturgeschichte eines Stromes*, Darmstadt 2003.

CHATMAN, Seymour, *Story and Discourse. Narrative Structure in Fiction and Film*, Ithaca/London 1978.

CITRON, Marcia J., *Gender and the Musical Canon*, Urbana/Chicago 2000 [1993].

COOK, Guy, *Discourse and Literature. The Interplay of Form and Mind*, Oxford 1994.

DADELSEN, Georg von u. a., Art. »Parodie und Kontrafaktur«, in: *MGG2*, Sachteil, Band 7, Kassel 1997, Sp. 1394–1416.

DAHLHAUS, Carl, *Die Musik des 19. Jahrhunderts*, Laaber 1989 [1980].

DAHLHAUS, Carl, *Ludwig van Beethoven und seine Zeit*, Laaber 1987.

DAHLHAUS, Carl, »Musikalischer Realismus«, in: *Gesammelte Schriften. 19. Jahrhundert I. Theorie, Ästhetik, Geschichte: Monographien*, hrsg. von Carl Dahlhaus und Hermann Danuser, Laaber 2002, S. 127–234.

DAHLHAUS, Carl, »Über die musikgeschichtliche Bedeutung der Revolution von 1848«, in: *Melos/NZ*, 4/45/139 (1978), S. 15–19.

DANUSER, Hermann, »Einleitung«, in: *Musikalische Interpretation*, hrsg. von Hermann Danuser, Laaber 1997 [1992], S. 1–72.

DEDRYVÈRE, Laurent, »Regionale und nationale Identität in deutschen Schutzvereinen Österreichs im Spiegel ihrer kulturellen Betätigungen von 1880 bis zum Ende des Ersten Weltkriegs: Das Beispiel des Deutschen Schulvereins und des Vereins Südmark«, in: *Schutzvereine in Ostmitteleuropa. Vereinswesen, Sprachenkonflikte und Dynamiken nationaler Mobilisierung 1860–1939*, hrsg. von Peter Haslinger, Marburg 2009, S. 42–52.

DETERING, Heinrich, *Autorschaft. Positionen und Revisionen*, Stuttgart/Weimar 2002.

DEUTSCH, Otto Erich, *Musikverlagsnummern. Eine Auswahl von 40 datierten Listen. 1710–1900*, Berlin 1961.

DUDENREDAKTION, *Duden. Fremdwörterbuch*, Mannheim u. a. 2005 [1960].

EAKIN, Paul John, *How Our Lives Become Stories. Making Selves*, Ithaca/London 1999.

EAKIN, Paul John, *Living Autobiographically. How we create identity in narrative*, Ithaca/London 2008.

EICHHORN, Jaana, *Geschichtswissenschaft zwischen Tradition und Innovation: Diskurse, Institutionen und Machtstrukturen der bundesdeutschen Frühneuzeitforschung*, Göttingen 2006.

EICHNER, Barbara, *History in Mighty Sounds. Musical Constructions of German National Identity. 1848–1914*, Woodbridge 2012.

EISENLOHR, Henning, *Komponieren als Entscheidungsprozeß. Studien zur Problematik von Form und Gehalt, dargestellt am Beispiel von Elliott Carters »Trilogy for oboe and harp« (1992)*, Kassel 1999.

ELSBERGER, Manfred, *Nina d'Aubigny von Engelbrunner. Eine adelige Musikpädagogin am Übergang vom 18. zum 19. Jahrhundert. Untersuchungen zu ihrem Hauptwerk* Briefe an Natalie über den Gesang, München 2000.

EMANS, Reinmar, »Vom überstrapazierten Autor. Biographische Konstruktionen bei Echtheitskritik«, in: *Musik und Biographie. Festschrift für Rainer Cadenbach*, hrsg. von Cordula Heimann-Wentzel und Johannes Laas, Würzburg 2004, S. 17–29.

EMMOTT, Catherine und Marc Alexander, Art. »Schemata«, in: *the living handbook of narratology*, URL: <http://www.lhn.uni-hamburg.de/article/schemata> (Abruf: 18.06.2013).

ENGELHARDT, Michael von, »Narration, Biographie, Identität. Möglichkeiten und Grenzen des lebensgeschichtlichen Erzählens«, in: *Lernen und Erzählen interdisziplinär*, hrsg. von Olaf Hartung, Ivo Steininger, und Thorsten Fuchs, Wiesbaden 2011, S. 39–60.

ERK, Ludwig, *Deutscher Liederhort. Auswahl der vorzüglichern deutschen Volkslieder aus der Vorzeit und der Gegenwart mit ihren eigenthümlichen Melodien*, Berlin 1856.

ERK, Ludwig und Franz Magnus Böhme, *Deutscher Liederhort. Auswahl der vorzüglichsten Deutschen Volkslieder, nach Wort und Weise aus der Vorzeit und Gegenwart*, Leipzig 1963 [1893/4].

ERVEDOSA, Ciara G., »Johanna Kinkel (1810–1858). Dorothea oder das Lob der Bürgerlichkeit. Die Frauenfrage im Roman ›Hans Ibeles in London‹«, in: *Vom Salon zur Barrikade. Frauen in der Heinezeit*, hrsg. von Irina Hundt, Stuttgart/Weimar 2002, S. 323–335.

ESCH, Franz-Rudolf, *Strategie und Technik der Markenführung*, München 2012 [2003].

ETZEMÜLLER, Thomas, *Biographien*, Frankfurt/New York 2012.

EWERS, Hans-Heino, »Autorposition und Autortypen auf dem Feld der Kinderliteratur«, in: *Erfahrung schrieb's und reicht's der Jugend. Geschichte der deutschen Kinderund Jugendliteratur vom 18. bis zum 20. Jahrhundert. Gesammelte Beiträge aus drei Jahrzehnten*, hrsg. von Hans-Heino Ewers, Frankfurt am Main 2010, S. 303–323.

FETZ, Bernhard und Wilhelm Hemecker, *Theorie der Biographie. Grundlagentexte und Kommentar*, Berlin/New York 2011.

FINK, G. W., »6 Lieder für eine Singstimme mit Begleitung des Pianoforte, in Musik gesetzt von J. Mathieux. op. 7«, in: *Allgemeine Musikalische Zeitung*, 32 (1838), Sp. 524–525.

FISCHER, Carolin, *Der poetische Pakt. Rolle und Funktion des poetischen Ich in der Liebeslyrik bei Ovid, Petrarca, Ronsard, Shakespeare und Baudelaire*, Heidelberg 2007.

FORKEL, Johann Nikolaus, *Allgemeine Geschichte der Musik*, Leipzig 1788/1801.

FORKEL, Johann Nikolaus, *Ueber Johann Sebastian Bachs Leben, Kunst und Kunstwerke*, Leipzig 1802.

FOUCAULT, Michel, »Was ist ein Autor?«, in: *Texte zur Theorie der Autorschaft*, hrsg. von Fotis Jannidis u. a., Stuttgart 2000, S. 198–229.

FREEMAN, Mark, »From substance to story. Narrative, identity, and the reconstruction of the self«, in: *Narrative and Identity*, hrsg. von Jens Brockmeier und Donal Carbaugh, Amsterdam/Philadelphia 2001, S. 283–298.

FÜSSMANN, Klaus, »Historische Formung. Dimensionen der Geschichtsdarstellung«, in: *Historische Faszination. Geschichtskultur heute*, hrsg. von Klaus Füßmann, Heinrich Theodor Grütter und Jörn Rüsen, Köln/Weimar/Wien 1994, S. 27–44.

G., C., »Gesangschulen. Johanna Kinkel, op. 20. Anleitung zum Singen für Kinder von drei bis sieben Jahren«, in: *Neue Zeitschrift für Musik*, 27/31 (1849), S. 141–142.

GECK, Martin, Art. »Realismus«, in: *MGG2*, Sachteil, Band 8, Kassel 1998, Sp. 91–99.

GECK, Martin, *Zwischen Romantik und Restauration. Musik im Realismus-Diskurs der Jahre 1848 bis 1871*, Stuttgart/Weimar/Kassel 2001.

Genette, Gérard, *Paratexte*, Frankfurt am Main 1989.

Giesbrecht, Sabine, »Liedpostkarten als Propagandamedium im Ersten Weltkrieg«, in: *Lied und populäre Kultur*, 50/51 (2005/6), S. 55–97.

Goslich, Marie, »Briefe von Johanna Kinkel«, in: *Preußische Jahrbücher*, 97 (1899), Heft 2/S. 185–222, Heft 3/S. 398–433.

Götz, Christine, »Autortheorien des slavischen Funktionalismus«, in: *Slavische Erzähltheorie. Russische und tschechische Ansätze*, hrsg. von Wolf Schmid, Berlin/Boston 2009, S. 187–238.

Graus, František, *Lebendige Vergangenheit. Überlieferung im Mittelalter und in den Vorstellungen vom Mittelalter*, Köln/Wien 1975.

Grobe, Frank, *Zirkel und Zahnrad. Ingenieure im bürgerlichen Emanzipationskampf um 1900. Die Geschichte der technischen Burschenschaften*, Heidelberg 2009.

Grosch, Nils, »Das ›Vaterländische Lied‹ als Konstrukteur nationaler Identität im frühen 19. Jahrhundert«, in: *Music and the construction of national identities in the 19th century*, hrsg. von Beat A. Föllmi, Nils Grosch und Mathieu Schneider, Baden-Baden/Bouxwiller 2010, S. 37–48.

Grosch, Nils, »Über das Alter der Populären Musik und die Erfindung des ›Volkslieds‹«, in: *Musik und Popularität. Aspekte zu einer Kulturgeschichte zwischen 1500 und heute*, hrsg. von Sabine Meine und Nina Noeske, Münster u. a. 2011, S. 59–76.

Grotjahn, Rebecca, »Das Geschlecht der Stimme«, in: *Musik und Gender. Grundlagen – Methoden – Perspektiven*, hrsg. von Rebecca Grotjahn und Sabine Vogt, Laaber 2010, S. 158–169.

Grotjahn, Rebecca, »Die ›story‹ der unterdrückten Komponistin – ein feministischer Mythos? Anmerkungen zu einigen neuen Publikationen über Fanny Hensel«, in: *Frankfurter Fachzeitschrift für Musikwissenschaft*, 7 (2004), S. 27–45.

Grotjahn, Rebecca, »Diva, Hure, Nachtigall: Sängerinnen im 19. Jahrhundert«, in: *Frauen in der Musikgeschichte. Dokumentation der Ringvorlesung im Sommersemester 2001*, hrsg. von Susanne Rode-Breymann, Köln 2001, S. 41–54.

Grotjahn, Rebecca, »Lieder singen, Lieder schreiben: ›Sechs deutsche Lieder‹ op. 14 von Josephine Lang und Reinhold Köstlin«, in: *Liedersingen: Studien zur Aufführungsgeschichte des Liedes*, hrsg. von Katharina Hottmann, Hildesheim 2013, S. 15–32.

Grotjahn, Rebecca, »›Mein bessres Ich‹ – Schumanns Myrthen als Selbstbildnis des Künstlers«, in: *Autorschaft – Genie – Geschlecht. Musikalische Schaffensprozesse von der Frühen Neuzeit bis zur Gegenwart*, hrsg. von Kordula Knaus und Susanne Kogler, Köln/Weimar/Wien 2013, S. 159–178.

Grotjahn, Rebecca, »Playing at Refinement: A musicological Approach to Music, Gender and Class Around 1900«, in: *German History*, 30/3 (2012), S. 395–411.

Grotjahn, Rebecca, »Zyklizität und doppelte Autorschaft im Liebesfrühling von Clara und Robert Schumann«, in: *Robert Schumann. Persönlichkeit, Werk und Wirkung. Bericht über die Internationale Musikwissenschaftliche Konferenz vom 22. bis 24. April 2010 in Leipzig*, hrsg. von Helmut Loos, Leipzig 2011, S. 69–89.

GRUHN, Wilfried, *Geschichte der Musikerziehung. Eine Kultur- und Sozialgeschichte vom Gesangsunterricht der Aufklärungspädagogik zu ästhetisch-kultureller Bildung*, Hofheim 2003 [1993].

GÜLKE, Peter, Art. »Dirigieren«, in: *MGG2*, Sachteil, Band 2, Kassel 1995, Sp. 1257–1273.

HAMANN, Brigitte, *Hitlers Wien. Lehrjahre eines Diktators*, München/Zürich 1998.

HÄNTZSCHEL, Günter, »›Des Knaben Wunderhorn‹ im Kontext der Anthologien des 19. Jahrhunderts«, in: *Das »Wunderhorn« und die Heidelberger Romantik: Mündlichkeit, Schriftlichkeit, Performanz*, hrsg. von Walter Pape, Tübingen 2005, S. 49–58.

HARRIS, Ellen T., Art. »Messa di voce«, in: *Grove Music Online. Oxford Music Online*, URL: <http://www.oxfordmusiconline.com/subscriber/article/grove/music/18491> (Abruf: 06.01.2015).

HARTEN, Uwe, »Zur Eröffnung«, in: *Bruckner-Symposion. Künstler-Bilder*, hrsg. von Uwe Harten u. a., Linz/Wien 2000, S. 7–11.

HARZEN-MÜLLER, A. N., »Johanna Kinkel als Musikerin«, in: *Musikalisches Wochenblatt*, 41 (1910), Nr. 13/S. 129–132, Nr. 14/S. 143–146.

HEINEN, Sandra, *Literarische Inszenierung von Autorschaft. Geschlechtsspezifische Autorschaftsmodelle in der englischen Romantik*, Trier 2006.

HELLWIG-UNRUH, Renate, »Werkverzeichnis«, in: *Fanny Hensel, geb. Mendelssohn Bartholdy – Das Werk*, hrsg. von Martina Helmig, München 1997, S. 168–177.

HENSELER, Theodor Anton, *Das musikalische Bonn im 19. Jahrhundert*, Bonn 1959.

HERBST, Dieter, *Der Mensch als Marke. Konzepte – Beispiele – Experteninterviews*, Göttingen 2003.

HEROLD, Anja, Art. »Kinkel, Johanna, geb. Mockel, gesch. Mathieux, Matthieux«, in: *Instrumentalistinnen-Lexikon des Sophie Drinker Instituts*, URL: <http://www.sophie-drinker-institut.de/cms/index.php/kinkel-johanna?page=kinkel-johanna> (Abruf: 02.02.2015).

HERRMANN, Britta, »›So könnte dies ja am Ende ohne mein Wissen und Glauben Poesie sein?‹ – Über ›schwache‹ und ›starke‹ Autorschaften«, in: *Autorschaft. Positionen und Revisionen*, hrsg. von Heinrich Detering, Stuttgart/Weimar 2002, S. 479–500.

HESSE, Werner, »Gottfried und Johanna Kinkel in Bonn«, in: *Bonner Archiv*, 5 (1893/4), Nr. 1–5/7/10–12.

HILDESHEIMER, Wolfgang, »Die Subjektivität des Biographen«, in: *Theorie der Biographie. Grundlagentexte und Kommentar*, hrsg. von Bernhard Fetz und Wilhelm Hemecker, Berlin/New York 2011, S. 285–301.

HOBBES, Thomas, *Leviathan, or The Matter, Form, and Power of a Common-Wealth Ecclesiastical and Civil*, London 1651.

HOBBES, Thomas, *The elements of law, natural and politic*, London 1889 [1640].

HOBBES, Thomas, *Vom Menschen. Vom Bürger*, Hamburg 1966 [De Cive, 1642].

HOLZAPFEL, Friedrich, *Neuer Almanach. Erster Jahrgang. 1823. Den Freunden der Kunst gewiedmet*, München 1823.

HUMPHRIES, Charles und William C. Smith, *Music Publishing in the British Isles*, London 1954.

JAMES, William, *The Principles of Psychology*, New York 1890.

JANDER, Owen, Art. »Virtuoso«, in: *Grove Music Online. Oxford Music Online*, URL: <http://www.oxfordmusiconline.com/subscriber/article/grove/music/29502> (Abruf: 09.01.2015).

JANNIDIS, Fotis, Art. »Autorfunktion«, in: *Metzler-Lexikon. Literatur- und Kulturtheorie*, hrsg. von Ansgar Nünning, Stuttgart 2004 [1998], S. 38.

JANNIDIS, Fotis u. a., *Rückkehr des Autors. Zur Erneuerung eines umstrittenen Begriffs*, Tübingen 1999.

JAWORSKI, Rudolf, »Nationale Botschaften im Postkartenformat. Aus dem Bildarsenal deutscher und tschechischer Schutzvereine vor 1914«, in: *Schutzvereine in Ostmitteleuropa. Vereinswesen, Sprachenkonflikte und Dynamiken nationaler Mobilisierung 1860–1939*, hrsg. von Peter Haslinger, Marburg 2009, S. 142–157.

JOESTEN, Joseph, »Ungedruckte Kinkel-Briefe aus dem Flüchtlingsleben in London«, in: *Bonner Zeitung*, 14/298–303 (19.–24.12.1905).

JÖRISSEN, Benjamin, »George Herbert Mead: Geist, Identität und Gesellschaft aus der Perspektive des Sozialbehaviorismus«, in: *Schlüsselwerke der Identitätsforschung*, hrsg. von Benjamin Jörissen und Jörg Zirfas, Wiesbaden 2010, S. 87–108.

K., J., »Demokratenlied«, in: *Bonner Zeitung*, 192 (06.12.1848).

KADEN, Christian, Detlef Giese und Bernhard Schrammek, Art. »Musiksoziologie«, in: *MGG2*, Sachteil, Band 6, Kassel 1997, Sp. 1618–1670.

KAUFMANN, Leopold, »Rheinische Liederschau«, in: *Das neue Europa. Chronik der gebildeten Welt*, I/10/VI (1846), S. 156–158.

KAUFMANN, Paul, »Johanna Kinkel. Neue Beiträge zu ihrem Lebensbild«, in: *Schriftenreihe der Preußischen Jahrbücher*, 22 (1931).

KAUFMANN, Paul, »Johanna und Gottfried Kinkel. Nach Kaufmannschen Familienpapieren«, in: *Annalen des Historischen Vereins für den Niederrhein*, 118 (1931), S. 105–131.

KAUFMANN, Paul, »Noch einmal auf Johanna Kinkels Spuren,« in: *Preußische Jahrbücher*, 229 (1932), S. 263–268.

KAUL, Camilla G., *Friedrich Barbarossa im Kyffhäuser. Bilder eines nationalen Mythos im 19. Jahrhundert*, Köln/Weimar/Wien 2007.

KIESEWETTER, Raphael Georg, *Geschichte der europäisch-abendländischen oder unsrer heutigen Musik*, Leipzig 1834.

KINDT, Tom und Hans-Harald Müller, *The Implied Author. Concept and Controversy*, Berlin 2006.

KINDT, Tom und Hans-Harald Müller, »Was war eigentlich der Biographismus – und was ist aus ihm geworden? Eine Untersuchung«, in: *Autorschaft. Positionen und Revisionen*, hrsg. von Heinrich Detering, Stuttgart/Weimar 2002, S. 355–375.

KINKEL, Gottfried, *Gedichte*, Stuttgart/Tübingen 1843.

KINKEL, Gottfried, *Gedichte. Dritte vermehrte Auflage*, Stuttgart/Tübingen 1851 [1843].

KINKEL, Gottfried, *Gedichte. Sechste Auflage*, Stuttgart/Augsburg 1857 [1843].

KINKEL, Gottfried, *Vom Rhein. Leben, Kunst und Dichtung. Jahrgang 1847*, Essen 1847.

KINKEL, Gottfried jun., »Aus Johanna Kinkels Memoiren«, in: *Der Zeitgeist. Beilage zum Berliner Tageblatt*, 1886, Nr. 39/S. 2, Nr. 40/S. 2–3, Nr. 41/S. 2–3, Nr. 42/S. 2, Nr. 43/S. 3, Nr. 44/S. 2–3, Nr. 45/S. 3–4, Nr. 46/S. 2, Nr. 47/S. 1–2.

KINKEL, Gottfried und Johanna Kinkel, *Erzählungen*, Stuttgart/Tübingen 1849.

KINKEL, Johanna, *Acht Briefe an eine Freundin über Clavier-Unterricht*, Stuttgart/Tübingen 1852.

KINKEL, Johanna, »Musikalische Zustände und deutsche Musiker in London«, in: *Morgenblatt für gebildete Leser*, 47 (1853), Nr. 11/S. 261–263, Nr. 13/S. 309–312, Nr. 15/S. 359–360.

KINKEL, Johanna, »Theater in Bonn. Donnerstag 9. Febr. Die Entführung aus dem Serail, Oper in 3 Akten von Mozart«, in: *Neue Bonner Zeitung*, 33 (10.02.1849).

KLAUS, Monica, »›. . . die Nachtigall hat etwas detoniert!‹: Johanna Kinkels ›Vogelkantate‹ – eine Komposition und ihre Geschichte«, in: *Bonner Geschichtsblätter*, 53/54 (2004), S. 289–300.

KLAUS, Monica, *Johanna Kinkel. Romantik und Revolution*, Köln/Weimar/Wien 2008.

KLAUS, Monica, *Liebe treue Johanna! Liebster Gottit! Der Briefwechsel zwischen Gottfried und Johanna Kinkel. 1840–1858. Band 1–3*, Bonn 2008.

KLEIN, Hans-Günter, »Auch in künstlerischer Zusammenarbeit vereint – Wilhelm Hensel, zeichnend, und Fanny Hensel, komponierend«, in: *Jahrbuch Preußischer Kulturbesitz. Band XXXV*, hrsg. von Klaus-Dieter Lehmann, Berlin 1999, S. 265–276.

KLEINSTEUBER, Hans J., *Radio. Eine Einführung*, Wiesbaden 2012.

KLEPPER, Martin, »Rethinking narrative identity: Persona and perspective«, in: *Rethinking Narrative Identity. Persona and Perspective*, hrsg. von Claudia Holler und Martin Klepper, Amsterdam/Philadelphia 2013, S. 1–31.

KLUGE, Friedrich, *Etymologisches Wörterbuch der deutschen Sprache*, Berlin/Boston 2012 [1883].

KNAUS, Kordula und Susanne Kogler, *Autorschaft – Genie – Geschlecht. Musikalische Schaffensprozesse von der Frühen Neuzeit bis zur Gegenwart*, Köln/Weimar/Wien 2013.

KOGLER, Susanne, »Autorschaft, Genie, Geschlecht. Einleitende Überlegungen zum Thema«, in: *Autorschaft – Genie – Geschlecht. Musikalische Schaffensprozesse von der Frühen Neuzeit bis zur Gegenwart*, hrsg. von Kordula Knaus und Susanne Kogler, Köln/Weimar/Wien 2013, S. 9–22.

KORD, Susanne, *Sich einen Namen machen. Anonymität und weibliche Autorschaft 1700–1900*, Stuttgart/Weimar 1996.

KREUTZIGER-HERR, Annette und Melanie Unseld, *Lexikon Musik und Gender*, Kassel 2010.

KRONES, Hartmut, Art. »Musik und Rhetorik«, in: *MGG2*, Sachteil, Band 6, Kassel 1997, Sp. 814–852.

KRUSENSTJERN, Benigna von, »Was sind Selbstzeugnisse? Begriffskritische und quellenkundliche Überlegungen anhand von Beispielen aus dem 17. Jahrhundert«, in: *Historische Anthropologie*, 2 (1994), S. 462–471.

LEOPOLD, Silke, *Mozart Handbuch*, Kassel 2005.

LEPPLA, Rupprecht, *Johanna und Gottfried Kinkels Briefe an Kathinka Zitz. 1849–1861*, Bonn 1958.

LEWALD, Fanny, »Johanna Kinkel. 1858«, in: *Zwölf Bilder nach dem Leben. Erinnerungen von Fanny Lewald*, hrsg. von Fanny Lewald, Berlin 1888, S. 1–34.

LINDER-BEROUD, Waltraud, »›Immer hör' vom Rhein ich singen. . . ‹ Der Rhein – ein Strom deutschen Gefühls«, in: *Symbole. Zur Bedeutung der Zeichen in der Kultur*, hrsg. von Rolf Wilhelm Brednich und Heinz Schmitt, Münster u. a. 1997, S. 267–284.

LISSA, Zofia, »Über das Komische in der Musik«, in: *Aufsätze zur Musikästhetik*, hrsg. von Zofia Lissa, Berlin 1969.

LOBE, Johann Christian, *Lehrbuch der Musikalischen Komposition. Vierter und letzter Band. Die Oper*, Leipzig 1867.

LOESCH, Heinz von, »Virtuosität als Gegenstand der Musikwissenschaft«, in: *Musikalische Virtuosität*, hrsg. von Heinz von Loesch, Mainz 2004, S. 11–16.

LORENZ, Oswald, »Lieder«, in: *Neue Zeitschrift für Musik*, 20/8 (1838), S. 77–78.

LÖSCHNIGG, Martin, Art. »Autobiographischer Pakt«, in: *Metzler-Lexikon. Literatur- und Kulturtheorie*, hrsg. von Ansgar Nünning, Stuttgart 2004 [1998], S. 34.

LOSLEBEN, Katrin, *Musik – Macht – Patronage. Kulturförderung als politisches Handeln im Rom der Frühen Neuzeit am Beispiel der Christina von Schweden (1626–1689)*, Köln 2012.

LOVE, Harold, *Attributing Authorship: An Introduction*, Cambridge 2002.

MARTEN, Rainer, »Ensemble der Freiheiten. Philosophisches zum musikalischen Werkbegriff«, in: *Musik & Ästhetik*, 11/43 (2007), S. 5–16.

MARTENS, Gunter, »Autor – Autorisation – Authentizität. Terminologische Überlegungen zu drei Grundbegriffen der Editionsphilologie«, in: *Autor – Autorisation – Authentizität*, hrsg. von Thomas Bein, Rüdiger Nutt-Kofoth und Bodo Plachta, Tübingen 2004, S. 39–50.

MCLUHAN, Marshall, »The Medium is the message«, in: *Understanding Media. The Extension of Man*, hrsg. von Marshall McLuhan, Cambridge/Massachusetts 2001 [1964].

MECKING, Sabine, »Gelebte Empathie und donnerndes Pathos. Gesang und Nation im 19. Jahrhundert«, in: *Musik – Macht – Staat. Kulturelle, soziale und politische Wandlungsprozess in der Moderne*, hrsg. von Sabine Mecking und Yvonne Wasserloos, Göttingen 2012, S. 99–126.

MENRATH, Thomas, Art. »Etüde«, in: *MGG2*, Sachteil, Band 3, Kassel 1995, Sp. 199–207.

METZELAERS, Stefanie, Art. »Biographismus/Biographische Textdeutung«, in: *Metzler-Lexikon. Literatur- und Kulturtheorie*, hrsg. von Ansgar Nünning, Stuttgart 2004 [1998], S. 64.

MEUTER, Norbert, »Identität und Empathie. Über den Zusammenhang von Narrativität und Moralität«, in: *Narrative Ethik. Das Gute und das Böse erzählen*, hrsg. von Karen Joisten, Berlin 2007, S. 45–60.

MEYER-KRÄMER, Rudolf, »Jakob Burckhardt und Gottfried (und Johanna) Kinkel. Ungedruckte Briefe«, in: *Deutsche Revue über das gesamte nationale Leben der Gegenwart*, 24/1 (1899), S. 70–92/S. 286–302.

MEYSENBUG, Malwida von, *Memoiren einer Idealistin*, Berlin/Leipzig 1900 [Mémoires d'une idéaliste, 1869].

MILDORF, Jarmila, »Referential frameworks and focalization in a craft artist's life story: A socionarratological perspective on identity«, in: *Rethinking Narrative Identity. Persona and Perspective*, hrsg. von Claudia Holler und Martin Klepper, Amsterdam/Philadelphia 2013, S. 103–116.

MITTAG, Susanne, *Johanna Kinkel (1810–1858) oder die Kunst ohne Stimme zu singen*, Mühlheim am Rhein 2008.

MITTNER, Lilli, *Studien zum kulturellen Handeln komponierender Frauen des 19. Jahrhunderts in Norwegen*, Druck in Vorbereitung.

MÜLLER, Beate, Art. »Komik und Komiktheorien«, in: *Metzler-Lexikon. Literatur- und Kulturtheorie*, hrsg. von Ansgar Nünning, Stuttgart 2004 [1998], S. 331–332.

MÜLLER, Karin und Angelika Wenzel, »›Ich mag keine Dilettantin sein, ich wil Künstlerin werden‹ – Leben und Werk der Johanna Kinkel (1810–1858)«, in: *»Ich möchte mir Flügel wünschen«. Schriftstellerinnen und Komponistinnen in der Romantik*, hrsg. von Karin Müller und Angelika Wenzel, Karlsruhe 1991, S. 72–81.

MÜLLER, Nadine, *Kunst & Marketing*, Regensburg 2010.

MÜLLER-LINDENBERG, Ruth, »›Gibt's da was zu lachen?‹ Überlegungen zur Komik in Musik und Musiktheater«, in: *Musiktheater im Fokus*, hrsg. von Sieghart Döhring und Stefanie Rauch, Sinzig 2014, S. 301–317.

N. N., »J. Matthieux, op. 17. Sechs Lieder für eine tiefe Stimme mit Begleitung des Pianoforte«, in: *Neue Zeitschrift für Musik*, 28/15 (19.02.1848), S. 87–88.

N. N., »J. Matthieux: Sechs Lieder für eine Singstimme mit Begleitung des Pianoforte. op. 16. Leipzig, bei Hofmeister. Preis 15 Ngr«, in: *Allgemeine Musikalische Zeitung*, 44 (13.07.1842), Sp. 560.

N. N., »Johanna Kinkel, op. 19. Sechs Lieder für Alt oder Bariton mit Clavierbegleitung«, in: *Neue Zeitschrift für Musik*, 30/27 (02.04.1849), S. 146.

N. N., »Sechs Gedichte von Emanuel Geibel, in Musik gesetzt von J. Mathieux. op. 8«, in: *Allgemeine Musikalische Zeitung*, 39 (26.09.1838), S. 637–638.

N. N., *Zonophone Record Catalogue. Season 1913–14*, London 1914.

NIEBERLE, Sigrid, *FrauenMusikLiteratur. Deutschsprachige Schriftstellerinnen im 19. Jahrhundert*, Stuttgart/Weimar 1999.

NIEBERLE, Sigrid, Art. »Kinkel, Johanna, geb. Mockel, geschiedene Mathieux, Matthieux«, in: *MGG2*, Personenteil, Band 10, Kassel 2003, Sp. 131–134.

NIEMÖLLER, Klaus Wolfgang, »Die Musikwissenschaftlerin Dr. Else Thalheimer-Lewertoff und die Diskussion um ›jüdische Musik‹«, in: *Musikwissenschaft im Rheinland um 1930*, hrsg. von Klaus Pietschmann und Robert von Zahn, Kassel 2012, S. 220–247.

NOA, Miriam, *Volkstümlichkeit und Nationbuilding. Zum Einfluss der Musik auf den Einigungsprozess der deutschen Nation im 19. Jahrhundert*, Münster u. a. 2013.

NOESKE, Nina, »Virtuosität als Massenphänomen. Das Jahr 1848 in der Musikpublizistik«, in: *Musik und Popularität. Aspekte zu einer Kulturgeschichte zwischen 1500 und heute*, hrsg. von Sabine Meine und Nina Noeske, Münster u. a. 2011, S. 123–143.

NÜNNING, Ansgar, Art. »Autor, impliziter«, in: *Metzler-Lexikon. Literatur- und Kulturtheorie*, hrsg. von Ansgar Nünning, Stuttgart 2004 [1998], S. 37.

NÜNNING, Ansgar, Art. »Kommunikationsmodell dramatischer, lyrischer und narrativer Texte«, in: *Metzler-Lexikon. Literatur- und Kulturtheorie*, hrsg. von Ansgar Nünning, Stuttgart 2004 [1998], S. 336–337.

OSTERKAMP, Ernst, »Einführung«, in: *Autorschaft. Positionen und Revisionen*, hrsg. von Heinrich Detering, Stuttgart/Weimar 2002, S. 177–180.

OTT, Karin und Eugen Ott, *Handbuch der Verzierungskunst in der Musik. Band 1. Grundlagen*, München 1997.

OTT, Karin und Eugen Ott, *Handbuch der Verzierungskunst in der Musik. Band 2. Die Vokalmusik von den Anfängen bis 1750*, München 1997.

PAHNKE, Max, »Briefe von Johanna Kinkel an Willibald Beyschlag«, in: *Preußische Jahrbücher*, 122 (1905), S. 77–122.

PAHNKE, Max, »Der Schauplatz von Gottfried und Johanna Kinkels Lebensstunden«, in: *Bonner Zeitung*, 30/293 (17.12.1921).

PECH, Klaus-Ulrich, »Vom Biedermeier zum Realismus«, in: *Geschichte der deutschen Kinder- und Jugendliteratur*, hrsg. von Reiner Wild, Stuttgart/Weimar 2008 [1990], S. 131–170.

PLATEN, Emil, Art. »Fuge«, in: *MGG2*, Sachteil, Band 3, Kassel 1995, Sp. 930–957.

PLESSNER, Helmuth, *Lachen und Weinen: Eine Untersuchung nach den Grenzen menschlichen Verhaltens*, Bern u. a. 1961.

PLONIEN, Klaus, »›Germany's River, but noch Germany's Border‹ – The Rhine as a National Myth in Early 19th Century German Literature«, in: *National Identities*, 1/2 (2000), S. 81–86.

PÖRKSEN, Bernhard, »Schlüsselwerke des Konstruktivismus. Eine Einführung«, in: *Schlüsselwerke des Konstruktivismus*, hrsg. von Bernhard Pörksen, Wiesbaden 2015 [2011], S. 3–18.

PORTER, Cecelia Hopkins, *The Rhine as Musical Metaphor. Cultural Identity in German Romantic Music*, Boston 1996.

POTTER, Pamela, *Die deutscheste der Künste: Musikwissenschaft und Gesellschaft von der Weimarer Republik bis zum Ende des Dritten Reichs*, Stuttgart 2000.

REIMER, Erich, Art. »Virtuose«, in: *Handwörterbuch der musikalischen Terminologie. Ordner VI: Si–Z*, hrsg. von Albrecht Riethmüller, Stuttgart 1972, S. 1–8.

REIMERS, Anne, »Paartherapeutisches Malen. Eins plus eins macht eins: Die Houldsworth Gallery in London zeigt gemeinsame Werke von Künstlerpaaren«, in: *Frankfurter Allgemeine Sonntagszeitung*, 13 (01.04.2012), S. 55.

REIMERS, Astrid, *Laienmusizieren in Köln*, Köln 1996.

REINFANDT, Christoph, Art. »Kommunikation, literarische«, in: *Metzler-Lexikon. Literatur- und Kulturtheorie*, hrsg. von Ansgar Nünning, Stuttgart 2004 [1998], S. 334–335.

RELLSTAB, Ludwig, »Die Vogelcantate, musikalischer Scherz für fünf Singstimmen mit Clavierbegleitung von L. Mathieux. Berlin bei T. Trautwein. op. 1«, in: *Iris im Gebiete der Tonkunst*, 1/10 (04.01.1839), S. 2–3.

RELLSTAB, Ludwig, »Sechs Lieder für eine Singstimme mit Begl. des Pfte. von J. Mathieux. op. 7«, in: *Iris im Gebiete der Tonkunst*, 2/9 (12.01.1838), S. 5–7.

RICKLEFS, Ulfert, »Das ›Wunderhorn‹ im Licht von Arnims Kunstprogramm und Poesieverständnis «, in: *Das »Wunderhorn« und die Heidelberger Romantik: Mündlichkeit, Schriftlichkeit, Performanz*, hrsg. von Walter Pape, Tübingen 2005, S. 147–194.

RIEGER, Eva, *Frau und Musik. Mit Texten von Nina d'Aubigny[. . .]*, Kassel 1990.

RIEWALD, J. G., »Parody as Criticism«, in: *Neophilologus*, 50 (1966), S. 125–148.

RIMMON-KENAN, Shlomith, *Narrative Fiction*, London/New York 2008 [1983].

RITTERSHAUS, Adeline, »Felix Mendelssohn und Johanna Kinkel. Ungedruckte Tagebuchblätter u. Briefe«, in: *Wiener Neue Freie Presse. Morgenblatt*, 12806 (19.04.1900), S. 1–4.

RÖLLEKE, Heinz, »›Des Knaben Wunderhorn‹ – eine romantische Liedersammlung: Produktion – Distribution – Rezeption«, in: *Das »Wunderhorn« und die Heidelberger Romantik: Mündlichkeit, Schriftlichkeit, Performanz*, hrsg. von Walter Pape, Tübingen 2005, S. 3–19.

RÖLLEKE, Heinz, »Rheinromantik und ›Des Knaben Wunderhorn‹. Anregungen und Wirkungen der Arnime/Brentano'schen Liedersammlung von 1805/1808«, in: *Episteme der Romantik. Volkskundliche Erkundungen*, hrsg. von Michael Simon, Wolfgang Seidenspinner und Christina Niem, Münster 2014, S. 21–35.

RÖSING, Helmut, »Musikpsychologische Aspekte von ›Komponistenbildern‹: Selbstinszenierung – Fremdinszenierung – Legendenbildung«, in: *Bruckner-Symposion. Künstler-Bilder*, hrsg. von Uwe Harten u. a., Linz/Wien 2000, S. 25–34.

RÜCKERT, Friedrich, *Kranz der Zeit. Zweiter Band*, Stuttgart/Tübingen 1817.

RUF, Wolfgang u. a., Art. »Arie«, in: *MGG2*, Sachteil, Band 1, Kassel 1994, Sp. 809–841.

RUSCH, Gebhard, Art. »Konstruktivismus, radikaler«, in: *Metzler-Lexikon. Literatur- und Kulturtheorie*, hrsg. von Ansgar Nünning, Stuttgart 2004 [1998], S. 345–347.

RUTZ, Andreas, »Ego-Dokument oder Ich-Konstruktion? Selbstzeugnisse als Quellen zur Erforschung des frühneuzeitlichen Menschen«, in: *zeitenblicke*, 1/2 (2002), URL: <http://www.zeitenblicke.historicum.net/2002/02/rutz/index.html> (Abruf: 05.02.2015).

Salmen, Walter und Marianne Bröcker, Art. »Musiker«, in: *MGG2*, Sachteil, Band 6, Kassel 1997, Sp. 1213–1258.

Sander, Richard, *Gottfried Kinkels Selbstbiographie. 1838–1848*, Bonn 1931.

Schabert, Ina, »Interauktorialität«, in: *Deutsche Vierteljahrsschrift für Literaturwissenschaft und Geistesgeschichte*, 57/4 (1983), S. 679–701.

Schäfer, Susanne, *Komik in Kultur und Kontext*, München 1996.

Scheibe, Siegfried, »Zur Abgrenzung der Begriffe Autorisation und Authentizität«, in: *Autor – Autorisation – Authentizität*, hrsg. von Thomas Bein, Rüdiger Nutt-Kofoth und Bodo Plachta, Tübingen 2004, S. 31–38.

Schepping, Wilhelm, »Lied- und Musikforschung«, in: *Grundriß der Volkskunde. Einführung in die Forschungsfelder der Europäischen Ethnologie*, hrsg. von Rolf W. Brednich, Berlin 2001, S. 587–616.

Schierenberg, Ernst, »Erinnerungsblätter von Johanna Kinkel«, in: *Deutsche Revue*, 19 (1894), Bd. 2/S. 81–99/S. 200–209/S. 337–347, Bd. 3/S. 74–86/S. 203–312/ S. 341–359.

Schilling-Sandvoss, Katharina, *Kindgemäßer Musikunterricht in den musikpädagogischen Auffassungen des 18. und 19. Jahrhunderts*, Frankfurt am Main u. a. 1997.

Schlaffer, Heinz, »Die Aneignung von Gedichten. Grammatisches, rhetorisches und pragmatisches Ich in der Lyrik«, in: *Poetica*, 27 (1995), S. 38–57.

Schneider, Helmut J., »Seele und Maschine. Zur Virtuosität des poetischen Werks in der klassisch-romantischen Epoche«, in: *Genie. Virtuose. Dilettant. Konfigurationen romantischer Schöpfungsästhetik*, hrsg. von Gabriele Brandstetter und Gerhard Neumann, Würzburg 2011, S. 45–66.

Schönert, Jörg, Peter Hühn und Malte Stein, *Lyrik und Narratologie*, Berlin 2007.

Schulte, J. F., *Johanna Kinkel: nach ihren Briefen und Erinnerungsblättern*, Münster 1908.

Schulze, Hagen, *Der Weg zum Nationalstaat. Die deutsche Nationalbewegung vom 18. Jahrhundert bis zur Reichsgründung*, München 1997 [1985].

Schulze, Hagen, *Kleine deutsche Geschichte*, München 2000 [1998].

Schulze, Hagen, *Staat und Nation in der europäischen Geschichte*, München 1995 [1994].

Schwartz, Seth J., Koen Luyckx und Vivian L. Vignoles, *Handbook of Identity Theory and Research*, New York u. a. 2011.

Schwemmer, Oswald, *Handlung und Struktur. Zur Wissenschaftstheorie der Kulturwissenschaften*, Frankfurt am Main 1987.

Sehulster, Jerome R., »Richard Wagner's creative vision at La Spezia: or The retrospective interpretation of experience in autobiographical memory as a function of an emerging identity«, in: *Narrative and Identity*, hrsg. von Jens Brockmeier und Donal Carbaugh, Amsterdam/Philadelphia 2001, S. 187–217.

Seibt, Gustav, »Der Einspruch des Körpers. Philosophien des Lachens von Platon bis Plessner – und zurück«, in: *Merkur*, 09–10/56 (2002), S. 751–762.

SEIBT, Oliver, »Aus dem Rahmen gefallen. Ein Versuch, mit Erving Goffman zu erklären, wann es in der Musik witzig wird«, in: *Musik und Humor. Scherz, Satire, Ironie und tiefere Bedeutung in der Musik*, hrsg. Hartmut von Hein und Fabian Kolb, Laaber 2010, S. 13–29.

SEIDEL, Wilhelm, *Werk und Werkbegriff in der Musikgeschichte*, Darmstadt 1987.

SKINNER, Quentin, »Hobbes and the Classical Theory of Laughter«, in: *Leviathan. After 350 Years*, hrsg. von Tom Sorell und Luc Foisneau, Oxford 2004.

SMITH, Sidonie und Julia Watson, *Interfaces. Women/Autobiography/Image/Performance*, Ann Arbor 2005.

SPONHEUER, Bernd, »Reconstructing Ideal Types of the ›German‹ in Music«, in: *Music and German National Identity*, hrsg. von Celia Applegate und Pamela Potter, Chicago 2002, S. 36–58.

STAŠKOVÁ, Alice, »Tom Kindt/Hans-Harald Müller, The implied Author. Concept and Controversy«, in: *Arbitrium*, 3 (2008), S. 260–265.

STAUDER, Thomas, *Die literarische Travestie*, Frankfurt am Main 1992.

STILLE, Michael, *Möglichkeiten des Komischen in der Musik*, Frankfurt am Main 1990.

STORCH, Christian, *Der Komponist als Autor. Alfred Schnittkes Klavierkonzert*, Köln/Weimar/Wien 2011.

STROHMANN, Nicole K., *Gattung, Geschlecht und Gesellschaft im Frankreich des ausgehenden 19. Jahrhunderts. Studien zur Dichterkomponistin Augusta Holmès*, Hildesheim 2012.

SUCKOW, Dirk, »Der Rhein als politischer Mythos in Deutschland und Frankreich«, in: *Oder-Odra. Blicke auf einen europäischen Strom*, hrsg. von Karl Schlögel und Beata Halicka, Frankfurt am Main 2007, S. 47–60.

SYNOFZIK, Thomas, »Genderspezifische Editionsprobleme? Die *Gedichte aus Rückerts Liebesfrühling* von Clara Schumann op. 12«, in: *Louise Farrenc und die Klassik-Rezeption in Frankreich*, hrsg. von Rebecca Grotjahn und Christin Heitmann, Oldenburg 2006, S. 215–226.

THALHEIMER, Else, *Johanna Kinkel als Musikerin*, Bonn 1922.

UNIVERSITÄTS- UND LANDESBIBLIOTHEK BONN, Abteilung Handschriften und Rara, *Nachlaß Gottfried und Johanna Kinkel. Findbuch*, URL: <http://www.ulb.uni-bonn.de/die-ulb/publikationen/findbuecher-inhaltslisten/kinkel/view> (Abruf: 20.05.2015).

UNIVERSITÄTS- UND LANDESBIBLIOTHEK BONN, Abteilung Handschriften und Rara, *Nachlaß Gottfried und Johanna Kinkel. Überarbeitung der Stammtafeln zum Familienkreis*, URL: <http://www.ulb.uni-bonn.de/die-ulb/publikationen/findbuecher-inhaltslisten/kinkel-01> (Abruf: 29.01.2015).

UNSELD, Melanie, »(Auto-)Biographie und musikwissenschaftliche Genderforschung«, in: *Musik und Gender. Grundlagen – Methoden – Perspektiven*, hrsg. von Rebecca Grotjahn und Sabine Vogt, Laaber 2010, S. 81–93.

UNSELD, Melanie, »Begleitmusik für die Transformation zum Helden«, in: *Musik bezieht Stellung. Funktionalisierung der Musik im Ersten Weltkrieg*, hrsg. von Stefan Hanheide u. a., Göttingen 2013, S. 31–62.

VANCHENA, Lorie A., *Political Poetry in Periodicals and the Shaphing of German National Consciousness in the Nineteenth Century*, New York 2000.

VANCHENA, Lorie A., »The Rhine Crisis of 1840: Rheinlieder, German Nationalism, and the Masses«, in: *Searching for Common Ground. Diskurse zur deutschen Identität 1750–1871*, hrsg. von Nicholas Vazsonyi, Weimar 2000, S. 239–251.

WAGNER, Richard, *Oper und Drama. Dritter Theil. Dichtkunst und Tonkunst im Drama der Zukunft*, Leipzig 1852.

WALD, Uta, *Felix Mendelssohn Bartholdy. Sämtliche Briefe. Band 5. Juli 1836 bis Januar 1838*, Kassel 2012.

WEISSWEILER, Eva, *Komponistinnen vom Mittelalter bis zur Gegenwart. Eine Kultur- und Wirkungsgeschichte in Biographie und Werkbeispielen*, München 1999.

WERNER, Johannes, *Maxe von Arnim*, Leipzig 1937.

WHISTLING, Carl Friedrich, *Handbuch der musikalischen Literatur. Dritter Ergänzungsband der von 1834–38 erschienenen Werke von Adolph Hofmeister*, Hildesheim/New York 1975 [1839].

WHITTLE, Ruth und Debbie Pinfold, *Voices of Rebellion*, Bern 2005.

WICHERN, Johann Hinrich, *Briefe und Tagebuchblätter. II. Band. 1849–1857*, Hamburg, 1901.

WILLISON LEMKE, Ann, »Johanna Kinkel (1810–1858). Alles Schaffen ist wohl eine Wechselwirkung von Inspiration und Willen«, in: *Annäherung IX – an sieben Komponistinnen*, hrsg. von Clara Mayer, Kassel 1998, S. 53–70.

WILLISON LEMKE, Ann, Art. »Kinkel, Johanna«, in: *The New Grove*, Vol. 13, London 2001, S. 611.

WILLISON Lemke, Ann, »Robert Schumann und Johanna Kinkel. Musikalische Stimmen der Revolution von 1848/49«, in: *Umbruch der Kulturen – Die europäischen Revolutionen von 1848/49*, hrsg. von Wolfgang Bunzel, Uwe Lemm und Walter Schmitz, Berlin 2000, S. 179–196.

WIMSATT, William K. und Monroe C. Beardsley, »Der intentionale Fehlschluss«, in: *Texte zur Theorie der Autorschaft*, hrsg. von Fotis Jannidis u. a., Stuttgart 2000, S. 84–101.

WINKGENS, Meinhard, Art. »Leerstellen«, in: *Metzler-Lexikon. Literatur- und Kulturtheorie*, hrsg. von Ansgar Nünning, Stuttgart 2004 [1998], S. 377–378.

WIRTH, Uwe, »›Dilettantenarbeit‹ – Virtuosität und performative Pfuscherei«, in: *Genie. Virtuose. Dilettant. Konfigurationen romantischer Schöpfungsästhetik*, hrsg. von Gabriele Brandstetter und Gerhard Neumann, Würzburg 2011, S. 277–288.

8.4 Quellen im Internet

A history of Schott Music in London, URL: <http://www.schott-music.co.uk/shopnav/aboutus/> (Abruf: 22.05.2014).

Beethovens Werkstatt, URL: <http://beethovens-werkstatt.de/> (Abruf: 09.07.2015).

Carl-Maria-von-Weber-Gesamtausgabe, URL: <http://www.weber-gesamtausgabe.de/de/Index> (Abruf: 05.02.2015).

Deutsche Nationalbibliothek, Bibliothekskatalog, URL: <http://www.dnb.de/DE/Home/home_node.html> (Abruf: 05.02.2015).

Deutsches Lied, URL: <http://www.deutscheslied.com> (Abruf: 29.01.2015).

Deutsches Volksliedarchiv, Bibliothekskatalog, URL: <http://swb.bsz-bw.de/DB=2.316/> (Abruf: 05.02.2015).

Friedrich-Wilhelm-Murnau-Stiftung, URL: <http://www.fwm-stiftung.de/> (Abruf: 05.02.2015).

Historische Bildpostkarten. Universität Osnabrück, Sammlung Prof. Dr. S. Giesbrecht, URL: <http://www.bildpostkarten.uni-osnabrueck.de/index.html> (Abruf: 05.02.2015).

Hofmeister XIX, URL: <http://www.hofmeister.rhul.ac.uk/2008/index.html> (Abruf: 05.02.2015).

Kulturelles Erbe Köln, URL: <http://www.kulturelles-erbe-koeln.de/> (Abruf: 05.02.2015).

Musikverlagswiki, URL: <http://www.musikdrucke.htwk-leipzig.de/wordpress/> (Abruf: 05.02.2015).

The Library of Congress, Bibliothekskatalog, URL: <http://www.loc.gov/> (Abruf: 08.05.2015).

The Lindström Project, URL: <http://discography.phonomuseum.at/> (Abruf: 05.02.2015).

The Proceedings of the Old Bailey, 1674-1913, Currency, Coinage and the Cost of Living, URL: <http://www.oldbaileyonline.org/static/Coinage.jsp> (Abruf: 05.02.2015).

Weh dass wir scheiden müssen, URL: <http://www.youtube.com/watch?v=v960hPHSu3w> (Abruf: 05.02.2015).

8.5 Tonträger

In Bright Array Assembled. International Festival of Male Choirs, CD Polyphonic Reproductions Ltd. QPRZ 015D 1994.

Weh, daß wir scheiden müssen, Nebe-Quartett, Schellackplatte Vox 4000.

Welsh Choral Favourites, CD EMI Records 7243 8 56910 2 7 1991/1997.

Abbildungsverzeichnis

Tabellenverzeichnis

»Beiträge zur Kulturgeschichte der Musik«, herausgegeben von Rebecca Grotjahn

Band 1
Rebecca Grotjahn (Hg.)
Deutsche Frauen, deutscher Sang. Musik in der deutschen Kulturnation
ISBN 978-3-86906-026-2, 196 S., Paperback, € 22.00

Band 2
Cornelia Bartsch, Rebecca Grotjahn und Melanie Unseld (Hg.)
Felsensprengerin, Brückenbauerin, Wegbereiterin. Die Komponistin Ethel Smyth
Rock Blaster, Bridge Builder, Road Paver: The Composer Ethel Smyth
ISBN 978-3-86906-068-2, 264 S., Paperback, € 28.00

Band 3
Freia Hoffmann, Markus Gärtner und Axel Weidenfeld (Hg.)
Musik im sozialen Raum. Festschrift für Peter Schleuning zum 70. Geburtstag
ISBN 978-3-86906-155-9, 328 S., Paperback, € 32.00

Band 4
Marleen Hoffmann, Joachim Iffland und Sarah Schauberger (Hg.)
Musik 2.0. Die Rolle der Medien in der musikalischen Rezeption in Geschichte und Gegenwart
ISBN 978-3-86906-307-2, 184 S., Paperback, € 24.00

Band 5
Andreas Fukerider, Joachim Iffland und Cornelia Kohle (Hg.)
Lippes Grüner Hügel
Die Richard-Wagner-Festwochen in Detmold 1935–1944
ISBN 978-3-86906-312-6, 168 S., Paperback, € 22.00

Band 6
Irmlind Capelle und Maren Goltz (Hg.)
Wilhelm Berger (1861–1911). Komponist – Dirigent – Pianist
Vorträge der Tagung 2011, veranstaltet von der Sammlung
ISBN 978-3-86906-491-8, 204 S., Paperback, € 24.00

Band 7
Karin Martensen
Die Frau führt Regie
Anna Bahr-Mildenburg als Regisseurin des Ring des Nibelungen
ISBN 978-3-86906-506-9, 564 S., Paperback, € 54.00

Band 8
Marion Gerards, Martin Loeser und Katrin Losleben (Hg.)
Musik und Männlichkeiten in Deutschland seit 1950
Interdisziplinäre Perspektiven
ISBN 978-3-86906-311-9, 352 S., Paperback, € 32.00

Band 9
Maren Goltz und Herta Müller (Hg.)
Königin und Täubchen. The Queen and the Chick
Die Briefe von Cosima Wagner an Ellen Franz/Helene von Heldburg.
Cosima Wagner's correspondence with Ellen Franz/Helene von Heldburg
ISBN 978-3-86906-507-6, 464 S., Paperback, € 34.00

Band 10
Jeroen van Gessel
Die Praxis der Oper
Das Straßburger Stadttheater 1886–1944
ISBN 978-3-86906-713-1, 612 S., Paperback, € 34.00